集人文社科之思　刊专业学术之声

集 刊 名：中国经济学

主管单位：中国社会科学院

主办单位：中国社会科学院数量经济与技术经济研究所

JOURNAL OF CHINA ECONOMICS

2023年第2辑（总第6辑）

集刊序列号：PIJ-2022-449
中国集刊网：www.jikan.com.cn
集刊投约稿平台：www.iedol.cn

封面题字：郭沫若书法集字

社会科学文献出版社"优秀新创集刊"（2022）

中国人文社会科学学术集刊 AMI 综合评价期刊报告（2022）"入库"期刊

JOURNAL OF CHINA ECONOMICS

2023 年第 2 辑（总第 6 辑）

中国社会科学院　主管

中国社会科学院数量经济与技术经济研究所　主办

社会科学文献出版社

SOCIAL SCIENCES ACADEMIC PRESS (CHINA)

中国经济学

Journal of China Economics

2023 年第 2 辑（总第 6 辑）

2023 年 6 月出版

构建中国特色经济学学科"三大体系"之点论

王国刚　罗　煜[*]

摘　要： 为实现党的二十大擘画的宏伟蓝图，需要努力建构中国自主知识体系。中国经济学学科体系已有100多年的历史，历经了四个阶段。构建中国特色经济学学科体系的价值取向应坚持以马克思主义为指导、坚持以人民为中心、坚持以服务中国实践为基点、坚持问题导向、坚持传承前人学说和坚持各门经济学科的融会协调；提高中国经济学学科的学术水平需要解决好学术概念、经济原理、历史知识、文献整理和学术争鸣等问题；提高中国经济学学科的话语权，应以讲好中国故事为基点，在内容、方式和传导上发力。

关键词： 中国经济学　学科体系　价值取向　学术水平　话语权

一　中国经济学学科体系的百年探索

党的二十大擘画了全面建成社会主义现代化强国、以中国式现代化全面推进中华民族伟大复兴的宏伟蓝图。为实现这一奋斗目标，我们需要建构自主知识体系来指导实践。经济学是哲学社会科学中的重要学科。为构建适合中国国情的经济学，中国经济学人孜孜不倦地追求了100多年，其历

---

* 　王国刚，一级教授，中国人民大学财政金融学院、中国财政金融政策研究中心，中国社会科学院学部委员，电子邮箱：wgg3806@sina.com；罗煜（通讯作者），教授，中国人民大学财政金融学院、中国银行业研究中心，电子邮箱：luoyu2011@ruc.edu.cn。本文获国家社科基金重大项目（18ZDA093）的资助。感谢匿名审稿专家的宝贵意见，文责自负。

程大致可分为四个阶段。

第一阶段为新中国成立之前，特征是以西方经济学的引入和仿造为主。程霖等（2018）指出，19 世纪初西方经济学就已逐渐传入中国。19 世纪中期以来，在"师夷长技以制夷"及"中学为体，西学为用"等理念的引导下，一批又一批中国经济学人开始致力于西方经济学说中国化的初步尝试，历经了引入、仿造、消化、结合中国实际的筚路蓝缕之路，以"中国农业经济学""中国财政学""中国金融学"等专题为抓手展开了相关探讨。1919~1949 年，货币银行学之类的译著就达近 40 部，中国学者撰写的著作多达 133 部（张家骧，2001）。这些探索的基本范式为"西学原理+中国案例"，缺乏中国的概念、原理和逻辑，一些有识之士只能发出感叹："真正适合中国需要的新的经济学体系，还有待我国经济学界同仁的共同努力"（黄宪章，1942）。当时的中国经济落后、长期处于战乱环境和缺乏指导思想是其主要成因。

第二阶段为新中国计划经济时期，特征是以苏联经济学引入和仿造为主。新中国成立以后，苏联给予了多方面援助，其中包括将苏联经济学输入中国。苏联经济学（尤其是社会主义部分）提炼了苏联社会主义建设经验和对社会主义经济规律的认识，以案例方式反映了苏联社会主义建设的成就。在学习苏联经济学（尤其是斯大林的《苏联社会主义经济问题》和苏联科学院经济研究所编写的《政治经济学（教科书）》）的过程中，中国学者从中国经验出发，对中国社会主义革命和建设中一系列实践问题进行了富有创造性的广泛探究，编写了一批经济学教材，如于光远、苏星编写的 1961 年出版的《政治经济学（上册）》，中国人民大学财政金融系编写的 1959 年出版的《货币信用学（上）》等。但受经济发展水平较低、经济活动屡遭干扰和计划经济思维等影响，这一阶段的探索并未突破"苏学原理+中国案例"的范式，同时，对西方经济学主要以批判思维待之。

第三阶段为改革开放至 2012 年，特征是在引入、消化西方经济学的基础上结合中国实践探索建立中国经济学学科体系。在解放思想、实事求是的指导下，中国学者从国情出发，借鉴西方经济理论，将中国实践经验提炼为系统化理论，提出了以公有制为主、多种经济成分共同发展的理论，社会主义市场经济理论，以按劳分配为主体、多种分配方式并存的理论，对外开放理论，财政信贷综合平衡理论，经济增长与经济发展理论等（张卓元，2021；黄达，2009）。随着中国经济发展水平提高和经济体制改革深化，这一阶段的中国经济学探索也逐步深入，突破了"苏学原理+中国案例"的二段范式，更多的是选择了"西方理论和经验+中国实践面的不足+政策举措"的三段范式和"中国实践情况+西方理论和欧美国家实践经验+中国数据的计量分析+应对之策"的四段范式，同时，对一系列西方理论在中国的适用性进行了研讨（林继肯，2007）。

第四阶段为党的十八大以后，特征是以中国实践问题为导向，系统深入地探讨中国经济发展的内在规律和深化经济改革的机理、力求讲好中国故事的理论逻辑。2010年中国经济总量超过日本，位列全球第二。中国经济发展的奇迹，既为众多发展中国家所瞩目，也是西方经济理论难以解释的，由此，破解中国经济高速增长的密码成为国际热点。"5·17"讲话凸显了党中央对推进哲学社会科学发展的重视程度达到前所未有的高度，明确了指导思想、难点重点、主要抓手和发展目标。在此背景下，全国掀起了系统深入探讨中国经济发展内在规律、理论逻辑和主要经验的热潮，将中国经济学建设推向了新的高潮（洪银兴，2016；金碚，2019；刘伟和陈彦斌，2022），也编写了不少中国经济学系列教材和工具书（郭楚晗和张燕，2023）。与此对应，这一阶段的经济理论探讨在采取规范研究的基础上，更多的是选择了运用中国数据在对比中研讨中国经济特点的四段范式，以至于出现了"无计量不成文"的现象。

从上述简要历程可以看出，中国经济学根植于中国经济实践，是对中国经济实践经验的理论提炼，由此，中国经济发展状况直接决定了中国经济学的探索进程和研讨深度。

二 中国经济学学科体系的价值取向

价值取向是行为主体在一定的世界观指导下对经济社会现象所选择的观察、认知从而行动的基本立场。它在认知层面称为价值观，在行为层面称为价值取向。经济学作为经世济民的致用之学，要揭示各种经济现象内在的规律和机制，首先需要回答"从哪来""到哪去""为了谁"等问题，也就必然有着明确的价值取向。构建中国特色经济学学科体系的价值取向在内涵上由以下内容构成。

第一，坚持以马克思主义为指导。党的二十大报告指出，马克思主义是我们立党立国、兴党兴国的根本指导思想。马克思主义立足于辩证唯物主义和历史唯物主义立场，揭示了人类社会发展规律，揭示了资本主义经济的内在矛盾和社会主义取代资本主义的历史必然性。中国特色社会主义要坚持社会主义，就无可选择地要以马克思主义为指导思想，由此决定了中国特色经济学学科体系要充分贯彻马克思主义的立场、观点和方法，运用马克思主义价值观观察、认识和分析中国经济实践中的各种现象，透过现象看本质，揭示中国经济发展的内在规律，提炼出具有马克思主义中国化的学理，构建马克思主义中国化的经济学学科体系。

第二，坚持以人民为中心。"5·17"讲话强调，坚持以马克思主义为指导，核心要解决好为什么人的问题。为什么人的问题是哲学社会科学研究的根本性、原则性问题。马克思主义经济学指出，人类的一切经济活动（生产、分配、交换和消费）都是为了满足人民群众日益增长的物质文化需要。中国新时代的主要矛盾强调，要通过弥补不平衡不充分的短板来充分满足人民群众对美好生活的需要。偏离了人民群众的消费需求，经济活动就将失去方向和着力点，经济发展就将失去目标。人民群众的消费需求是一个持续升级和换代的过程，这决定了经济发展是一个持续提高的过程。同时，人民群众提供了生产、交换和其他经济活动所需的劳动力，其技术（包括开发创新）能力、技术结构既决定了一国的生产力发展水平，也决定了实体经济的技术水平、产品质量和市场竞争力。经济增长取决于资金、劳动和科技，但归根到底是由人的劳动决定的。党的二十大报告强调，必须坚持科技是第一生产力、人才是第一资源、创新是第一动力。

第三，坚持以服务中国实践为基点。在当今世界，人民有着明显的国别性质，虽然经济学中的一些论题有着超越国家的色彩（如供求关系、资源配置等），但也有诸多论题有着明显的为什么人服务的特点，依据这些理论提出的政策主张更是直接带有国别性质。中国经济学应立足于"中国",离开了"中国"的界定,也就不再是"中国经济学"了。立足于中国,有着三方面含义。一是以服务于中国为逻辑起点。中国经济学是对中国经济实践成就和经验的理论总结,理应以服务于中国为基本的价值取向,一旦偏离这一基本取向,也就失去了"中国"的定位。二是以中国经济实践为基本的研究对象。只有以中国经济实践为研究对象,将实践成果升华为理论认识,才能够称为"中国经济学"。随着中国开放型经济的发展,以国内大循环为主体、国内国际双循环相互促进的新发展格局形成,中国实践的空间范围从而中国经济学取材的空间范围都将扩展到全球。三是以提出中国方案为指向。经济理论并非束之高阁的空谈。在认识世界的基础上要改造世界,就必然要有对应的政策主张。这些政策主张立足于中国权益、中国发展,有着清晰的为中国经济服务的标识。有人担心,经济理论过于突出"中国"特性将失去它的共性。实际上,在各种理论的全球化扩展中民族的才是世界的,既因它有着鲜明的特色,也因它有着扎实的实践依据。

第四,坚持问题导向。理论之树常青的根本成因在于,实践面持续地出现新现象、提出新问题。经济理论在不断破解经济实践中出现的各种各样问题的同时实现创新发展;一旦失去了实践面提出的问题,经济理论也就失去了创新发展的源泉和动力。同时,经济理论存在的全部意义也在于破解经济发展中出现的新现象、新问题,一旦失去了问题导向,经济理论将无的放矢,也就失去了应有的价值。坚持问题导向需要关注三个要点。一是深化理论联系实际。在已有理论的指导下,破解实践中的难点,在解决实践问题的过程中,进一步充实理论和创新理论。二是充分运用唯物辩证法,去伪存真,由表及里,透过现象看本质,把握新现象的内在本质和发展趋势。值得注意的是,在经济实践中,一些新现象只是貌似为"新",其中贯彻的机理不"新"甚至是沉渣泛起,不应见"新"的表象就将其视为新生事物。三是理顺逻辑关系。在理论逻辑、实践逻辑和技术逻辑中,实践逻辑是居第一位的,理论逻辑是实践逻辑的概括和提炼,技术逻辑大多为论证方法。在分析破解实践问题中,如果理论逻辑与实践逻辑不一致,在多数情况下是由于理论逻辑出现了问题，这是理论创新的良好契机；但实践是复杂的，在有些情况下，是由于实践达不到理论逻辑的要求，由此，深化改革、调整实践条件和实践状况就成为必然的选择。如果技术逻辑与理论逻辑、实践逻辑不一致，则肯定是技术逻辑出现了差错，由此，修正技术逻辑就成为必然。

第五，坚持传承前人学说。"5·17"讲话强调，哲学社会科学的现实形态，是古往今来各种知识、观念、理论、方法等融通生成的结果，要善于传承前人已有的研究成果，融会贯通古今中外各种理论学说，以古为今用、洋为中用的思维方式，把握好马克思主义经济理论资源、中华优秀传统文化中的经济理论资源和西方经济学资源。传承前人学说需要处理好三个关系。一是历史与现实的关系。传承的目的在于为当今经济理论发展（从而经济实践）服务，前人的学说是在当时条件下形成的，时过境迁，不可直接简单地套用于当今的经济实践，更不可教条式地照搬。同时，前人的学说着力于解决他们遇到的经济实践问题，受当时的条件限制，有着一定历史局限性，不可因此就对他们的学说采取历史虚无主义的态度，忽视他们的贡献。可选择的价值取向是，取其精华、弃其糟粕。二是现实与未来的关系。前人对未来做过一些设想（包括科学设想），但当今世界的科技、经济、文化和社会等方面发展水平尚未达到前人设想的高度，因而未能使得这些设想成为现实（如马克思关于共产主义自由人社会的设想等）。这不是否定前人科学设想的理由，恰恰相反，应是继续努力创造条件以实现科学设想的依据。三是传承与创新的关系。传承并不意味着前人学说不可违不可改。前人的学说是在他们所处的历史时期完成的，随着时间推移和条件变化，面对现今经济实践的新现象新挑战，需要突破前人的认识，创新经济理论，由此，在对一些经济规律、经济机理的认识上与前人不一致，不仅是可能的，而且是必然的。传承前人学说不是要束缚思想，而是尊重历史，从前人学说中获得以史为鉴、推陈出新的路径。

第六，坚持各门经济学科的融会协调。经济学学科体系涵盖多门学科，在理论经济学中有政治经济学、西方经济学、国际经济学、经济学说史、经济史等，在应用经济学中有国民经济学、产业经济学、区域经济学、财政学、金融学、国际贸易学、劳动经济学、国防经济学等。在学科交叉发展中又有了数理经济学、计量经济学乃至计量金融学、物理金融学等，在学科细分中还有金融工程学、投资学、能源经济学等。各门具体学科在推进本专业研究深化过程中时有创新性认识和创新性理论问世。如果这些创新性理论能够及时地为相关学科所吸收，则有利于提高经济学整体的理论水平；但如果仅持门户之见，不重视充分吸收其他学科的最新研究成果，就不仅可能使得本学科的理论前行受到不利影响，而且可能出现学科间概念、范畴、原理、逻辑等的内涵差异和不协调现象，不利于经济学学科体系的整体发展。

人类的经济活动是一个立体动态过程，这决定了经济学科体系（和它的价值取向）也应是一个立体动态的发展过程。在构建中国经济学学科体系过程中，多元综合的价值取向发挥着"为了谁""往哪走""怎么走"的功能，不可偏废，应在进一步深入研讨中予以完善。

三 从"三基"入手提高中国经济学学科的学术水平

任何一门学科总是由基本概念、基本原理和基本知识（以下简称"三基"）构成。"三基"既是本专业逻辑思维的基础、本专业学术研讨的平台，又反映着本专业的发展水平及其与其他专业的差异。学科的学术水平和学术创新成果最终反映为"三基"内容的丰富程度、扎实程度和与时俱进的程度。提高中国经济学学科的学术水平必须从"三基"入手，换句话说，如果在"三基"方面不能充分反映中国经济实践的成果，则中国经济学各学科将难以充分体现中国特色、中国风格、中国气派，也就难以形成"学术中的中国"、"理论中的中国"和中国经济学学科体系。从"三基"入手推进中国经济学学科体系建设，需要解决好以下五个方面的问题。

第一，学术概念。每门学科都有着专有的概念体系，概念是学科的基本元素，概念与概念之间的逻辑关系是形成本学科专业原理和判断的基础，概念体系是形成本学科体系的基础。围绕概念特征可从不同角度予以探讨。从马克思的《资本论》来看，在商品、货币、价格、劳动力价值、剩余价值等概念中，前三个概念既源于英国古典经济学又是日常生活中已普及的用语，后两个概念则是马克思独创的。构建中国经济学学科体系需要有对应的概念和概念体系，其中包含前人已使用的概念、根据经济实践条件变化修改的概念和根据中国经济实践提炼的独创性概念。

在前期研讨中，我们常常陷入难以提炼出中国特有的经济概念的困局。一个重要成因是，我们未能将一些俯拾皆是的日常用语纳入经济学范畴。例如，"资金"一词是中国经济金融活动中经常使用的概念，所谓"融资""垫资""投资"等中的"资"实际上均为"资金"。在西方经济学中，有"资本"概念，没有"资金"概念；经济增长理论中的"资本"实际上应为"资金"，国际资本流动中的"资本"也应为"资金"。资金与资本的差别至少有二：一是从资产负债表看，资金＝资本（或所有者权益）＋负债，由此，资金可分为资本性资金和债务性资金，资本只是资金的一部分；二是资金作为货币资产，覆盖了消费、生产、财政、公益和金融各个方面，"资本"就不如此。例如，可以说个人拥有消费性资金，但通常不说个人拥有消费性资本；企业以所持资金纳税，但通常不说企业以所持资本纳税。在目前中国通用的《政治经济学》《西方经济学》《财政学》《金融学》等教科书中，没有一章一节一目专门讲述"资金"，甚至没有对"资金"进行定义和分析。与"资金"相对应的是"资产"概念，但在上述教科书中也缺乏对"资产"的界定和分析。

一些概念产生于当时的经济实践，一旦条件变化了，其名称和内涵都将发生变化。例如，"铸币税"产生于贵金属条件。在信用货币条件下，已无铸币，亦无铸币税；反映货币贬值的"税"可称为"通货膨胀税"，亦可称为"货币贬值税"。一些虽流行但含义不清的概念，在选择中应慎重待之。例如，"流动性"一词流行于经济金融文献中，但其含义从凯恩斯引入主流经济学起就含糊不清（王国刚和相倚天，2022），以至于兰德尔·克罗兹勒指出，"在过去6个月，有2795篇文献涉及了流动性，但对'流动性'的含义却有2795种的不同界定"（Kroszner, 2007）。再如，"虚拟经济"一词有着多种含义，它并非来源于马克思的"虚拟资本"。

第二，经济原理。一是每门学科均有着独自的原理。经济学科原理来自对相关经济实践的概括、提炼和总结，因此，每个原理均有其产生的背景和条件。这意味着，只要实践发展了、条件变化了，相关的原理也会发生变化。例如，劣币驱逐良币的原理产生于贵金属货币时代且以黄金的数量有限为条件（假定黄金供给足够多，迟早将发生良币驱逐劣币的现象），在信用货币且社会稳定的条件下，这一原理的适用性已发生明显变化，同时，在国际经济领域中，时常发生的是良币驱逐劣币的现象。又如，大卫·李嘉图在贵金属货币条件下提出了贸易平衡理论，忽视了国际货币的发行机制对国际贸易的影响；但在信用货币体系下，国际货币发行国要使其货币进入国际贸易领域，贸易逆差是必然的，其交易对象国出现贸易顺差也是必然的，由此，贸易平衡理论需要予以调整和完善。二是经济现实是多元立体的。为了满足数理逻辑的建模需要，在研究中，一些西方学者舍去了过多的现实条件，简单地将研究对象抽象为单一性，由此使得一些西方经济学原理与实践状况严重不符。例如，一价定律、利率平价等理论舍去了国际经济关系中的国家主权，与此相比，马克思的国际价值理论则指出，社会必要劳动时间决定的价值量在"各国的平均数形成一个阶梯"；"产业资本家总是面对着世界市场，并且把他自己的成本价格不仅同国内的市场价格相比较，而且同全世界的市场价格相比较，同时必须经常这样做"（马克思，2004）。又如，西方利率理论忽视了商业银行存贷款利率、金融市场利率与央行利率之间的差异性，简单地贯彻着提高利率收紧银根、降低利率放松银根的原理，但实践中，商业银行提高存款边际利率有着扩大放贷的效应、提高贷款边际利率并无收紧银根的效应（反之亦反）。三是研究角度的差异。一些西方经济学家提出的经济理论，从另一个立场（或角度）看，有失偏颇。例如，MM定理认为，股本和债务的结构与公司价值无关。但现实中，公司注册时必须明确股本数量，股本数量直接约束着债务数量、股东以其投入公司的入股资金数额承担偿付公司债务的责任等，对任何一家公司来说，股本和债务在效应上有着实质性差异。又如，在公司治理理论中，信息不对称、内部人控制、道德风险和逆向选择等都反映了股权拥有者（即股东）的权益诉求，但未能反映人力资本所有者（公司高管人员等）的权益诉求，也与管理学的原理不一致。四是一些西方经济理论属于半拉子理论，却在流传中成为经济学界的共识。例如，法定存款准备金率理论认为，央行提高法定存款准备金率将收紧银根（反之亦反），但忽视了央行获得法定存款准备金后的资产运作。实际上，央行不可能将资金闲置，通过提高法定存款准备金率锁住的资金又通过央行在"资产端"的操作（如再贷款、再贴现、购买外汇等）回到了商业银行体系，反之亦反。又如，西方关于银行挤兑理论，忽视了银行间拆借、存款保险制度和央行救助（央行作为最后贷款人）等机制。再如，低利率或负利率将引致资金大量外流的理论，忽视了资金外流中的汇率兑换成本、国际投资风险等诸多因素，难以为20世纪90年代以来的日本实践和2010年以来的欧元区实践所证实。五是一些西方经济学理论是个别学者编撰出来的，缺乏实践的验证。例如，股市是国民经济的晴雨表、股票二级市场交易有着增加财富的效应等。上述情形说明，随着实践和条件的变化，经济学原理可用于探讨的空间很大，尤其是考虑到新中国70多年来的经济发展、国际经济战后的变化、发展中国家的经济发展等诸多因素，更是如此。

第三，历史知识。经济学科中的历史知识是支持概念、原理的重要实践依据，它通常用以解释特定的概念、原理产生的历史背景和发展趋势，因此，应清晰准确。关于20世纪30年代大危机的成因，教科书大多认为是由1929年10月纽约证券交易所的股市暴跌引致的；但20世纪90年代以后，美国一些学者（如约翰·S.戈登）的进一步研究认为，这场危机主要是由1930年上半年国会通过的《斯慕特—霍利关税法案》引致的（约翰·S.戈登，2005）。一些教科书认为，20世纪美国金融创新是从20世纪60年代起步的，但《美国金融史（第三卷）》认为，是从20世纪70年代起步的（杰瑞·马克汉姆，2018）。关于2008年美国次贷危机，一些学者认为是由次级住房抵押贷款引致的，但这场危机的全称为"次级住房抵押贷款证券化危机"，关键点是"证券化"。在梳理历史知识中，应避免以现代思维套用古代现象的情形。例如，在中国古代，货币（铜币等）通常是由户部运用财政机制发行的，是财政的一笔不菲支出；信用货币是由央行以负债方式运用金融机制发行的，如果将二者相混，就可能对理解货币金融机理产生差误。

第四，文献整理。新中国70多年（尤其是改革开放40多年）历史中，中国经济学者立足国情提出了诸多有见地的新认识，在以引入、消化西方经济学为主要倾向的过程中，这些认识长期没有被纳入经济学理论中。在构建中国经济学学科体系过程中，应通过文献整理，系统梳理这些认识，在对应的理论中予以反映。例如，微观经济学曾将资源稀缺作为研讨价格形成机制的起点。中国学者指出，现代工业利用的资源通常是自然界储存量最多的，只有如此，才能达到以最低成本满足最多人的需求，因此，资源稀缺认识是不符合实际的。又如，西方理论对国有企业颇有微词，但中国学者的研究表明，在国计民生的命脉产业中国有企业的存在是保障一国经济独立、经济发展和社会稳定的压舱石。此外，诸如将国有资产管理的重心从企业转为资产、建立资本型投资机制、定价权不可外移、人民币汇率制度属于中国经济主权、多层次资本市场体系由交易规则的差异决定等认识，也具有启发意义。

第五，学术争鸣。学术研讨在"百花齐放、百家争鸣"中前行创新，中国经济学界有着良好的学术争鸣传统。20世纪80年代以来，在解放思想中各种认识的交锋时常展开，形成了一系列符合国情的新理论，为改革开放的深化提供了新思想、新理论的支撑。但近年来，这种学术争鸣弱化了，在各种学术报刊中难以见到商榷性论著，在理论研讨会中也时常出现学者们各说各的互不交锋的现象。争鸣是学术思想和学术水平提高的重要机制，只有百家争鸣了，百花齐放才能更加绚丽多彩。因此，要构建中国特色经济学学科体系，就应当鼓励学术争鸣。

四　以讲好中国故事为基点提高中国经济学学科的话语权

话语权是指说话的权利和话语的影响力。一般来说，每个主体（国家、机构和个人等）都有着说话的权利，但依地位、内容、方式、传导等的不同，有着不同的影响力。国际流行着"弱国无外交"之说，同理，弱国的国际影响力也较弱。中国的经济总量稳居全球第二位，理应有着相匹配的国际话语权。要提高中国经济学学科的国际话语权，必须以讲好中国故事为基点，在内容、方式和传导上发力。

从内容看，描述式讲中国故事，做到言之有物、言之有情相对容易，但要做到言之有理、言之有道就不那么简单了。如果选择"西方经济学原理+中国实践"的范式，验证这些原理在中国的适用性，不论结果如何都只是增加了实证西方经济原理的案例，难有新的启迪，中国经济学的影响力也难以增强。要从内容上提高中国经济学的国际影响力，一是以中国实践为依据，针对已有经济原理的不足乃至缺陷进行调整和完善，推进这些原理的新发展；二是重新厘清西方经济学相关原理的假设前提，看其是否符合各国实际情况，针对这些原理的假设前提的不足乃至缺陷进行补充修正；三是在中国实践的基础上，提炼新的概念和原理，丰富经济学学科内容。这些研究越深入越持续，越能够揭示中国故事中的"为了谁""是什么""怎么做"等机理，也就越能增强中国经济学的国际影响力。从方式看，显示话语权的路径，既可以是发表论文、出版著作和工作报告等，也可以是教学、研讨会、发布会、访谈、专题片及其他媒体等。多年来，为了契合西方国家的读者、观众等的习惯，一些中资机构和高校等主要选择了出版经济学英文刊物、在海外英文刊物上发表经济学文章、在海外媒体上发表经济观点、出版经济学外文著作等方式，并取得了一些重要进展，但仅此还不足以提升中国经济学的国际话语权，还可选择的方式有三：一是在继续促进中国故事进入西方主流媒体的同时，着力拓宽中国故事进入发展中国家的路径，增强中国故事在发展中国家的吸引力和传播力；二是借助华人、孔子学院和来华留学生等的传播能力，加强中文在国际的运用，为提高中国经济学的国际传播力创造条件；三是提高高层次人才的国际交流频率，通过中国经济学者的海外学术交流，提升海外学者和相关机构对中国故事的了解程度与认知程度。从传导看，中国经济学的国际传播可以通过高校合作、学者交流等民间渠道展开，也可以通过各类媒体渠道展开，还可以通过政府间合作予以推进。中国有句老话：有理走遍天下。关于传导力的大小和可持续程度，关键的是，讲好中国故事中的"理"和"道"，令受众群体在了解中国故事的同时有较大的获益。

参考文献

［1］马克思，2004，《资本论（第三卷）》，人民出版社。

［2］［美］杰瑞·马克汉姆，2018，《美国金融史（第三卷）》，李涛、王湑凯译，中国金融出版社。

［3］［美］约翰·S.戈登，2005，《伟大的博弈》，祁斌译，中信出版社。

［4］程霖、张申、陈旭东，2018，《选择与创新：西方经济学说中国化的近代考察》，《经济研究》第7期。

［5］郭楚晗、张燕，2023，《二十大报告蕴含的时代课题：五个文明协调发展如何塑造中国经济学》，《中国经济学》第1辑。

［6］黄达，2009，《财政信贷综合平衡导论》，中国人民大学出版社。

［7］黄宪章，1942，《中国需要怎样的经济学》，《大学月刊》第11期。

［8］洪银兴，2016，《以创新的理论构建中国特色社会主义政治经济学的理论体系》，《经济研究》第4期。

［9］金碚，2019，《试论经济学的域观范式——兼议经济学中国学派研究》，《管理世界》第2期。

［10］林继肯主编，2007，《中国金融学教育与金融学科发展——历史回顾和经验总结》，中国金融出版社。

［11］刘伟、陈彦斌，2022，《建设中国经济学的科学生态体系》，《管理世界》第6期。

［12］王国刚、相倚天，2022，《从资金流向看流动性的内涵和机理》，《金融评论》第4期。

［13］张家骧主编，2001，《中国货币思想史（上、下）》，湖北人民出版社。

［14］张卓元，2021，《努力构建中国特色社会主义政治经济学》，《经济思想史学刊》第1期。

［15］Kroszner R. S. 2007. "Liquidity and Monetary Policy." in Speech Delivered at the US Monetary Policy Forum, Washington, March.

（责任编辑：陈星星）

制度型开放、营商环境与全要素生产率

——基于中国自由贸易试验区的准自然实验

白俊红　丁声怿*

摘　要：稳步扩大制度型开放，是双循环新发展格局下积极推进高水平对外开放的重要战略内容，对于加快实现中国经济高质量发展具有重要意义。本文基于 2007~2020 年中国 285 个地级市面板数据，以自由贸易试验区实施片区为准自然实验，构建多时点双重差分模型，从营商环境的视角，理论分析和实证检验了制度型开放对全要素生产率的影响。研究发现，以自由贸易试验区建设为代表的制度型开放促进了城市全要素生产率的提升，并且一系列稳健性检验均支持了这一结论。机制检验表明，制度型开放通过优化营商环境，促进了城市全要素生产率的提高。异质性检验发现，制度型开放对全要素生产率的影响效应在东部沿海地区和城市规模更大的地区表现得更为明显。进一步研究发现，制度型开放主要通过推进技术效率提升从而促进了全要素生产率的提高，对技术进步的影响并不明显。本文结论为中国稳步推进制度型开放进而加快双循环新发展格局构建和经济高质量发展提供政策启示。

关键词：制度型开放　营商环境　全要素生产率　自由贸易试验区

---

*　白俊红，教授，南京师范大学商学院，电子邮箱：nsdbjh@126.com；丁声怿，研究生，南京师范大学商学院，电子邮箱：1007083390@qq.com。本文获得国家社会科学基金重大项目（21&ZD122）的资助。感谢匿名审稿专家的宝贵意见，文责自负。

一　引言

改革开放以来，为适应经济全球化发展趋势，中国积极推进商品和要素流动型开放，取得了巨大的发展成就。然而，面对逆全球化浪潮兴起、国际贸易规则重塑以及国内发展机遇与挑战并存的现实背景（常娱和钱学锋，2022），原有的开放模式、路径及其规则和理念势必需要做出相应变革和调整（戴翔，2019），即通过有效推动制度型开放来应对中国当前"体制机制障碍突出，创新要素跨国流动仍然不足"等问题，实现更高水平的对外开放。

党的二十大报告强调，推进高水平对外开放。稳步扩大规则、规制、管理、标准等制度型开放。本质上讲，制度型开放是将国内相关规章制度和国际通行高标准规则进行对标对表，并在此基础上实施一系列制度创新措施，促进中国和世界经济高质量安全有序融合的对外开放战略（国家发展改革委对外经济研究所课题组，2021）。深化制度型开放不仅是适应中国经济高质量发展进程中构建开放型经济新体制的客观要求，同时也可为新时代中国深入推进高水平对外开放提供良好的制度和环境保障。自由贸易试验区作为新时代制度型开放的"试验田"，不仅承担着为中国全面深化改革和进一步扩大开放探索新路径、积累新经验的国家任务，还承载着未来向高质量增长转型、建立新的经济增长极的重要作用（范硕和何彬，2020）。自由贸易试验区建设是我国实行更加积极主动开放战略的一项重大举措，其经过多次扩容，至今，已逐步形成了区域协调、陆海统筹的全方位、高水平对外开放新格局（蒋灵多等，2021），为全国的制度型开放奠定了坚实基础。自由贸易试验区建设的核心目标在于提升地区行政效率，不断扩大对外开放和制度创新，进一步激发市场活力，增强高质量发展动能，形成更多可复制可推广的制度创新成果。政策内容包含集聚要素资源、优化产业结构、改善营商环境、推进贸易和投资自由化便利化等，是较为系统、全面的制度型开放政策。

制度的变革必然对地区企业经营管理的外部环境产生影响，进而影响到其生产率（North，1994；Coase，1998）。自由贸易试验区政策作为中国对外开放进程中的一项重大制度创新，其内容涵盖各方面可能有助于改善企业营商环境、助力经济发展的政策部署。比如，2018 年国务院印发的《关于支持自由贸易试验区深化改革创新若干措施的通知》（国发〔2018〕38 号）指出，积极探索通过国际贸易"单一窗口"与"一带一路"重点国家和地区开展互联互通和信息共享，推动国际贸易"单一窗口"标准版新项目率先在自贸试验区开展试点，提升贸易便利化水平；鼓励、支持自贸试验区内银行业金融机构基于真实需求和审慎原则向境外机构和境外项目发放人民币贷款，满足"走出去"企业的海外投资、项目建设、工程承包、大型设备出口等融资需求，推动金融创新服务实体经济；推进人力资源领域的先行先试，将在自贸试验区内设立中外合资和外商独资人才中介机构审批权限下放至自贸试验区，增强企业用工灵活性。可以看出，优化营商环境是中国建设自由贸易试验区、深入推进高水平制度型开放的重要内容之一。而营商环境作为市场主体从事创业、创新、融资、投资等活动时所面临的外部环境综合性生态系统（李志军等，2019），其对于提升区域承载力、促进市场主体创新创业有着至关重要的作用（杜运周等，2022）。因此，现阶段深入考察制度型开放能否切实通过营商环境建设促进全要素生产率的提升，并提出相应的对策建议，对于中国加快构建开放型经济新体制，进而形成更大范围、更宽领域和更深层次的开放格局具有重要的理论与现实意义。

综观现有关于制度型开放政策及其经济效应的研究，学者主要从经济增长（谭娜等，2015；王利辉和刘志红，2017；殷华和高维和，2017；叶修群，2018）、出口（蒋灵多等，2021）、吸引外资（曹翔等，2021）、产业升级（邓慧慧等，2020；梁双陆等，2020）以及金融自由化（Yao 和 Whalley，2016）等方面展开探讨。近年来，随着中国进一步拓展开放领域、优化开放布局，更加注重与先进国际规则的协调和融合，对高质量制度型开放提出了新目标和要求，而自由贸易试验区建设作为新时代中国推进制度型开放的重要战略部署，充分发挥其政策功效，对中国经济运行和发展质量产生了广泛影响。在此情形下，学者们开始从全要素生产率以及资源配置效率等经济发展质量的角度，考察自由贸易试验区建设的经济效应。

比如王亚飞和张毅（2021）从资本错配的视角，分析了自由贸易试验区设立对城市全要素生产率的影响；王明益和姚清仿（2022）从吸引高技能劳动力和高质量外商直接投资视角，考察了自由贸易试验区建设与资源配置效率之间的关系；Wang等（2022）则分析了自由贸易试验区建设对城市绿色全要素生产率的影响。

总体来看，对于探索制度型开放能否提升全要素生产率这一议题而言，以往文献还存在以下拓展空间。第一，尽管已有学者关注了自由贸易试验区建设对全要素生产率的影响，但较少考虑在这一过程中营商环境的重要作用。事实上，正如上文所言，营商环境作为自由贸易试验区建设的一项重要内容，是促进市场有序竞争和转型、激发创新活力的关键内容，因此，如果忽略营商环境的重要作用势必无法全面科学地评估制度型开放对全要素生产率的影响效应。第二，以往有关自由贸易试验区建设经济效应的研究，主要考察对象为2013~2018年设立的片区。近年来，随着制度型开放实践取得一系列新成就，试点经验被不断复制推广。国务院于2019年和2020年两次对试点城市范围进行了扩充，而当前相关研究并未将新增的试点城市考虑在内，因而也无法及时反映自由贸易试验区建设进展与成效。第三，自由贸易试验区建设具有政策试点性质，片区分批设立在不同的时期，而当处理组样本受到政策冲击的时间点不同时，由于负权重的存在可能会出现处理效应异质性问题，以往研究中直接采用双向固定效应模型的估计结果可能存在偏误（Chaisemartin和D'Haultfoeuile，2020）。

基于此，本文以2007~2020年中国285个地级市为研究样本，采用多时点双重差分法，深入考察以自由贸易试验区设立为代表的制度型开放对城市全要素生产率的影响，并分析营商环境在其中发挥的中介作用。与既有文献相比，本文的边际贡献主要体现如下。①丰富了有关制度型开放的研究内容。本文在李志军（2021）构建的中国城市营商环境评价体系的基础上，从营商环境视角进一步澄清和理顺制度型开放对全要素生产率的影响，探究制度型开放、营商环境与全要素生产率三者之间的内在关系，扩展和丰富了现有文献的研究内容。②从研究数据的时效性来看，本文不仅补充了2019年及2020年的新增样本，将截至目前所有实施片区城市作为处理组对象，涵盖了自由贸易试验区所有片区城市，而且利用新样本展开多重稳健性检验，从而更为充分、准确地评估当前自由贸易试验区政策的全要素生产率提升效应。③鉴于两阶段双重差分法能够有效地检验处理效应异质性等问题，本文利用该方法对研究结果进行了进一步分析，以期得到更为可靠的结论，并且本文还从城市差异等视角详细考察了自由贸易试验区建设驱动全要素生产率提升的异质性影响，从而为相关部门科学推进制度型开放和自由贸易试验区建设提供更具针对性的政策建议。

二　制度背景、文献回顾及机理分析

（一）制度背景

制度型开放是建设更高水平开放型经济体制的出发点和落脚点，也是国家治理体系和治理能力现代化在对外开放领域的重要体现。2018 年 12 月，中央经济工作会议首次提出"要适应新形势、把握新特点，推动由商品和要素流动型开放向规则等制度型开放转变"，中国对外开放进入新阶段。2019 年政府工作报告中进一步强调拓展开放领域、优化开放布局，更加注重规则等制度型开放。2021 年《中华人民共和国国民经济和社会发展第十四个五年规划和 2035 年远景目标纲要》将制度型开放从规则层面拓展至规则、规制、管理、标准等四个层面。常娱和钱学锋（2022）认为制度型开放旨在于国际及区域间，通过在贸易规则和规制、投资规则和规制、生产中的管理和标准等方面进行协调和融合来促进经济开放。制度型开放通过遵守并对接国际先进通行规则、标准，提升本国制度体系的先进性，推动"边境开放"向"境内开放"转变（戴翔和张二震，2019），能够有效破除制约发展的体制机制障碍，提升对全球高端要素的吸引力，以支持经济高质量发展。

事实上，早在制度型开放概念被明确提出之前，我国已有关于制度型开放的尝试和实践。2013 年，国务院审议通过并印发《中国（上海）自由贸易试验区总体方案》（国发〔2013〕38 号），提出建设自由贸易试验区是我国在新形势下全面深化改革和积极主动扩大开放的一项重要举措。2013年9月29日，中国（上海）自由贸易试验区正式成立。作为我国首个自由贸易试验区、新一轮区域开放的排头兵，其意在探索中国新一轮对外开放的新路径和新模式，为更高水平开放积累可复制、可推广的经验。为顺应我国由传统要素优势向制度优势转换的客观需要以及适应国际经贸规则变化的新趋势，2014年12月，国务院决定推广上海自由贸易试验区的经验，设立天津、福建、广东三个自由贸易试验区，并于2015年4月正式挂牌运作。2017年3月，我国又增设辽宁、浙江、河南、湖北、重庆、四川及陕西等7个自由贸易试验区，从而试验片区建设逐渐由沿海向内陆地区梯度推进。2018年10月，国务院正式批准设立中国（海南）自由贸易试验区，片区范围为海南岛全岛，彰显了我国进一步扩大对外开放的决心。2019年以来，为创造更多可复制推广的制度型开放经验，我国又先后在山东、江苏、广西、河北、云南、黑龙江等6个省份（2019年8月）以及北京、湖南和安徽等3个省份（2020年9月）新设自由贸易试验区，并于2020年对浙江自由贸易试验区进行扩展（见图1）。截至目前，中国已在52个城市设立自由贸易试验区片区，包括48个地级市、4个直辖市，基本形成东西南北中协调、陆海内外联动的开放新格局。

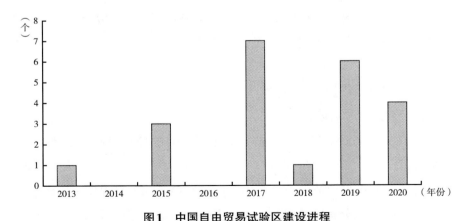

图1　中国自由贸易试验区建设进程

自由贸易试验区作为中国推进制度型开放的重要平台和载体，肩负着推动和实现新一轮高水平对外开放的重大使命。国务院于 2018 年印发《关于支持自由贸易试验区深化改革创新若干措施的通知》（国发〔2018〕38号），2021 年印发《关于推进自由贸易试验区贸易投资便利化改革创新若干措施的通知》（国发〔2021〕12 号），赋予了自由贸易试验区更大改革自主权，为各地建设自由贸易试验区指明新方向、提出新要求。自由贸易试验区创立以来，积极推进投资贸易领域的自由化便利化，致力于打造具有国际影响力和竞争力的开放型平台，随着试验片区的不断扩容，越来越多的制度创新成果在全国范围内得以复制和推广。近年来，各地自由贸易试验区围绕自身战略定位和区位优势，根据总体方案编制详细规划，持续深化差别化探索，加强压力测试，有力地推动了制度型开放的深入与发展。从政策实施效果来看，随着制度型开放的推进，通过加快构建与国际先进规则接轨的开放型经济体系，缩减外资准入负面清单，落实准入后国民待遇，有效促进了企业间的公平竞争；逐步推进金融领域开放，健全合格境外投资者制度，有利于引进和利用外资，为企业缓解资金压力；不断消除各种对外贸易壁垒，多次自主降低关税水平，以货物贸易"零关税"、服务贸易"既准入又准营"为方向推进贸易自由化便利化，实施更加开放的贸易政策，促进资金、技术、人才、管理等生产要素的流动和优化配置（李海舰和杜爽，2022）。当然，推进制度型开放所取得的阶段性成果是否会使地区全要素生产率产生明显变化，以及产生怎样的变化，还有待展开进一步翔实的实证检验。

（二）文献回顾

1. 关于制度型开放的理论研究

从现有文献来看，当前学者们对制度型开放的理论研究主要从以下三个方面展开。

一是探究制度型开放的概念与内涵。早在中国加入世界贸易组织前夕，张幼文（2000）就分析了政策性开放的局限性及所面临的制度性挑战，强调开放的制度化建设，认为加入 WTO 把我国的对外开放推进到一个"制度型开放"的全新阶段。之后，江小涓（2008）分析了加入 WTO 后中国政策性开放向制度型开放的转变，体现出"中性"开放的特征，要求对政策、体制和法律做出相应调整，并逐步形成开放型经济所需要的体制架构和法律框架。这里的制度型开放侧重于国内不同区域间制度和政策的协调融合。随着贸易和投资自由化的发展，商品和要素在全球范围内的流动性不断增强，此时仅仅注重国内规则标准的协调已无法满足全球化发展趋势的需求，而亟须与国际经贸规则进行衔接。2018年中央经济工作会议首次明确提出"制度型开放"概念。区别于传统的要素流动型开放，其更强调规则和标准的跨境协调与融合。陈福利（2019）认为制度型开放通过对接国际通行投资规则，确立外商投资准入、促进、保护、管理等基本制度框架，促进外商直接投资。东艳（2019）从贸易摩擦、贸易失衡视角分析了制度型开放应在贸易规则上实现与国际高水平标准对接。戴翔和张二震（2019）则指出制度型开放具有"境内开放""政策协调""规则导向"等内在特性。郭贝贝和董小君（2022）认为制度型开放主要包括规则制定、治理能力（包含规制与管理）、标准控制以及信用评级四个方面，且四者之间具有相辅相成的内在联系，有利于弥补当前对外开放的"制度短板"。

二是探究制度型开放与以商品和要素流动为主的传统开放之间的差异。与传统的商品和要素流动开放相比，制度型开放更加强调：第一，将规则等制度标准的协调和融合作为制度型开放的重要内容。在对标先进规则的同时，注重制定甚至引领国际经贸合作新规则。第二，关注焦点由"边境开放"转向"境内开放"。重点关注贸易和投资便利化、知识产权保护、政府采购、营商环境等新议题（戴翔，2019），进一步吸引、集聚、整合价值链高端的生产要素，提升综合竞争力。第三，比较优势的变化。相比于劳动力、资本等传统的要素禀赋优势，制度型开放将制度要素作为一种广义的生产要素参与到比较优势的形成过程当中，旨在通过提升国内制度要素的质量来创造新的比较优势（常娱和钱学锋，2022）。

三是探究制度型开放对中国经济发展的重要作用。首先，通过采取缩减外商投资准入负面清单、放宽相关领域提供跨境服务的限制等措施，中国在商品贸易、服务贸易、投资等传统对外开放合作领域的制度体系已基本与国际接轨（国家发展改革委对外经济研究所课题组，2021），为进一步扩大开放、促进外贸稳定发展奠定了基础。其次，进一步提升文化、互联网、教育等领域的对外开放水平，实现高端要素的自由流动，通过完善跨境人才流动体系，吸引全球高素质人才，提升人力资本水平，为经济发展提供人才支撑。最后，通过完善知识产权保护的制度设计，构建国际合作协调机制，提升法治化水平，有利于营造和谐稳定的发展环境。虽然中国在制度型开放现阶段在参与全球经济治理的经验与能力方面与发达经济体存在差距，但仍可以通过制度供给和补充，指导、约束和协调企业经营行为（Johnson，1986），从而在不同程度上对现有机制进行修正与创新，完善经济合作制度（刘彬和陈伟光，2022），提升区域整体实力。

2.制度型开放的政策效果评估

近年来，制度型开放的政策效果受到学界的广泛关注，而自由贸易试验区作为新时代改革开放的新高地，是中国进行制度型开放的重要探索。随着自由贸易试验区建设试点城市不断增多以及政策推行时间的不断延长，越来越多的学者开始对其效果进行评估。由于自由贸易试验区建设涉及经济发展、贸易、投资、金融等众多领域，当前对其的评估也主要集中在经济发展、出口、吸引外资、产业结构升级、资本流动以及金融自由化等方面。在经济发展方面，谭娜等（2015）、王利辉和刘志红（2017）、殷华和高维和（2017）均以上海自由贸易试验区为例，考察上海自由贸易试验区设立对当地经济发展的影响，发现上海自由贸易试验区建设对当地经济发展有明显的促进作用；叶修群（2018）采用中国省级面板数据，基于前两批次设立的上海、广东、天津和福建4个自由贸易试验区构造准自然实验，发现自由贸易试验区建设可有效促进地区的经济增长。从出口角度看，蒋灵多等（2021）研究发现自由贸易试验区建设促进城市产品出口增长，并且其与"一带一路"建设存在联动效应。从吸引外资角度看，曹翔等（2021）认为自由贸易试验区的设立主要通过降低融资成本和制度性交易成本两个渠道显著地促进了企业的外资引进。从产业结构升级角度看，邓慧慧等（2020）、梁双陆等（2020）认为自贸区设立的产业升级效应因自贸区的区位条件、资源禀赋、利用外资等的不同而呈现出差异性，且其主要通过进出口贸易结构以及投资结构路径来影响产业结构转型升级。从资本流动角度看，Yao 和 Whalley（2015）检验了上海自由贸易试验区设立对资本管制的影响，研究发现自由贸易试验区设立有利于放松地区资本管制；韩瑞栋和薄凡（2019）基于 2004~2016 年中国省级面板数据，采用合成控制法，研究发现上海、天津、广东和福建自贸区的设立有效促进了国际资本的双向流动。从金融自由化角度看，Yao 和 Whalley（2016）以上海自由贸易试验区为例，研究发现自贸区设立有利于增加新创企业数量，促进金融自由化。

上述研究主要关注了自由贸易试验区建设的一般经济效应，而全要素生产率提升作为推动经济高质量发展的核心任务之一（张莉等，2019），其是否受到制度型开放政策的影响，亦引起学者们的关注。吕洪燕等（2020）基于 2012~2018 年中国 A 股上市公司数据，研究发现自由贸易试验区建设显著提升了试验片区所在省份企业的全要素生产率。王良虎和王钊（2021）利用 2010~2017 年省级面板数据，研究发现自由贸易试验区的设立显著缓解了片区内的资源错配问题。进一步地，王亚飞和张毅（2021）基于 2004~2016 年地级市面板数据，系统评估了资本错配和产业集聚在自贸区设立对全要素生产率影响过程中发挥的作用。Wang 等（2022）基于 2004~2018 年地级市面板数据，研究发现自贸区建设通过提高科技创新水平、减少政府干预、提高人力资本水平等途径推动城市绿色全要素生产率的提升。王明益和姚清仿（2022）则利用 2009~2018 年城市面板数据，分析了自由贸易试验区建设与资源配置效率之间的关系。

基于上述分析可以看出，当前有关制度型开放的理论研究与效果评估已取得较为丰硕的成果，但对于营商环境究竟在自由贸易试验区建设影响全要素生产率的过程中扮演了什么样的角色、发挥了什么样的作用，尚缺乏系统的论证。基于此，本文从营商环境的视角，深入分析制度型开放对全要素生产率的影响，并以截至目前设立的所有自由贸易试验区为样本构建准自然实验，运用双重差分模型方法，实证检验制度型开放能否通过优化地区营商环境对全要素生产率产生影响。

（三）机理分析

以科斯和诺思为代表的新制度经济学派认为，制度是影响社会经济发展的重要因素。他们通过引入产权、交易成本等概念解释企业未能充分使用资源从而在生产可能性曲线以内生产的原因，并认为制度创新可以有效解决这一问题。North（1992）认为，制度通过提供一系列规则来界定人们的选择空间，约束人们的相互关系，从而减少环境中的不确定性和交易费用，促进企业生产性活动，提高经济效率。从宏观角度看，通过对原有经济制度进行阶段性调整、改革和创新，实现制度变迁，能够进一步激发经济主体的潜能和创造力，推动技术及生产函数的创新，提高生产效率（马宏伟，2003）。从微观角度看，制度具有非竞争性和非排他性，主要通过改变要素报酬率在方向和幅度两方面发挥作用（俞林等，2019），因此，制度作为一项激励机制本身具有促进生产率变化的功能。以自由贸易试验区为代表的制度型开放，作为一项新的制度创新，通过统筹推进区域开放平台建设，在片区内进一步放宽外商投资准入限制、加大科技资金投入以及实施税收优惠政策等，有利于提高片区的贸易、投资自由化和便利化水平，吸引高新技术企业在自由贸易试验区内集聚，从而在促进地区产业升级的同时（邓慧慧等，2020），对地区的生产率产生重要影响。同时，制度型开放也会吸引大量经济主体进入开放市场，由此带来的竞争效应迫使企业不断投资于知识、技能和技术，从而在激烈竞争环境中获得生存空间并发展壮大，不断提高生产要素的报酬和生产率。基于以上分析，本文提出假说 1：

H1：制度型开放能够有效促进地区全要素生产率的提升。

新制度经济学理论认为，制度和制度环境构建了经济社会行为的基本准则，影响着行为主体的动机和方式（Coase，1998）。企业所面临的营商环境是从企业开办、生产、经营到破产等各个环节影响因素的综合，包括影响企业活动的社会要素、经济要素、政策要素等（李志军，2019），而制度变革会使一个地区的营商环境的不确定性增强，进而使企业的经营战略、生产方式和投资行为产生变化。制度型开放作为一项制度创新政策，其可通过降低交易成本、促进市场竞争、提升政府服务能力、对标先进规则标准等途径对地区营商环境产生影响。首先，自由贸易试验区通过充分发挥制度创新优势，完善治理体系，有助于降低市场中存在的制度性交易成本，为企业开展相关生产经营活动提供便利，进而优化地区营商环境。其次，自由贸易试验区坚持企业的市场主体地位，通过降低片区内高新技术及外商企业等市场主体的准入门槛，完善市场竞争机制，充分激发企业创造活力，营造有序的市场环境。再次，充分利用自由贸易试验区先行先试的优势，政府相关部门深化简政放权、放管结合、优化服务改革，并通过实施负面清单制度，破除清单之外的隐性壁垒，有力地提高了政府治理效能，优化了营商环境。最后，制度型开放致力于对标国际先进规则和标准，推动落后规制的改革与创新，破除制约企业发展的障碍，从而促进企业的持续健康发展，形成公平、稳定、透明、高效的营商环境。与此同时，营商环境作为一个区域内影响市场主体活动的综合环境，对一个经济体内市场主体的交易行为会产生重要影响，直接影响到经济循环（李志军，2022），良好的营商环境能够较好地促进地区的市场经济活动（李志军，2021），有助于提高企业经营的确定性预期（Bah 和 Fang，2015），促进不同市场主体公平地获取生产要素，实现生产要素的市场化配置（"中国城市营商环境评价研究"课题组，2021），进而对经济系统的生产效率产生重要影响。基于以上分析，本文提出假说2：

H2：制度型开放通过优化营商环境促进了全要素生产率的提升。

三　研究设计

（一）计量模型设定

在评估政策实施效果的相关方法中，双重差分法作为一种能够定量考察制度绩效与客观评估政策效果的工具被广泛运用。该方法通过将制度变迁和新政策视为一次外生于经济系统的"自然实验"（陈林和伍海军，2015），将"前后差异"和"有无差异"相结合，有效控制了除干预因素以外其他因素的影响。本文将中国自由贸易试验区政策视为一项外生于全要素生产率变化的准自然实验，采用双重差分方法对其政策效应进行评估。考虑到试点政策的实行是分批次推进的，因此，本文构建多时点双重差分模型，具体如下：

$$TFP_{c,t} = \alpha + \beta Open\_Policy_{c,t} + \gamma X'_{c,t} + CityFE + YearFE + \varepsilon_{c,t} \qquad (1)$$

其中，因变量 $TFP_{c,t}$ 表示城市 c 在年份 t 的全要素生产率，$Open\_Policy$ 表示自由贸易试验区建设，$CityFE$ 为城市固定效应，$YearFE$ 为年份固定效应，另外，模型除了考虑城市和年份固定效应外，为剔除其他因素对识别制度型开放政策效应可能产生的干扰，还引入一系列城市层面的相关控制变量 $X'_{c,t}$。$\varepsilon_{c,t}$ 为随机扰动项，α、β 为待估计参数。

（二）变量描述与数据说明

1.被解释变量

全要素生产率（TFP）。对于全要素生产率的测度，根据测算过程中生产前沿面设定的不同，可以分为以随机前沿分析（Stochastic Frontier Analysis，SFA）为代表的参数法和以数据包络分析（Data Envelopment Analysis，DEA）为代表的非参数法两类（鲁晓东和连玉君，2012）。其中，数据包络分析法利用线性规划技术构造出最佳生产实践的前沿面，并由此来评估决策单元的相对效率，具备不需要对生产函数结构做先验假定、不需要对参数进行估计、允许无效率行为存在、易于处理多投入多产出模式下的效率度量、能对全要素生产率变动进行分解等优点。因此，本文根据 Färe 等（1994），使用 Malmquist 生产率指数法测算地区全要素生产率，并进一步将其分解为技术进步指数（$Techch$）与技术效率变化指数（$Effch$）两个部分。技术进步主要表现为由技术和工艺创新等推动的生产前沿面的向外移动，而技术效率变化则体现了制度、管理创新及规模变化而使得实际生产点与前沿面之间的距离发生了变化。本文根据 Färe 等（1994）对 Malmquist 生产率指数进行测算，并将其换算成全要素生产率（TFP）。具体为，假定基年，即 2007 年 $TFP=1$，则 2008 年 TFP 等于 2007 年 TFP 乘以 2008 年 Malmquist 生产率指数，以此类推。技术进步指数（$Techch$）、技术效率变化指数（$Effch$）计算方法与 TFP 相同。

需要说明的是，采用 DEA 的 Malmquist 方法测算全要素生产率时，产出为各地区以 2007 年为基期核算的实际 GDP；劳动投入为各地区从业人员数量；资本投入为各地区的固定资本存量，采用永续盘存法来计算，并且折旧率取9.6%（张军等，2004）。

2.核心解释变量

制度型开放（*Open_Policy*）。自由贸易试验区作为制度创新的"试验基地"、制度型开放的"压力测试场"，形成了一批可复制可推广的经验成果，为全国的制度型开放奠定了基础，是一项典型的制度型开放政策。因此，本文将自由贸易试验区建设作为一项准自然实验，以自由贸易试验区的实施片区所在城市的虚拟变量与政策实施时间虚拟变量的交互项（*Treat* × *Post*）表征制度型开放的政策处理效应（*Open_Policy*）。具体地，本文的研究实验处理组为自由贸易试验区实施片区所在城市，*Treat*变量设置为1，控制组为未设立自由贸易试验区所在城市，*Treat*变量设置为0；以各自由贸易试验区政策实施时间为节点，将政策实施时间之前的*Post*变量赋值为0，实施之后赋值为1；对于实施当年*Post*的赋值，本文参考蒋灵多等（2021）的研究，根据当年受冲击的月份数占全年的比重进行赋值。

3.中介变量

营商环境（*business*）。制度型开放作为一项注重制度层面的系统性开放政策，通过对国际经贸合作领域先进规则和标准进行学习和借鉴，有利于推动构建现代化开放经济治理体系，从而优化地区营商环境，进一步对城市全要素生产率产生影响。关于中国地区层面营商环境的测度，代表性的有王小鲁等（2020）的《中国分省企业经营环境指数2020年报告》、徐现祥等（2020）的《中国营商环境报告（2020）》以及李志军（2021）的《2020中国城市营商环境评价》等。其中，王小鲁等（2020）和徐现祥等（2020）主要报告了中国分省区市的营商环境情况，而李志军（2021）则给出了中国城市层面的营商环境评价。本文采用城市层面的数据，因此主要基于李志军（2021）所构建的中国城市营商环境评价指标体系，从公共服务、人力资源、市场环境、创新环境、金融服务、法治环境及政务环境7个维度衡量中国城市营商环境水平。但需要说明的是，本文对李志军（2021）的中国城市营商环境评价指标体系做了一些改进。本文采用前5个营商环境要素中的细化指标，但是对于法治环境指标包括的司法公开信息度指数以及政务环境指标包括的政商关系指数，限于数据可得性以及报告年份数据的缺失，本文改用各地级市中级人民法院公开判决书数量和政府门户网站绩效评估结果来分别反映各地区的司法公开信息度和电子政务效率。

4.控制变量

考虑到除了政策因素外，其他城市特征因素也可能对地区全要素生产率产生影响，因此参考以往文献，本文在计量模型中加入以下城市层面的控制变量。

（1）贸易开放度（$trade$）。在开放条件下，企业通过出口贸易直接与国际市场接触，有利于从国外学习产品设计、生产流程改进等方面的新知识和新技术（Melitz，2003），从而对生产活动及其效率产生影响。本文采用地区进出口贸易总额与GDP之比来衡量贸易开放程度。

（2）外资依存度（fdi）。外商直接投资有助于地区引进先进的管理经验、知识、技术等，产生知识溢出效应，助力当地技术水平和生产效率的提升。此外，外资的进入能够加强产业之间的前向联系和后向联系，通过为当地企业提供中间投入和从当地购买投入品，对企业生产部门产生多方面需求，有利于提高地区要素的产出效率。本文采用地区实际利用外商直接投资与GDP之比来衡量外资依存度。

（3）产业结构（$structure$）。随着我国经济由高速增长转向高质量发展，产业结构也发生变化。推动产业结构的合理化和高级化有利于实现产业结构、需求结构和要素结构三者的协调发展，进而引导生产要素向更高效率部门流动，提升资源利用效率。本文以地区第三产业产值占GDP的比重来表示产业结构。

（4）政府干预水平（$govern$）。政府作为市场经济的主要参与者之一，其对市场经济发展具有全局性的规划、协调、服务、监督的作用（"中国城市营商环境评价研究"课题组，2021）。适度的政府干预行为能够弥补市场机制的缺陷和不足，优化资源配置，规范市场运行。本文采用政府支出与GDP之比来衡量政府干预水平。

（5）城市人力资本（$lnhumcap$）。人力资本是知识和技术的主要载体，也是新技术和新思想的来源（薛楚江和谢富纪，2022）。较高的人力资本水平有利于推动地区技术进步和创新产出，从而助推地区生产率的提高。本文选用每万人普通高等学校在校学生数的对数衡量城市人力资本。

（6）基础设施水平（lninfros）。基础设施对资源配置的优化和生产率的提升具有重要影响。完善的基础设施不仅能够为区域内的生产经营活动提供有力支持，也为企业间资源要素和产品服务的自由流动提供了便利。本文采用城市公路客运量的对数表征一个地区的基础设施水平。

5.数据说明

本文以2007~2020年285个地级市、52个自由贸易试验区试点城市（包括4个直辖市）为考察样本展开研究（安徽省巢湖市自2011年起调整为县级市，划归为合肥市代管，而山东省莱芜市自2019年起划归为济南市，因此，文中剔除了巢湖市和莱芜市的观测样本）。本文数据主要来源于2007~2020年《中国城市统计年鉴》《中国城市建设统计年鉴》以及各地级市统计年鉴，包含了各年份各个地区全社会从业人员、地区生产总值、固定资产投资总额等信息。个别缺失值采用线性插值法补齐。营商环境主要数据来源于《2020中国城市营商环境评价》（李志军，2021）[①]，而各地级市中级人民法院公开判决书数量和政府门户网站绩效评估结果分别来自中国裁判文书网和国脉电子政务网站。表1为主要变量定义及测度方法。表2为主要变量的描述性统计结果。

表1　变量定义及测度

变量定义	变量符号	测度方法
制度型开放	Open_Policy	虚拟变量 Treat 和 Post 的交互乘积
全要素生产率	TFP	运用DEA–Malmquist生产率指数法测算
营商环境	business	参考《2020中国城市营商环境评价》计算
贸易开放度	trade	城市进出口贸易总额/城市GDP
外资依存度	fdi	城市实际利用外商直接投资/城市GDP
产业结构	structure	城市第三产业产值/城市GDP
政府干预水平	govern	城市政府支出/城市GDP
城市人力资本	lnhumcap	每万人普通高等学校在校学生人数取对数
基础设施水平	lninfros	城市公路客运量取对数

---

① 　《2020中国城市营商环境评价》提供了2019年和2020年的城市营商环境评价得分。对于其他年份的营商环境得分，本文手工整理相关数据并根据李志军（2021）计算得出。

表2　变量的描述性统计

变量	观测值	均值	标准差	最小值	最大值
Open_Policy	3990	0.033	0.172	0.000	1.000
TFP	3990	0.871	0.249	0.045	2.692
business	3895	0.700	2.287	0.200	72.756
trade	3990	0.258	0.487	−1.224	9.592
fdi	3909	0.024	0.035	−0.315	1.075
structure	3984	0.433	1.119	0.000	57.550
govern	3988	0.288	0.318	0.009	8.379
lnhumcap	3896	10.506	1.325	5.442	14.083
lninfros	3932	8.379	1.056	−0.386	12.566

四　实证结果与分析

（一）基准回归结果

基于2007~2020年中国285个地级市的面板数据，运用双重差分法对式（1）进行估计。表3汇报了制度型开放对全要素生产率影响效应的回归估计结果。

表3　基准回归结果

变量	（1）TFP	（2）TFP	（3）TFP	（4）TFP
Open_Policy	−0.019	0.116***	−0.009	0.089***
	(0.023)	(0.032)	(0.020)	(0.031)
截距项	0.871***	0.867***	0.691***	1.000***
	(0.004)	(0.001)	(0.035)	(0.164)
控制变量	否	否	是	是
城市固定效应	否	是	否	是
年份固定效应	否	是	否	是
样本量	3990	3990	3764	3761
R²值	0.000	0.751	0.277	0.776

注：***、**、*分别表示参数的估计值在1%、5%、10%的统计水平下显著。下同。

其中，表3列（1）和列（3）为未控制城市和年份固定效应的估计结果，而列（2）和列（4）则控制了城市和年份固定效应，并且列（4）同时还控制了一系列控制变量。从估计结果来看，列（2）和列（4）控制城市和年份固定效应以后，一定程度上降低了遗漏变量的影响，具有更好的拟合优度，并且其结果显示 *Open_Policy* 的回归系数显著为正，表明制度型开放对全要素生产率有显著的正向影响。正如前文所述，制度型开放政策的实施和推进，不仅有利于营造良好的营商环境，还有利于推进贸易投资便利化，吸引人才、技术等要素集聚，激发地区创新活力，从而促进了地区全要素生产率的提升。

（二）平行趋势检验

在使用双重差分法识别政策效果之前，需满足平行趋势检验假设，即在设立自由贸易试验区之前，处理组和控制组的全要素生产率变化趋势应该相同，具体模型构建如下：

$$TFP_{c,t} = \alpha + \sum_{t=-3}^{8} Treat_{c,t} \times Post_{c,t} + \gamma X'_{c,t} + CityFE + YearFE + \varepsilon_{c,t} \quad (2)$$

其中，时间虚拟变量的取值为当期年份与各城市设立自由贸易试验区年份的差值。由于政策试验片区城市是在2013~2020年分批次设立的，不同城市的相对时间存在差异。具体地，以政策实施当年（赋值为0）为分界线，设立前一年的数值为-1，设立后一年的数值为+1。未受到政策冲击的控制组样本均赋值为0。其他变量与参数说明同模型（1）。此外，本文的研究时期为2007~2020年，而首批自由贸易试验区设立的时间为2013年，虚拟变量的取值范围为［-13，7］，两端的观测值较少。因此，为避免多重共线性，借鉴 Fajgelbaum 等（2020）的研究，将其他城市小于或等于-8的相对年份统一设置为-8，并将这一时期的虚拟变量剔除。结果显示，自由贸易试验区实施前各期的系数估计值均不显著，这表明政策发生前，实验组和对照组在全要素生产率上并无显著差异，通过了平行趋势检验。

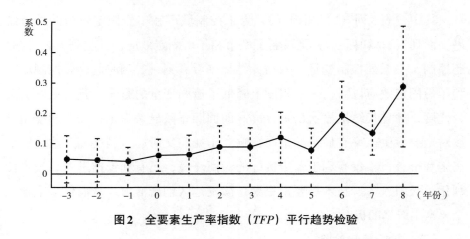

图2　全要素生产率指数（*TFP*）平行趋势检验

（三）稳健性检验

1. 多期倾向得分匹配—双重差分（PSM-DID）检验

自由贸易试验区政策本质上是一种非随机化试验，可能存在样本选择性偏差（Sample Selection Bias）和自选择偏差（Self-Selection Bias）的问题。因此，本文将贸易开放度、外资依存度、产业结构、政府干预水平、城市人力资本、基础设施水平作为匹配变量，并选择控制组中倾向得分最接近的作为处理组匹配样本，构建截面PSM，保留共同支撑部分数据集，进一步构建多期PSM-DID模型，对匹配数据进行平衡性检验。表4中列（1）报告了多时点PSM-DID的回归结果。从估计结果来看，*Open_Policy*的交互项系数显著为正，一定程度上表明自由贸易试验区建设对全要素生产率有显著的正向影响，结果具有稳健性。

2. 对政策实施时间进行预期效应检验

在使用双重差分法时需满足政策影响是外生的，即试验片区在政策实施前不应产生预期调整效应，从而影响地区全要素生产率。因此，为检验地区全要素生产率是否对自由贸易试验区的设立形成了有效预期，本文在模型（1）的基础上加入 $Treat \times Post_{c, t-1}$ 的交互项进行回归。结合表4列（2）的估计结果可知，*Open_Policy*的系数显著为正，表明试验片区在政策实施前未进行预期调整。本文的估计结果具有稳健性。

3. 加入控制变量的一阶滞后项

为进一步检验结论的稳健性，克服自由贸易试验区建设与各控制变量之间可能存在的逆向因果关系，本文将模型中所有的控制变量均滞后一期，并代入式（1）进行检验估计。表4列（3）的结果显示，在加入控制变量一阶滞后项后，*Open_Policy* 的系数仍显著为正，表明基准回归结果具有稳健性。

4.控制随时间变化的城市固定效应

进一步地，为尽量克服那些既随时间变化又随城市个体变化的不可观测效应可能带来的内生性问题，本文在模型中加入城市和时间的交互固定效应，估计结果如表4列（4）所示。从结果来看，虽然与表3的基准回归结果相比，*Open_Policy* 的系数大小有所降低，但显著性和符号均未发生明显变化，一定程度上说明前文的估计结果是稳健的。

5.异质性处理效应的稳健性检验

根据 Chaisemartin 和 D'Haultfoeuile（2020）以及 Baker 等（2022），当直接使用双向固定效应回归模型来评估政策冲击的影响时，可能会出现"异质性处理效应"（Heterogeneous Treatment Effects）。当不同个体受到政策冲击的时间有所差异时，模型中的估计系数被视为所有受处理样本的处理效应加权平均和。尽管处理效应的权重加总应为1，但由于负权重的存在，可能估计系数的值与平均处理效应的符号不一致，从而引起估计结果的偏误。基于此，本文参考 Chaisemartin 和 D'Haultfoeuile（2020），对基准回归模型进行异质性处理效应检验，结果显示异质性处理稳健性指标约为0.422，且在考虑模型估计状态转换效应（Switching Effect）后，得到的核心解释变量估计值为0.047，与本文的实际估计结果数值0.089相差较小且方向一致。进一步地，本文根据 Gardner（2021）构建两阶段双重差分模型：

$$TFP_{c,t} = \lambda treat + \gamma post + \beta Open\_Policy_{c,t} + \varepsilon_{c,t} \qquad (3)$$

在第一阶段，筛选出 $Open\_Policy_{c,t} = 0$ 的控制组个体，并根据式（3）回归计算得出 $\lambda treat$ 和 $\gamma post$。在第二阶段，将样本数据中的组别效应和时期效应剔除，并将所得余值与处理组变量进行回归，结果如表4列（5）所示。从表4来看，*Open_Policy* 估计系数显著为正，结果具有稳健性。

6.排除其他政策的干扰

本文的样本考察期为2007~2020年，除自由贸易试验区建设这一因素外，2012年后分批次设立的智慧城市试点政策以及2013年提出建设"新丝绸之路经济带"和"21世纪海上丝绸之路"的合作倡议可能也会对不同城市的全要素生产率产生影响。因此，本文在基准回归模型中，加入智慧城市识别变量（Smart）和"一带一路"沿线城市识别[①]变量（BR）与各自政策实施年份的时间虚拟变量（Post）的交互项重新进行估计，结果如表4中列（6）和列（7）所示。估计结果显示，在控制智慧城市试点政策和"一带一路"倡议后，Open_Policy系数仍显著为正，即自由贸易试验区建设对全要素生产率有显著的正向影响，结果依然稳健。

表 4 稳健性检验

变量	(1) TFP PSM-DID	(2) TFP 预期效应	(3) TFP 滞后一期	(4) TFP 交互固定	(5) TFP 异质性处理	(6) TFP 排除其他政策的干扰	(7) TFP
Open_Policy	0.081***	0.092**	0.110***	0.044***	0.020***	0.089***	0.065**
	(2.597)	(0.037)	(0.031)	(0.017)	(0.006)	(0.031)	(0.027)
$Open\_Policy_{c,\,t-1}$		0.028					
		(0.035)					
Smart_Post						−0.016	
						(0.014)	
BR_Post							0.065
							(0.041)
控制变量	是	是	是	是	是	是	是
城市固定效应	是	是	是	是	是	是	是
年份固定效应	是	是	是	否	是	是	是
城市×年份效应	否	否	否	是	否	否	否
样本量	3525	3509	3506	3761	3990	3761	3761
R²值	0.669	0.645	0.764			0.777	0.778

7.安慰剂检验

为进一步检验制度型开放促进全要素生产率的提升是否是由其他随机性因素引起的，本文借鉴 Cai 等（2016），通过随机生成处理组虚拟变量

[①] 本文关于"一带一路"沿线城市的识别借鉴蒋灵多等（2021）的研究，参考国家发展改革委、外交部、商务部于2015年3月联合发布的《推动共建丝绸之路经济带和21世纪海上丝绸之路的愿景与行动》得到。

$Treat^{random}$和政策实施时间虚拟变量$Post^{random}$进行安慰剂检验。进一步，在285个样本城市中随机抽取52个城市作为处理组，并随机设定政策冲击时间，得到自由贸易试验区设立影响全要素生产率的安慰剂系数估计值。将上述过程重复500次，并绘制所得到的500个回归系数估计值的核密度及其P值分布图。结果显示，$Open\_Policy$的估计系数集中分布在0附近且呈正态分布，与此同时，实际政策冲击的估计结果也显著差异于安慰剂测试结果。据此，我们可以推测制度型开放对全要素生产率的影响效应并未明显受到其他随机性因素的影响。本文的估计结果具有稳健性。

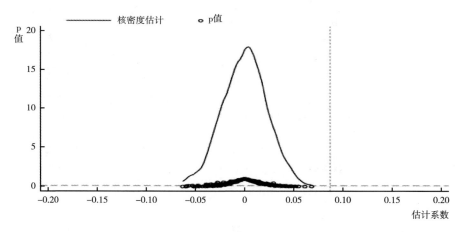

图3　安慰剂检验

（四）机制分析

基于前文的理论分析，为探究制度型开放政策能否通过影响地区营商环境，对全要素生产率产生影响，本文构建如下模型：

$$business_{c,t} = \alpha + \varphi Open\_Policy_{c,t} + \gamma X'_{c,t} + CityFE + YearFE + \varepsilon_{c,t} \quad (4)$$

其中，$business_{c,t}$为营商环境变量。其他变量与前文一致。如果系数φ显著为正，说明制度型开放政策通过优化营商环境对全要素生产率产生了影响，即中介效应成立。

表5列（1）报告了估计结果。$Open\_Policy$的估计系数显著为正，与理论预期一致，即制度型开放有助于营商环境的优化，从而对地区全要素生产率产

生积极影响。正如上文所言，以自由贸易试验区建设为代表的制度型开放，旨在主动对接、积极参与国际规则标准的整合与制定，其政策内容涵盖了审批准入、市场竞争、知识产权、市场环境等各个方面，有利于营造良好的营商环境和市场运行体系，降低企业交易成本，对企业的创新、创业产生正向影响，提升企业自主性（李志军，2022），从而助推地区全要素生产率的提升。

表5　机制检验结果

	Panel A			
	(1)	(2)	(3)	(4)
变量	business	Pub	HR	ME
Open_Policy	1.752***	1.096***	0.675***	0.664**
	(0.580)	(0.310)	(0.185)	(0.279)
控制变量	是	是	是	是
城市固定效应	是	是	是	是
年份固定效应	是	是	是	是
样本量	3739	3761	3761	3751
R² 值	0.569	0.834	0.918	0.391
	Panel B			
	(5)	(6)	(7)	(8)
变量	Inno	FS	Law	Govern
Open_Policy	4.143**	2.104***	1.555***	1.441*
	(1.719)	(0.744)	(0.576)	(0.734)
控制变量	是	是	是	是
城市固定效应	是	是	是	是
年份固定效应	是	是	是	是
样本量	3761	3761	3761	3749
R² 值	0.598	0.106	0.882	0.684

由上文营商环境的评价指标体系可知，本文的营商环境包括了公共服务（Pub）、人力资源（HR）、市场环境（ME）、创新环境（Inno）、金融服务（FS）、法治环境（Law）和政务环境（Govern）共7个方面。为进一步澄清制度型开放具体通过影响营商环境的哪一方面对全要素生产率产生影响，本文分别以这7个方面作为中介变量进行回归，结果如表5中列（2）～（8）所示。从估计结果可知，7个变量的回归系数均显著为正，一定程度上表明制度型开放作为一项综合性的制度创新政策，其有效运作有利于优化公共服务、人力资源、市场环境、创新环境、金融服务、法治环境及政务环境等体现营商环境建设内容的各个方面，从而有效地促进了地区全要素生产

率的提升。

（五）异质性分析

考虑到制度型开放政策对全要素生产率的影响可能会因城市规模、城市行政等级以及城市区位特征的不同而存在显著差异，接下来，本文将从以下三个方面展开异质性分析。

1.城市规模的异质性

城市经济学认为城市规模的扩大有利于促进产业集群发展，从而为劳动力在产业间的转移提供空间，吸引大量人才迁入城市（陈建军等，2009）。规模较大的城市具有经济集聚效益，有利于提供良好的生产基础设施以及完善的信息技术服务，并在知识管理和技术创新等方面产生溢出效应，从而对城市全要素生产率产生影响。本文参考2014年《国务院关于调整城市规模划分标准的通知》（国发〔2014〕51号）中的新标准对城市规模进行划分。其中，将常住人口100万以下的城市划定为中小型城市，100万以上的城市划定为大型及以上城市。估计结果如表6列（1）所示。$Scale \times Open\_Policy$交互项系数为0.506，且在1%的水平下显著为正。这也意味着制度型开放对全要素生产率的影响，因城市规模不同而呈现出显著差异。相较于规模较小城市，规模较大城市在经济发展水平、基础设施建设以及人才储备和吸引力等方面均具有明显优势，这也有助于其制度型开放政策效能的充分释放。而规模较小城市经济实力相对较弱，在吸引人才及集聚资源等方面均处于相对劣势，从而在一定程度上限制了制度型开放政策的实施效果。

2.城市行政等级的异质性

考虑到在设立自由贸易试验区及其实施范围时，可能会将城市行政等级作为自由贸易试验区筛选的参考标准，从而使得不同地区的开放发展具有不均衡性。因此，为考察制度型开放对全要素生产率的影响在行政等级不同城市组别间是否存在差异，本文对城市行政等级的划分参考白俊红等（2022）的研究，将省会城市、计划单列市和经济特区城市等级虚拟变量（$Rank$）赋值为1，其他城市赋值为0。在此基础上，通过在基准模型中加入$Rank \times Open\_Policy$的交互项，探讨自由贸易试验区建设效果是否因城市等级不同而不同。结果如表6中列（2）所示，尽管 *Rank×Open_Policy* 系数为正，但并不显著。这在一定程度上表明制度型开放政策对全要素生产率的影响在行政等级不同城市组别间并无显著差异，即自由贸易试验区建设作为一项旨在激发市场活力，推进规制、标准以及体制机制优化的制度创新，其提升生产率效能的发挥，并不会明显受到城市行政级别的影响。

3.城市区位特征的异质性

从地理位置看，自由贸易试验区的建设进程整体呈现由沿海向内陆地区扩展的态势。鉴于内陆地区和沿海地区在经济实力、发展空间、区位优势等方面存在差异性，本文参考国务院发展研究中心发布的区域协调发展的战略与政策中的八大综合经济区作为划分标准，将北部沿海、东部沿海、南部沿海省份划定为沿海地区，其余为内陆地区，进一步检验自由贸易试验区对全要素生产率的影响在内陆地区和沿海地区是否存在异质性。估计结果分别报告于表6中列（3）和列（4）。结果显示，制度型开放政策对沿海城市全要素生产率的提升有着显著的促进作用，而内陆地区的政策效应暂未显现。原因可能在于，一方面，沿海地区在地理位置、人才、资金等方面具有一定的优势，因而可以更好地支持自由贸易试验区的发展；另一方面，内陆地区自由贸易试验区的设立时间相对较晚，相关政策措施有待于进一步贯彻落实，这也使得内陆地区制度型开放政策对全要素生产率的影响效应可能暂未充分显现。

表6 自由贸易试验区建设的异质性分析

变量	(1) *TFP* 城市规模	(2) *TFP* 城市行政等级	(3) *TFP*	(4) *TFP*
			城市区位特征	
Scale × Open_Policy	0.506*** (0.029)			
Rank × Open_Policy		0.068 (0.057)		
Seacity × Open_Policy			0.122*** (0.040)	

变量	（1） TFP 城市规模	（2） TFP 城市行政等级	（3） TFP 城市区位特征	（4） TFP
Landcity × Open_Policy				0.052 (0.044)
控制变量	是	是	是	是
城市固定效应	是	是	是	是
年份固定效应	是	是	是	是
样本量	3761	3764	3764	3764
R^2值	0.778	0.672	0.681	0.679

（六）进一步检验：技术进步还是效率提升？

如上文所述，全要素生产率（TFP）可分解为技术进步（Techch）与技术效率变化（Effch）。那么自由贸易试验区建设主要是通过推动前沿面的技术进步还是通过推进实际生产点向前沿面靠近的技术效率变化来促进全要素生产率提升呢？接下来，本文拟对其进行检验。

具体地，本文将技术进步（Techch）与技术效率变化（Effch）指数替换式（1）中的被解释变量，重新进行回归，结果如表7列（1）~（2）所示。

表7　进一步检验结果

变量	（1） Techch	（2） Effch	（3） Ptech	（4） Sech
Open_Policy	0.016 (0.024)	0.117*** (0.042)	0.077* (0.043)	0.026 (0.027)
控制变量	是	是	是	是
城市固定效应	是	是	是	是
年份固定效应	是	是	是	是
样本量	3981	3981	3981	3981
R^2值	0.988	0.808	0.707	0.823

从表7列（1）和（2）来看，自由贸易试验区建设对技术效率变化有显著的正向影响，而对技术进步的影响并不显著。这与王亚飞和张毅（2021）的研究结果并不完全一致。王亚飞和张毅（2021）利用2004~2016年研究数

据发现，自由贸易区建设主要通过推进技术进步，而非技术效率变化对城市生产率产生重要影响，其原因除了变量样本以外①，本文认为自由贸易试验区作为一项中国深化改革、主动融入全球经济的制度创新，主要是通过释放制度效能促进了全要素生产率的提升，从而使得其对技术效率变化的影响更为明显。进一步地，本文根据 Färe 等（1994）的研究将技术效率变化（*Effch*）分解为纯技术效率（*Ptech*）和规模效率（*Sech*），对研究结果做了进一步检验。其中，纯技术效率变化主要反映了制度和管理创新等对技术效率提升的影响，而规模效率则集中体现了规模变化的影响。从表 7 中列（3）和列（4）可以看出，自由贸易试验区建设对纯技术效率变化有显著的正向影响，而对规模效率的影响并不显著。这一结果也在一定程度上进一步印证了前文的研究结论，即自由贸易试验区建设主要通过一系列制度创新来充分释放制度效能从而促进了全要素生产率的提升。当然，由于自由贸易试验区建设的技术进步效应还未充分显现，这也启示在今后的相关工作中，应进一步优化自由贸易试验区建设方案，加强有利于技术进步与技术创新的政策设计，通过充分吸引高技术人才与资本的流入，促进试验区创新能力的提升和更高水平的对外开放。

五 结论与政策启示

在全球经济不确定性因素日益增加的背景下，制度型开放作为一项主动对接国际市场、参与国际竞争的重要战略举措，对于中国实现更高水平对外开放，进而助力经济高质量发展具有重要意义。本文利用 2007~2020 年中国 285 个地级市面板数据构建多期双重差分模型，系统评估了以自由贸易试验区为代表的制度型开放对全要素生产率的影响。研究发现，考察期内制度型开放显著提升了片区城市的全要素生产率，并且这一结论得到了一系列稳健性检验的支持。机制检验发现，制度型开放有利于优化地区营商环境，从而对提升全要素生产率产生重要影

---

① 王亚飞和张毅（2021）的考察年份截至 2016 年，其自由贸易试验区只有上海、天津、厦门、福州、珠海及深圳六个。

响。异质性分析发现，自由贸易试验区建设对全要素生产率的影响因城市区位以及城市规模不同而不同，但在不同行政等级的城市组别间，其影响并无明显差异。进一步研究发现，制度型开放主要通过影响技术效率变化，特别是反映制度创新的纯技术效率变化对全要素生产率产生作用，而对技术进步的影响并不明显。基于以上结论，本文的政策启示如下。

第一，不断完善制度型开放政策，有效支撑地区营商环境优化。本文研究发现，营商环境是制度型开放助力地区全要素生产率提升的重要路径。这就需要，一方面，进一步优化营商环境体系设计，充分发挥自由贸易试验区平台优势，有效破解企业生产经营中的堵点痛点，为企业运作提供良好的营商环境支持，激发企业活力；另一方面，建立健全有利于制度型开放政策实施的监督评价机制，对其进行事前和事后的充分评估，使政策更加科学精准、务实管用，并积极完善政策服务体系，对营商环境诉求及时受理和办理，确保政策的顺利贯彻与落实。

第二，进一步推进内陆地区制度型开放建设，实现更高水平区域协调发展。本文研究发现，内陆地区的制度型开放尚未对全要素生产率提升产生明显促进作用。因此，当前阶段，国家应重视并加强内陆地区对外开放高地建设，进一步优化区域开放空间布局，强化内陆地区自由贸易试验区开放型经济集聚功能，着力打造未来发展新优势。与此同时，内陆地区要善于"借力发力""借梯登高"，实行更加积极主动的开放战略，积极学习借鉴沿海地区自由贸易试验区建设的先进经验，营造"鼓励创新、宽容失败"的氛围，通过加强区域间的交流与合作，推动内陆地区制度型开放向更高水平迈进。

第三，构建多元融合的政策内容体系，为各地区开放发展和创新能力建设提供政策支持。随着自由贸易试验区建设的不断推进与扩容，其已逐渐形成覆盖全国各区域和部分沿边地区的战略布局。因而，在未来的政策推进中，首先，应进一步加强顶层设计，由中央整体统筹，围绕新发展阶段面临的新形势、新任务、新要求对自由贸易试验区建设做重点谋划；其次，要充分明确各试验片区的功能定位，注重不同城市地区间发展路径的差异性，培育和激发地区发展新动能，实现因地制宜、特色发展；最后，由于各地区自由贸易试验区建设的技术进步效应尚未充分显现，各地区应在现有基础上，充分结合自身优势，加强有利于技术进步和技术创新的政策设计与环境建设，加大技术创新支持力度，借此在充分发挥其制度效能的同时，促进各地区创新能力的提升和经济高质量发展。

参考文献

［1］ 白俊红、张艺璇、卞元超，2022，《创新驱动政策是否提升城市创业活跃度——来自国家创新型城市试点政策的经验证据》，《中国工业经济》第6期。

［2］ 曹翔、马莉、余升国，2021，《自由贸易试验区的外资吸引效应——来自微观企业的证据》，《国际商务（对外经济贸易大学学报）》第5期。

［3］ 常娱、钱学锋，2022，《制度型开放的内涵、现状与路径》，《世界经济研究》第5期。

［4］ 陈福利，2019，《外商投资法开启中国制度型开放新征程》，《中国人大》第8期。

［5］ 陈建军、陈国亮、黄洁，2009，《新经济地理学视角下的生产性服务业集聚及其影响因素研究——来自中国222个城市的经验证据》，《管理世界》第4期。

［6］ 陈林、伍海军，2015，《国内双重差分法的研究现状与潜在问题》，《数量经济技术经济研究》第7期。

［7］ 戴翔、张二震，2019，《"一带一路"建设与中国制度型开放》，《国际经贸探索》第10期。

［8］ 戴翔，2019，《制度型开放：中国新一轮高水平开放的理论逻辑与实现路径》，《国际贸易》第3期。

［9］ 邓慧慧、赵家羚、赵晓坤，2020，《自由贸易试验区助推产业升级的效果评估——基于产业技术复杂度视角》，《国际商务》第5期。

［10］ 东艳，2019，《制度摩擦、协调与制度型开放》，《华南师范大学学报（社会科学版）》第2期。

［11］ 杜运周、刘秋辰、陈凯薇、肖仁桥、李姗姗，2022，《营商环境生态、全要素生产率与城市高质量发展的多元模式——基于复杂系统观的组态分析》，《管理世界》第9期。

［12］ 范硕、何彬，2020，《新时代中国特色社会主义对外开放的经济内涵与实践路径》，《经济学家》第5期。

［13］ 付奎、张杰，2022，《国家全面创新改革如何引领企业高质量发展——基于政策驱

动和制度激励双重视角》,《现代经济探讨》第8期。

[14] 郭贝贝、董小君,2022,《新发展格局下制度型开放的逻辑、内涵和路径选择》,《行政管理改革》第4期。

[15] 国家发展改革委对外经济研究所课题组,2021,《中国推进制度型开放的思路研究》,《宏观经济研究》第2期。

[16] 韩瑞栋、薄凡,2019,《自由贸易试验区对资本流动的影响效应研究——基于准自然实验的视角》,《国际金融研究》第7期。

[17] 江小涓,2008,《中国开放三十年的回顾与展望》,《中国社会科学》第6期。

[18] 蒋灵多、陆毅、张国峰,2021,《自由贸易试验区建设与中国出口行为》,《中国工业经济》第8期。

[19] 李海舰、杜爽,2022,《"十二个更加突出":习近平新时代中国特色社会主义思想精髓》,《改革》第5期。

[20] 李平,2016,《提升全要素生产率的路径及影响因素——增长核算与前沿面分解视角的梳理分析》,《管理世界》第9期。

[21] 李志军、张世国、李逸飞、单珊,2019,《中国城市营商环境评价及有关建议》,《江苏社会科学》第2期。

[22] 李志军主编,2021,《2020中国城市营商环境评价》,中国发展出版社。

[23] 李志军,2022,《我国城市营商环境的评价指标体系构建及其南北差异分析》,《改革》第2期。

[24] 李志军主编,2019,《中国城市营商环境评价》,中国发展出版社。

[25] 梁双陆、刘林龙、崔庆波,2020,《自贸区的成立能否推动区域产业结构转型升级?——基于国际数据的合成控制法研究》,《当代经济管理》第8期。

[26] 刘彬、陈伟光,2022,《制度型开放:中国参与全球经济治理的制度路径》,《国际论坛》第1期。

[27] 鲁晓东、连玉君,2012,《中国工业企业全要素生产率估计:1999—2007》,《经济学(季刊)》第2期。

[28] 吕洪燕、孙喜峰、齐秀辉,2020,《制度创新与企业全要素生产率——来自中国自由贸易试验区的证据》,《软科学》第10期。

[29] 马宏伟,2003,《经济发展与制度创新》,《经济评论》第1期。

[30] 谭娜、周先波、林建浩,2015,《上海自贸区的经济增长效应研究——基于面板数据下的反事实分析方法》,《国际贸易问题》第10期。

[31] 王利辉、刘志红,2017,《上海自贸区对地区经济的影响效应研究——基于"反事实"思维视角》,《国际贸易问题》第2期。

[32] 王良虎、王钊,2021,《中国自由贸易试验区设立能否降低资源错配?》,《西南大

学学报》第 5 期。

［33］王明益、姚清仿，2022，《自由贸易试验区建设如何影响城市资源配置效率》，《国际贸易问题》第 6 期。

［34］王小鲁、樊纲、胡李鹏，2020，《中国分省企业经营环境指数 2020 年报告》，社会科学文献出版社。

［35］王亚飞、张毅，2021，《自贸区设立对城市全要素生产率的影响研究——兼论资本错配的中介效应和产业集聚的调节作用》，《软科学》第 11 期。

［36］徐现祥、毕青苗、马晶编著，2020，《中国营商环境报告（2020）》，社会科学文献出版社。

［37］薛楚江、谢富纪，2022，《政府人才政策、人力资本与区域创新》，《系统管理学报》第 5 期。

［38］叶修群，2018，《自由贸易试验区与经济增长——基于准自然实验的实证研究》，《经济评论》第 4 期。

［39］殷华、高维和，2017，《自由贸易试验区产生了"制度红利"效应吗？——来自上海自贸区的证据》，《财经研究》第 2 期。

［40］俞林、冯依然、胡梦飞，2019，《基于要素配置效率和利用效率视角的全要素生产率研究》，《浙江大学学报（人文社会科学版）》第 4 期。

［41］张军、吴桂英、张吉鹏，2004，《中国省际物质资本存量估算：1952—2000》，《经济研究》第 10 期。

［42］张莉、朱光顺、李世刚、李夏洋，2019，《市场环境、重点产业政策与企业生产率差异》，《管理世界》第 3 期。

［43］张幼文，2000，《加入 WTO 与中国开放型市场经济》，《社会科学》第 9 期。

［44］"中国城市营商环境评价研究"课题组，2021，《中国城市营商环境评价的理论逻辑、比较分析及对策建议》，《管理世界》第 5 期。

［45］Bah E. H., Fang L. 2015. "Impact of the Business Environment on Output and Productivity in Africa." *Journal of Development Economics* 114(5):159-171.

［46］Baker A. C., Larcker D. F., Wang C. C. Y. 2022. "How Much Should We Trust Staggered Difference-In-Difference Estimates." *Journal of Financial Economics* 144(2):370-395.

［47］Cai X., Lu Y., Wu M., Yu L. 2016. "Does Environmental Regulation Drive Away Inbound Foreign Direct Investment? Evidence from a Quasi-Natural Experiment in China." *Journal of Development Economics* 133(11):73-85.

［48］Chaisemartin C. D., D'Haultfoeuile X. 2020. "Two-Way Fixed Effects Estimators with Heterogenous Treatment Effects." *American Economic Review* 110(9):2964-2996.

［49］ Coase Ronald H. 1998. "The New Institutional Economics." *American Economic Review* 88 (2):72–74.

［50］ Fajgelbaum P. D., Goldberg P. K., Kennedy P. J., Khandelwal A. K. 2020. "The Return to Protectionism." *Quarterly Journal of Economics* 135(1):1–55.

［51］ Färe R., Grosskopf S., Norris M., Zhang Z. 1994. "Productivity Growth, Technical Progress and Efficiency Change in Industrialized Countries." *American Economic Review* 84(5): 66–83.

［52］ Gardner J. 2021. "Two–Stage Differences in Differences." NBER Working Paper 2207.

［53］ Johnson C. 1986. *MITI and the Japanese Miracle: The Growth of Industrial Policy, 1925–1975.* California: Stanford University Press.

［54］ Krueger N. F., Brazeal D. V. 1994. "Entrepreneurial Potential Entrepreneurs." *Entrepreneurship Theory and Practice* 18(3):91–104.

［55］ Krugman P. 1991. "Increasing Returns and Economic Geography." *Journal of Political Economy* 99(3): 483–499.

［56］ Melitz M. J. 2003. "The Impact of Trade on Intra–Industry Reallocations and Aggregate Industry Productivity." *Econometric* 71(6):1695–1725.

［57］ North Douglass C. 1992. "Institutions and Economic Theory." *The American Economist* 36 (1):3–6.

［58］ North Douglass C. 1994. "Economic Performance through Time." *American Economic Review* 84(3):359–368.

［59］ Romer P. M. 1986. "Increasing Returns and Long–Run Growth." *Journal of Political Economy* 94(5): 1002–1037.

［60］ Solow Robert. 1956. "A Contribution to the Theory of Economic Growth." *Quarterly Journal of Economics* 70(1):65–94.

［61］ Wang A., Hu Y., Li Y., Rao S., Lin W. 2022. "Do Pilot Free Trade Zones Improve the Green Total Factor Productivity? Evidence from a Quasi–Natural Experiment in China." *International Journal of Environmental Research and Public Health* 29(6):307–321.

［62］ Yao D., Whalley J. 2015. "The Yuan and Shanghai Pilot Free Trade Zone." *Journal of Economic Integration* 30(4):591– 615.

［63］ Yao D., Whalley J. 2016. "The China(Shanghai)Pilot Free Trade Zone: Background, Developments and Preliminary Assessment of Initial Impacts." *World Econo*my 39 (1): 2–15.

（责任编辑：陈星星）

数字化如何助力全国统一大市场建设[*]

——基于企业资本跨地区流动视角

王 康 赵 蕊 苏盖美

摘 要： 以数字化来推动资本跨区域自由流动和优化配置是加快建设全国统一大市场的重要抓手。本文基于2014~2019年中关村海淀科技园企业数据集，运用多期DID模型，从企业资本跨地区流动的视角，实证研究数字技术应用对全国统一大市场建设的影响及其内在机制。研究发现，数字技术对资本跨区域流动具有显著的促进作用，且随着数字技术应用程度的加深而增强，说明数字化有助于推动全国统一大市场建设。机制分析发现，数字技术通过降低交易成本、优化资源配置、降低代理成本以及缓解融资约束进而促进企业资本跨区域流动和全国统一大市场建设。进一步分析发现，相较于国有企业和制造业，数字化的推动作用在非国有企业和服务业更为明显，同时，较好的营商环境起到正向促进作用。本文为更好地发挥数字化在助力全国统一大市场建设中的重要作用提供了经验证据。

关键词： 数字技术 资本跨地区流动 全国统一大市场 中关村海淀科技园

---

* 王康，副教授，北京工商大学数学与统计学院经济统计系，研究方向为经济统计、科技创新与数字经济，邮箱：wk0536@126.com；赵蕊，硕士研究生，北京工商大学数学与统计学院经济统计系，研究方向为经济统计、数字经济，邮箱：zhaorui 17865579719@163.com；苏盖美，硕士研究生，北京工商大学数学与统计学院经济统计系，研究方向为经济统计、科技创新与数字经济，邮箱：sugaimei2021@163.com。本文是国家社科基金重大项目（21&ZD151）、北京市社科基金重点项目（18YJA005）的阶段性成果。感谢匿名审稿专家的宝贵意见，文责自负。

一　引言

2020年5月，习近平总书记提出构建以国内大循环为主体、国内国际双循环相互促进的新发展格局。在当今世界经济持续低迷、国际贸易争端不断的错综复杂局势下，国外循环严重受阻，进而凸显出国内市场的重要性，同时也印证了坚持扩大内需、建设全国统一大市场是中国应对外部风险和不确定性挑战的重要对策。但由于长期以来的市场分割和地方保护，国内大市场的规模效应并未充分发挥。对此，2022年3月25日，《中共中央　国务院关于加快建设全国统一大市场的意见》提出高效规范、公平竞争、充分开放的全国统一大市场将打破地方保护和市场分割、打通制约经济循环的关键堵点，更有效地发挥国内超大市场的规模效应，为畅通国内大循环提出战略指引。加快推进全国统一大市场建设，才能更好地实现党的二十大报告提出的关于加快构建新发展格局、增强国内大循环的内生动力和可靠性、着力推动高质量发展的要求。

在国家内部，资本跨区域流动是普遍存在的经济现象。要素的自由流动是要素市场化配置的客观要求（刘志成，2022），而消除区域之间阻碍生产要素（劳动和资本）流动的市场壁垒是构建全国统一大市场的工作重心（陈朴等，2021）。本文从企业资本要素流动角度研究全国统一大市场，其原因在于：第一，资本自由流动有助于全国统一大市场建设（陈朴等，2021），是打通制约经济循环的关键一招；第二，资本运动是纵向政府治理中控制的重点，也是全国统一大市场建设的重要因素；第三，资本是要素市场的重要组成部分，能够以多种形式在不同区域间进行有效配置，并带动其他生产要素的合理流动，弱化市场分割对经济循环的影响，驱动区域协调发展。

然而，区域间的市场分割严重阻碍了资本自由流动，地方政府为了本地的经济发展，通过政策管控等手段限制资本的进出（曹春方等，2015），因此，资本要素很难按照利润最大化原则进入各地市场。资本要素跨区域流动受阻导致地区间经济发展不平衡，扩大区域间经济发展差距，制约各地资源整合和全国统一大市场建设，进而阻碍国内大循环的畅通。所以，如何打破区域间阻碍资本要素流动的桎梏和壁垒是建设全国统一大市场的关键问题。党的十八大以来，党中央高度重视数字经济发展，将其上升为国家战略。数字产业具有先导性和战略性，未来规模会不断扩大，而数字平台具有促使数字产业融合创新的新特点（王俊豪和周晟佳，2021）。此外，数字经济渗透性强、创新性强、覆盖范围广，可推动各类市场主体加速融合，促进资本、劳动力等资源要素跨地区流动，全方位打破时间和空间限制，提高市场效率、扩大市场边界，成为缩小中国区域间经济差距、促进区域协调发展、重组国内要素资源的关键力量。随着数字技术与实体经济的深入融合，数字化转型也成为企业降本增效、摆脱生存危机的法宝，成为促进企业高质量发展的关键。那么，数字化能否成为推动企业资本跨区域流动、助推全国统一大市场建设的重要驱动力？其内在机制是什么？本文将对此展开系统研究。

从微观层面上研究数字技术与全国统一大市场的文献较为少见，本文从全国统一大市场建设、数字化的经济效应和资本跨地区流动三方面进行文献综述。第一，现有文献主要从理论和宏观层面讨论全国统一大市场建设的重要性、建设目标以及政策方案、阻碍因素（刘志彪等，2021；吴华强等，2022；罗必良等，2022；王磊，2022），而对全国统一大市场缺乏相关的指标测度，这在一定程度上限制了实证研究的开展。第二，中国学者对数字化的经济效应研究较为深入，包括数字技术有利于提高企业绩效（戚聿东和蔡呈伟，2020；Kaur 和 Sood，2017）、增强企业盈利能力（曹春方等，2019）、提高企业全要素生产率（赵宸宇等，2021）、增加企业经济效益（何帆和刘红霞，2019）等方面的研究。企业难以进行资本跨区域流动的主要原因是交易成本高和预期收益低等（宋渊洋和黄礼伟，2014），数字技术能够打破空间和时间的限制、降低企业交易成本、提升企业业绩成为学界的共识，解决了企业异地发展的难题，且数字化转型可以提升企业的实业投资水平（李万利等，2022），进行异地投资，理论上数字技术能助力全国统一大市场的建设，但目前缺乏相关的实证研究。第三，从企业资本跨地区流动的视角研究全国统一大市场问题仍比较少见。现有文献主要集中于研究影响资本跨地区流动的因素，包括外部环境，如交通基础设施（马光荣等，2020）、地区间信任（曹春方等，2019）、税收分成（张孝蔚等，2022）、风险投资（余婕等，2022）；企业内部因素，包括异地商会（曹春方和贾凡胜，2020）、高管的政府任职背景（夏立军等，2011）、企业信任氛围（刘善仕等，2020）等对企业异地扩张发展和资本流动的影响。曹春方等（2015）研究了市场分割与资本跨地区流动之间的关系，但鲜有文献从资本跨地区角度研究全国统一大市场问题。鉴于此，本文在微观层面，从企业资本跨地区流动视角对数字化影响全国统一大市场建设的效应和微观机制进行系统分析。

本文的边际贡献主要有以下两个方面：第一，研究视角方面，现有文献大多从理论或宏观层面研究加快建设全国统一大市场的阻碍因素、解决对策等，而本文创新性地从企业资本跨区域流动的微观视角，较为系统地实证研究数字化如何助力全国统一大市场建设，包括构建了数字化影响企业资本跨地区流动的理论框架，进行因果效应识别并深入挖掘其内在机制，从而丰富了企业数字化转型及全国统一大市场建设的相关研究。第二，研究数据方面，采用中关村海淀科技园企业数据这一独特数据集开展研究，对于本研究而言具有典型性和代表性：企业信息丰富，包含中关村海淀科技园企业的基本信息、财务和生产经营状况、研发创新等多方面的数据信息；来源于官方统计数据，权威性高；包含园区全样本企业数据，样本量大且样本分布比较合理。

本文其余部分安排如下：第二部分为理论分析；第三部分介绍本文的数据来源、模型构建与变量设置；第四部分是基准回归分析及其稳健性检验；第五部分是机制检验；第六部分是区分行业、控股情况和营商环境的异质性分析；第七部分是结论与政策启示。

二 理论分析

资本要素市场的微观基础在于企业跨区域投资与重组，且企业设立异地子公司的过程就是企业资本跨区域流动的微观过程（王凤蓉等，2015）。

目前，严重的市场分割导致企业跨区域经营面临高昂的交易成本和信息不对称问题，制约了企业在国内异地发展的能力（Boisot 和 Meyer，2008；范子英和周小昶，2022；宋渊洋和黄礼伟，2014；曹春方等，2015）。同时，企业在进行异地规模扩张时，在信息层面处于劣势地位，而数字技术的出现打破了传统市场的空间地理约束，有利于减少信息约束（Gorodnichenko 和 Talavera，2017），缓解地区之间的信息不对称，高效率的点对点连接使得企业交流更加便捷，帮助减少企业和市场之间的信息摩擦，拓宽市场边界（Foster 和 Grahan，2017；Galperin 和 Viecens，2017）。此外，数字技术带来的虚拟经营、全球联通等帮助企业进行沙盘演练，减少企业异地发展的阻碍和决策失误，对全国统一大市场的建设具有重要意义（Srivastava 和 Chandra，2018；Golzer 和 Fritzsche，2017；Ilvonen 等，2018）。

随着企业数字化程度的加深，大数据、互联网、云计算等数字技术重塑企业的业务组织模型，推动企业整体生产、服务、运营方式变革的全过程创新（Loebbecke 和 Picot，2015）。相较于传统企业，数字化企业能够更有效地利用"数据"（消费者数据、生产数据）优化自身决策，释放生产潜力，提高生产效率，增加预期收益（Milgrom 和 Roberts，1990；Bloom 等，2012）。数字技术也为企业提供更丰富的融资渠道和方式，帮助企业精准识别出异地发展的最优路径和策略。随着中国市场的进一步发展，庞大的国内市场为企业跨地区经营发展提供了良好的外部条件，有助于企业充分利用各地区的市场机会和异质性资源进行链式扩张，是促进区域间协调发展和全国统一大市场建设的重要推力。

因此，本文认为数字化能够打破传统地域限制、拓宽市场边界、加强国内市场整合，进而助力全国统一大市场建设。经过理论梳理，本文从交易成本、资源配置效率、代理成本和融资约束四个方面构建数字化助力全国统一大市场建设的机制框架。

第一，交易成本（*Cost*）。交易成本是关系到企业生存和发展的重要因素，由于地方市场的制度环境较差以及地方保护盛行等，企业在国内进行跨地区经营发展时面临极高的交易成本，同时市场分割所伴随的技术壁垒、歧视性收费等会增加企业异地经营成本（宋渊洋和黄礼伟，2014）和异地并购成本（方军雄，2009）。从交易成本经济学角度解释，企业交易成本的减少促使企业边界扩大，使企业进行更多的交易。伴随着数字技术与企业的深度融合，数字技术的应用颠覆了商品交换方式，拓展了商品交换的地域和空间，降低了企业交易成本（黄群慧等，2019；Chen 和 Kamal，2016）。Goldfarb 和 Tucker（2019）认为数字化有利于增强市场透明程度、缓解信息不对称，降低检索、复制、传输、跟踪及验证成本。数字技术的应用降低了企业的交易成本，为企业异地发展提供了关键助力。因此本文认为数字技术可以有效解决企业成本难题，激发主体活力，扩大市场范围，助力全国统一大市场的建设。

第二，资源配置效率（R_eff）。跨区域建立子公司是形成异地配置资本和实现自身发展的重要途径。从资源配置视角看，内部成员企业存在不同的目标追求，进而会导致成员企业间的恶性竞争，使得集团内部资源配置扭曲，降低企业投资效率（胡芊芊等，2022）。而有较高资源配置效率的企业则可以更好地分配企业内部资源，同时可以充分发挥各子公司之间独特的资源禀赋，扩大竞争优势。在数字经济的浪潮中，数字技术的应用可以优化企业的生产和管理方式，改善各类生产要素在企业内的配置状况，有利于实现资源优化重组，提升资源配置效率（韦庄禹，2022），实现企业经济的持续、高效发展。此外，数字技术也可以通过促进市场竞争，提升市场的有效性，从而倒逼低效率企业提升资源配置效率。资源配置效率低下会严重束缚企业发展活力，影响企业异地发展的竞争力和生存力，只有内部资源配置效率提升，企业才有更多的资源可用于调整自身的扩张战略（黄华灵，2022）。优化资源配置能加速要素周转，提升盈利能力和收益能力，提高投资效率，增加企业跨区域发展的绩效与收益。因此，本文认为资源配置效率效应是数字技术促进全国统一大市场建设的重要机制。

第三，代理成本（$Agency$）。传统委托—代理理论认为，母子公司本质上是一种涉及两个主体的委托—代理关系，由于母子公司存在信息不对称及其目标不一致，二者之间存在严重的委托—代理问题（徐宁等，2019）。此外，受到地理因素的制约，母公司难以对子公司开展有效监督，因此子公司更容易产生机会主义等行为（Kostova 等，2018），进而影响企业异地投资的意愿和能力。而数字化转型增强了企业运营管理各个环节的洞察力，助力企业制定管理决策、提高运营效率（陈剑等，2020）。企业数字化转型能降低企业内部交流和信息获取成本，提升企业内部各层级员工之间的协同性，提升企业治理能力（杜传忠和张远，2021）；数字技术驱动企业组织变革，推动组织模式转变为"扁平式"结构，继而带来治理能力的提升（戚聿东和肖旭，2020）；数字化能够助力企业管理者精准预测企业经营风险和发展方向，提高企业治理能力（李唐等，2020）。伴随着治理能力的提高，企业的母子公司委托—代理问题得到有效控制，有利于增强企业异地投资的意愿及管理能力，同时企业的价值、盈利能力也相应提高，进一步加快企业资本积累，促使企业进一步加大数字化项目投资，进行跨区域发展。综上，数字技术可以帮助企业减少代理成本、提升治理能力，加速资本跨地区流动，夯实建设国内统一大市场的微观基础。

第四，融资约束（SA）。融资难、融资贵问题一直是制约企业发展的重要因素（华岳等，2022）。融资约束会通过抑制企业成长、减少企业投资等对企业绩效产生影响（David 等，2018），而企业仅凭内源融资很难满足其经营、扩张的需要。在高融资约束的情况下，企业面临较高的融资成本和投资决策成本，融资约束会降低企业投资效率（喻坤等，2014；钱雪松和方胜，2021）；同时，出于风险规避的考虑，企业异地投资的意愿和能力会下降，导致投资不足。而数字技术通过提升企业内部信息处理水平和信息流通速率，减少内部信息不对称，使外部投资者因充分了解企业内部信息而增强投资信心，企业也因此获得融资机会，实现扩张发展。数字化还可以提高企业资本运营效率，提升偿债能力和抵御风险的能力，吸引外部投资，缓解企业所受到的融资约束。企业脱离融资困境后，能够最大化享受数字技术带来的红利，并降低投资者的风险和交易成本，最终实现企业成长。综上，微观经济实体能够通过应用数字技术缓解融资约束，进而获得投资者青睐，实现异地发展，进而加快全国统一大市场的建设。

三　研究设计

（一）数据来源

本文使用 2014~2019 年中关村海淀科技园企业数据集开展研究。正如上文所述，该数据集对于本研究而言具有一定的典型性和代表性。在企业样本分布方面，按照国家统计局国民经济行业分类标准（GB/T 4754-2017），该数据集的企业分布于制造业（7.68%），批发和零售业（12.75%），信息传输、软件和信息技术服务业（40.51%），租赁和商务服务业（4.11%），科学研究和技术服务业（30.14%）等 18 个行业。①样本分布较为均匀，比较符合中国企业资本跨地区流动的实际情况，同时略侧重于研发资本流动。本文将所设立的异地子公司类型分为营销服务机构、技术研发机构和生产制造基地，即将资本进一步细分为营销资本、研发资本和生产资本。此外，作为创新创业的领头羊，中关村海淀科技园对全国企业资本流动来讲有很好的辐射和推动作用。因而使得以该数据集为基础开展研究，具有较好的代表性。

借鉴现有文献对微观数据处理的相关方法，对 2014~2019 年中关村海淀科技园企业数据集进行处理。剔除处于停业等非营业状态的企业；剔除企业应交税费、职工总人数和应付职工薪酬等关键变量为零值、负值和缺失值的企业；对企业总资产、无形资产和负债总额等指标按照双边各剔除 1% 的方式进行缩尾处理，降低异常值的影响。

（二）模型构建与变量介绍

本文基准检验采用多期双重差分模型检验数字技术对全国统一大市场建设的影响效应。考虑到企业使用数字技术时间不同，双重差分模型如下：

$$branch_{it} = \beta_0 + \beta_1 d\_hat_{it} + \gamma X_{it} + \lambda_i + \theta_t + \varepsilon_{it} \qquad (1)$$

---

① 18 个行业分别为采矿业，制造业，电力、热力、燃气及水生产和供应业，建筑业，批发和零售业，交通运输、仓储和邮政业，住宿和餐饮业，信息传输、软件和信息技术服务业，金融业，房地产业，租赁和商务服务业，科学研究和技术服务业，水利、环境和公共设施管理业，居民服务、修理和其他服务业，教育，卫生和社会工作，文化、体育和娱乐业，公共管理、社会保障和社会组织。

$$branch_{it} = \alpha_0 + \alpha_1 ad\_hat_{it} + \mu X_{it} + \lambda_i + \theta_t + \varepsilon_{it} \qquad (2)$$

$$X_{it} = f\left(\ln asset_{it}, \ln inasset_{it}, debt_{it}, stasize_{it}, \ln INV_{it}, gov_{it}, cap_{it}\right) \qquad (3)$$

其中 β_1、α_1 是本文最关注的参数，表示数字技术对资本跨区域流动的实际作用，$\beta_1>0$ 表示数字技术促进企业资本跨区域流动，反之则为抑制资本异地流动；$\alpha_1>0$ 表示企业数字化水平与企业资本跨地区流动呈正相关关系。λ_i 代表个体固定效应，θ_t 代表时间固定效应，ε_{it} 代表随机扰动项。

参照曹春方等（2019）、范子英等（2022）的做法，本文选择的关键被解释变量为企业设立异地子公司数（branch），利用企业设立异地子公司数目度量资本跨地区流动，借此研究数字技术对建设国内统一大市场的影响。根据关键被解释变量的类型，本文将资本进一步细分为营销资本、研发资本和生产资本，对应设立子公司类型分为营销服务机构（branch1）、技术研发机构（branch2）、生产制造基地（branch3），研究数字技术对不同资本跨区域流动的影响。

本文的主要解释变量为企业是否应用数字技术与应用数字技术前后的交互项（d_hat）。其中，根据企业是否应用数字技术来区分处理组和控制组，应用数字技术的计为1，未应用数字技术的计为0；对于处理组，再根据企业应用数字技术前后分别计为0和1；企业应用数字技术的时间不同，因此采用多期双重差分模型来展开研究，以期在一定程度上解决模型中的内生性问题。此外，根据《中关村国家自主创新示范区统计报表制度》，若企业应用电子商务、大数据、云计算、移动互联网、互联网金融、物联网和智能硬件中的任意一项开展业务活动，则视为企业应用数字技术，计为1，否则计为0。进一步地，为检验企业应用数字技术的水平对资本流动的影响，本文根据企业同时应用以上七项技术开展业务活动的数目来测度企业数字技术应用水平，并与应用该数字技术前后进行交互，生成数字技术应用程度变量（ad_hat）。通过关键系数 β_1、α_1 研究数字技术对全国统一大市场建设的促进作用。

X_{it} 为一系列影响企业层面资本流动的控制变量，本文吸纳相关研究的成果，选取如下变量：总资产（lnasset），本文借鉴夏立军等（2011）、刘善仕等（2020）相关研究，用企业总资产取对数衡量总资产。无形资产（lninasset），用企业无形资产取对数表示。资产负债率（debt），借鉴潘红波等（2011）、贾佳等

（2020）做法，定义资产负债率为ln(1+总负债与总资本的比值)。员工规模（*stasize*），企业的发展离不开人才的支持，本文用企业期末总人数的对数来控制劳动力规模。固定资产投资额（ln*INV*），用企业固定资产投资额加1取对数计算。政府帮扶（*gov*），地方政府的干预会对企业资本跨区域流动的决策产生影响，本文定义政府帮扶为0-1变量，若企业获得政府采购项目、政府的采购资金和政府部门的研发资金赋值为1，否则赋值为0。资本密集度（*cap*），本文参考张婷婷（2021）等文献，定义资本密集度为固定资产与员工平均人数的比值取对数。

（三）描述性统计

图1四种情况下，未应用数字技术的样本峰值均高于应用数字技术的样本，且应用数字技术的核密度曲线向右偏移，可以说明应用数字技术更能促进

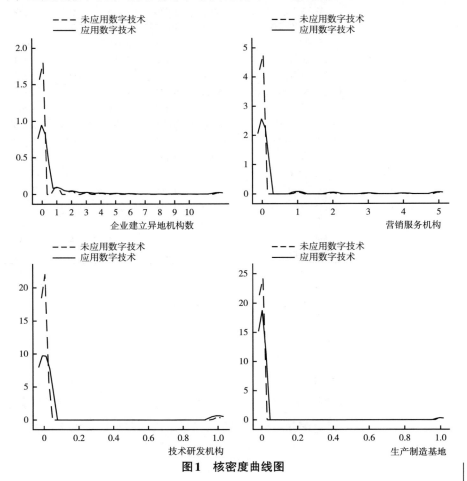

图1　核密度曲线图

资本跨地区自由流动。表1描述性统计结果中应用数字技术企业建立异地子公司数、营销服务机构、技术研发机构和生产制造基地的均值大于未数字化企业，因此，本文得出初步结论企业应用数字技术可以促进全国统一大市场的建设。

表1 描述性统计

	变量	变量名	样本量	均值	标准差	最小值	最大值
应用数字技术	*branch*	企业设立异地子公司数	13931	0.727	2.092	0.000	12.000
	*branch*1	营销服务机构	13931	0.234	0.891	0.000	5.000
	*branch*2	技术研发机构	13931	0.060	0.238	0.000	1.000
	*branch*3	生产制造基地	13931	0.017	0.130	0.000	1.000
	lnasset	总资产	13926	10.056	2.178	4.852	15.510
	lninasset	无形资产	13927	3.550	3.885	0.000	11.152
	stasize	员工规模	13931	3.630	1.455	0.693	7.279
	lnINV	固定资产投资额	13931	1.495	2.856	0.000	10.185
	gov	政府帮扶	13931	0.108	0.310	0.000	1.000
	debt	资产负债率	13923	0.422	0.366	0.000	1.981
	cap	资本密集度	13240	2.264	1.609	0.000	7.273
未应用数字技术	*branch*	企业设立异地子公司数	38669	0.323	1.406	0.000	12.000
	*branch*1	营销服务机构	38669	0.089	0.561	0.000	5.000
	*branch*2	技术研发机构	38669	0.018	0.131	0.000	1.000
	*branch*3	生产制造基地	38669	0.013	0.114	0.000	1.000
	lnasset	总资产	38663	9.894	1.987	4.852	15.510
	lninasset	无形资产	38651	2.918	3.694	0.000	11.152
	stasize	员工规模	38670	3.216	1.389	0.693	7.279
	lnINV	固定资产投资额	38669	0.981	2.396	0.000	10.185
	gov	政府帮扶	38670	0.063	0.243	0.000	1.000
	debt	资产负债率	38642	0.415	0.323	0.000	1.981
	cap	资本密集度	36417	2.463	1.777	0.000	7.273

四 基准回归分析

（一）基准检验

1.数字技术应用与全国统一大市场建设

本文先从企业是否应用数字技术角度，通过控制时间和个体固定效应，考察数字技术对全国统一大市场的影响，实证结果见表2。表2中列（1）~（4）检验了企业应用数字技术对全国统一大市场建设的影响。列（1）的被解释变量为企业设立异地子公司数，关键解释变量 *d_hat* 的系数为 0.118，在 1% 的置信水平下显著为正，说明应用数字技术会极大促进企业异地发展，助力企业资本跨区域流动，加快全国统一大市场的建设。

　　为研究数字技术对企业不同类型资本的促进作用，本文进一步区分企业设立异地子公司类型，列（2）、（3）、（4）的被解释变量分别为营销服务机构（*branch*1）、技术研发机构（*branch*2）、生产制造基地（*branch*3）的数目，分别代表营销资本、研发资本和生产资本的流动状况。分析表 2 实证结果可知，列（2）、（3）中 *d_hat* 的系数显著为正，说明应用数字技术对营销资本和研发资本均有正向促进作用。列（4）中的 *d_hat* 的系数在 10% 的显著水平下不通过检验，故生产资本在跨区域流动中受数字技术的正向影响但是效果不显著。因此，数字化企业异地建立子公司时，可以优先设立营销机构帮助企业站稳异地市场，消除市场分割和地方保护形成的市场进出壁垒，促进全国统一大市场的建设。控制变量中，企业总资产、员工规模对资本跨区域流动有显著为正的影响效果。综合而言，表 2 说明了应用数字技术有利于企业资本异地流动，在全球疫情和国际贸易摩擦的背景下，企业应加快应用数字技术，驱动全国统一大市场的微观基础建设。

表2　数字技术与资本跨区域流动

变量	(1) *branch*	(2) *branch*1	(3) *branch*2	(4) *branch*3
d_hat	0.118***	0.034**	0.016***	0.004
	(3.869)	(2.238)	(3.625)	(1.602)
ln*asset*	0.048***	0.014**	0.001	0.002**
	(4.093)	(2.377)	(0.824)	(2.084)
ln*inasset*	0.004	−0.001	0.001*	0.001
	(1.464)	(−0.420)	(1.846)	(1.556)
stasize	0.087***	0.022***	0.013***	0.004***
	(6.336)	(3.481)	(6.615)	(3.947)
ln*INV*	0.015***	0.005**	0.001	0.001
	(3.368)	(2.148)	(1.638)	(1.320)
gov	0.033	0.015	0.010**	0.001
	(1.019)	(0.842)	(2.076)	(0.372)

续表

变量	(1) branch	(2) branch1	(3) branch2	(4) branch3
debt	0.029	0.020**	0.001	0.001
	(1.238)	(2.164)	(0.050)	(0.674)
cap	0.003	0.001	0.001	0.001
	(0.473)	(0.170)	(1.091)	(0.846)
常数项	−0.450***	−0.111*	−0.044**	−0.031**
	(−3.727)	(−1.885)	(−2.300)	(−2.553)
企业固定效应	是	是	是	是
年份固定效应	是	是	是	是
R^2值	0.008	0.002	0.005	0.002
样本量	49592	49592	49592	49592

注：*、**、***分别表示在10%、5%、1%的水平下显著，括号内数值为t值。

2.数字技术应用水平与全国统一大市场建设

表2说明，数字技术能够驱动全国统一大市场的建设，那么，企业应用数字技术的程度对全国统一大市场建设的影响是否相同呢？在不改变其他条件的情况下，更换关键解释变量为企业应用数字技术水平，实证结果见表3，其中被解释变量的排序与表2相同。表3列（1）中ad_hat的系数均显著为正，表明资本跨区域流动与应用数字技术水平呈正相关，且应用数字技术的程度对资本跨区域流动有显著促进作用。列（2）~（4）中ad_hat的系数显著大于零，故本文认为企业应用数字技术水平与营销资本、研发资本和生产资本跨地区流动程度之间为正相关关系。综上，数字技术应用水平与全国统一大市场建设呈正相关关系，因此，要深化数字技术与企业发展的融合，促进资本跨地区流动，减少市场分割带来的负面问题，推动中国市场由大到强的转换。

表3　数字技术水平与资本跨区域流动

变量	(1) branch	(2) branch1	(3) branch2	(4) branch3
ad_hat	0.076***	0.016***	0.010***	0.002***
	(7.140)	(3.214)	(7.125)	(2.656)

变量	(1)	(2)	(3)	(4)
	branch	branch1	branch2	branch3
lnasset	0.050***	0.014**	0.002	0.002**
	(4.254)	(2.458)	(0.958)	(2.134)
lninasset	0.004	−0.001	0.001*	0.000
	(1.349)	(−0.458)	(1.749)	(1.528)
stasize	0.081***	0.021***	0.012***	0.004***
	(5.905)	(3.301)	(6.249)	(3.797)
lnINV	0.015***	0.005**	0.001	0.001
	(3.190)	(2.083)	(1.452)	(1.267)
gov	0.034	0.015	0.010**	0.001
	(1.036)	(0.859)	(2.093)	(0.379)
debt	0.033	0.021**	0.001	0.001
	(1.370)	(2.244)	(0.190)	(0.732)
cap	0.003	0.001	0.001	0.001
	(0.466)	(0.171)	(1.084)	(0.845)
常数项	−0.459***	−0.112*	−0.045**	−0.032**
	(−3.811)	(−1.906)	(−2.373)	(−2.571)
企业固定效应	是	是	是	是
年份固定效应	是	是	是	是
R^2值	0.012	0.003	0.008	0.002
样本量	49592	49592	49592	49592

注：同表2。

（二）稳健性检验

在基准检验部分，本文识别了数字技术对全国统一大市场建设的影响，为确保估计结果的稳定性和可靠性，下文将进行一系列的有效性检验。

1.平行趋势检验

双重差分的前提假设是，在政策发生之前，处理组和对照组的变化趋势应该是一致的，本文借鉴 Jacobson 等（1993）的做法，对处理组和对照组的变化趋势进行进一步考察。实证方程设定如下：

$$branch_{it} = \eta_0 + \sum_{k=-4}^{4} \delta_k D_{i,t_0+k} + \lambda_i + \theta_t + \varepsilon_{it} \quad (k \neq -1) \qquad (4)$$

其中，D 为是否应用数字技术的虚拟变量，t_0 表示企业应用数字技术当年，k 表示应用数字技术的第 k 年，δ_k 表示应用数字技术的第 k 年处理组和对照组的资本跨地区流动是否有显著差异。本文主要考察应用数字技术之前的4年到应用数字技术之后的4年，共8个时间节点上处理组和对照组的差异，本文选择应用数字技术前一年为基期，进行平行趋势检验，实证结果见图2。当$k<0$时，即企业未应用数字技术之前，所有的δ_k均在0以下波动，表明应用数字技术之前，处理组和对照组呈现相同的发展趋势，不存在显著差异。而在应用数字技术当年及之后，处理组的资本流动性明显高于对照组。因此，基准结果通过了平行趋势检验，即数字技术对全国统一大市场建设有促进作用。

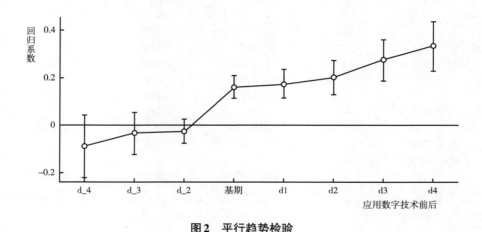

图2　平行趋势检验

2.安慰剂检验

为了进一步保证模型的稳定性，减少遗漏变量和随机因素等的影响，参考La Ferrara等（2012）的做法，通过随机筛选企业并生成应用数字技术年份，据此构造随机实验，并将此过程重复500次，最后绘制出估计系数分布图。基于此来验证资本跨区域流动是否受到除数字技术因素以外的其他因素的影响。若在随机处理下，估计系数分布在0附近，则表示模型设定中未遗漏其他重要的因素，即基准检验中对资本跨区域流动的促进作用是应用数字技术带来的结果。由图3汇报的估计系数分布可知，估计系数分布在0附近且服从正态分布，符合安慰剂检验的预期。基准回归结果受到不可观测因素影响的可能性很小，由此得出本文的基准结论是稳健的。

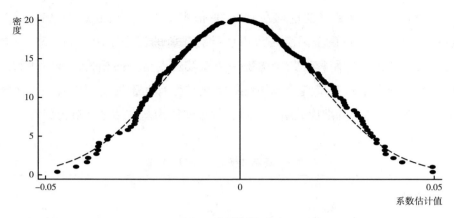

图3 安慰剂检验

3.更换模型

（1）PSM-DID。为解决由样本选择性偏差问题而产生的内生性，本文选择用倾向匹配得分方法进行稳健性检验。将企业规模、利润率、财务费用、管理费用率、期末平均人数、资产负债率作为匹配变量，使用0.02卡尺内1∶4对样本进行匹配。如图4所示，匹配后（Matched）的标准化偏差比匹配前（Unmatched）显著减小，在0附近分布，说明匹配后处理组和对照组之间不存在显著差异，基于以上进行模型估计，结果见表4。

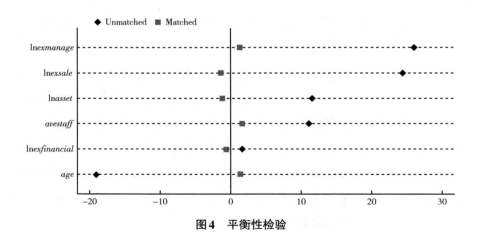

图4 平衡性检验

表4中，关键解释变量均在1%的置信水平下显著为正，列（1）、（2）表示数字技术对建设全国统一大市场具有显著的促进作用，列（3）、（4）说明数字技术的应用程度与全国统一大市场建设呈正向相关，即应用数字技术有利于资本跨区域流动，加快数字化进程有助于推动国内统一大市场建设。表4结论与基准检验结果一致，故本文认为基准结论具有稳健性。

表4　稳健性检验：PSM-DID

变量	(1) branch	(2) branch	(3) branch	(4) branch
d_hat	0.118***	0.123***		
	(3.389)	(3.827)		
ad_hat			0.105***	0.091***
			(7.455)	(6.922)
常数项	0.452***	-1.757***	0.419***	-1.816***
	(13.578)	(-12.964)	(17.272)	(-13.266)
控制变量	否	是	否	是
R^2值	0.003	0.007	0.011	0.013
样本量	14882	13627	14882	13627

注：同表2。

（2）负二项回归。本文的被解释变量为非负整数，本文中样本的均值和方差明显不相等，存在"过度分散"问题，在这种情况下，常见的泊松模型仍具有有效性，但是效率降低。存在不可观测的异方差问题时，常用的方法为负二项回归（Cameron 和 Trivedi，2005），它可以解决"过度分散"问题，显著提高估计的效率。因此，本文采用负二项回归来验证数字技术对建设全国统一大市场的影响，结果见表5。表5中，列（1）、（3）表示，在不加入控制变量的情况下，应用数字技术能正向促进资本跨区域流动，助力统一大市场的建设。加入控制变量后，结论不变。因此，表明本文的基准结论具有可靠性。

表 5　稳健性检验：负二项回归

变量	(1) branch	(2) branch	(3) branch	(4) branch
d_hat	0.104*	0.215***		
	(1.929)	(3.792)		
ad_hat			0.188***	0.163***
			(14.048)	(11.312)
常数项	−0.560***	−6.062***	−0.735***	−6.176***
	(−11.420)	(−40.074)	(−25.444)	(−42.846)
lnalpha	2.283***	1.580***	2.252***	1.558***
	(115.884)	(55.617)	(111.554)	(55.066)
控制变量	否	是	否	是
样本量	24217	22750	24217	22750

注：同表 2。

五　机制检验

在上文机理分析和基准检验的基础上，本部分借鉴刘金科和肖翊阳（2022）的做法，对交易成本、资源配置效率、代理成本和融资约束四个机制进行检验，以探索数字技术助力全国统一大市场建设的关键途径。

$$M_{it} = a_0 + a_1 d\_hat_{it} + a_2 X_{it} + \lambda_{1i} + \theta_{1t} + \varepsilon_{1it} \tag{5}$$

其中，M_{it} 为机制变量，式（5）表示数字技术对机制变量的影响效应，用系数 a_1 来测度影响系数。

（一）交易成本

交易成本作为中间机制的实证结果如表 6 列（2）所示，本文通过计算企业的管理交易成本得出企业交易成本（Cost），列（2）的结果显示，数字技术对于交易成本的影响显著为负，即数字技术可以通过降低交易成本从而减少企业的非生产性支出，解决建设全国统一大市场的首要问题，进而扩大企业异地交易边界。

（二）资源配置效率

资源优化配置的实证结果如表 6 列（3）所示。借鉴蒲阿丽和李平

（2019）的做法，本文将企业平均职工人数与商品销售总收入的比值作为劳动力资源配置效率，将资本存量与行业总产值的比值作为资本配置效率，将研发投入与行业总产值的比值作为科技资源配置效率，计算三者的算术平均值作为总的资源配置效率。表6列（3）仅展示总的资源配置效率的实证结果，分析得出数字技术优化了企业内部整体资源配置，提高了要素利用率，激发了企业发展活力，因此企业有更多的资源调整自身发展战略，进军异地发展，进而促进全国统一大市场建设。

（三）代理成本

应用数字技术通过降低代理成本、改革组织结构等提升企业管理效率，继而提高劳动生产率，促进经济效益提升，企业资本积累也随之增加，为资本跨地区发展提供了资金支持。本文用营业收入净值除以管理费用加1取对数作为代理成本的代理变量，相应实证结果如表6所示，代理成本在数字技术促进企业资本跨区域流动中起到中介作用。列（4）表明数字技术能够显著降低企业代理成本，提高了各部门之间的协同性及企业内部运行效率，进而优化企业决策，增强资本跨地区发展的动力，助力资本跨地区流动，符合理论分析预期结果。

（四）融资约束

现有文献关于融资约束的衡量有 KZ、WW 等指数，但这些指标容易受到现金流、杠杆等内生变量的影响。鉴于此，本文借鉴 Hadlock 和 Pierce（2010）的做法，用 SA 指数来衡量融资约束，且 SA 为负，并认为 SA 指数越接近于零，融资约束越大。[①]从表6列（5）可以看出，融资约束的中介效应显著，列（5）中 d_hat 的系数小于0，说明数字技术有效降低信息不对称，增强投资者的投资意愿和能力，进而缓解企业融资约束。融资约束的缓解进一步增强了微观经济实体获取发展资本的能力，从而促

[①] Hadlock 和 Pierce 创立了五个互相排斥的组 ［不受融资约束（NFC）、可能不受融资约束（LNFC）、可能受融资约束（PFC）、有可能受融资约束（LFC）、融资约束（FC）］来验证 KZ 指数和 WW 指数的有效性，他们认为用 KZ 指数和 WW 指数衡量融资约束的有效性低，同时，认为公司规模和年龄在任何融资约束措施中都占据重要地位，定义 $SA=-0.737\times size+0.043\times size^2-0.040\times age$，$SA$ 指数为负时，越接近于零，企业所受到的融资约束越大。

进资本异地发展，拓展资本跨区域流动的范围，由此有助于打通国内经济大循环的堵点。

表6 机制分析

变量	(1) branch	(2) Cost	(3) R_eff	(4) Agency	(5) SA
d_hat	0.118***	−0.010**	0.132***	−0.031*	−0.023***
	(3.869)	(−2.199)	(28.230)	(−1.877)	(−3.570)
常数项	−0.450***	1.630***	0.035	1.711***	−0.636***
	(−3.727)	(24.738)	(0.938)	(16.199)	(−18.720)
企业固定效应	是	是	是	是	是
年份固定效应	是	是	是	是	是
控制变量	是	是	是	是	是
R^2值	0.008	0.287	0.006	0.108	0.099
样本量	49592	49593	49590	42773	49538

注：同表2。

六 进一步分析

（一）行业特征

行业属性是影响企业发展的重要属性，市场结构在不同行业间呈现明显的差异性，不同行业的数字技术对全国统一大市场建设的促进效果各不相同。本文按照2017年国家统计局行业划分标准将数据集样本分类，重点对制造业和服务业两个行业进行差异性分析，结果见表7。列（1）和（2）中d_hat的系数大于0，起正向促进作用但促进效果有所差异。分析发现，制造业中，数字技术对资本跨区域流动有促进作用但是效果不显著。而列（2）说明数字技术能够促进服务业资本跨区域流动，可能的原因在于，相较于服务业这类轻资产、重运营的行业，制造业的异地投资规模更大、周期更长，管理层异地投资的决策更为慎重和保守，因此，在服务业中数字技术对全国统一大市场的促进作用较为显著，而对制造业的影响却不具有显著性。

（二）控股情况

国有企业与非国有企业的经济目标并不同质，国有企业作为相对独立的行为主体，其经济活动的初衷是在更长远的时间段里实现国家、公众的大经济，因此会开展不经济的经营活动。而非国有企业以盈利和发展为根本目的，追求利润最大化，市场和竞争意识较强、嗅觉灵敏能快速抓住市场机会、灵活生产等优势使得企业盈利水平更高，积累资本速度更快。本文按照企业实收资本中某种经济成分的出资人的实际投资情况，将中关村海淀科技园数据集企业分为国有控股企业和非国有控股企业（集体控股、私人控股、港澳台控股、外商控股和其他）进行实证分析，结果如表 7 所示。列（3）、（4）中 *d_hat* 的系数均为正，但是国有企业应用数字技术对全国统一大市场建设的促进效果不显著。国有企业应用数字技术之后没有明显促进企业资本流动，可能的原因在于国有企业大多为垄断性企业，异地投资会受到政策等影响，且国有企业有委托—代理问题严重、机构臃肿及预算软约束等问题。在非国有企业中，企业数字化能够促进企业建立异地子公司，助力企业资本跨区域流动，驱动全国统一大市场建设，进而加快资本要素在全国范围内的流通，畅通国内经济大循环。

（三）营商环境

在税率较高及国有化程度较高的企业，地方保护主义更趋严重，这是因为地方政府依赖于地方企业的税收，为了保证税收基础和确保地方就业率，地方政府会构建贸易壁垒以保护地方企业免于外部竞争。同时，地方政府也会限制本地企业到外地投资发展（夏立军等，2011），税收是地方政府设置的市场进出壁垒，毫无疑问会被予以更大程度的重视。本文以企业减免税作为营商环境的代理变量进行实证分析，设置有减免税说明企业所在的营商环境较好，反之则营商环境较差。实证分析结果如表 7 列（5）、（6）所示，结果表明营商环境对数字化和资本跨地区流动之间的关系起到促进作用，且随着营商环境的改善，数字技术对企业资本跨地区流动的促进效应逐步增强，即对于企业的减免税力度加大，企业享受到税收优惠政策，市场进出壁垒消除，有利于企业跨地区经营发展。因此，加快营造稳定、公平、透明、可预期的营商环境，能够释放加快建设国内统一大市场、畅通国内经济大循环的潜力。

表7　行业异质性

变量	(1) 制造业	(2) 服务业	(3) 国有企业	(4) 非国有企业	(5) 营商环境较差	(6) 营商环境较好
d_hat	0.078	0.196***	0.199	0.121***	0.074**	0.167**
	(0.460)	(3.590)	(1.057)	(3.957)	(2.217)	(2.360)
常数项	0.027	−1.159***	−1.313	−0.428***	−0.224	−1.151***
	(0.046)	(−8.111)	(−0.912)	(−3.602)	(−1.589)	(−3.158)
企业固定效应	是	是	是	是	是	是
年份固定效应	是	是	是	是	是	是
控制变量	是	是	是	是	是	是
R^2值	0.013	0.010	0.021	0.007	0.006	0.011
样本量	4023	9604	3793	45701	32444	17094

注：同表2。

七　结论与政策启示

（一）结论

在党的二十大报告关于加快构建新发展格局、着力推动高质量发展的指引下，当前我国政府高度重视全国统一大市场建设。企业跨地区发展需要考虑成本和收益问题，随着数字经济的发展，互联网、大数据、云计算等数字技术和实体企业融合发展不断深入，企业数字化通过降低交易成本、优化企业资源配置、降低代理成本、缓解融资约束等解决了企业跨地区发展的成本和收益难题，进而促进企业资本跨地区流动和全国统一大市场建设。本文旨在对数字化对全国统一大市场建设的影响进行较为系统的理论研究和实证研究，力争为畅通资本循环、加快建设全国统一大市场提供证据支持。本文得出以下结论。

第一，数字技术应用显著促进资本跨地区流动，从而有助于推进全国统一大市场建设。本文基于多期双重差分模型，识别了数字技术对全国统一大市场的影响效应，并从平行趋势检验、安慰剂检验、倾向匹配得分和负二项回归等方面进行稳健性检验。基准回归研究发现，数字技术应用显著促进企业异地发展，助力国内大市场建设，且企业数字化程度越深，对建设国内大市场的促进作用就越大。

第二，降低交易成本、优化资源配置、降低代理成本和缓解融资约束是促进企业资本跨地区流动和全国统一大市场建设的重要中间机制。研究发现，数字技术应用能够显著降低企业交易成本和代理成本，提高企业的资源配置效率和治理能力，提高要素利用率，加速企业运转，从而增强盈利能力和资本积累，助力资本跨地区流动。同时可以缓解企业融资约束，帮助企业吸引投资，进而有利于企业进行链式扩张，打通国内经济循环的堵点。

第三，企业特征差异使得数字化促进全国统一大市场建设具有异质性特征。本文从行业属性、控股情况、营商环境三个角度考察异质性效应，研究发现，与制造业相比，服务业企业的数字技术应用对国内大市场建设的促进效果最明显；相较于国有企业，非国有企业的市场化程度高，进行异地发展更为顺畅；较好的营商环境使得企业自主权更大、活力更强，更能促进企业资本跨地区流动，推动横向联合。

（二）政策建议

本文从资本跨地区流动视角出发，较为系统地研究了数字技术对全国统一大市场建设的促进作用和内在机制，研究结论对建设国内统一大市场有实际指导意义。政策启示可概括为以下两点。

第一，加快推进数字技术与微观经济主体的深度融合。政府要加快数字化信息基础设施建设，为微观经济主体提供技术服务。作为微观经济的活跃力量，企业跨地区发展将资本跨区域流动和建设国内统一大市场紧密联系起来，因此，中国应该加快推进数字技术与微观经济主体的深度融合，构筑国内统一大市场的坚实基础。

第二，建设国内统一大市场要充分发挥数字技术的经济效应。数字技术通过降低交易成本帮助企业减小异地经营的压力，通过提升企业管理效率和资源配置效率助力企业异地发展，缓解企业融资约束，驱动企业异地扩张。可见，应充分发挥、放大上述效应，充分发挥中国超大市场的规模效应，破除横亘在企业异地发展前的关键障碍，加速资本跨地区流动，加速建设全国统一大市场，畅通国内大循环。

参考文献

［1］曹春方、贾凡胜，2020，《异地商会与企业跨地区发展》，《经济研究》第6期。

［2］曹春方、夏常源、钱先航，2019，《地区间信任与集团异地发展——基于企业边界理论的实证检验》，《管理世界》第1期。

［3］曹春方、周大伟、吴澄澄、张婷婷，2015，《市场分割与异地子公司分布》，《管理世界》第9期。

［4］陈剑、黄朔、刘运辉，《从赋能到使能——数字化环境下的企业运营管理》，《管理世界》第2期。

［5］陈朴、林垚、刘凯，2021，《全国统一大市场建设、资源配置效率与中国经济增长》，《经济研究》第6期。

［6］杜传忠、张远，2021，《数字经济发展对企业生产率增长的影响机制研究》，《证券市场导报》第2期。

［7］范子英、周小昶，2022，《财政激励、市场一体化与企业跨地区投资——基于所得税分享改革的研究》，《中国工业经济》第2期。

［8］方军雄，2009，《市场分割与资源配置效率的损害——来自企业并购的证据》，《财经研究》第9期。

［9］何帆、刘红霞，2019，《数字经济视角下实体企业数字化变革的业绩提升效应评估》，《改革》第4期。

［10］胡芊芊、马新啸、栗宇丹、汤泰劼，2022，《企业集团的资本要素异地配置与投资效率优化研究——基于全国统一大市场建设的新时代情境》，《上海财经大学学报》第6期。

［11］华岳、金敏、张勋，2022，《数字基础设施与企业融资约束——来自"宽带中国"证据》，《中国经济学》第1期。

［12］黄华灵，2022，《企业数字化转型与全球价值链地位提升——基于资源配置视角》，《商业经济研究》第7期。

［13］黄群慧、余泳泽、张松林，2019，《互联网发展与制造业生产率提升：内在机制与中国经验》，《中国工业经济》第8期。

［14］贾佳、刘小元，2020，《政治关联、异地投资经验与异地子公司进入模式——来自

中国上市公司的经验证据》，《宏观经济研究》第 1 期。

[15] 刘金科、肖翊阳，2022，《中国环境保护税与绿色创新：杠杆效应还是挤出效应？》，《经济研究》第 1 期。

[16] 刘善仕、周怀康、彭秋萍、孙博，2020，《企业信任氛围对异地投资的影响：基于人力资本社会网络的调节作用》，《系统工程》第 6 期。

[17] 刘志彪、孔令池，2021，《从分割走向整合：推进国内统一大市场建设的阻力与对策》，《中国工业经济》第 8 期。

[18] 刘志成，2022，《加快建设全国统一大市场的基本思路与重点举措》，《改革》第 9 期。

[19] 李唐、李青、陈楚霞，2020，《数据管理能力对企业生产率的影响效应——来自中国企业—劳动力匹配调查的新发现》，《中国工业经济》第 6 期。

[20] 李万利、潘文东、袁凯彬，2022，《企业数字化转型与中国实体经济发展》，《数量经济技术经济研究》第 9 期。

[21] 罗必良、陆铭、郑怡林、王永钦、罗楚亮、毛寿龙、冯兴元、踪家峰、吴荻枫、刘业进、莫志宏，2022，《加快建设全国统一大市场——"建设统一大市场理论研讨会"主旨发言摘编》，《南方经济》第 6 期。

[22] 马光荣、程小萌、杨恩艳，2020，《交通基础设施如何促进资本流动——基于高铁开通和上市公司异地投资的研究》，《中国工业经济》第 6 期。

[23] 潘红波、余明桂，2011，《支持之手、掠夺之手与异地并购》，《经济研究》第 9 期。

[24] 蒲阿丽、李平，2019，《出口、市场化与资源配置效率的行业异质性分析》，《改革》第 9 期。

[25] 戚聿东、蔡呈伟，2020，《数字化对制造业企业绩效的多重影响及其机理研究》，《学习与探索》第 7 期。

[26] 戚聿东、肖旭，2020，《数字经济时代的企业管理变革》，《管理世界》第 6 期。

[27] 钱雪松、方胜，2021，《〈物权法〉出台、融资约束与民营企业投资效率——基于双重差分法的经验分析》，《经济学（季刊）》第 2 期。

[28] 宋渊洋、黄礼伟，2014，《为什么中国企业难以国内跨地区经营？》，《管理世界》第 12 期。

[29] 王磊，2022，《建设全国统一要素市场：突出问题及思路对策》，《经济纵横》第 3 期。

[30] 王俊豪、周晟佳，2021，《中国数字产业发展的现状、特征及其溢出效应》，《数量经济技术经济研究》第 3 期。

[31] 韦庄禹，2022，《数字经济发展对制造业企业资源配置效率的影响研究》，《数量经济技术经济研究》第 3 期。

［32］吴华强、才国伟、何婧，2022，《新发展格局下的全国统一大市场建设》，《南方经济》第7期。

［33］夏立军、陆铭、余为政，2011，《政企纽带与跨省投资——来自中国上市公司的经验证据》，《管理世界》第7期。

［34］徐宁、张阳、徐向艺，2019，《"能者居之"能够保护子公司中小股东利益吗——母子公司"双向治理"的视角》，《中国工业经济》第11期。

［35］余婕、董静、邓浩然，2022，《风险投资介入推动了资本跨区域流动吗？——基于企业异地并购的实证研究》，《财经研究》第1期。

［36］喻坤、李治国、张晓蓉、徐剑刚，2014，《企业投资效率之谜：融资约束假说与货币政策冲击》，《经济研究》第5期。

［37］张婷婷、宋冰洁、荣幸、罗婧文，2021，《市场分割与企业纵向一体化》，《财贸经济》第6期。

［38］张孝蔚、张婷婷、曹春方，2022，《税收分成下的企业集团异地发展》，《财经研究》第6期。

［39］赵宸宇、王文春、李雪松，2021，《数字化转型如何影响企业全要素生产率》，《财贸经济》第7期。

［40］Bloom N., Sadun R., VanReen J. 2012. "Americans do It Better: US Multinationals and the Productivity Miracle." *American Economic Revirw* 102(1): 167-201.

［41］Boisot M., Meyer M. W. 2008. "Which Way through the Open Door? Reflections on the Internationalization of Chinese Firms." *Management and Organization Review* 4(3): 349-365.

［42］Cameron A. C., Trivedi P. K. 2005. *Microeconometrics: Methods and Applications.* Cambridge University Press.

［43］David D. W., Zeng P., Lan K. 2018. "Co-patent, Financing Constraints, And Innovation in SMEs: An Empirical Analysis Usingmarket Value Panel Data of Listed Firms." *Journal of Engineering and Technology Management* 48(2): 15-27.

［44］Foster C., Grahan M. 2017. "Reconsidering the Role of the Digital in Global Production Networks." *Global Networks* 17(1): 68-88.

［45］Galperin H., Viecens M. F. 2017. "Connected for Development? Theory and Evidence about the Impact of Internet Technologies on Poverty Alleviation." *Development Policy Review* 35(3): 315-336.

［46］Goldfarb A., Tucker C. 2019. "Digital Economics." *Journal of Economic Literature* 57(1): 3-43.

［47］Golzer P., Fritzsche A. 2017. "Data-driven Operations Management: Organisational

Implications of the Digital Transformation in Industrial Practice." *Production Planning & Control* 28 (16) : 1332−1343.

[48] Gorodnichenko Y., Talavera O. 2017. "Price Setting in Online Markets: Basic Facts, International Comparisons, and Cross−Border Integration." *American Economic Review* 107(1):249-82.

[49] Hadlock C. J., Pierce J. R. 2020. "New Evidence on Measuring Financial Constraints: Moving Beyond the KZ Index." *The Review of Financial Studies* 23(5): 1909-1940.

[50] Ilvonen I., Thalmann S., Manhart M. 2018. "Reconciling Digital Transformation and Knowledge Protection: A Research Agenda." *Knowledge Management Research & Practice* 16(2):234-244.

[51] Jacobson L. S., La Londe R. J., Sullivan D. G., 1993. "Earnings Losses of Displaced Workers." *American Economic Review* 83(4):685-709.

[52] Kaur N., Sood S. K. 2017. "Efficient Resource Management System Based on 4vs of Big Data Streams." *Big Data Research* (9): 98-106.

[53] Kostova T., Nell C. P., Hoenen A. K. 2018. "Understanding Agency Problems in Headquarters –Subsidiary Relationships in Multinational Corporations: A Contextualized Model." *Journal of Management* 44(7):2611-2637.

[54] La Ferrara E., Chong A., Duryea S., 2012. "Soap Operas and Fertility: Evidence from Brazil." *American Economic Journal: Applied Economics* 4(4) :1-31.

[55] Loebbecke C., Picot A. 2015. "Reflections on Societal and Business Model Transformation Arising from Digitization and Big Data Analytics: A Research Agenda." *Journal of Strategic Information Systems* 24(3) : 149−157.

[56] Milgrom P., Roberts J. 1990. "The Economics of Modern Manufacturing: Technology, Strategy, and Organization." *American Economic Review* 80(3):511- 528.

[57] Srivastava S. C., Chandra S. 2018. "Social Presence in Virtual World Collaboration: An Uncertainty Reduction Perspective Using a Mixed Methods Approach." *MIS Quarterly* 42 (3):779-804.

（责任编辑：焦云霞）

数字资产的价值相关性

——基于中国上市公司App活跃度的经验发现

新　夫　周　宁　杜晓荣　于会淼[*]

摘　要：党的二十大报告指出，要加快发展数字经济，促进数字经济和实体经济深度融合。在数字经济时代，企业的核心价值更多的是以无形、数字化、难以货币化计量的资产存在。企业大量的数字资产是否具有价值相关性是本文的研究主题。本文将手机App活跃用户行为数据作为数字资产，收集了国内排名前2000名的手机App应用中活跃用户数、App启动次数、App使用时长等相关用户行为数据，从数字资产作为公司管理层的私有信息理论出发，对数字资产与企业季度营业收入之间的关系进行了检验。研究发现，App启动次数和使用时长同期季度增长率与同期的季度营业收入存在显著正向关系，说明了数字资产与企业核心财务指标之间关系的适当性；进一步，App启动次数和使用时长同期季度增长率能够预测从$t+1$到$t+3$期的季度营业收入，说明数字资产作为私有信息的盈余预测性。此外，本文从互联网业务依赖度、信息透明度、App付费与免费的对比以及品牌声誉的对比角度对上述结果进一步分析。本文的研究发现对于理解数字资产在价值投资领域的重要性具有重要意义。

关键词：数字资产　价值相关性　App手机应用　私有信息

* 新夫（通讯作者），副教授、博士生导师，财政部国际化高端会计人才（2020），电子邮箱：xinfu@hhu.edu.cn；周宁，研究生，河海大学商学院，电子邮箱：zuthning@163.com；杜晓荣，教授，河海大学商学院会计学系主任，电子邮箱：duxiaorong68@163.com；于会淼，研究生，河海大学商学院，电子邮箱：yhm2466398964@163.com。本文获得国家社科基金一般项目（19BJY029）、教育部人文社科基金青年项目（18YJC790189）、财政部国际化高端会计人才项目的资助。感谢匿名审稿专家的宝贵意见，文责自负。

一　引言

数字资产作为数字经济时代企业的核心价值发挥着关键作用。2022 年 10 月 16 日，习近平总书记在党的二十大报告中指出，要"加快发展数字经济，促进数字经济和实体经济深度融合，打造具有国际竞争力的数字产业集群"。党的二十报告审时度势，正视以大数据和人工智能为代表的数字革命对人类世界的深远影响，将数据要素首次纳入要素市场化改革。在实务界，国际四大会计师事务所之一德勤曾经在数字革命到来之际，适时推出了"第四张报表"的概念（德勤，2016、2018）。"第四张报表"是除资产负债表、利润表和现金流量表之外，会计实务界为了应对大量基于用户流量的数据被忽略的现实而提出的措施。学术界也充分认识到数字资产的重要性，一系列以信息技术、金融科技、会计、审计等交叉融合为特色的研究成果纷纷涌现，并得到了充分的重视和认可（刘国强，2020）。比如，如何利用大数据技术来刻画数字经济问题（Brynjolfsson 等，2019），利用超 5000 万的手机移动客户端的零售数据来重新解释盈余公告后偏移现象（Froot 等，2017），微博网络新媒体信息披露及其经济后果研究（徐巍和陈冬华，2016；何贤杰等，2016、2018）。将基于用户所产生的数据视为一项企业资产存在似乎已经毋庸置疑。本文将此类资产统称为"数字资产"①。

但是，以往研究更多关注社交媒体（如新浪微博、Facebook 等），而数字资产是由活跃用户（消费者）产生的行为数据，从会计主体看是归属于企业的一项资产，这一特征有别于以往的社交媒体等具有较强外部性的相关研究。当一种新的资产出现时，首先需要直面的问题是资产是否有价值。从会计意义上看，资产的价值取决于是否能够为会计信息使用者提供有助于决策的信息，即价值相关性问题（Amir 等，1993；Barth 等，2001；

---

① 又可称为"数据资产"（Digital Assets），从会计的角度定义，数字资产是指由个人或企业拥有或者控制的，能够为企业带来经济效益的，以物理或电子的方式记录的数据资源。从这个定义出发，本文的研究假设即数字资产是有价值的。

Holthausen 和 Watts，2001）。因此，本文旨在系统研究数字资产的价值相关性问题，具体为研究数字资产的业绩预测功能，并进一步考察数字资产与股价的关联性。此外，本文的创新之处是，从资产归属与会计主体的角度，关注数字资产如何影响人们决策行为，特别是如何影响投资者在资本市场中的决策行为，数字资产是否有业绩预测功能和价值相关性，这些问题具有特殊的研究意义。

本文旨在回答数字资产是否具有业绩预测功能和价值相关性问题，即数字资产对于会计盈余预测是否有用，在此基础上进一步分析数字资产对资本市场的外部投资者是否具有信号效应。为了回答这些问题，我们利用目前手机 App 应用市场中产生的基于活跃用户的大量在线数据，收集市场上排前 2000 名的 App 的活跃用户数、App 启动次数以及 App 使用时长。举例来说，腾讯公司旗下排名第一的 App 是微信，2020 年 3 月其活跃用户数达到 9.5 亿，App 启动次数为 38681139.4 次，App 累计使用时长为 2925742.8 小时。基于此类活跃用户所产生的大量实时数据，本文最主要的一个前提假设为，大量实时的、非货币性的数字资产是具有价值相关性的。相对于会计信息的滞后性，数字资产最大的优点在于实时反映企业的动态信息。此外，大量丰富的用户行为数据弥补了传统会计信息和其他信息渠道单一维度的缺陷，为外部投资者的决策提供了丰富的数据信息集合。

为了检验本文所提出的研究问题——数字资产具有价值相关性，本文设计了针对性的研究方案，即利用私有信息的相关理论，检验数字资产是否能够预测企业的营业收入（销售收入），具体分为两个步骤：一是检验数字资产作为公司管理层私有信息的适当性研究，即当期（t 期）数字资产的相关指标是否与当期会计盈余显著相关；二是检验数字资产作为公司管理层私有信息是否具有未来的预测价值，即当期（t）由用户行为产生的数字资产与未来各期（如 $t+1$ 期）会计盈余（或者未预期盈余）之间存在显著关系。利用企业所属的排名第一（前三名、前五名、前十名等）App 手机应用所产生的启动次数和使用时长增长率与公司未来各期季度营业收入增长率进行预测分析。本文的研究发现支持数字资产具有价值相关性的基本假设，即数字资产能够预测企业营业收入，具体表现在两个维度上：一是App启动次数同期季度增长率能够预测企业从 t 期至 $t+3$ 期的季度营业收入，以及企业从 t 期至 $t+1$ 期的季度标准化非预期收益，对季度营业收入的预测效果在 $t+1$ 期最强（调整 R^2 值达到26.8%），对季度标准化非预期收益在 t 期效果最强（调整 R^2 值达到16.4%）。App启动次数1%的增长可以带来企业季度营业收入0.170%的增长和季度标准化非预期收益0.14%的增长。二是App使用时长同期季度增长率能够预测企业从 t 期至 $t+3$ 期的季度营业收入和企业 t 期的季度标准化非预期收益，对二者的预测效果同样分别在 $t+1$ 期（调整 R^2 值达到27.6%）和 t 期（调整 R^2 值达到16.9%）最强。App使用时长1%的增长可以带来企业季度营业收入0.16%的增长和季度标准化非预期收益0.17%的增长。上述结果在使用不同排名的App数据进行预测、非预期收入的替代变量和基于App层面的数据分析等稳健性检验后，基本保持不变。

为了探究数字资产影响企业价值的异质性，我们又做了以下四个方面工作：互联网业务依赖度、信息透明度、App付费与免费的对比、品牌声誉的对比（中国互联网企业百强公司）分析。研究发现：公司对互联网业务的依赖度越高，其App的流量就越能预测公司业绩的发展；信息透明度越低，其App用户活跃度数据对企业营业收入的预测效果越差；使用者付费越多的App，给公司带来的收益增长越低，而付费越少的App，给公司带来的收入增长越多；数字资产在品牌声誉低的未上榜组公司中表现出更加显著的预测效果。

本文的可能研究贡献有：首先，拓展了价值相关性研究。自 Ball 和 Brown（1968）、Beaver（1968）对会计信息价值相关性研究发端以来，半个多世纪以来价值相关性研究不断发展。类似研究结论在不同国家和地区都得到验证。随着无形资产在企业价值创造中的重要性不断提升，会计信息的价值相关性也受到挑战（Lev 和 Zarowin，1999）。以大数据和人工智能为代表的数字革命到来，特别是金融科技的突飞猛进，要求理论研究关注数字资产的价值相关性问题。在信息技术与会计、金融等交叉领域，已经涌现出一系列研究成果，包括基于公司主页和社交媒体的自愿信息披露行为

（Ettredge等，2002；Jung等，2018；Hasan和Cready，2019）、社交媒体与公司估值（Luo等，2013）、基于网络的非财务信息披露与资本成本（Orens等，2010）等，本文是在这一新兴交叉领域的探索。其次，本文以数字资产为公司管理层所独享的私有信息这一特征为起点，从而检验管理层私有信息的价值及其对企业估值的影响。与来自社交媒体的信息相比（Nofer和Hinz，2015），我们所采用的是基于公司App用户所产生的行为数据，不同于Twitter用户，公司App用户的行为数据与公司直接相关，可以直接观察这些数字资产与公司财务指标和股票价格波动之间的关系。此外，基于企业用户行为产生的内部数据准确刻画了公司的内部核心信息，从而降低了信息不对称。利用企业内部数据和信息刻画数字资产的研究刚刚兴起，如Tambe等（2020）利用领英个人简历数据，对美国明星企业的数字资本进行了度量，并做了较为详尽的统计分析。通过实证检验这类私有信息在企业层面是否具有信息价值，并为企业估值提供数据基础，具有研究意义。最后，推进了数字经济量化的相关研究。Brynjolfsson等（2019）的研究显示，2018年美国人平均每天花6.3小时在数字媒体（社交网络及智能手机应用）上，这表明数字媒体在日常生活中占据了很大份额且不断增长。但这些商品和服务在官方衡量经济活动的指标中，如GDP和生产率等，却没有被计算在内，表明数字产品价值被低估。本研究试图推进数字资产在资本市场领域的可量化工作，并推动个人和机构投资者认识到企业数字资产的重要性。

本文余下的结构安排如下，第二部分为文献综述，第三部分为理论分析与研究假设，第四部分介绍了数据来源、主要变量和模型构建，第五部分着重探讨数字资产与营业收入之间的关系，第六部分为异质性分析，第七部分为研究结论、局限与未来展望。

二　文献综述

当前数字资产的理论研究如火如荼。早期的研究包括徐全华（2002）、吕玉芹等（2003），针对数字资产的概念、会计确认计量等问题展开了探索性研究。互联网经济泡沫的破灭曾一度使相关理论研究和探索陷入低谷。但随着计算机的存储技术、运算能力得到极大提升，特别是云计算、人工智能技术的出现，企业数字化浪潮到来，数字资产又得到了理论和实务界的高度关注。最新的研究包括张俊瑞等（2020）、张俊瑞和危雁麟（2021）、曲晓辉（2021）等，从理论规范层面对企业数据资产的定义、范围、会计处理和信息列报等进行了探讨，并提出了相关建议。数字货币的使用越来越广泛，相关会计准则制定机构也开始关注由数字货币引发的企业数字资产的确认和计量问题（IASB，2019；EFRAG，2020；FASB，2021）。与此同时，实务层面关于数字资产的应用场景和案例也层出不穷，但是还缺乏较为严谨的经验研究加以验证。Tambe 等（2020）利用领英个人简历数据，对美国的明星企业的数字资本进行了度量，并做了较为详尽的统计分析。这是截至目前为数不多的在企业层面计量数字资产的经验研究。

数字资产之所以受到关注，与企业商业模式的变革分不开，而商业模式决定了企业价值。在经典的财务学理论和实践中，企业估值离不开现金流预测，而营业收入是预测估值模型中现金流的核心指标。然而，数字经济时代的到来对于传统的企业估值带来了挑战（张纯，2003；黄晓波，2007；刘东慧等，2022；危雁麟等，2022）。黄世忠（2020、2021）在对比研究中美十大新经济企业年报的基础上，发现其会计信息并不能如实反映经营业绩和财务状况，存在低估问题。针对上述传统企业估值方法存在的缺陷，已有研究基于互联网和社交媒体所产生的海量信息对企业估值和投资行为进行分析（夏雨禾，2010；刘海飞等，2017；胡军和王甄，2015；武佳薇，2019；尹海员和华亦朴，2019；Ashbaugh 等，1999；Ettredge 等，2002；Fang 和 Peress，2009；Orens 等，2010；Chen 等，2013；Nofer 和 Hinz，2015；Hasan 和 Cready，2019；Moe 和 Trusov，2011；Sonnier 等，2011）。但是，这些研究更多的是从互联网和社交媒体视角（第三方所产生的数据），并没有从企业内部产生的数字资产视角开展研究。认识到上述企业估值方法存在的缺陷，国内外学者在对以数字经济为核心业务的公司基本面进行分析的基础上开展了新的探索，将对用户行为的度量作为一种新的估值手段（Froot 等，2017）。李然（2017）将活跃用户的增长率作为互联网企业估值的关键价值驱动因素之一，通过分析阿里巴巴、京东和聚美优品等电商企业数据发现，与客户紧密相关的收入是对互联网企业进行估值的相对优质的参考指标。谈多娇和董育军（2010）认为新经济企业中互联网企业的价值体现在满足消费者需求上，符合客户价值理论，因此将注册用户数量与点击率等指标纳入企业估值模型。周芹等（2016）则采用案例研究方法使用包括客户网络在内的数据资产对京东进行估值。帅青红（2005）创造性地构建了 CVBC 模型，基于互联网、电子商务企业现有的客户数和客户保持率来预测企业未来客户数量，从而得出企业市价，研究发现以网易公司为例的互联网企业市价被高估。车培荣（2017）将用户信息的数量和丰富度作为数字资产的重要组成部分，研究证明中国上市互联网企业所拥有的用户信息越多，其流通市值越高。总的来说，基于客户数据的企业估值方法，对于新经济企业来说，更能得出贴合实际的结果，与其他企业价值评估方法相比更具优势。

综上所述，本文将数字资产明确定义为以二进制电子数据形式存在并且预期会给资产持有者带来经济效益或潜在经济价值，且未在现行资产负债表中确认和计量的非货币性资产。本文试图在企业层面对这类数字资产进行量化研究，并预测这些企业未来的盈余和股票收益情况。

三　理论分析与研究假设

数字经济时代下企业的核心价值更多以无形的、数字化、难以货币化计量的资产存在。这极大地影响了现行企业估值理论的可靠性和估值模型的准确性。这类企业估值和投资决策的难度增加正是因为企业内外部信息不对称程度加剧。据统计，标准普尔 500 的前五大公司分别为苹果、微软、谷歌、亚马逊和 Facebook，这五家公司的市值占市场总值的 19%（Tambe 等，2020）。而从财务报告中披露的数据看，这五家公司的有形资产仅占其市值的 1/6。这些独角兽公司的市值庞大，但是其财务报表无法反映的无形资产的量级更为夸张。特别是以信息技术为代表的此类公司，代表企业核心竞争力的数字资产无法被量化，造成了企业内外部信息不对称程度加剧。然而，随着信息技术的发展，当基于企业用户行为产生的数据可以被外界获取时，从缓解信息不对称角度来看，为我们研究以大量无形、数字化、难以货币化的资产为特征的企业估值问题创造了机会（聂兴凯等，2022）。

从信息不对称理论出发，私有信息是具有价值的。Easley 和 O'Hara（1992）构建了 PIN 指数以量化利用私有信息进行股票交易的行为策略，发现私有信息的投资价值。此后，学界涌现出一系列有关私有信息有用性的研究（Morck 等，2000；Vega，2006；方军雄，2007；金智，2010；许年行等，2013；赵良玉等，2013）。本文的创新之处在于，捕捉跟踪到特定企业用户消费者行为的实时经济活动。而这些信息不同于源自社交媒体的信息，这些信息可以衡量实际的消费者活动，而不是根据社交媒体而派生出的意见或情绪（何贤杰等，2016）。它可能与潜在的销售基本面联系更紧密，是公司管理层所掌握的第一手内部信息，即私有信息。关于将数字资产作为公司管理层私有信息来对企业进行估值的问题，本文分成两个步骤进行检验。首先，基于企业用户行为产生的数据资产有用性检验，即当期（t 期）有关数字资产的全部私有信息是否在当期（t 期）的会计盈余中得到充分、及时的反映，即检验当期数字资产的相关指标是否与当期会计盈余（或者未预期盈余）显著相关。这个预期看上去非常直观，其含义在于，如果用户行为数据这一私有信息是有价值的，那么应该能够看到当期活跃用户的相关行为理应在当期的营业收入中得到反映，也就表明本文所采用的数字资产是具有实际意义的。这是一个初步检验。

假设 1：当期（t 期）数字资产的相关指标是否与当期会计盈余显著相关。

投资者在进行公司盈余预测分析时，通常会通过公司历史的盈余表现来预测其未来表现（范宗辉和王静静，2010）。由于上述初步检验中的假设条件是数字资产的价值能够体现在当期（即历史的）会计盈余中，不难由此认定这种影响也将会体现在未来盈余中。实务上的依据是各类数据交易平台的蓬勃发展：虽然本文研究的数字资产是管理层的私有信息，并非一种易获取的公开数据，但机构投资者有强烈的获取这类信息的意愿和能力，他们购买此类数据来预测盈余的行为证明了数字资产对于决策的有用性。而在理论上，估值的本质是能够刻画企业未来的价值创造（韦力坚等，2021）。沈洁（2001）认为只有将网络企业特有的非财务性指标（注册用户数、点击率及停留时间等）纳入其价值评价体系，才能构建新经济下网络企业的价值评定模型，这证明数字资产的特有指标是评估相关企业未来发展价值的关键。本文在文献综述部分提及的研究也能够提供相关经验来巩固这一假设的基础。进一步地，早期研究已经证明了资本市场对收益信息反应不足，只是随着时间的推移才逐渐识别到收益信息产生的全部影响（Foster 等，1984；Bernard 和 Thomas，1989；Ball 和 Bartov，1996）。而 Ball 和 Brown（1968）也指出，一家公司一年内可获得的所有信息中，有一半以上的会被计入该年的收入中，其余则有时会被股价捕捉到。那么，数字资产作为公司现金流产生能力的信息来源之一，其预测能力也很可能会反映为公司权益。因此，本文提出的第二个假设如下：

假设 2：当期（t）由用户行为产生的数字资产与未来各期（如 $t+1$ 期）会计盈余（或者未预期盈余）之间存在显著关系。

四　数据来源、主要变量和模型构建

（一）数据来源

本文的手机应用数据来自易观大数据公司。易观大数据公司的易观千帆是数字经济洞察平台，覆盖国内 45 个领域、300 多个行业、超 5 万款 App、数亿数字用户，服务企业超过 1000 家。本文选取手机应用市场上综合排名前 2000 的 App 用户活跃行为数据[①]。用户活跃行为数据包括活跃用户数、App 启动次数、用户使用时长（小时）（见表 1）。该用户活跃行为数据采集期间为 2014 年 1 月 1 日至 2019 年 6 月 30 日，频次为月度数据。另一个数据来源是与本文所选取的 App 对应的上市公司财务数据。根据本文

---

①　之所以选取综合排前 2000 名的 App 是因为排第 2000 名之后的 App 的用户数据量绝对值较小，此外所对应的公司很少有上市公司，与本文研究无关。

所选取的排前 2000 名的 App，我们手工整理出 App 所对应的公司名称，再利用所属公司遴选出 A 股和 H 股的上市公司共计 29 家，其中 A 股 13 家，H 股 16 家。在此基础上，我们收集目标上市公司季度盈余、季度收入和月股票收益率等财务信息，时间范围为 2014 年 1 月 1 日至 2020 年 3 月 31 日。

表 1　样本公司及其 App 相关数据

股票代码	公司简称	排名第一 App	活跃用户数（万）	App 启动次数（次）	用户使用时长（小时）
002024	苏宁易购	苏宁阅读	97.7	376.7	79.0
002195	二三四五	2345 天气预报	1460.0	37757.9	2142.2
002230	科大讯飞	讯飞输入法	10678.6	5284418.8	165035.7
002247	聚力文化	PP 视频	1406.3	44104.0	11799.5
002739	万达电影	万达电影	221.2	2616.8	215.0
300033	同花顺	同花顺	3256.4	452513.4	45393.2
300104	乐视网	乐视视频	712.0	38372.9	11009.1
300431	暴风集团	暴风影音视频播放器	1429.9	103333.4	22162.9
600029	南方航空	南方航空	328.5	3362.5	—
600050	中国联通	联通手机营业厅	2612.5	23943.5	1358.9
600115	东方航空	东方航空	134.6	1240.7	88.3
603000	人民网	人民日报	471.3	14419.9	1476.3
603533	掌阅科技	掌阅	5369.9	765013.8	173037.0
00268	金蝶国际	快递 100	182.0	1988.8	144.5
00696	中国民航信息网络	航旅纵横	299.0	2343.9	150.4
00699	神州租车	神州租车	222.8	1239.8	119.9
00700	腾讯控股	微信	95230.5	38681139.4	2925742.8
00728	中国电信	电信营业厅	3027.9	37134.0	1043.1
00772	阅文集团	QQ 阅读	4594.5	821936.9	165838.8
00780	同程艺龙	同程旅游	441.1	4814.7	316.3
00941	中国移动	中国移动	2900.6	50729.3	2201.3
00992	联想集团	联想乐商店	522.9	3090.4	328.7
01357	美图公司	美图秀秀	10653.8	177441.9	10096.9
01761	宝宝树集团	宝宝树孕育	1284.1	9456.0	883.6
01810	小米集团	小米应用商店	7508.0	95707.7	4009.6

股票代码	公司简称	排名第一App	活跃用户数（万）	App启动次数（次）	用户使用时长（小时）
03601	鲁大师	鲁大师安卓版	669.6	49320.7	5082.1
03690	美团点评	美团	10910.5	218351.4	12927.5
06100	有才天下猎聘	猎聘	167.5	2311.7	182.6
09988	阿里巴巴	手机淘宝	65990.5	3420552.6	339478.3

（二）主要变量

1.数字资产

根据本文研究主题，我们设计 App 的用户活跃行为数据增长率指标。选取 App 启动次数和用户使用时长（小时）两个维度进行设计。其中，App 启动次数是指当期累计启动 App 的次数，表明用户使用该 App 的频率。在模型中，使用 App 启动次数的增长率，为了与季度盈余相匹配，这里的增长率是App 启动次数的同期季度增长率，即第 t 季度与第 t-4 季度数据的对数差，公式如下：

$$RN = \ln (N_{i,t} \div N_{i,t-4}) \tag{1}$$

其中，$N_{i,t}$ 是公司 i 旗下排名前三的手机应用第 t 季度的总启动次数。同时，在稳健性检验中计算公司 i 旗下排名第一和排名第五的手机应用的相应指标。

用户使用时长（小时）是指累计打开使用 App 的小时数，同期季度增长率即第 t 季度与第 t-4 季度数据的对数差，公式如下：

$$RT = \ln(T_{i,t} \div T_{i,t-4}) \tag{2}$$

其中，$T_{i,t}$ 是 i 公司旗下排名前三的手机应用第 t 季度的总使用时长。同时，在稳健性检验中计算了公司 i 旗下排名第一和排名第五的手机应用的相应指标。

此外，考虑到样本公司对互联网业务的依赖程度不同，App 手机应用带来的销售收入占总收入的比重也会有差异。因此需要考虑样本公司数字经济水平的影响，即手机应用启动次数增长率对企业业绩的影响是以企业适用互联网经济的程度为条件的。为此，加入变量 $rate$（企业排名第一的 App 活跃用户数占全网用户数的比重），设置交乘项 a、b：

$$a = RN \times rate \tag{3}$$

$$b = RT \times rate \tag{4}$$

2.收入增长率

$$RS = S_{i,t} \div S_{i,t-4} - 1 \tag{5}$$

其中，$S_{i,t}$ 是公司 i 截至 t 季度的季度收入。为了检验流量数据的预测效果，设置滞后项 RS_1、RS_2、RS_3、RS_4、RS_5，分别代表第 t+1 至第 t+5 的收入增长率。

3.标准化的非预期收入

$$SUR = [(S_{i,t} - S_{i,t-4}) - r_{i,t}] \div \sigma_{i,t} \tag{6}$$

其中，$\sigma_{i,t}$ 和 $r_{i,t}$ 分别是 $(S_{i,t} - S_{i,t-4})$ 的标准差和平均值。为了检验流量数据的预测效果，设置滞后项 SUR_1、SUR_2、SUR_3、SUR_4、SUR_5，分别代表第 t+1 至第 t+5 的标准化非预期收入。

4.控制变量

本文的数据获取难度较大，为了克服遗漏变量问题，设计了相应的控制变量，包括资产规模（$size$）为企业总资产的自然对数，总资产周转率（Tat）为营业收入除以资产总额期末余额，资产负债率（Lev）为负债除以总资产，速动比率（$Quick$）为流动资产扣除存货后除以流动负债，销售费用（$Cost01$）为销售费用的对数，管理费用（$Cost02$）为管理费用的对数，财务杠杆为企业的财务杠杆指数，所有连续数据进行缩尾处理。

（三）主要变量描述性统计

对数据进行缩尾后，进行描述性统计，结果见表2。可知，与收入增长 RS 相比，RN 和 RT 的平均值和中位数都略高，标准差也较高。启动次数增长率 RN 的平均值（中位数）为 0.443（0.336），标准偏差为 0.847。时长增

长率 *RT* 的平均值（中位数）为 0.402（0.322），标准偏差为 0.988。收入增长率 *RS* 的平均值（中位数）为 0.275（0.115），标准偏差为 0.654。相关系数结果显示，两项流量数据增长率与 *RS* 和 *SUR* 都显著正相关。

表 2　主要变量描述性统计

变量	RS	SUR	RN	RT	Size	Tat	Lev	Quick	Cost01	Cost02	Debt
Panel A：描述性统计											
样本量	347	343	520	502	468	427	468	468	754	754	470
平均值	0.275	0.000	0.443	0.402	23.706	0.680	0.559	2.348	12.618	12.649	1.293
标准偏差	0.654	0.964	0.847	0.988	2.329	3.272	0.589	3.246	10.048	9.996	1.688
最小值	−0.909	−4.276	−4.036	−2.542	13.136	0.014	0.000	0.098	0.000	0.000	−4.717
P50	0.115	−0.049	0.336	0.322	23.419	0.306	0.439	1.306	18.247	18.405	1.001
最大值	4.753	2.864	5.208	4.692	28.131	43.103	4.671	39.508	25.755	26.857	24.693
Skew.	2.892	−0.338	0.853	1.003	−0.429	11.439	3.639	5.347	−0.385	−0.404	6.855
Kurt.	16.853	5.217	7.916	5.950	4.623	136.193	19.131	48.658	1.292	1.311	87.387
Panel B：相关系数											
RS	1.000										
SUR	0.635***	1.000									
RN	0.249***	0.154***	1.000								
RT	0.207***	0.185***	0.680***	1.000							
Size	−0.217***	−0.006	−0.007	0.015	1.000						
Tat	0.036	0.038	−0.035	−0.042	−0.390***	1.000					
Lev	−0.134**	−0.114**	−0.107**	−0.128**	0.051	−0.017	1.000				
Quick	0.383***	0.072	0.063	0.043	−0.398***	−0.032	−0.179***	1.000			
Cost01	−0.099*	0.062	−0.021	0.010	0.619***	−0.248***	0.051	−0.228***	1.000		
Cost02	−0.117**	0.027	−0.020	0.010	0.665***	−0.274***	0.036	−0.228***	0.989***	1.000	
Debt	0.078	0.130**	0.070	0.078	0.079*	−0.011	0.044	−0.089*	0.086*	0.085*	1.000

注：*、**和***分别表示在 10%、5% 和 1% 的水平下显著。

（四）模型构建

由于样本截面数据存在个体差异，对于每个截面成员而言，截距项都是不同的。为了消除这种个体影响，固定效应模型被广泛地应用于对面板数据的回归，因为它能够吸收体现在不同截距上的特质组间差异，从而得到变量间更加真实、准确的关系。

如式（7）所示，本文使用的基本模型是个体固定效应模型，即除解释变量以外，模型中其他所有变量对被解释变量的影响都只随个体变化，表现为对于不同的个体，公式的截距不同，该模型是后续文中多次出现的模型（1）。考虑到模型中变量的影响并不严格地只随个体变化而不随时间变化，其表现为对于不同的个体、不同的时间，公式的截距都不同。因此本文在基础的个体固定效应模型中加入时间虚拟变量，构建个体时间双固定效应模型，用于进一步研究。该模型是后续文中多次出现的模型（2）。

$$y_{i,t} = \alpha_1 + \alpha_2 App_{it} + \sum_{k=3}^{k} \alpha_k App_{it} \times x_{k,i,t} + \beta_i Z_{it} + \lambda_i + \gamma_t + u_{i,t} \tag{7}$$

为了深入解释研究结论，本文将解释变量 RN（RT）与被解释变量 RS（SUR）之间的关系称为主效应，将其他指定变量与解释变量的乘积称为交乘项，并将交乘项对被解释变量的影响称为调节效应。在个体时间双固定效应模型中同时加入指定变量（如后文中的 $rate$ 和 $transparency$）以及交乘项（如后文中的 a、b、c 和 d），就构成了后续文中多次出现的模型 3。除此之外，本文还使用经典的 Fama-MacBeth 两步截面回归检验方法，消除残差在时间序列上的相关性，以提高本文结论的稳健性。

五　数字资产与营业收入之间的关系

（一）假设 1 的检验：数字资产的适当性

根据前文的分析，首先要检验数字资产作为管理层私有信息，是否在当期得到充分披露和反映，体现在会计盈余当期是否与数字资产之间具有显著关系。根据研究设计，分别用 App 启动次数增长率和 App 使用时长增长率两个指标与当期收入增长率进行模型回归。相关结果列示于表 3 和表 4，基本结果显示，当期（t 期）数字资产的相关指标与当期会计盈余显著相关，即验证了假设 1，数字资产作为盈余预测指标在经验上具有适当性。

1. App启动次数

这里分别采用四种估计方法（见表3）。模型（1）是固定效应估计。模型（2）是固定效应估计并控制时间，在模型中加入虚拟时间变量，得出结论与模型（1）一致。RN 与 RS 系数为0.160，表示启动次数指数增加1%与当期收入增加0.160%相关。RN 与 SUR 系数为0.208，表示启动次数指数增加1%与当期 SUR 增加0.208%相关。模型（3）是在模型（2）的基础上考虑调节效应。加入交乘项后，Panel A 中的结果证实了调节效应，主效应（RN）的系数为0.128，交乘项的系数为1.908，证明启动次数增长对 t 期收入增长的影响，受到企业排名第一的 App 活跃用户数占全网用户数的比重（大致可看作企业数字经济水平）的影响。该比重越大，预测效果越强。而 Panel B 中未证实存在调节效应，表明该模型中 RN 单独对 SUR 发生作用。模型（4）是 Fama-MacBeth 回归检验。该模型较之于传统截面回归，能够排除残差截面相关性对标准误差的影响。得到 RN 与 RS 系数为0.162，RN 与 SUR 系数为0.277。

表3　App启动次数增长率与当期营业收入之间的关系检验

变量	模型（1）N/A个体	模型（2）个体、时间双固定	模型（3）加入交乘项	模型（4）Fama-MacBeth
Panel A：t 期收入增长率 RS 与启动次数增长率 RN				
RN	0.170***	0.151***	0.128***	0.162*
Rate			0.919	
交乘项A			1.908**	
Size	−0.175	0.198	0.198	−0.301*
Tat	0.011	0.005	0.007	−0.355
Lev	−0.254**	−0.116	−0.151	−0.385
Quick	−0.088**	−0.120***	−0.116***	−0.166
Cost01	0.132	0.106	0.085	0.292
Cost02	−0.131	−0.127	−0.108	−0.162
Debt	0.055	0.044	0.033	0.026
_cons	4.572	−3.438	−3.441	5.418*
Obs.	287	287	287	287
R^2值	0.133	0.268	0.279	0.671

续表

变量	模型（1）N/A个体	模型（2）个体、时间双固定	模型（3）加入交乘项	模型（4）Fama-MacBeth
Panel B：t 期 SUR 与启动次数增长率 RN				
RN	0.142^{**}	0.208^{***}	0.184^{***}	0.277^{**}
$Rate$			-0.107	
交乘项 A			2.285	
$Size$	-0.080	0.074	0.077	-0.213
Tat	0.058^{*}	0.045	0.044	0.042
Lev	-0.399^{**}	-0.309	-0.347^{*}	-0.519
$Quick$	-0.095	-0.099	-0.093	-0.199^{**}
$Cost01$	0.090	0.088	0.072	0.288^{*}
$Cost02$	-0.123	-0.158	-0.142	-0.163
$Debt$	0.060	0.056	0.044	-0.056
_cons	2.870	0.219	0.172	3.220
Obs.	283	283	283	283
R^2 值	0.164	0.156	0.163	0.596

注：*、**和***分别表示在 10%、5% 和 1% 的水平下显著。

2. App 使用时长

与启动次数的检验类似，我们对使用时长分别用同样四个模型进行回归分析，结果见表 4。模型（1）是固定效应估计。得到 RT 与 RS 系数为 0.151，说明时长增加 1% 与当期收入增加 0.151% 相关。RT 与 SUR 系数为 0.168，说明时长增加 1% 与当期 SUR 增加 0.168% 相关。模型（2）是固定效应估计并控制时间，在模型中加入虚拟时间变量，得出结论与模型（1）一致。RT 与 RS 系数为 0.116，表示启动次数指数增加 1% 与当期收入增加 0.116% 相关。RN 与 SUR 系数为 0.214，表示启动次数指数增加 1% 与当期 SUR 增加 0.214% 相关。模型（3）是在模型（1）的基础上考虑调节效应。加入交乘项后，Panel A 中的结果证实了调节效应（2.058），主效应（RT）的系数为 0.089，表示启动次数指数增加 1% 与未来一期收入增加 0.089% 相关，且受到 $rate$ 的正向影响。同时 Panel B 中未证实存在调节效应，表明该模型中 RT 单独对 SUR 发生作用。模型（4）是 Fama-MacBeth 回归检验。得到 RT 与 RS 系数为 0.162，RT 与 SUR 系数为 0.089，但均不显著。

表4　App使用时长增长率与当期营业收入之间的关系检验

变量	模型（1） N/A个体	模型（2） 个体、时间双固定	模型（3） 加入交乘项	模型（4） Fama-MacBeth
Panel A：t期收入增长率RS_1与使用时长增长率RT				
RN	0.151***	0.116***	0.089**	0.162
Rate			1.163	
交乘项B			2.058*	
Size	−0.217*	0.178	0.171	0.096
Tat	0.010	0.004	0.009	1.318
Lev	−0.277**	−0.128	−0.158	−1.859*
Quick	−0.088**	−0.128***	−0.120***	−0.094
Cost01	0.134	0.123	0.100	−0.192
Cost02	−0.128	−0.140*	−0.120	0.078
Debt	0.061	0.043	0.035	0.370
_cons	5.499*	−2.826	−2.709	0.142
Obs.	269	269	269	269
R²值	0.129	0.275	0.287	0.287
Panel B：t期SUR与使用时长增长率RT				
RN	0.168***	0.214***	0.200***	0.089
Rate			1.254	
交乘项B			1.002	
Size	−0.132	0.018	0.013	−0.071
Tat	0.057	0.043	0.048	0.518
Lev	−0.421**	−0.325*	−0.342*	−1.192
Quick	−0.098	−0.108	−0.104	−0.123
Cost01	0.091	0.109	0.093	−0.005
Cost02	−0.120	−0.174	−0.160	0.103
Debt	0.063	0.052	0.048	0.279
_cons	4.010	1.628	1.710	−0.103
Obs.	265	265	265	265
R²值	0.169	0.177	0.179	0.617

注：*、**和***分别表示在10%、5%和1%的水平下显著。

（二）假设2的检验：数字资产的预测性

1.App启动次数

为检验启动次数增长率对企业收入预测效果的覆盖周期，本文对未来五期收入情况进行固定效应估计［限于篇幅，只报告模型（1）的结果］，具体结果见表5。

从 Panel A 中结果可知，RN 与各期收入增长率的系数从 $t+1$ 期至 $t+3$ 期显著为正，并在 $t+1$ 期最大，说明启动次数水平变化对收入增长的预测效果从当期开始，在 $t+1$ 期最强（为 0.160），而后又减弱。结合 $t+1$ 期 R^2 值（为 0.268），可以认为，其代表的消费者活动增加所带来的收入增加大部分在 $t+1$ 期确认，也就是说，启动次数增加 1% 与未来一期收入增加 0.16% 相关。从 Panel B 中结果可知，RN 与各期收入 SUR 的系数在 $t+1$ 期显著为正。结合 $t+1$ 期 R^2 值（为 0.071），也可以认为 RN 的预测作用在 $t+1$ 期是最有效的，也就是说，启动次数增加 1% 与 $t+1$ 期 SUR 增加 0.093% 相关。

表5　App 启动次数增长率与营业收入增长率：固定效应模型

变量	$t+1$ 期	$t+2$ 期	$t+3$ 期	$t+4$ 期	$t+5$ 期
Panel A：收入增长率 RS_1、RS_2、RS_3、RS_4、RS_5 与启动次数增长率 RN					
RN	0.160***	0.135***	0.074**	0.030	−0.005
$Size$	−0.394***	−0.378***	−0.512***	−0.516***	−0.656***
Tat	0.092	−0.137	0.007	−0.017	−0.299*
Lev	−1.013***	−0.199*	−0.931***	0.147	−1.245***
$Quick$	−0.183***	−0.012	−0.116***	0.074**	−0.006
$Cost01$	0.020	0.110	−0.061	0.057	0.096
$Cost02$	−0.075	−0.153	−0.013	−0.049	−0.033
$Debt$	0.099**	0.086**	0.048	0.035	0.011
_cons	11.273***	10.103***	14.361***	11.983***	15.123***
Obs.	215	267	217	262	194
R^2 值	0.268	0.151	0.232	0.246	0.414
Panel B：标准化的非预期收入 SUR_1、SUR_2、SUR_3、SUR_4、SUR_5 与启动次数增长率 RN					
RN	0.093*	0.079	−0.006	−0.015	−0.054
$Size$	−0.297	−0.492***	−0.735***	−0.967***	−0.876***
Tat	0.224	−0.376	−0.119	−0.171	−0.468
Lev	−1.436***	−0.442**	−1.625***	−0.300	−2.034***
$Quick$	−0.184***	−0.052	−0.146*	0.036	−0.029
$Cost01$	−0.104	0.129	−0.181	0.171	−0.078
$Cost02$	0.007	−0.104	0.135	−0.077	−0.002
$Debt$	0.128**	0.128**	0.048	0.035	0.071
_cons	9.767**	11.538***	19.343***	21.105***	23.410***
Obs.	215	267	217	259	194
R^2 值	0.071	0.087	0.143	0.127	0.220

注：*、**和***分别表示在 10%、5% 和 1% 的水平下显著。

2. App 使用时长

为检验使用时长增长率对企业收入预测效果的覆盖周期，分别对未来五期收入情况进行固定效应估计［限于篇幅，只报告模型（1）的结果］，结果见表6。从 Panel A 中结果可知，RT 与各期收入增长率的系数从 $t+1$ 期至 $t+3$ 期显著为正，并在 $t+1$ 期时系数（为0.159）和 R^2 值（为0.276）最大，说明使用时长水平变化对收入增长的预测效果从 $t+1$ 期始，先增强后减弱。由此可以认为，其代表的消费者活动增加所带来的大部分收入增加在 $t+1$ 期确认，也就是说，使用时长增加1%与未来一期收入增加0.159%相关。从 Panel B 中结果可知，RN 与各期收入 SUR 的系数均不显著，与之前 App 启动次数的结果相比较弱，但从系数符号看，从 $t+1$ 期到 $t+3$ 期的系数符号都为正。

表6 使用时长增长率与营业收入增长率：固定效应模型

变量	$t+1$ 期	$t+2$ 期	$t+3$ 期	$t+4$ 期	$t+5$ 期
Panel A：收入增长率 RS_1、RS_2、RS_3、RS_4、RS_5 与使用时长增长率 RT					
RT	0.159***	0.141***	0.092***	0.041	0.018
$Size$	−0.441***	−0.421***	−0.532***	−0.513***	−0.658***
Tat	−0.029	−0.246	−0.073	−0.027	−0.311*
Lev	−1.058***	−0.220*	−0.937***	0.146	−1.214***
$Quick$	−0.185***	−0.015	−0.118***	0.073**	−0.005
$Cost01$	0.035	0.127	−0.052	0.054	0.095
$Cost02$	−0.071	−0.157	−0.013	−0.051	−0.028
$Debt$	0.099**	0.085**	0.047	0.035	0.008
_cons	12.035***	10.888***	14.557***	11.938***	14.924***
Obs.	197	249	199	245	178
R^2 值	0.276	0.163	0.246	0.251	0.418
Panel B：标准化的非预期收入 SUR_1、SUR_2、SUR_3、SUR_4、SUR_5 与使用时长增长率 RT					
RT	0.084	0.087	0.009	−0.008	−0.034
$Size$	−0.354	−0.537***	−0.686***	−0.887***	−0.829***
Tat	0.149	−0.456	−0.186	−0.175	−0.351
Lev	−1.468***	−0.460**	−1.566***	−0.273	−2.036***
$Quick$	−0.188***	−0.056	−0.139*	0.042	−0.022
$Cost01$	−0.081	0.150	−0.195	0.157	−0.142
$Cost02$	−0.002	−0.119	0.143	−0.110	0.067
$Debt$	0.132**	0.130**	0.077	0.032	0.089
_cons	10.825**	12.448***	18.081***	20.010***	21.847***
Obs.	197	249	199	242	178
R^2 值	0.087	0.096	0.153	0.128	0.241

注：*、**和***分别表示在10%、5%和1%的水平下显著。

（三）稳健性检验

1. 使用不同排名的 App 数据进行预测

考虑到公司旗下手机应用的数量差别较大，因此选取排名第一、前五和前十的手机应用总流量数据进行检验，判断结果是否与排名前三的手机应用数据的预测效果一致。由表 7〔限于篇幅本文只报告了模型（1）中 $t+1$ 期的结果，且未报告控制变量〕可知，不同排名情况的流量数据对公司收入情况的预测效果都较好。其中，用排名前五和排名前十的数据进行回归，两者结果相差不大。而在排名第一和排名前三的数据回归情况中，排名前三的数据预测效果优于排名第一的，体现为其系数较大和 R^2 值较优。

表 7　不同排名情况的 App 数据对 $t+1$ 期收入情况的预测效果

变量	Top1	Top3	Top5	Top10
	Panel A：用 RN 预测 RS_1			
RN	0.149***	0.170***	0.156***	0.156***
控制变量	是	是	是	是
Obs.	215	215	215	215
R^2 值	0.265	0.268	0.264	0.264
	Panel B：用 RT 预测 RS_1			
RT	0.150***	0.159***	0.155***	0.155***
控制变量	是	是	是	是
Obs.	197	197	197	197
R^2 值	0.276	0.276	0.273	0.273
	Panel C：用 RN 预测 SUR_1			
RN	0.137**	0.142**	0.142**	0.122**
控制变量	是	是	是	是
Obs.	283	283	283	283
R^2 值	0.164	0.164	0.160	0.0155
	Panel D：用 RT 预测 SUR_1			
RT	0.159***	0.168***	0.147***	0.140**
控制变量	是	是	是	是
Obs.	265	265	265	265
R^2 值	0.170	0.169	0.168	0.165

注：*、**和***分别表示在 10%、5% 和 1% 水平下显著。

2.非预期收入的替代变量

借鉴Zhang（2015）对非预期收益的变量设置，新增变量RUE，对原始的非预期收入($S_{i,t} - S_{i,t-4}$)进行十分位数处理，具体做法是将数据由小到大进行排列，并分成0~9十个数量大致相等的部分，再除以9。结果如表8所示（限于篇幅未报告控制变量）。

表8　启动次数增长率、使用时长增长率对RUE的预测效果

变量	模型（1）	模型（2）	模型（3）		模型（4）
			RT	交乘项	
Panel A：t期RUE与启动次数增长率RN					
系数	0.017	0.043*	0.033	0.449	0.032
t值	0.800	1.75	1.290	0.730	0.650
P值	0.423	0.082	0.198	0.468	0.523
调整R²值	0.130	0.261	0.272	0.272	0.688
固定效应	N/A个体	控制时间	加入交乘项		Fama−MacBeth
Panel B：t期RUE与使用时长增长率RT					
系数	0.034*	0.040*	0.036	0.219	−0.022
t值	1.700	1.750	1.480	0.320	−0.440
P值	0.091	0.082	0.140	0.747	0.664
调整R²值	0.138	0.258	0.268	0.268	0.683
固定效应	N/A个体	控制时间	加入交乘项		Fama−MacBeth

注：*表示在10%的水平下显著。

表8结果显示，启动次数增长率在模型（2）中显著，使用时长增长率在模型（1）与模型（2）中显著。虽然系数和显著性较之于SUR减弱，但也在一定程度上证明两个维度的流量数据确实对非预期收入存在正相关的影响。而其预测性表现不佳的原因可能是RUE的算法概括性较强，增加了原始变量的离散性，降低了其与流量数据的匹配程度。

3.基于App层面的检验

为了增加样本体量，本文重新收集93个App的个体流量数据，分析其与所属公司营业收入的变化是否存在关联性。同时，93个App被分类为22个领域，在模型中加入对应的领域虚拟变量后的回归结果，能够使结论更加稳健（限于篇幅，未报告22个领域的虚拟变量回归系数）。表9的结果显示，RN与

各期 RS 和 SUR 的显著正向关系的系数都在 t 期最大，因此本文选择 t 期的公司业绩指标作为被解释变量，在表 10 中使用 4 种模型进行进一步检验。其结果与前文使用公司旗下 App 累计流量数据的结论基本一致，但在模型（3）中并未证实 rate 能够正向调节用户流量数据对企业营收的预测效果。这是由于 rate 指标是企业旗下所有 App 活跃用户数量占全网比，与单个 App 并不匹配。

表 9　App 启动次数增长率与营业收入增长率：固定效应模型

变量	t 期	t+1 期	t+2 期	t+3 期	t+4 期	t+5 期
Panel A：收入增长率 RS、RS_1、RS_2、RS_3、RS_4、RS_5 与启动次数增长率 RN						
RN	0.089***	0.067**	0.057**	−0.032	−0.049***	−0.074***
Size	−0.066***	−0.156***	−0.009	−0.004	−0.039	−0.053
Tat	−0.011**	−0.034***	−0.247***	0.020	0.007	0.007
Lev	−0.246*	−0.606***	−0.035	−0.534***	0.298***	−0.275
Quick	−0.013	−0.101***	−0.019	−0.021	0.110***	0.157***
Cost01	0.015	0.000	−0.061	−0.135*	−0.029	−0.041
Cost02	−0.013	0.029	0.006	0.077	0.055**	0.109
Debt	0.030***	0.045*	0.052***	0.015	0.086***	0.055**
_cons	1.849***	3.931***	1.717***	1.878**	0.176	−0.194
22 个领域虚拟变量	是	是	是	是	是	是
Obs.	771	454	666	445	723	433
R² 值	0.141	0.136	0.101	0.086	0.207	0.237
Panel B：标准化的非预期收入 SUR、SUR_1、SUR_2、SUR_3、SUR_4、SUR_5 与启动次数增长率 RN						
RN	0.089***	0.048	0.066*	−0.060**	−0.049**	−0.078***
Size	−0.029	−0.136**	−0.016	0.096	−0.047	0.033
Tat	0.010	−0.043***	−0.188	0.200	0.021**	0.002
Lev	−0.286**	−0.820***	−0.078	−0.749***	0.243**	−0.197
Quick	−0.044**	−0.118***	−0.030	−0.042	0.078***	0.158***
Cost01	0.094**	0.023	−0.088	−0.236**	0.017	−0.144
Cost02	−0.072	0.056	0.133**	0.171	0.051	0.205*
Debt	0.038*	0.059	0.144	0.020	0.124***	0.117
_cons	0.311	2.277**	−0.467	−0.671	−0.489	−2.526**
22 个领域虚拟变量	是	是	是	是	是	是
Obs.	763	454	666	445	716	433
R² 值	0.036	0.086	0.065	0.050	0.061	0.127

注：*、**和***分别表示在 10%、5% 和 1% 的水平下显著。

表10　App启动次数增长率对营业收入的预测效果

变量	模型（1）N/A个体	模型（2）个体、时间双固定	模型（3）加入交乘项	模型（4）Fama-MacBeth
Panel A：t期收入增长率RS与启动次数增长率RN				
RN	0.089***	0.073**	0.072**	0.022
Rate			0.390***	
交乘项A			−0.032	
Size	−0.066***	−0.060***	−0.071***	−0.043
Tat	−0.011**	−0.013***	−0.020***	−1.164
Lev	−0.246*	−0.262*	−0.262*	0.390
Quick	−0.013	−0.029	−0.024	−0.224
Cost01	0.015	0.057*	0.080***	0.479
Cost02	−0.013	−0.092***	−0.115***	−0.704
Debt	0.030***	0.034***	0.034***	−0.978
_cons	1.849***	2.746***	3.081***	7.977
22个领域虚拟变量	是	是	是	是
Obs.	771	771	746	771
R^2值	0.141	0.192	0.178	0.728
Panel B：t期SUR与启动次数增长率RN				
RN	0.089***	0.086**	0.100***	0.021
Rate			0.002	
交乘项A			−0.335*	
Size	−0.029	−0.032*	−0.027	−0.064
Tat	0.010	0.002	0.005	0.098
Lev	−0.286**	−0.358***	−0.355***	−0.780
Quick	−0.044**	0.077***	−0.072***	−0.298*
Cost01	0.094**	0.161***	0.167***	0.460
Cost02	−0.072	−0.181***	−0.186***	−0.643
Debt	0.038*	0.047	0.042	−1.114
_cons	0.311	1.936***	1.743***	7.565*
22个领域虚拟变量	是	是	是	是
Obs.	763	763	738	763
R^2值	0.036	0.264	0.263	0.678

注：*、**和***分别表示在10%、5%和1%的水平下显著。

　　将 *RN* 换成用户活跃度的另一个维度 *RT*，得到表11的结果。结论证实 *RT* 与各期 *RS* 和 *SUR* 的显著正向关系的系数都在 t 期最大，而在表12中使用多种模型的检验结果也与前文使用累计流量数据的结论基本一致，也同样存在 rate 指标与单个 App 不匹配而未能证实调节作用的问题。

表 11　App 使用时长增长率与营业收入增长率：固定效应模型

变量	t 期	$t+1$ 期	$t+2$ 期	$t+3$ 期	$t+4$ 期	$t+5$ 期
Panel A：收入增长率 RS、RS_1、RS_2、RS_3、RS_4、RS_5 与使用时长增长率 RT						
RT	0.056***	0.041	0.035	−0.025	−0.038***	−0.047**
$Size$	−0.068***	−0.155***	−0.010	−0.005	−0.043	−0.058
Tat	−0.011**	−0.035***	−0.248***	0.020	0.007	0.008
Lev	−0.253*	−0.627***	−0.038	−0.525***	0.298***	−0.211
$Quick$	−0.013	−0.103***	−0.020	−0.020	0.112***	0.164***
$Cost01$	0.014	−0.004	−0.063	−0.136*	−0.025	−0.054
$Cost02$	−0.012	0.027	0.007	0.080	0.056**	0.129*
$Debt$	0.031***	0.050**	0.054***	0.015	0.085***	0.051*
_cons	1.937***	4.039***	1.802***	1.835**	0.154	−0.306
22 个领域虚拟变量	是	是	是	是	是	是
Obs.	771	454	666	445	723	433
R^2 值	0.130	0.130	0.096	0.084	0.202	0.219
Panel B：标准化的非预期收入 SUR、SUR_1、SUR_2、SUR_3、SUR_4、SUR_5 与使用时长增长率 RT						
RT	0.073***	0.022	0.043	−0.047*	−0.036*	−0.040*
$Size$	−0.032	−0.135**	−0.017	0.094	−0.051	0.028
Tat	0.010	−0.044***	−0.191	0.199	0.021**	0.003
Lev	−0.292**	−0.837***	−0.081	−0.732***	0.243**	−0.133
$Quick$	−0.045**	−0.120	−0.031	−0.040	0.080***	0.168***
$Cost01$	0.093**	0.021	−0.090	−0.237**	0.021	−0.161*
$Cost02$	−0.070	0.054	0.134**	0.177*	0.052	0.229**
$Debt$	0.040*	0.064*	0.117***	0.018	0.122***	0.110**
_cons	0.416	2.350**	−0.366	−0.752	−0.512	−2.654**
22 个领域虚拟变量	是	是	是	是	是	是
Obs.	763	454	666	445	716	433
R^2 值	0.034	0.083	0.061	0.047	0.058	0.113

注：*、**和***分别表示在 10%、5% 和 1% 的水平下显著。

表12　App 使用时长增长率对营业收入的预测效果

变量	模型（1） N/A 个体	模型（2） 个体、时间双固定	模型（3） 加入交乘项	模型（4） Fama–MacBeth
Panel A：t 期收入增长率 RS 与使用时长增长率 RT				
RT	0.056***	0.044	0.047*	0.007
$Rate$			0.408***	
交乘项 B			−0.047	
$Size$	−0.068***	−0.062***	−0.073***	−0.047
Tat	−0.011**	−0.013***	−0.020***	−1.217
Lev	−0.253*	−0.267*	−0.266*	0.428
$Quick$	−0.013	−0.028	−0.023	−0.217
$Cost01$	0.014	0.057*	0.081**	0.480
$Cost02$	−0.012	−0.092***	−0.116***	−0.699
$Debt$	0.031***	0.034***	0.035***	−0.965
_cons	1.937***	2.836***	3.180***	7.918
22 个领域 虚拟变量	是	是	是	是
Obs.	771	771	746	771
R^2 值	130	0.189	0.175	0.728
Panel B：t 期 SUR 与使用时长增长率 RT				
RT	0.073***	0.088**	0.101***	0.021*
$Rate$			0.047	
交乘项 B			−0.415*	
$Size$	−0.032	−0.036*	0.031	−0.068
Tat	0.010	0.001	0.004	0.059
Lev	−0.292**	−0.354***	−0.354***	−0.756
$Quick$	−0.045**	−0.077***	−0.073***	−0.294
$Cost01$	0.093**	0.160***	0.165***	0.459
$Cost02$	−0.070	−0.180***	−0.184***	−0.636
$Debt$	0.040*	0.048	0.044	−1.119
_cons	0.416	2.086***	1.909***	7.543*
22 个领域 虚拟变量	是	是	是	是
Obs.	763	763	738	763
R^2 值	0.034	0.266	0.267	0.676

注：*、**和***分别表示在10%、5%和1%的水平下显著。

总体而言，使用 App 层面数据对数字资产的预测效果进行检验，得出的结论与使用公司层面累计数据的结果相比，都能证明上市公司 App 用户数据信息，即数字资产，与企业未来营业收入存在极其显著的正相关关系。

六 异质性分析

从理论层面分析，数字资产投入使用后，企业不仅可以通过分析、整合 App 用户数据获取消费者偏好信息，并据以改进商业模式，还可以通过降低企业内外部信息不对称程度完善外部治理机制。更为关键的是，企业内部商业模式和外部治理机制的改善均能降低企业投资的不确定性，增加企业价值。因此，在此部分，从企业内部商业模式和外部治理机制两个维度来进一步考察数字资产价值相关性问题。具体来说，企业内部商业模式可以从互联网业务依赖度、App 付费与免费两个层面来看，外部治理机制可以从信息透明度、品牌声誉两个层面来考察。

（一）互联网业务依赖度

由于样本公司对互联网业务的依赖程度不同，App 的用户流量增长率对企业业绩的影响也会有差异。为讨论这种差异，本文引入了代表企业互联网依赖程度的交乘项 a 和 b，即样本公司旗下主打 App 的使用用户数占全网用户数比 $rate$ 与自变量 RN（RT）的乘积。在此部分，专门整理不同排名情况下的流量数据增长率对企业营业收入增长率的预测模型回归结果，讨论该交乘项是否对这一主效应产生调节作用。

从表 13 中的结果可知，使用排名前三、前五以及前十的 App 的总流量数据增长率来预测企业营收时，交乘项都在 10% 的水平下表现出显著的调节效应。这表示，App 活跃用户数占全网用户数的比重 $rate$ 越大，App 流量数据的预测效果越强。换言之，公司从庞大的手机应用市场所获取的用户越多，其 App 的流量数据越能代表数字经济在该公司的发展程度。反之也表明，公司的互联网业务依赖程度越高，其 App 的流量就越能预测公司业绩。

表13　互联网业务依赖度（rate）对预测关系的调节效应

排名	自变量			交乘项		
	系数	P值	调整 R^2 值	系数	P值	调整 R^2 值
Panel A：用 *RN* 预测 *RS_1*						
Top1	0.115***	0.006	0.269	1.109	0.198	0.269
Top3	0.128***	0.004	0.279	1.908*	0.080	0.279
Top5	0.121***	0.007	0.276	1.970*	0.074	0.276
Top10	0.118***	0.008	0.274	1.984*	0.075	0.274
Panel B：用 *RT* 预测 *RS_1*						
Top1	0.096**	0.019	0.282	0.799	0.344	0.282
Top3	0.089**	0.040	0.287	2.058*	0.094	0.287
Top5	0.082*	0.066	0.283	2.154*	0.086	0.283
Top10	0.084*	0.059	0.284	2.138*	0.088	0.284

注：*、**和***分别表示在10%、5%和1%的水平下显著。

（二）App 付费与免费的对比分析

App 付费与免费的用户行为是有差异的，本文从 App 使用特征角度将29家公司旗下排名前十名的 App 分成"付费"和"免费"两类。这里的"付费"指的是 App 使用者在下载和使用的过程中，是否较多地产生付费行为。由于大部分 App 并不属于付费下载类，根据易观千帆数据库中归纳的 App 所属领域，本文将视频、旅游、金融、生活购物领域的 App 归为付费类，应用管理、实用工具、通信、资讯领域的 App 归为不付费类。付费类赋值为1，不付费类赋值为0，由此计算平均分数，就得到每家公司的主要 App 的付费程度的指数 *Cost03*（付费指数）。该指数对时间并不敏感，因此固定效应回归并不反映其作用，但在相关性分析中则表现出很强的显著性，表14中的系数（−0.135）显示 App 付费指数越高，企业收入增长率越低。该结论可以从一定程度上证实：使用者付费越多的 App，公司的收益增长率越低；而付费越少的 App，公司的收入增长率越高。

从表14的结果看，一方面，基于行为经济学和心理学理论，消费者会趋利避害，希望花更少的钱来获得更高质量的服务或商品。这表现出线上消费的商品具有明显的经验品特征，即人们无法在短时间内亲自获得有关商品质量的信息。考虑到这种特性，免费 App 就当然比付费 App 更具吸引力，对于免费 App 使用者几乎没有下载并使用的负担，而对于付费 App 使用者会考虑支出与获得的回报是否相匹配。另一方面，不付费或少付费的 App 吸引的使用者数量比付费 App 吸引的使用者数量更加庞大，即使消费者使用的 App 本身是较少为企业带来现金流入的，但体量的增长会抵消这种影响，为企业带来更多的收益。另外，如果一个企业将免费的工具类 App 作为主打引流产品，则其开发的付费 App 也会获得相当一部分的流量，从而增加收入。

表 14 付费指数与主要变量的相关系数

变量	RS	SUR	RN	RT	Cost03
RS	1				
SUR	0.635***	1			
RN	0.249***	0.154***	1		
RT	0.207***	0.185***	0.680***	1	
Cost03	−0.135**	0.000	−0.024	0.038	1

注：**和***分别表示在 5% 和 1% 的水平下显著。

（三）信息透明度分析

App 用户行为信息属于企业内部私有信息，对此类信息的分析有利于适当减轻企业与外部信息使用者之间的信息不对称，那么在企业本身的信息透明度有差异的情形下，本文关注的 App 用户行为信息的预测效果如何是一个需要检验的有趣话题。本文从 CSMAR 数据库获得 A 股上市公司的真实盈余管理指数 $T-Dechow$ 和应计盈余管理指数 $T-Jones$，前者通过 Dechow（1998）和 Roychowdhury（2006）的模型计算得出，后者通过修正 Jones 模型得出。在此部分，排除仅在港股上市的样本公司。在基础的双固定效应模型中加入真实盈余管理指标 transparency 以及其与 App 流量数据相乘得出的交乘项 c 和 d。

表 15 和表 16 中的回归结果显示，无论是真实盈余管理指数还是应计盈余管理指数本身均并不能提高上市公司当期的收入增长率，且从 t 期至 $t+1$ 期的交乘项系数都对主效应展现出很强的负相关关系，表明盈余管理指数在未来显著削弱了 App 用户活跃度对企业营收变化的预测效果。公司盈余管理行为越多，信息透明度越低，其 App 用户活跃度数据对企业营业收入的预测效果

越差。上市公司信息透明度注重财务信息和管理信息的真实、准确、完整、及时和公平，而盈余管理的管理层决策会降低公司盈余信息的质量，因此数字资产对企业业绩的预测性自然而然也被干扰，这种抑制作用表明App流量数据的价值相关性是以公司信息披露质量良好为前提的。

表15 信息透明度的影响——真实盈余管理

变量	t期	$t+1$期	$t+2$期	$t+3$期	$t+4$期	$t+5$期
Panel A：用RN预测各期RS						
RN	0.093**	0.048	0.034	0.016	0.009	0.006
$T-Dechow$	−0.999***	−0.357	−0.130	−0.481*	−0.446**	−0.359*
交乘项C	−0.134	−0.647***	−0.645***	−0.290**	−0.015	0.036
Obs.	178	178	178	178	170	162
R²值	0.546	0.640	0.556	0.461	0.469	0.507
Panel B：用RT预测各期RS						
RT	0.034	0.040	0.074**	0.063*	0.048	0.040
$T-Dechow$	−0.957***	−0.306	−0.049	−0.491	−0.427*	−0.309
交乘项D	−0.188	−0.584***	−0.548***	−0.195*	0.022	0.048
Obs.	160	160	160	160	153	146
R²值	0.550	0.658	0.594	0.479	0.487	0.518

注：*、**和***分别表示在10%、5%和1%的水平下显著。

表16 信息透明度的影响——应计盈余管理

变量	t期	$t+1$期	$t+2$期	$t+3$期	$t+4$期	$t+5$期
Panel A：用RN预测各期RS						
RN	0.032	−0.006	−0.021	−0.033	−0.051	−0.049
$T-Jones$	0.333	0.372	0.541*	0.763***	0.924***	0.698***
交乘项C	−1.521***	−1.925***	−1.701***	−1.269***	−0.780***	−0.648***
Obs.	205	206	207	208	197	186
R²值	0.396	0.430	0.379	0.348	0.434	0.447
Panel B：用RT预测各期RS						
RT	0.004	0.002	0.023	0.012	0.000	−0.003
$T-Jones$	0.203	0.337	0.563*	0.782***	0.931***	0.717***
交乘项D	−1.458***	−1.898***	−1.756***	−1.285***	−0.730***	−0.638***
Obs.	187	188	189	190	180	170
R²值	0.415	0.467	0.447	0.392	0.449	0.458

注：*、**和***分别表示在10%、5%和1%的水平下显著。

（四）品牌声誉的对比：中国互联网企业百强公司

为考察数字资产在不同品牌企业的差异，本文根据中国互联网协会、工业和信息化部信息中心联合发布的中国互联网企业 100 强榜单，收集各年度样本公司的名次信息，判断排名情况是否会影响 App 流量数据的预测效果。中国互联网企业 100 强榜单的评价指标既覆盖收入、利润、人力资本等财务指标，也覆盖产品流量、活跃用户数等业务指标，并综合考虑企业规模、社会影响、发展潜力和社会责任。在此部分，本文将样本公司分为上榜和未上榜两组分别进行回归。

从表 17 中的结果可知，未上榜组表现出更加显著的预测效果，而上榜组则未能体现显著性。中国的互联网巨头企业，如每年都位列前二名的阿里巴巴和腾讯控股，拥有较为完整的互联网产业链，其业务范围不仅有数字产业，而且以数字带动制造业和服务业等各个环节发展，因此 App 用户活跃度仅仅能展现其业态发展的一小部分。而在企业规模、社会影响、发展潜力和社会责任方面表现稍弱的未上榜公司，更加依赖旗下拥有的数字资产，数字资产的表现也更加贴合公司自身的表现。

表 17 上榜公司与未上榜公司的分组回归结果

模型	未上榜组			上榜组		
	系数	P 值	调整 R^2 值	系数	P 值	调整 R^2 值
Panel A：用 RN 预测 RS_1						
模型 1	0.169***	0.000	0.228	0.077	0.201	0.218
模型 2	0.232***	0.000	0.434	0.079	0.368	0.350
模型 3	0.070	0.142	0.644	−0.008	0.937	0.397
模型 4	0.085	0.483	0.999	0.190	0.137	1.000
Panel B：用 RT 预测 RS_1						
模型 1	0.170***	0.000	0.251	0.040	0.557	0.202
模型 2	0.192***	0.000	0.456	0.011	0.909	0.338
模型 3	0.027	0.614	0.583	−0.026	0.815	0.335
模型 4	0.046	0.773	1.000	0.155	0.365	1.000

注：***表示在 1% 的水平下显著。

七 研究结论、局限与未来展望

本文是对数字资产的价值相关性的初步检验，首次利用App用户行为数据，通过建立App用户与上市公司的直接联系，将这些非财务的行为数据与上市公司财务数据和投资者在资本市场的投资行为相关联，检验用户行为所产生的数字资产价值相关性。研究发现，App用户所产生的数字资产具有价值相关性。具体表现为，活跃用户的App启动次数和使用时长增长率对所属企业的营业收入增长率有预测效果，对于个股超额收益率具有信号效应。此外，通过企业内部商业模式和外部治理机制分析，本文发现，数字资产价值相关性受到企业互联网业务依赖度、App产品是否付费、财务信息透明度、品牌声誉等因素的影响。

本文研究发现具有重要的理论意义和实践价值。中国的数字经济发展已初具全球影响力，先后涌现出一批具有全球竞争力的独角兽企业。但是，数字经济、数字资产等理论研究相对滞后。本文作为一次尝试，得出了一些可供参考的理论发现和研究经验。首先，数字资产是有信息含量的，在盈利预测和证券投资中具有信息价值。其次，企业的商业模式（如是否依赖互联网、App产品是否付费）、外部治理机制（如财务信息透明度、品牌声誉）会影响数字资产的价值。最后，数字资产对投资者的价值相关性值得进一步探究，两者是否存在一种简单的线性关系？由此引申的问题是，数字资产的价值创造过程是不是线性的，从而引发对数字资产价值创造模式的进一步研究。在实践中，中共中央多次强调数字经济的重要性，特别是在后疫情时代，数字经济如何助力中国经济复苏成为决策层和各级领导面临的重要课题。目前，国家统计局开始就数字经济在中国GDP中的贡献做相关研究和试点。深圳市率先将数字经济纳入GDP核算范围。本文力图在经验证据上支持上述实践措施的必要性和相关性。

本文是对数字资产价值相关性的探讨，存在诸多不足之处。首先是数据的获取和整理难度。本文数据得到易观千帆的大力支持，但是在整合App数据和公司数据方面存在很多困难。因此，样本公司只有29家，并分布在

A 股和 H 股。为了增加样本数量，尽可能地采用季度和月度数据来与公司数据进行匹配。但是，样本的局限性决定本文的相关统计结果有待进一步考验。因此，本文同时运用 93 个 App 的数据来扩大样本量，检验了结论。同时尽可能地采用一些非线性的研究方法（如 VAR 模型）等来克服上述问题。其次，由于 App 活跃用户数据并非公众公开数据，在研究个股收益率时可能存在外部投资者获取此类信息的渠道和成本相对较高。这些问题有待后期进一步研究。在大数据和人工智能时代，数字资产的重要性不言而喻。价值相关性作为会计和财务研究的经典领域，我们应该当仁不让地去直面数字资产带来的新变化。本文只是初步的探索，后续可以进一步深入探讨的问题还有很多。比如，在理论方面，数字资产的定义和会计确认、计量和记录问题，以及围绕数字资产的会计准则问题；在实证方面，数字资产对管理会计和成本会计的决策作用、数字资产的审计问题等。

参考文献

[1] 车培荣、尚茹南，2017，《用户信息与互联网上市公司市值关系研究》，《科技和产业》第 4 期。

[2] 德勤，2016，《第四张报表——企业数字用户资产》，2016 易观 A10 大数据应用峰会。

[3] 德勤，2018，《传统的财报"三张表"已过时，现在是推出"第四张报表"的时候了!》，https://www.sohu.com/a/226251573_313745。

[4] 方军雄，2007，《我国上市公司信息披露透明度与证券分析师预测》，《金融研究》第 6 期。

[5] 范宗辉、王静静，2010，《证券分析师跟踪：决定因素与经济后果》，《上海立信会计学院学报》第 24 期。

[6] 何贤杰、王孝钰、赵海龙、陈信元，2016，《上市公司网络新媒体信息披露研究：基于微博的实证分析》，《财经研究》第 42 期。

[7] 何贤杰、王孝钰、孙淑伟、朱红军，2018，《网络新媒体信息披露的经济后果研究——基于股价同步性的视角》，《管理科学学报》第 21 期。

[8] 胡军、王甄，2015，《微博、特质性信息披露与股价同步性》，《金融研究》第 11 期。

［9］ 黄世忠，2020，《新经济对财务会计的影响与启示》，《财会月刊》第7期。

［10］ 黄世忠，2021，《滴滴与优步的业绩评价困境》，《财会月刊》第13期。

［11］ 黄晓波，2007，《基于广义资本的财务报告》，《会计研究》第10期。

［12］ 金智，2010，《新会计准则、会计信息质量与股价同步性》，《会计研究》第7期。

［13］ 李然，2017，《基于关键价值因素相似度的互联网企业价值评估》，《财会通讯》第17期。

［14］ 刘东慧、白福萍、董凯云，2022，《数字化转型对企业绩效的影响机理研究》，《财会通讯》第16期。

［15］ 刘国强，2020，在中国会计学会高等工科院校分会第二十七届学术年会上的讲话。

［16］ 刘海飞、许金涛、柏巍、李心丹，2002，《社交网络、投资者关注与股价同步性》，《管理科学学报》第20期。

［17］ 吕玉芹、袁昊、舒平，2003，《论数字资产的会计确认和计量》，《中央财经大学学报》第11期。

［18］ 聂兴凯、王稳华、裴璇，2022，《企业数字化转型会影响会计信息可比性吗》，《会计研究》第5期。

［19］ 曲晓辉，2021，《数据资产会计问题》，中国会计学会高等工科院校分会第二十八届学术年会，10月23日。

［20］ 沈洁，2001，《网络企业——新经济形式下的价值评定》，《中央财经大学学报》第1期。

［21］ 帅青红，2005，《基于客户的互联网企业价值评估的实证研究》，《网络安全技术与应用》第4期。

［22］ 谈多娇、董育军，2010，《互联网企业的价值评估——基于客户价值理论的模型研究》，《北京邮电大学学报（社会科学版）》第3期。

［23］ 危雁麟、张俊瑞、汪方军、程茂勇，2022，《数据资产信息披露与分析师盈余预测关系研究——基于文本分析的经验证据》，《管理工程学报》第36期。

［24］ 韦立坚、李晶晶、周芷宇，2021，《大数据合作资产估值模型与数字经济会计信息披露》，《北京交通大学学报（社会科学版）》第4期。

［25］ 武佳薇，2019，《媒体与金融——一个理论与实务分析框架》，《投资研究》第38期。

［26］ 夏雨禾，2010，《微博互动的结构与机制——基于对新浪微博的实证研究》，《新闻与传播研究》第4期。

［27］ 徐全华，2002，《试论数字资产》，《广西会计》第6期。

［28］ 许年行、于上尧、伊志宏，2013，《机构投资者羊群行为与股价崩盘风险》，《管理世界》第7期。

［29］徐巍、陈冬华，2016，《自媒体披露的信息作用——来自新浪微博的实证证据》，《金融研究》第 3 期。

［30］尹海员、华亦朴，2019，《投资者关系管理、新媒介应用与上市公司股价延迟》，《财经论丛》第 4 期。

［31］张纯，2003，《论新经济时代 EVA 的效用性》，《会计研究》第 4 期。

［32］张俊瑞、危雁麟、宋晓悦，2020，《企业数据资产的会计处理及信息列报研究》，《会计与经济研究》第 3 期。

［33］张俊瑞、危雁麟，2021，《数据资产会计：概念解析与财务报表列报》，《财会月刊》第 23 期。

［34］赵良玉、李增泉、刘军霞，2013，《管理层偏好、投资评级乐观性与私有信息获取》，《管理世界》第 4 期。

［35］周芹、魏永长、宋刚、陈方宇，2016，《数据资产对电商企业价值贡献案例研究》，《中国资产评估》第 1 期。

［36］Amir E., Harris T. S., Venuti E. K. 1993. "A Comparison of the Value-Relevance of US Versus Non-US GAAP Accounting Measures Using form 20-F Reconciliations." *Journal of Accounting Research* (31): 230-264.

［37］Ashbaugh H., Johnstone K. M., Warfield T. D. 1999. "Corporate Reporting on the Internet." *Accounting Horizons* 13 (3): 241-257.

［38］Ball R., Bartov E. 1996. "How Naive is the Stock Market's Use of Earnings Information?" *Journal of Accounting and Economics* 21(3): 319-337.

［39］Ball R., Brown P. 1968. "An Empirical Evaluation of Accounting Income Numbers." *Journal of Accounting Research* 6(2): 159-178.

［40］Barth M. E., Beaver W. H., Landsman W. R. 2001. "The Relevance of the Value Relevance Literature for Financial Accounting Standard Setting: Another View." *Journal of Accounting and Economics* 31(1): 77-104.

［41］Beaver W. H. 1968. "The Information Content of Annual Earnings Announcements." *Journal of Accounting Research* (6): 67-92.

［42］Bernard V. L., Thomas J. K. 1989. "Post-earnings-announcement Drift: Delayed Price Response or Risk Premium?" *Journal of Accounting Research* (27):1-36.

［43］Brynjolfsson E., Collis A., Eggers F. 2019. "Using Massive Online Choice Experiments To Measure Changes in Well-Being. "*Proceedings of the National Academy of Sciences of the United States of America* 116(15): 7250-7255.

［44］Brynjolfsson E., Hitt L. M., Yang S. 2002. "Intangible Assets: Computers and Organizational Capital." *Brookings Papers on Economic Activity* (1): 137-181.

［45］ Chen C. W., Pantzalis C., Park J. C. 2013. "Press Coverage and Stock Price Deviation From Fundamental Value." *Journal of Finance Research* 36(2)：175–214.

［46］ Dechow P. M., Kothari S. P., Watts R. L. 1998. "The Relation between Earnings and Cash Flows." *Journal of Accounting and Economics* 25(2)：133–168.

［47］ Easley D., O'Hara M. 1992. "Time and The Process of Security Price Adjustment." *Journal of Finance* 47(2)：577–605.

［48］ EFRAG, 2020, "Accounting for Crypto-assets (Liabilities)：Holder and Issuer Perspective." European Financial Reporting Advisory Group Discussion Paper, July.

［49］ Ettredge M., Richardson V. J., Scholz S. 2002. "Dissemination of Information For Investors at Corporate Websites." *Journal of Accounting and Public Policy* (21)：357–369.

［50］ Fang, L., Peress J. 2009. "Media Coverage and the Cross-Section of Stock Returns." *Journal of Finance* 64(5)：2023–2052.

［51］ FASB. 2021. "No Plans on Crypto, ESG, but that Could Change." https：//www.cfodive.com/news/financial-accounting-standards-board-crypto-esg-Richard-Jones/597210/.

［52］ Foster G., Olsen C., Shevlin T. 1984. "Earnings Releases, Anomalies, and the Behavior of Security Returns." *Accounting Review*：574–603.

［53］ Froot K., Kang N., Ozik G., Sadka R. 2017. "What Do Measures of Real-Time Corporate Sales Say about Earnings Surprises and Post-Announcement Returns？" *Journal of Financial Economics* 125(1)：143–162.

［54］ Hasan R., Cready W. M. 2019. "Facebook Posting Activity and the Selective Amplification of Earnings Disclosures." *China Journal of Accounting Research* (12)：135–155.

［55］ Holthausen R. W., Watts R. L. 2001. "The Relevance of the Value-Relevance Literature for Financial Accounting Standard Setting." *Journal of Accounting and Economics* (31)：3–75.

［56］ IASB, 2019, "Agenda Ref 12J, Project-Cryptoassets, Topic-Monitoring Activities." IASB Staff Paper, IFRS Foundation, November.

［57］ Lev B., Zarowin P. 1999. "The Boundaries of Financial Reporting and How to Extend Them." *Journal of Accounting Research* (8)：353–385.

［58］ Luo X., Zhang J., Duan W. 2013. "Social Media and Firm Equity Value." *Information Systems Research* 24(1)：146–163.

［59］ Moe W. W., Trusov M. 2011. "The Value of Social Dynamics in Online Product Ratings Forums." *Journal of Marketing Research* 48(3)：444–456.

［60］ Morck R., Yeung B., Yu W. 2000. "The Information Content of Stock Markets：Why do

Emerging Markets have Synchronous Stock Price Movements?" *Journal of Financial Economics* 58(1): 215–260.

[61] Nofer M., Hinz O. 2015. "Using Twitter to Predict the Stock Market." *Business Information System Engineering* 57(4): 229–242.

[62] Orens R., Aerts W., Cormier D. 2010. " Web-Based Non-Financial Disclosure and Cost of Finance." *Journal of Business Finance & Accounting* 37(9–10): 1057–1093.

[63] Roychowdhury S. 2006. "Earnings Management through Real Activities Manipulation." *Journal of Accounting and Economics* 42(3) : 335–370.

[64] Sonnier G. P., McAlister L., Rutz O. J. 2011. "A Dynamic Model of the Effect of Online Communications on Firm Sales." *Marketing Science* 30(4): 565–756.

[65] Tambe P., L., Hitt D. R., Brynjolfsson E. 2020. "Digital Capital and Superstar Firms." *National Bureau of Economic Research Working Paper*, No. w28285.

[66] Vega C. 2006. "Stock Price Reaction to Public and Private Information." *Journal of Financial Economics* 82(1): 103–133.

[67] Zhang Y. 2015. "Analyst Responsiveness and the Post-Earnings-Announcement Drift." *Journal of Accounting and Economics* 46(1): 201–215.

（责任编辑：许雪晨）

互联网搜索促进了中国的OFDI吗

——来自百度搜索指数的经验证据

刘　凯　沈朝阳　孙　妍[*]

摘　要：互联网发展改变了投资者信息搜寻方式与成本，但学界目前对互联网搜索是否影响对外直接投资（Outward Foreign Direct Investment，OFDI）一直尚未展开深入讨论。本文利用2006~2019年百度指数作为互联网搜索的代理变量，采用各国（地区）的知名明星数量作为互联网搜索的工具变量构建固定效应模型，探讨中国经济主体互联网搜索行为对OFDI的影响及其作用机制。研究结果表明，经济主体对一国（地区）互联网搜索量每增加1%，中国对其开展的OFDI规模平均增加0.387%。互联网搜索对OFDI的促进效应在一系列稳健性检验后依然成立，并且在高收入国家样本、未与中国签订投资协定国家样本以及2011~2016年样本中表现更为突出。互联网搜索对中国OFDI的正向影响具有长期效应，这种长期效应体现在投资后1~2年。从作用机制来看，互联网搜索是通过降低交易成本而非降低投资者感知不确定性来影响中国OFDI。此外，作为一种重要的信息获取渠道和对外交流方式，互联网搜索对国际移民网络具有替代作用，但其替代效应只在短期移民网络中存在。本文结论表明中国要坚定贯彻党的二十

---

*　刘凯，副教授，中南财经政法大学工商管理学院，电子邮箱：liukai@zuel.edu.cn；沈朝阳，硕士研究生，对外经济贸易大学国际经济贸易学院，电子邮箱：202110170076@uibe.edu.cn；孙妍（通讯作者），硕士研究生，中南财经政法大学工商管理学院，电子邮箱：sunyan@stu.zuel.edu.cn。本文受国家自然科学基金面上项目（72173137）、湖北省高等学校哲学社会科学研究重大项目（21ZD013）、中央高校基本科研项目优秀青年创新团队建设项目（2722022BY013）、中南财经政法大学研究生科研创新平台项目（202311023）资助。感谢诸位专家及匿名审稿人的宝贵建议，文责自负。

大提出的加快建设网络强国和网络基础设施要求，重视大数据等无形资产在对外开放中的作用，以建设高质量的数字信息平台为基础，为投资者提供更加便捷的互联网搜索渠道，有效促进中国企业高水平"走出去"，实现经济高质量发展。

关键词： 对外直接投资　互联网搜索　百度指数　不确定性　交易成本

一　问题的提出

随着信息技术的广泛应用，以互联网搜索引擎为代表的网络信息技术不仅重塑了现代经济社会的面貌，也深刻改变了人们的生产生活行为。自20世纪90年代人们开始使用便捷的网页浏览器和搜索引擎获取信息以来，互联网搜索行为愈发普遍，数据已然成为推动经济全球化的新动力。过去企业获取市场信息的渠道主要为贸易和投资促进机构，而数字技术和数字平台改变了这一方式，大数据为广大中小企业提供了无穷的机会来获取相关信息。"十四五"规划明确提出要打造数字经济新优势，推进网络强国建设，数字经济被纳入国民经济和社会发展蓝图。中国互联网络信息中心数据显示，截至2021年6月，中国网民数超过10亿，互联网普及率达71.6%，形成了全球规模最大的数字社会。2020年，中国互联网搜索引擎用户规模高达7.7亿，与2016年相比，增幅高达27.78%。与传统的信息搜寻方式相比，互联网搜索能为中国经济主体提供更为高效、便捷的信息服务，帮助中国经济主体快速了解全球经济动态，为其有限的注意力配置提供更多选择。根据百度搜索指数的测度，2011~2019年，中国经济主体对世界经济动态和海外市场的关注度的相关关键词①的搜索指数总和由10951上升为17059，年均增长5.69%。

与此同时，中国的对外直接投资（OFDI）发展态势良好，整体保持攀升趋势。根据《2019年度中国对外直接投资统计公报》，2011年中国OFDI流量仅为746.5亿美元，2019年底高达1369.1亿美元，年均增长率达7.87%，

---

① 关键词包括国外、海外、世界、外国、亚洲、欧洲、北美洲、南美洲、大洋洲和非洲。

且中国已经连续两年成为全球第二大对外投资经济体。十四届全国人大一次会议发布的政府工作报告指出，近年来中国坚定扩大对外开放，深化互利共赢的国际经贸合作，实行更加积极主动的开放战略，以高水平开放更有力促改革促发展。综上，中国 OFDI 取得的巨大成就和中国经济主体对于海外市场互联网搜索量的变化之间存在同步性，一个自然而然的问题就是，中国经济主体对于国外市场的互联网搜索是否对中国的 OFDI 产生影响？如果产生影响，如何准确地识别互联网搜索和中国 OFDI 之间的作用机制？回答以上问题，有助于激发数字信息潜能，落实党的二十大提出的网络强国和数字中国建设目标，促进数字技术与实体经济深度融合，支撑中国企业高水平"走出去"，为推动建设更高水平开放型经济新体制提供理论支撑。

不少文献已经证实互联网技术对国际经济贸易活动以及投资活动的影响（李兵等，2017；樊茂勇等，2001；施炳展，2016；Mondria 等，2010；Choi，2011），并从多个角度探究了经济、文化、制度等因素对国际直接投资的作用（Dunning，1981；Buckly 等，2007；Cheung 和 Qian，2009；林季红和刘莹，2020），这些文献为我们的研究提供了基本理论支撑和逻辑框架。但已有文献大多将互联网作为一种基础设施，探讨其经济效益，对 FDI 或者 OFDI 的影响及其作用机制较少探讨，因此本文聚焦中国经济主体，区别于以往文献将微观贸易或者股票市场表现作为研究对象，对中国历年来对外直接投资进行实证研究，探讨互联网搜索对中国 OFDI 的影响及其微观机制。与现有文献相比，本文的边际贡献主要体现在以下三个方面。

第一，本文着重关注中国网络信息技术的发展，侧重考察互联网搜索对投资者信息搜寻行为的助力作用，从微观层面补充了影响 OFDI 的母国因素，关注了互联网搜索在不同群体中的异质性作用。本文研究结论表明，经济主体的互联网搜索行为对中国 OFDI 具有正向影响，互联网搜索频率越高，中国对东道国的投资规模越大。互联网搜索在不同贸易伙伴和不同投资时间上存在差异性，并直接导致了互联网搜索对 OFDI 的促进效应不同。在高收入国家和未与中国签订投资协定国家中，中国经济主体投入的注意力更多，互联网搜索对 OFDI 的促进效应更突出。在 2011~2016 年的投资时段内，中国网络建设加快，互联网搜索对 OFDI 的促进效应明显大于其他时期。

第二，既有文献缺乏互联网搜索影响 OFDI 的微观机制分析，本文基于信息论和行为经济学，补充了互联网对 OFDI 的可能影响渠道。研究结论表明，互联网搜索有利于降低企业对外投资所面临的信息摩擦和信息不对称，减少信息搜寻成本，弥补外来者劣势，在交易成本越高的国家或地区，互联网搜索对 OFDI 的促进作用越明显。

第三，本文将互联网搜索与传统信息获取渠道进行对比，着重探讨了互联网搜索与国际移民网络对 OFDI 的影响。研究表明，短期来看，互联网搜索与国际移民网络对 OFDI 的影响表现为替代效应，互联网搜索的增加削弱了国际移民网络对 OFDI 的积极影响；长期来看，互联网搜索与国际移民网络的替代效应消失，互联网搜索的增加有利于促进 OFDI 的发展。

本文其余部分作如下安排：第二部分是相关文献回顾；第三部分是特征事实与可能的机制；第四部分是数据、指标和计量模型；第五部分是实证分析，具体包括基准回归、内生性检验和稳健性检验等；第六部分是机制检验；第七部分是进一步研究，分别从异质性分析、长期效应检验、互联网搜索与国际移民网络等方面展开；第八部分是研究结论与政策建议。

二　相关文献回顾

既有关于 OFDI 影响因素的研究主要从两个角度出发。从母国角度，多立足于母国经济发展和政府作用。Dunning（1981）提出投资发展周期理论，认为一国对外直接投资倾向取决于经济发展阶段及其所拥有的所有权优势、内部化优势和区位优势，在经济发展的不同阶段三大优势表现不一，外商直接投资（FDI）和对外直接投资（OFDI）也由此呈现不同的发展特点。经济阶段的划分会因国家的发展差异而有所不同，但对外投资与人均 GDP 正相关已是学界共识（朱华，2012）。政府作用同样影响 OFDI，自 2002 年国家提出"走出去"战略以来，政府基于资源安全以及产业结构调整战略考虑，提高中国 OFDI 企业竞争优势，并统一国家利益和企业微观经济利益（裴长洪和樊瑛，2010）。此外，东道国的经济发展水平和开放程度（王亚星等，2015）、资源禀赋（王晓颖，2018；尹美群等，2019）、制度（Cheung 和 Qian，2009；王颖等，2018）、文化（林季红和刘莹，2020）等因素对中国 OFDI 也存在不同程度的影响。

随着互联网对经济活动的影响程度加深，现有研究开始关注互联网功能对国际贸易和 FDI 的作用。Mondria 等（2010）指出，互联网搜索引擎有利于用户高效地收集信息，从而降低交易过程中的信息不对称，并且首次将互联网搜索指数作为经济主体注意力配置的代理变量。李兵等（2017）构建 PSM-DID 模型，考察互联网和企业出口之间的关系，研究结果表明，企业通过使用电子邮件交流可以降低沟通成本。使用电子邮件交流可以在一定程度上替代高成本的跨国会面，从而降低时间成本，最终，使用互联网的企业更有可能参与进出口活动（盛丹等，2011）。施炳展（2016）认为互联网搜索行为可降低交易过程中的搜寻成本，更加有效地进行产品信息搜寻，缩短国际贸易交易双方的地理距离。施炳展等（2019）更进一步指出，互联网搜索指数的改变是经济主体有限注意力配置的体现。在研究中，他使用 2006~2016 年中国对世界其他国家的六分位贸易数据开展实证研究，结果表明，中国对某一国家搜索指数的变化会影响中国的对外贸易结构和贸易规模。

但就互联网与 FDI 或 OFDI 的研究而言，相关文献较少，研究视角集中于互联网普及和互联网基础设施建设，且大多数研究均通过实证分析证明互联网对 FDI 的区位决策影响，即随着东道国互联网普及率的提升，该国吸引外资的能力也同步增强（Gani 等，2003；Choi，2003；魏景赋等，2018；郑展鹏等，2018），但 Ko（2007）从互联网外部性的角度考察两者之间的关系，实证结果表明，互联网存在正外部性和负外部性，在发达国家，互联网使用的增加主要表现为正外部性，降低距离方面的影响，吸引更多 FDI；而在发展中国家，互联网使用的增加，主要表现为负外部性，不能显著减少距离方面的影响，甚至会放大距离因素对 FDI 的影响，从而降低该国吸引 FDI 的能力。Jiang 等（2016）对美国通信技术行业的外国直接投资进行研究，结果表明，美国互联网的使用率和中国对美 ICT 公司进行跨国投资的区位选择没有显著正相关性。

既有文献肯定了互联网对国际贸易和国际投资活动的影响，但也可以看到这类研究更多的是探讨互联网实体建设产生的经济效应，然而对互联网搜索是否能够促进一国的 OFDI 鲜有关注。因此，本文试图从以下两个方面进行拓展：一方面，现有研究大多是围绕互联网普及水平对进出口贸易的影响展开，鲜有文献从互联网搜索角度探讨数字化搜寻成本对 OFDI 的影响。而在探讨互联网对 FDI 的影响时，多将互联网当作东道国的一种基础设施，探讨互联网的完善程度对 OFDI 的影响。另一方面，目前在互联网指标方面，多采用互联网用户数、互联网普及率、网址数量、企业是否使用电子邮箱、百万人主机数等，对于互联网所带来的信息搜寻方式变革鲜有提及。毋庸置疑，互联网普及率和信息基础设施建设与本文研究的切入点——互联网搜索之间存在较大的差异，前者侧重于互联网硬件水平，后者是指投资者以互联网为媒介，通过搜索引擎获取投资所需信息，从而对中国 OFDI 产生影响。

三　特征事实与可能的机制

（一）互联网搜索与中国 OFDI 的特征事实

不可否认，信息已经成为一种重要的生产要素。对于跨国企业而言，信息和数据的挖掘和利用更是生产经营过程中的价值活动。互联网飞速发展，互联网搜索成为跨国企业提高信息搜寻效率、降低信息搜寻成本的重要方式。中国互联网络信息中心的数据显示，截至 2020 年 12 月，中国互联网搜索引擎的用户规模高达 7.7 亿，与同年 3 月相比增长了 1925 万，占网民总数的 77.8%。互联网搜索引擎的存在促进了信息的跨国流动，经济主体能够更轻易获取国外市场信息，开拓了经济主体的国际化视野。本文选取了各洲的名称作为对海外市场搜索的替代指标，同时利用 2011 年和 2019 年《中国对外直接投资统计公报》中提供的中国 OFDI 流量数据，绘制 2006~2019 年百度指数搜索量和 OFDI 流量图，如图 1 所示，可以清晰观察到 2006~2019 年中国经济主体对于各大洲市场的搜索量和中国的 OFDI 流量规模均呈现上升趋势，两者的变化具有一定同步性。

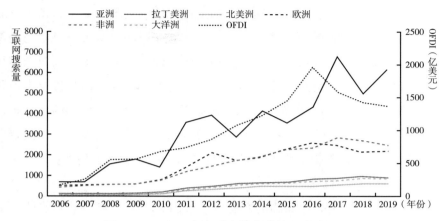

图1　2006~2019年互联网搜索量和OFDI流量

（二）互联网搜索对OFDI影响的可能作用机制

对外投资过程中面临的不确定性和交易成本极有可能成为影响企业OFDI的决定性因素，本文从信息论与行为经济学角度切入，从降低不确定性和减少交易成本两个方面探讨互联网搜索影响中国OFDI的理论机制。

1.降低感知不确定性机制

互联网搜索通过降低投资者的感知不确定性来促进OFDI。不确定性的存在会对企业投资决策行为产生负面影响，这在不少文献中都得到了验证。Panousi和Papanikolaou（2012）发现经济政策不确定性会增加企业风险管理，阻碍投资。经济政策不确定性增加还会降低企业创新投资（Bhattacharya等，2017），减少企业并购活动（Bonaime等，2018）。杨永聪和李正辉（2018）发现，中国对外直接投资流量规模与母国经济政策不确定性正相关，与东道国经济政策不确定性负相关。

信息论认为，当现实中存在大量可能的选择时，每一事件的出现相对就具有不确定性（Shannon等，1949）。不确定性一般具有动力作用，能促使个体通过寻求信息、获得知识来改变现状，从而获得一种心理上的确定感，即不确定性减少理论（URT）。信息的增多会减少不确定性（Shannon等，1949；Berger和Calabrese，1975），某一情境中存在的不确定性越大，个体预测行为或事件出现的可能性就越小。施炳展等（2019）从信源的熵值函数的角度阐述了注意力配置、不确定性和信息获取的关系，认为互联网搜索是注意力配置的一种体现。注意力配置会影响决策者信息量与经济系统的不确定性，进而影响经济行为和经济绩效。因此投资者面对众多可选择的投资地区时，为规避风险和降低不确定性，会通过信息搜寻来消除这种不确定感。互联网搜寻为国内投资者获取更多全面、详细的信息提供了高效、便捷的渠道，降低投资者对东道国的感知不确定性，提振投资者的决策信心，于是整体而言中国对该地区的直接投资规模会增加。

2.减少交易成本机制

互联网通过减少企业面临的交易成本来促进 OFDI。跨国企业在进行海外投资时必须考虑的就是交易成本问题，信息摩擦和信息成本是交易成本的重要组成部分（张战仁和方文君，2015）。海外投资本身具有一定的特殊性，受地理距离、文化习俗等客观因素的影响，交易双方将面临极大的信息不对称性，良好的信息环境是市场机制发挥作用的关键（Akerlof，1970）。企业在进行跨国投资时，需要最大限度地收集相关信息，互联网搜索可以提高企业信息收集效率，降低决策者面临的信息不对称性（Mondria 等，2010），从而减少企业面临的逆向选择和道德风险（祝继高等，2020），降低时间成本和信息摩擦（盛丹等，2011）。

具体而言，从以下两方面产生影响：第一，通过互联网搜索可以降低信息搜寻成本，从而影响对外直接投资行为，一方面较低的信息搜寻成本使得相同成本下决策者可获得的信息规模扩大、决策者的选择范围扩大、交易过程中匹配难度下降、跨国企业和东道国的匹配质量提升，从而促进对外直接投资的发生（施炳展和李建桐，2020）；另一方面，在互联网搜索过程中可以进行有目的性的筛选，优化经济主体的注意力配置，与其他搜寻方式相比，决策者可以基于较低的信息搜寻成本获得符合要求的信息。第二，互联网搜索的前提是互联网的普及和信息技术的发展，网络可以更好地进行信息整合，企业使用互联网可以更高效地获取更多的信息，降低交易双方面临的信息摩擦，从而在一定程度上降低跨国企业在进行海外投资时因外来者劣势而导致的额外交易成本（曲创和刘重阳，2019）。

四 数据、指标和计量模型

（一）研究样本和数据来源

本文选取 2006~2019 年 52 个国家（地区）作为研究对象，探讨中国经济主体使用互联网搜索对其 OFDI 的区位和规模影响。这 52 个国家（地区）都是历年各大洲中国对外直接投资的主要流向国家（地区），能够反映出中国 OFDI 的主要特征，具有代表性。模型中使用的核心解释变量——百度搜索指数是从 2006 年开始记录的，因此本文研究样本的时间跨度为 2006~2019 年。

（二）计量模型设定

本文参照施炳展和金祥义（2019）的实证方法构建如下模型，实证分析互联网搜索对中国对外直接投资的影响：

$$\ln OFDI_{it} = \alpha + \beta \ln index_{it} + \lambda Ctrl_{it} + u_i + \delta_t + \varepsilon_{it} \qquad (1)$$

式（1）$\ln OFDI_{it}$ 表示中国第 t 年对 i 国（地区）OFDI 流量的对数；$\ln index_{it}$ 表示中国经济主体在 t 年对 i 国（地区）市场的百度搜索年均指数的对数；$Ctrl_{it}$ 为控制变量的向量，具体包括以下变量：①$\ln EX_{it}$ 为中国与 i 国（地区）在 t 年的双边贸易额的对数；②$\ln GDP_{it}$ 为 i 国（地区）t 年的国民生产总值对数，代表东道国的市场规模；③$\ln Nature_{it}$ 为 i 国（地区）t 年矿石、金属和燃料出口额占商品总出口额比重的对数，用以衡量东道国的自然禀赋；④$\ln Patent_{it}$ 为 i 国（地区）t 年居民专利申请量的对数，用以衡量东道国的科技创新能力；⑤$\ln Business_{it}$ 为 i 国（地区）t 年的营商环境得分的对数；⑥$\ln INS_{it}$ 为 i 国（地区）t 年的制度环境得分的对数；⑦$\ln Dist_{it}$ 为中国和 i 国（地区）在 t 年的距离的对数；⑧$conting_i$ 表示中国与 i 国（地区）是否接壤；⑨$lang_i$ 表示中国与 i 国（地区）是否有共同语言；⑩$comleg_i$ 表示中国与 i 国（地区）是否有共同的法律渊源。u_i 表示不随时间变化的国家（地区）层面对中国 OFDI 产生影响的个体固定效应，δ_t 表示不随国家（地区）层面变化的时间效应，用以衡量政策、事件冲击等对 OFDI 的影响；ε_{it}

为随机误差项。

（三）指标选取和数据说明

1.被解释变量

本文将中国对东道国的 OFDI 流量作为被解释变量，使用 2006~2019 年 52 个国家（地区）作为样本开展研究，数据来源于 2011 年和 2020 年中国对外直接投资统计公告。除 2006 年外，其他年份这 52 个国家和地区对外直接投资额均占当年中国对外直接投资总额的 75% 以上，具有样本代表性。为了控制零流量和数据的偏态，本文在各国 OFDI 的基础上加 1 再取对数，即 $lnOFDI = ln(OFDI+1)$。

2.核心解释变量

已有投资相关研究中，国内外学者开始使用搜索引擎指数作为投资者互联网搜索行为的代理变量。Chen 等（2021）使用谷歌搜索指数衡量投资者对于基金等个人投资商品的关注程度；施炳展等（2019）利用百度搜索指数探究互联网搜索对国际贸易的影响；Mondria 等（2010）则是从家庭视角，使用谷歌搜索指数实证检验注意力配置对国际投资的影响。

本文将选取 2006~2019 年百度搜索指数（*index*）作为核心解释变量——互联网搜索的代理变量[①]。数据来源于百度指数数据分享平台。百度指数以搜索关键词作为统计基础，通过科学的算法对用户在各个网页的各关键词搜索量加权平均计算出日频、周频、月频和年频等数据；从用户规模上，百度作为国内较早成立的搜索引擎公司，经过技术的不断革新和战略的不断修正，现已占据中国搜索市场的最大份额，在此基础上，百度指数整合用户海量搜索信息，深度挖掘用户行为背后的市场需求。此外，百度指数在计算过程中建立了严格的防作弊机制，最大限度地还原了网民真实的搜索行为。因此，使用相应关键词的百度搜索指数可以较好地反映经济主体互联网搜索行为背后的经济含义和市场需求。

[①] 百度指数平台提供了 PC+移动、PC 以及移动三种搜索指数。2011 年前，百度指数只提供了 PC 端搜索指数，因此本文的核心解释变量 2006~2011 年采用的是 PC 指数的年均指数，2011 年及以后采用 PC+移动的年均指数。2010 年以后，中国移动互联网技术普及，因此 2011~2019 年选取 PC+移动指数作为互联网搜索的代理变量更为合理。

3.控制变量

本文也控制了可能影响中国OFDI规模的其他变量。参考已有研究，本文选取的变量有：中国对各国（地区）的双边贸易额（*EX*），是中国同各国（地区）海关货物进出口贸易总额，数据来源于国家统计局，单位为万美元。已有研究表明贸易和OFDI之间存在互补关系，贸易的发生可以为投资者提供更多的市场信息，奠定国际投资的基础，有利于OFDI的开展（孙俊新，2020）。中国OFDI有三种投资动机，第一，中国OFDI的市场寻求动机，选取东道国（地区）以现价美元度量的国民生产总值（*GDP*）。东道国（地区）的GDP越高，其经济发展水平越高，越能吸引市场寻求型OFDI流入（杨娇辉等，2016）。第二，中国对东道国（地区）的自然资源寻求动机，即东道国（目的地）的自然资源密集度（*Nature*），选择各国（地区）矿石、金属和燃料出口额占商品出口总额的比重作为度量指标，东道国（地区）的自然资源越丰富，越能吸引资源寻求型企业。第三，中国OFDI的科技创新能力寻求动机（*Patent*），本文使用受资地居民的专利申请量作为度量指标。技术禀赋越高，创新能力越强，越能吸引技术寻求型企业。以上变量的数据均来源于世界银行数据库。目的地的营商环境（*Business*）使用世界银行数据库提供的营商环境指数①，营商环境指数越高，该地区的营商环境越好，营商环境的提高能够降低企业的交易成本（周超等，2017）。目的地制度环境（*INS*）选取世界银行建构的世界治理指数（*WGI*）。该指数包括发言权和问责制、政治稳定和没有暴力/恐怖主义、政府效能、监管质量、法治、控制腐败等六个指标，分值为−2.5~2.5，综合得分越高表示该国（地区）制度环境越好，制度环境会影响跨国企业对外直接投资模式的选择（周经等，2014）。中国与各地区的距离（*Dist*），由于双边距离不是一个时变变量，本文使用各地区之间物理距离与当年的国际燃油价

---

① 世界银行数据库提供的营商环境指数是包含开展商业、处理建筑许可、获取电力服务、注册知识产权等多项指数的综合指标，包含2010~2020年190个国家和地区的数据。为了最大程度保留样本，本文选取了开展商业指数作为东道国营商环境的代理变量，该指数度量了2004~2020年各国（地区）企业家开展商业活动或创业时所需的时间、程序和资本等。

格的乘积作为代理变量。本文还引入引力模型常用的三个虚拟变量：
conting 表示是否接壤，*lang* 表示是否有共同语言，*comleg* 表示是否有共同
的法律渊源。本文的距离、是否接壤、是否有共同语言和是否有共同的
法律渊源等指标数据均来源于 CEPII 数据库。国际燃油价格是以西得克萨
斯中质原油（WTI）期货度量的年平均价格，单位为美元，数据来源于
Investing 统计网站。

表 1　变量定义及数据来源

类型	变量	定义	观察值	均值	标准差	最小值	最大值
因变量	ln*OFDI*	对外直接投资流量	686	9.327	2.656	0.000	16.251
核心自变量	ln*index*	互联网搜索指数	686	7.440	1.124	5.375	9.246
	ln*EX*	双边贸易额	686	14.445	1.605	9.941	17.964
	ln*GDP*	市场规模	686	26.547	1.653	21.963	30.693
	ln*Nature*	自然资源禀赋	686	2.528	1.221	0.000	4.614
	ln*Patent*	科技创新能力	686	6.384	3.232	0.000	12.757
	ln*Business*	营商环境	686	4.339	0.254	3.110	4.605
	INS	制度环境	686	0.299	1.013	−1.759	1.883
控制变量	ln*Dist*	距离=双边物理距离×国际燃油价格	686	12.992	0.666	10.633	14.470
	conting	是否接壤，是则取1，否则取0	686	0.175	0.380	0.000	1.000
	lang	是否有共同语言，是则取1，否则取0	686	0.060	0.237	0.000	1.000
	comleg	是否有共同法律渊源，是则取1，否则取0	686	0.140	0.347	0.000	1.000

4.数据说明与描述性统计

本文的变量定义及描述性统计如表1所示。除了OFDI流量外，本文
还对存在零值的 *index*、*Patent*、*Nature* 加1后再取对数处理。由于制度环
境（*INS*）得分中存在大量负值，直接取对数会损失大量观测值，且祝继
高等（2020）等均直接使用制度环境得分进行研究，为了降低异方差，

提高实证回归结果的稳健性，本文未对制度环境和三个虚拟变量进行对数处理。

在收集原始数据的基础上，为使估计结果更加准确，本文对原始数据进行了以下处理：剔除变量观测值有缺失的个体样本；为控制百度指数的极端值影响，对其进行 5% 和 95% 百分位的 Winsorize 缩尾处理，最终获得686 个观测值。以下数据报告基于处理后的呈现结果。

五　实证分析

（一）基准回归

本文在进行基准回归时，主要采用了混合回归和固定效应模型进行实证分析，回归结果如表 2 所示。

表 2　基准回归结果

变量	(1) 固定效应	(2) 固定效应	(3) 混合 OLS
$\ln index$	0.321^{*}	0.387^{**}	0.995^{***}
	(0.181)	(0.183)	(0.084)
$\ln EX$		0.547^{**}	1.353^{***}
		(0.226)	(0.104)
$\ln GDP$		-0.957^{***}	-0.718^{***}
		(0.348)	(0.117)
$\ln Nature$		0.067	0.165^{***}
		(0.079)	(0.061)
$\ln Patent$		-0.021	-0.148^{***}
		(0.052)	(0.042)
$\ln Business$		-0.064	-1.016^{***}
		(0.456)	(0.361)
INS		1.022^{*}	0.025
		(0.562)	(0.102)
$\ln Dist$		-21.043^{***}	0.476^{***}
		(3.408)	(0.142)
$conting$			0.478^{**}
			(0.226)

续表

变量	（1） 固定效应	（2） 固定效应	（3） 混合 OLS
lang			0.850**
			（0.365）
comleg			−0.298
			（0.225）
常数项	4.703***	293.625***	0.099
	（1.124）	（46.569）	（2.983）
国家	是	是	否
年份	是	是	否
观测值	686	686	686
调整 R^2 值	0.475	0.479	0.581

注：①*、**、***分别表示在10%、5%和1%水平下显著，括号中为标准误，下表同；②Country 表示个体固定效应，加入固定效应之后，不随时间变化的是否有共同语言、是否接壤、是否有共同的法律渊源等变量会被固定效应吸收，在后文的实证部分均不显示上述三个变量固定效应模型回归的系数。

在处理面板数据时，最极端的处理方法是进行混合 OLS 回归，结果显示在第（3）列，回归结果表明，在控制其他变量不变的情况下，中国经济主体的互联网搜索行为会显著正向影响中国 OFDI；在此基础上，本文进行了固定效应模型回归，结果显示在第（1）列和第（2）列。可以发现，加入相关变量后，核心解释变量 lnindex 的系数均为正，且p值较小，这表明中国经济主体对东道国（地区）的搜索行为对中国对该国（地区）的直接投资有显著的正向影响。第（2）列的结果显示，在加入所有控制变量、个体效应和时间效应后，lnindex 的系数估计值 0.387 在 5% 的水平下显著为正，即中国经济主体对某个国家（地区）的互联网搜索量越大，中国对其 OFDI 规模越大。在控制变量方面，可以发现，中国在开展对外直接投资的过程中，并不存在明显的市场寻求型、资源寻求型和先进技术寻求型目的，但中国与东道国的双边贸易额、东道国自然禀赋会正向影响中国的 OFDI，且中国与其距离越远，对其投资的规模越小，而东道国制度质量越好，中国对其的投资规模越大，这与葛璐澜和金洪飞（2020）、邓轶嘉和余珊（2021）的研究结论一致。

（二）内生性检验

互联网搜索和中国OFDI之间存在潜在的双向因果关系，中国对该国（地区）的OFDI会促使投资者更关注东道国（地区）的市场信息，由此开展更高频率的互联网搜索行为。为较好处理互为因果导致的内生性问题，本文拟采用工具变量二阶段最小二乘估计（2SLS），借鉴Mondria等（2010）和金祥义等（2021）的做法，使用各国家（地区）知名明星数量①作为互联网搜索的工具变量。一方面，知名明星数量越多的国家和地区，人们对其关注度越高，互联网搜索指数就会越高，表明该工具变量满足相关性条件；另一方面，各国（地区）知名明星数量一般与中国对外直接投资决策不相关。知名明星越多往往说明该国（地区）文娱行业比较发达，可能会吸引中企进行注资。但根据对外投资统计公告，中国OFDI主要流向传统租赁和商务服务业、金融业和制造业等行业，较少流向文化/体育和娱乐业，而文娱产业比较发达的美国、日本、韩国等，都不是中国OFDI的最大流向目的国，说明各国（地区）知名明星数量与中国OFDI流入并不直接相关。按照上述思路，使用各国（地区）知名明星数量作为工具变量是合理的。

有限信息最大似然法（LIML）对弱工具变量更不敏感，两步最优GMM能够更好地解决数据样本的异方差问题，为了提高结果的稳健性和可信度，本文在2SLS的基础上还使用两步最优GMM估计和LIML回归。

由于是在固定效应的基础上进行的内生性检验，工具变量必须是一个随时间变化的变量，本文使用累计算法，计算各国家（地区）的知名明星累计值。有个别国家（地区），如柬埔寨、澳门等在2006年之后统计的知名明星数量并未发生变化，不再是一个时变变量，在此基础上，剔除存在以上现象的研究样本进行回归，结果显示在表3第（1）列至第（3）列。

---

① 按照金祥义（2021）的方法，以奥斯卡金像奖（Oscar）、劳伦斯世界体育奖（Laureus）、格莱美奖（Grammy）分别作为对影视、体育、音乐这三个领域知名明星的甄选标准，这三个奖项都是各自领域顶尖的奖项，可以较好反映在该方面获奖的明星知名程度，计算方式采取累计算法。

表3 工具变量回归检验

变量	(1) 2SLS	(2) 两步最优 GMM	(3) LIML
ln*index*	1.902*	1.902**	1.902**
	(1.089)	(0.944)	(0.944)
ln*EX*	0.080	0.080	0.080
	(0.360)	(0.292)	(0.292)
ln*GDP*	−1.521***	−1.521***	−1.521***
	(0.494)	(0.441)	(0.441)
ln*Nature*	0.020	0.020	0.020
	(0.116)	(0.081)	(0.081)
ln*Patent*	0.083	0.083	0.083
	(0.089)	(0.065)	(0.065)
ln*Business*	0.589	0.589	0.589
	(0.631)	(0.683)	(0.683)
INS	2.338***	2.338***	2.338***
	(0.730)	(0.849)	(0.849)
ln*Dist*		−3.663	−3.663
		(2.645)	(2.645)
常数项	29.546***		
	(9.684)		
国家	是	是	是
年份	是	是	是
Kleibergen–Paap rk Wald F		17.065	17.065
Cragg–Donald Wald F		21.129	21.129
观测值	493	493	493
调整 R² 值	.	0.452	0.452

注：同表2注①。

表3结果显示，核心解释变量均显著为正。在弱工具变量检验中，Kleibergen–Paap rk Wald F 值为17.065，Cragg–Donald Wald F 值为21.129，均大于10%的临界值16.38，显著拒绝了工具变量与解释变量无关的假设，通过了弱工具变量检验。工具变量回归结果表明，在控制其他变量和个体、时间固定效应的情况下，互联网搜索的回归系数显著为正，中国经济主体的互联网搜索行为对于中国的OFDI有显著正向影响。

（三）稳健性检验

本文在基准回归的基础上，进行了如下的稳健性检验以增加实证结果的可信度，具体的检验方法和检验结果如下。

1.替换变量

本文在进行基准回归时，将OFDI流量作为被解释变量，PC+移动搜索指数作为核心解释变量。为增加回归结果的可信度，提高实证结果的稳健性，对被解释变量和核心解释变量进行替换。本文使用中国对52个国家（地区）的OFDI存量替换原来的被解释变量，利用PC指数替换原来核心解释变量。为降低回归中可能出现的异方差问题，对OFDI存量和PC搜索指数加1后取自然对数后进行回归分析。表4第（1）列至第（3）列分别显示了替换核心解释变量、替换被解释变量、替换核心解释变量与被解释变量的回归结果。表4的结果显示，在替换变量之后，核心解释变量均在1%的水平下显著，说明互联网搜索对中国的OFDI有显著促进作用。

表4　替换被解释变量和核心解释变量表

变量	（1） 替换核心解释变量	（2） 替换被解释变量	（4） 替换核心解释变量与被解释变量
ln*index*		0.282***	
		(0.095)	
ln*PC*	0.528***		0.299***
	(0.195)		(0.102)
ln*EX*	0.561**	0.039	0.045
	(0.226)	(0.116)	(0.116)
ln*GDP*	−0.973***	−0.325*	−0.315*
	(0.346)	(0.174)	(0.174)
ln*Nature*	0.073	0.072*	0.075*
	(0.078)	(0.040)	(0.040)
ln*Patent*	−0.020	−0.028	−0.029
	(0.052)	(0.026)	(0.026)
ln*Business*	−0.071	0.009	0.002
	(0.455)	(0.240)	(0.240)
INS	1.135**	0.820***	0.863***
	(0.564)	(0.291)	(0.293)

续表

变量	(1) 替换核心解释变量	(2) 替换被解释变量	(4) 替换核心解释变量与被 解释变量
ln$Dist$	−23.770***	−24.061***	−26.393***
	（2.607）	（1.802）	（1.357）
常数项	328.182***	325.737***	355.426***
	（37.084）	（24.550）	（19.151）
国家	是	是	是
年份	是	是	是
观测值	686	728	728
调整 R^2 值	0.481	0.775	0.775

注：同表2注①。

2.样本选择检验

某国（地区）在不同时期对于 OFDI 进行了不同的政策引导，相应地，中国经济主体的互联网搜索行为对中国 OFDI 规模的影响可能存在差异。值得注意的是，2016 年中国的 OFDI 呈现井喷态势，这不仅是中国企业转型升级、开拓创新的必然选择，更不可避免地裹挟了一些不理性投资。有鉴于此，2016~2017 年政府先后出台了多项政策引导和调整 OFDI 的进程与结构，例如《关于进一步明确境内企业人民币境外放款业务有关事项的通知》《中央企业境外投资监督管理办法》和《关于改进境外企业和对外投资安全工作的若干意见》，对企业放款、投资程序和资金安全等方面提出了具体的要求和意见。多项政策的颁布对中国的 OFDI 产生了较大的影响，2017 年中国非金融类 OFDI 同比下降29.4%，OFDI 的结构也出现显著的变化，OFDI 呈现收紧趋势。2017 年至今，中国的 OFDI 一直保持较为平稳的发展状态，因此2016 年之后中国 OFDI 规模的变化一定程度上受到国家政策的影响，这可能会削弱中国经济主体互联网搜索对其产生的影响。以此为依据，分别选取2006~2016 年以及 2017~2019 年的样本进行回归分析。结果见表5的第（1）列至第（2）列。可见，在控制其他变量和国家层面的固定效应之后 ln$index$ 的系数在1%的水平下显著为正，且回归系数为0.479，与全样本的回归系数相比，有一定的提高，这也说明2006~2016年互联网搜索对中国OFDI存在显著正向影响。而在国家政策的引导下，2016年以后互联网搜索对中国OFDI的影响不再显著。

表5　分样本回归表

变量	（1）2006~2016年	（2）2017~2019年
ln*index*	0.479**	−0.142
	(0.221)	(0.425)
ln*EX*	0.523*	1.649
	(0.277)	(1.124)
ln*GDP*	−1.333***	2.262
	(0.452)	(1.682)
ln*Nature*	0.081	0.285
	(0.102)	(1.014)
ln*Patent*	−0.025	−0.264***
	(0.064)	(0.098)
ln*Business*	−0.142	1.855
	(0.578)	(2.379)
INS	1.249	−0.699
	(0.764)	(1.996)
ln*Dist*	−6.817***	−3.754
	(1.402)	(2.502)
常数项	119.699***	−32.394
	(22.627)	(38.878)
国家	是	是
年份	是	是
观测值	545	141
调整 R^2 值	0.432	−0.466

注：同表2注①。

3.加入更多控制变量

为了进一步检验模型的稳健性，本文在基准模型的基础上进一步加入更多可能影响信息获取渠道与对外直接投资的控制变量进行回归。所加入的控制变量及主要名称与含义如下：固定电话沟通（ln*Telephone*）、基础交通服务（lnTransport）、对外直接投资开放度（lnFdiopen）、贸易开放度（lnTradeopen）等（施炳展等，2019；方英和池建宇，2015）。其中，固定电话沟通数据来源于国际电信联盟（ITU），固定电话订阅数包括零值，因此固定电话订阅数加 1 再取对数处理。基础交通服务来源于世界银行 WDI 数据库，取航空运输量和注册承运人全球出港量的对数。对外直接投资开放度和贸易开放度数据均来源于世界银行数据库，分别用外商直接投资流入占 GDP 比重的对数以及商品与服务进口占 GDP 的比重对数度量。

　　表 6 第（1）至第（4）列分别显示了加入固定电话沟通（lnTelephone）、基础交通服务（lnTransport）、对外直接投资开放度（lnFdiopen）、贸易开放度（lnTradeopen）的回归结果。由第（1）列结果可以发现，在控制了其他可能的影响因素，并在基准方程中加入固定电话沟通后，互联网搜索对中国出口的影响显著为正，同时固定电话沟通对中国 OFDI 也有积极影响。与基准回归结果相比，互联网搜索的系数和显著性水平都有所下降，说明固定电话沟通削弱了互联网搜索的作用，其降低了经济主体利用电话沟通的可能性。由第（2）列结果可以发现加入基础交通服务后，互联网搜索的系数为正，但系数和显著性水平下降幅度较大，说明基础交通服务对互联网搜索的替代性较强。第（3）列和第（4）列是分别加入对外直接投资开放度和贸易开放度的结果。与基准回归结果相比，互联网搜索的系数明显提高，且均在 5% 的水平下显著。东道国的对外直接投资开放度和贸易开放度会提升互联网搜索对 OFDI 的正向影响。

表 6　加入更多控制变量

变量	(1)	(2)	(3)	(4)
ln*index*	0.347*	0.300	0.394**	0.418**
	(0.186)	(0.197)	(0.195)	(0.188)
ln*Telephone*	0.066			
	(0.069)			
ln*Transport*		0.205		
		(0.174)		

变量	(1)	(2)	(3)	(4)
ln$Fdiopen$			0.178**	
			(0.072)	
ln$Tradeopen$				0.253
				(0.574)
lnEX	0.537**	0.432*	0.392	0.557**
	(0.228)	(0.250)	(0.239)	(0.260)
lnGDP	−0.957***	−0.933**	−0.897**	−0.935**
	(0.351)	(0.369)	(0.352)	(0.433)
ln$Nature$	0.080	0.120	0.086	0.048
	(0.080)	(0.081)	(0.086)	(0.085)
ln$Patent$	−0.020	−0.024	0.030	−0.023
	(0.053)	(0.053)	(0.055)	(0.054)
ln$Business$	0.042	0.044	−0.084	−0.196
	(0.473)	(0.479)	(0.456)	(0.483)
INS	1.051*	0.746	1.055*	1.035*
	(0.578)	(0.584)	(0.566)	(0.579)
ln$Dist$	−21.624***	−21.702***	−21.418***	−20.829***
	(3.446)	(3.545)	(3.611)	(3.529)
常数项	299.981***	300.609***	298.368***	289.981***
	(46.932)	(48.320)	(49.267)	(49.587)
国家	是	是	是	是
年份	是	是	是	是
观测值	681	642	644	662
调整 R^2 值	0.477	0.458	0.479	0.473

注：同表2注①。

六　机制检验

不确定性在很大程度上是信息冲击，大众主要通过新闻媒体和互联网获取有关金融市场、宏观经济及经济政策的信息（张德园，2020）。Baker等（2016）选取美国最有影响力的十大报纸构造了经济政策不确定性指数（Economic Policy Uncertainty Index，EPU），发现在控制其他因素之后，2006~2011年经济政策不确定性增加导致美国实际GDP下降了32%、民间投资下降了 16%、工作岗位减少了 230 万个。汪建新等（2021）基于 Baker 等构建的经济政策不确定性指数研究发现，美国经济政策不确定性对中企在美国投资存在抑制作用，并且对中企在其他地区投资存在阻遏作用。因此本文也采用 EPU 数值度量各东道国的现实不确定性，当投资者通过互联网搜寻获得更多更全面的信息时，其对东道国的感知不确定性反而会降低，对东道国的投资会增加。

成本是经济主体是否进行投资的关键因素，互联网搜寻通过减少交易成本促进 OFDI。一方面互联网搜索能够帮助企业获取东道国的更多知识与信息，增进企业对东道国文化与制度的了解，减少了企业的学习成本；另一方面，互联网搜索有效降低了交易双方面临的信息摩擦，从而降低跨国企业在进行海外投资时因外来者劣势所导致的额外交易成本（曲创和刘重阳，2019）。

（一）降低感知不确定性

使用不确定性作为机制变量，对互联网搜寻路径进行检验，即互联网搜寻降低投资者对东道国的感知不确定性，因此在不确定性越高的国家（地区），互联网搜索对 OFDI 的促进效应越明显。本文参考张俊美和佟家栋（2021）的机制检验方法，构建如下计量模型：

$$\ln EPU_{it} = \alpha_2 + \beta_{21}\ln index_{it} + \beta_{22}\ln EPU_{it} + \beta_{23}\ln index_{it} \times \ln EPU_{it} \\ + \lambda_2 Ctrl_{it} + u_i + \delta_t + \varepsilon_{it} \tag{2}$$

式中，EPU_{it} 反映 i 国 t 年的现实不确定性。回归结果如表 7 第（1）列显示，观察核心解释变量 $\ln index$、交互项的系数和显著性变化。第（1）列显示在加入互联网搜索与不确定性的交互项后，互联网搜索的系数与交互项的系数均不显著，说明互联网搜索对 OFDI 的促进效应并不会因东道国的不确定性而有所差异，降低感知不确定性机制不成立。

（二）减少交易成本

为了度量中国与东道国面临的交易成本，本文参考 Novy（2013）、王领和桑梦倩（2019）的方法进行测度，具体测算公式如下：

$$Cost_{ijt} = \left[\frac{\left(GDP_{it} - EXP_{it} \right)\left(GDP_{jt} - EXP_{jt} \right) S^2}{EXP_{ijt} EXP_{jit}} \right]^{\frac{1}{2(\sigma-1)}} - 1 \qquad (3)$$

式中，$Cost_{ijt}$ 代表 t 年 i 国对 j 国的交易成本，$Cost_{ijt}$ 越高，交易成本越高；GDP_{it} 表示 i 国 t 年的国内生产总值；EXP_{it} 表示 i 国 t 年的总出口，$GDP_{it} - EXP_{it}$ 用以度量 i 国 t 年的国内贸易；GDP_{jt} 表示 j 国 t 年的国内生产总值；EXP_{jt} 表示 j 国 t 年的总出口，$GDP_{jt} - EXP_{jt}$ 用以度量 j 国 t 年的国内贸易；EXP_{ijt} 表示 t 年 i 国对 j 国的出口额；EXP_{jit} 表示 t 年 j 国对 i 国的出口额，GDP 数据来源于世界银行 WDI 数据库，各国出口数据主要来源于联合国商品贸易数据库（UN Comtrade），由于部分年份和国家出口数据有缺失，使用中国海关数据库进口数据对该国出口额进行补缺，类似地，模型设定如下：

$$\ln Cost_{it} = \alpha_4 + \beta_{41} \ln index_{it} + \beta_{42} Cost_{it} + \beta_{43} \ln index_{it} \times Cost_{it} + \lambda_4 Ctrl_{it} \\ + u_i + \delta_t + \varepsilon_{it} \qquad (4)$$

实证结果如表 7 第（2）列显示。观察 $\ln index$、交互项的系数和显著性变化。互联网搜索在 10% 的水平下显著为正，互联网搜索与交易成本的交互项在 1% 的水平下显著为正，说明在交易成本更高的国家（地区），互联网搜索对 OFDI 的促进效应越强。互联网搜索有利于降低企业因信息摩擦、搜寻成本、外来者劣势等而带来的交易成本，增强企业对东道国的投资意愿。

表7　机制检验

变量	(1)	(4)
$\ln index$	0.147	0.322[*]
	(0.218)	(0.189)
$\ln EPU$	−0.110	
	(0.341)	
$\ln index \times \ln EPU$	−0.248	
	(0.203)	
$Cost$		1.889[***]
		(0.614)
$\ln index \times Cost$		0.670[***]
		(0.176)

续表

变量	(1)	(4)
ln*EX*	0.001	0.870***
	(0.541)	(0.289)
ln*GDP*	−0.724	−1.276***
	(0.560)	(0.372)
ln*Nature*	−0.116	−0.013
	(0.377)	(0.082)
ln*Patent*	0.146	−0.025
	(0.100)	(0.053)
ln*Business*	−0.180	0.040
	(0.807)	(0.460)
INS	−1.308	1.098*
	(0.942)	(0.572)
ln*Dist*	−25.354***	−20.400***
	(4.618)	(3.659)
常数项	356.295***	292.584***
	(65.538)	(48.771)
国家	是	是
年份	是	是
观测值	259	655
调整 R^2 值	0.608	0.484

注：同表2注①。

七　进一步研究

（一）异质性分析

根据基础回归和稳健性检验的结果，我们发现中国经济主体的互联网搜索行为会对中国的OFDI产生影响，随着样本分类的不同，这种影响是否依然存在呢？或者是否会根据样本分类的不同产生差异性影响？我们对其进行异质性分析，这有利于更深层次的分析互联网搜索对中国OFDI的影响及其内在的潜在关联关系。据此，设置不同的分类，分样本进行回归，结果如表8所示。

表8　异质性分析

变量	（1）高收入国家	（2）中低等收入国家	（3）投资协定已签并生效	（4）投资协定未签或未生效	（6）2006~2010年	（5）2011~2016年
ln*index*	0.663**	0.178	0.386*	0.911***	−0.471	0.630**
	(0.287)	(0.251)	(0.232)	(0.337)	(0.505)	(0.259)
ln*EX*	1.126**	0.317	0.253	0.775**	−0.251	0.731
	(0.546)	(0.267)	(0.358)	(0.313)	(0.570)	(0.457)
ln*GDP*	−1.940***	−0.047	−1.038**	−0.528	−0.066	0.001
	(0.637)	(0.447)	(0.479)	(0.574)	(1.081)	(0.657)
ln*Nature*	0.434	−0.025	0.104	−0.025	0.142	0.167
	(0.276)	(0.087)	(0.125)	(0.120)	(0.179)	(0.130)
ln*Patent*	0.019	−0.031	−0.002	−0.186	0.002	−0.086
	(0.079)	(0.071)	(0.059)	(0.124)	(0.125)	(0.066)
ln*Business*	−1.676*	0.866	−1.068*	2.770***	0.052	−1.065
	(0.861)	(0.539)	(0.594)	(0.904)	(0.930)	(1.095)
INS	0.226	0.724	0.300	1.473	3.000*	0.679
	(1.119)	(0.640)	(0.814)	(0.898)	(1.740)	(0.866)
ln*Dist*	−17.849***	−19.407***	−23.989***	−9.923	15.521***	−1.004***
	(5.287)	(5.644)	(4.077)	(6.944)	(4.039)	(0.373)
常数项	275.127***	249.767***	341.281***	123.154	−187.318***	11.752
	(78.506)	(77.063)	(54.341)	(99.113)	(45.589)	(15.609)
国家	是	是	是	是	是	是
年份	是	是	是	是	是	是
观测值	343	327	488	198	253	292
调整 R² 值	0.504	0.481	0.460	0.537	0.0464	−0.0115

注：同表2注①。

1. 高收入国家（地区）和中低等收入国家（地区）

　　互联网搜索可能在不同收入水平的国家（地区）间产生差异，继而影响中国OFDI的区位选择。拉美经济学家普雷维什运用"中心—边缘"概念分析国家间关系，这一概念被依附论学派所接受，用以解释发展中国家与发达国家之间的差距。在国际关系的中心—边缘结构中，中心国家不仅在剩余分配上占据优势，也在国际话语霸权上占据有利地位（张康之和张桐，2014），其具有的影响力远超边缘国家。由于中心—边缘国家的影响力不同，反映注意力的互联网搜索指数在二者之间必定会存在差异。发达国家多为高收入国家，发展中国家多为中低收入国家。因此根据世界银行的标准，本文将样本国家（地区）按照收入水平进行分类，高收入国家（地区）回归的结果显示在表8第（1）列，中等收入国家（地区）回归的结果显示在第（2）列。可以看到，互联网搜索对于中国OFDI的影响在高收入国家（地区）样本中的回归系数值更大，且在5%的水平下显著。究其原因，发达国家（地区）、中心国家（地区）或半边缘上层国家（地区）的影响力越大，继而中国对其OFDI规模越大。

2.双边投资协定已签订且生效和双边投资协定未签订或未生效

国家（地区）间双边投资协定的生效，对中国的OFDI会产生影响（杨宏恩等，2016），根据联合国贸发数据库（UNCTAD）数据，截至2020年，中国已与多个国家（地区）和联盟签订145项双边投资协定，且大部分投资协定都已生效，对于中国企业的跨境投资有一定的促进作用，本文将研究样本按照是否与中国签订双边投资协定且正式生效作为分类依据，分类探讨互联网搜索对中国OFDI的影响，回归结果见表8的第（3）列和第（4）列。回归结果表明，在上述两种情况下，互联网搜索对中国OFDI都存在正向影响，但在未签订双边投资协定的国家（地区）样本中互联网搜索的影响更大。究其原因，大部分OFDI的主要目的国（地区）与中国签订的双边投资协定在21世纪初就已生效。在投资协定的引导下，中国企业在东道国的对外投资中已积累了比较充足的经验。因此与已经签订且生效双边投资协定国家（地区）相比，互联网搜索的作用对投资协定尚未签订或生效的国家（地区）作用更强。究其原因，双边投资协定主要用于保障中国企业跨境投资的权益，在投资协定未签订或生效的国家，中国经济主体面对的不确定性更大，根据不确定减少理论（Shannon 等，1949；Berger 和 Calabrese，1975），这将促使中国经济主体利用互联网搜索获取更多信息。

3.不同投资时间段

根据中国对外直接投资发生时间段的不同，对样本进行相应的分类，以2010年为界限。基于样本数据发现，2010年以后中国对世界的平均搜索频次明显上升，且2016年后互联网搜索对OFDI的影响不再显著。因此以2010年和2016年为界，本文将样本划分为2006~2010年和2011~2016年进行回归，结果显示为表8的第（5）列和第（6）列。根据回归结果，互联网搜索对中国OFDI的促进作用在2010年以后更强，究其原因可能在于随着网络规模的扩大，互联网搜索带来的正外部性更大，对降低不确定性的作用更大（施炳展等，2019）。

（二）长期效应检验

考虑到互联网搜索行为对于中国OFDI的影响可能存在延续性，选择在基准回归的基础上依次加入滞后一期、滞后两期和滞后三期的百度搜索指数进行回归分析，考察其长期效应，回归结果显示为表9的第（1）至第（3）列，与基准回归结果相比，依次加入滞后一期（L1.ln$index$）、滞后两期（L2.ln$index$）、滞后三期（L3.ln$index$）的百度搜索指数后，核心解释变量的回归系数均为正。第（1）列和第（2）列结果表明，同期百度搜索指数和滞后一期的百度搜索指数均显著为正，说明经济主体在上一期的互联网搜索对于当期的中国OFDI规模扩大有促进作用。第（3）列回归结果显示，滞后期数增加之后，同期的互联网搜索对于OFDI的影响不再显著，说明互联网搜索在1~2年这样较短的周期内产生的影响较大。

表9 长期效应检验

变量	（1） 滞后一期	（2） 滞后两期	（3） 滞后三期
ln$index$	0.363[*]	0.420[*]	0.254
	(0.210)	(0.224)	(0.214)
L.ln$index$	0.058	0.150	−0.024
	(0.210)	(0.231)	(0.228)
L2.ln$index$		−0.047	−0.004
		(0.220)	(0.227)
L3.ln$index$			0.390[*]
			(0.231)
lnEX	0.555[**]	0.625[**]	
	(0.251)	(0.293)	

续表

变量	(1) 滞后一期	(2) 滞后两期	(3) 滞后三期
ln*GDP*	−0.754**	−0.640	0.312
	(0.374)	(0.407)	(0.359)
ln*Nature*	0.087	0.127	0.093
	(0.082)	(0.087)	(0.089)
ln*Patent*	−0.046	−0.068	−0.098*
	(0.056)	(0.057)	(0.055)
ln*Business*	−0.246	−0.536	−0.199
	(0.530)	(0.619)	(0.632)
INS	0.956	0.534	0.020
	(0.589)	(0.611)	(0.586)
ln*Dist*	−7.823***	−3.484***	−15.342**
	(2.471)	(1.116)	(7.448)
常数项	119.950***	61.058***	194.457*
	(35.203)	(19.295)	(99.428)
国家	是	是	是
年份	是	是	是
观测值	636	585	535
调整 R^2 值	0.388	0.353	0.274

注：同表 2 注①。

（三）互联网搜索与国际移民网络

文化交流与人员交往是内生于国际间经济、社会和文化体系的两个重要变量，随着全球人口迁移规模扩大，越来越多的研究者开始关注国际移民网络的经济效应，并且发现国际移民网络对国际贸易（Gould，1994；Girma 和 Yu，2002；范兆斌和张若晗，2016）和国际直接投资有促进效应（Claudia 等，2006；Gao，2003）。已有研究认为国际移民网络能通过降低信息壁垒、语言文化壁垒等降低贸易成本，并通过交流增进母国对东道国文化习俗、法律制度、政治动向等方面的了解，降低不确定性（Rauch 和 Trindade，2002；谷媛媛和邱斌，2017；张俊美和佟家栋，2021），从而促进企业出口或投资。在对外直接投资活动中，国际移民网络与互联网搜索都可以作为一种信息搜寻渠道，二者对企业开展投资活动的作用是相似的，但存在巨大的成本差异，因此国际移民网络与互联网搜索之间可能存在一定的替代或互补关系。为了验证这一假设，本文利用2006~2019年中国国际移民和OFDI数据进行实证分析，并参考（Hirshleifer和Sheng，2021）的方法构建了如下计量模型：

$$\ln OFDI_{it} = \alpha_5 + \beta_{51}\ln index_{it} + \beta_{52}\ln Inflow_{it} + \beta_{53}\ln index_{it} \times \ln Inflow_{it} \\ + \lambda_5 Ctrl_{it} + u_i + \delta_t + \varepsilon_{it} \quad (5)$$

$$\ln OFDI_{it} = \alpha_6 + \beta_{61}\ln index_{it} + \beta_{62}\ln Stock_{it} + \beta_{63}\ln index_{it} \times \ln Stock_{it} \\ + \lambda_5 Ctrl_{it} + u_i + \delta_t + \varepsilon_{it} \quad (6)$$

其中，$\ln Inflow$ 表示中国国际移民流量的对数，为了考察移民网络对OFDI的长期影响，本文同时参考范兆斌和张若晗（2016）的方法，将中国国际移民存量 $\ln Stock$ 纳入实证模型。目前只有OECD数据库提供历年中国对外移民的流量和存量数据，所以本文使用该数据库的移民数据作为研究样本。OECD共提供了35个国家的移民流量和存量数据，与本文研究对象匹配的分别有22个和20个。互联网搜索对国际移民网络的影响回归结果见表10，观察交互项系数的变化。第（1）列结果显示 $\ln index$ 和 $\ln Inflow$ 的交互项系数为负且在1%的水平下显著，说明在短期中互联网搜索与移民网络对OFDI的影响表现为替代效应，互联网搜索的增加会削弱移民网络对OFDI的促进效应。第（2）列结果显示 $\ln index$ 和 $\ln Inflow$ 的交互项系数为负但不显著，互联网搜索的系数由负转正，移民网络系数由正转负，说明在长期中互联网搜索与移民网络的替代效应消失，互联网搜索的增加有利于促进OFDI。

表10　互联网搜索、国际移民网络与OFDI的回归结果

变量	(2) 短期移民网络	(3) 长期移民网络
$\ln index$	−0.022	0.497
	(0.355)	(0.382)
$\ln Inflow$	0.508*	
	(0.295)	

续表

变量	(2) 短期移民网络	(3) 长期移民网络
ln*index*×ln*Inflow*	−0.283***	
	(0.075)	
ln*Stock*		−1.043**
		(0.471)
ln*index*×ln*Stock*		−0.131
		(0.081)
ln*EX*	1.043	1.903**
	(0.771)	(0.929)
ln*GDP*	−1.087	−1.085
	(1.095)	(1.358)
ln*Nature*	1.050	1.041
	(0.730)	(0.917)
ln*Patent*	0.043	0.055
	(0.109)	(0.116)
ln*Business*	−0.006	−1.205
	(1.779)	(2.002)
INS	0.052	−0.262
	(1.286)	(1.455)
ln*Dist*	−20.704***	−20.796***
	(6.388)	(7.637)
常数项	284.760***	289.033**
	(95.733)	(116.368)
国家	是	是
年份	是	是
观测值	283	241
调整 R^2 值	0.555	0.537

注：同表2注①。

八 研究结论与政策建议

本文利用中国 2006~2019 年对 52 个国家（地区）的 OFDI 数据，将百度搜索指数作为互联网搜索的代理指标，研究其对中国 OFDI 规模的影响。通过实证研究得出如下结论：第一，经济主体的互联网搜索对中国 OFDI 具有正向影响，互联网搜索频率越高，中国对东道国的投资规模越大。第二，互联网搜索在空间和时间上存在差异性，并直接导致了互联网搜索对OFDI的促进效应不同。在高收入国家和未与中国签订投资协定国家中，中国经济主体投入的注意力更多，互联网搜索对OFDI的促进效应越显著。中国经济主体的互联网搜索行为自2011年移动网络技术实现跨越式发展以来愈发普遍，互联网对OFDI的促进作用在2011~2016年的样本中表现得更为突出。第三，互联网搜索对中国OFDI的正向影响具有长期效应，这种长期效应体现在投资后1~2年。四是作为现代重要的信息获取渠道和交流方式，互联网搜索对固定电话沟通、基础交通服务、国际移民网络等存在一定替代作用，不过互联网搜索对国际移民网络的替代效应只在短期有效。五是互联网搜索有利于降低企业对外投资所面临的信息摩擦和信息不对称，减少信息搜寻成本，弥补外来者劣势，因此在交易成本越高的国家或地区，互联网搜索对OFDI的促进作用越明显。

基于以上发现，本文有以下政策建议。

第一，提升和拓展国内信息透明度和互联网信息深度，降低潜在交易成本。互联网搜索可以通过降低感知不确定性和减少交易成本对中国OFDI产生正向影响，因此政府要全面启动"新基建"，持续稳步推进工业互联网建设，提高互联网和其他行业的融合程度，拓展互联网信息的宽度。与此同时，全面加快数据中心建设，在已有国家大数据综合试验区的基础上，扩大大数据试验区的覆盖面，保证大数据产业的稳步发展，利用大数据技术，从硬件设备和内在信息供给两个方面为投资者互联网搜索提供一定的保障。

第二，积极建设"一带一路"对外开放平台，提高中国在国际事务中的话语权。当前国际体系是中心—外围结构，发达国家具有更大的影响力，导致互联网搜索在高收入国家的频率更高，进而吸收更多的对外直接投资。中国应以"一带一路"对外开放平台为基础，主动参与全球治理体系建设，充分发挥超大规模市场优势和潜力，不断提升影响力，改变对核心国家的智力依附和在剩余价值分配中的不利地位。

第三，发挥各种信息渠道的综合优势，助推OFDI有序扩张。互联网搜索对固定电话沟通、基础交通服务、国际移民网络等传统信息获取渠道存在一定的替代作用。互联网搜索具有及时性、高效率、低成本等优势，传统信息渠道对经济社会发展同样具有不可替代的作用。各经济主体应该整合多种信息渠道优势，促进信息资源平台精准匹配企业需求，提升企业对外投资的专业性和效率。

参考文献

［1］邓轶嘉、余姗，2021，《"一带一路"倡议下目的国制度环境对企业投资绩效的影响研究》，《宏观经济研究》第 3 期。

［2］樊茂勇、王海东，2001，《电子商务对国际贸易的影响》，《市场营销导刊》第 Z1 期。

［3］范兆斌、张若晗，2016，《国际移民网络与贸易二元边际：来自中国的证据》，《国际商务（对外经济贸易大学学报）》第 5 期。

［4］方英、池建宇，2015，《政治风险对中国对外直接投资意愿和规模的影响——基于实物期权和交易成本的视角》，《经济问题探索》第 7 期。

［5］葛璐澜、金洪飞，2020，《"一带一路"沿线国家制度环境对中国企业海外并购区位选择的影响研究》，《世界经济研究》第 3 期。

［6］谷媛媛、邱斌，2017，《来华留学教育与中国对外直接投资——基于"一带一路"沿线国家数据的实证研究》，《国际贸易问题》第 4 期。

［7］金祥义、张文菲，2021，《注意力配置、贸易不确定性与出口持续时间》，《国际贸易问题》第 7 期。

［8］李兵、李柔，2017，《互联网与企业出口：来自中国工业企业的微观经验证据》，《世界经济》第 7 期。

［9］林季红、刘莹，2020，《制度、文化与中国的"一带一路"投资区位——基于面板门槛模型的检验》，《厦门大学学报（哲学社会科学版）》第 3 期。

［10］裴长洪、樊瑛，2010，《中国企业对外直接投资的国家特定优势》，《中国工业经济》第 7 期。

［11］曲创、刘重阳，2019，《平台竞争一定能提高信息匹配效率吗？——基于中国搜索引擎市场的分析》，《经济研究》第 8 期。

［12］盛丹、包群、王永进，2011，《基础设施对中国企业出口行为的影响："集约边际"还是"扩展边际"》，《世界经济》第 1 期。

［13］施炳展，2016，《互联网与国际贸易——基于双边双向网址链接数据的经验分析》，《经济研究》第 5 期。

［14］施炳展、金祥义，2019，《注意力配置、互联网搜索与国际贸易》，《经济研究》第

11 期。

[15] 施炳展、李建桐，2020，《互联网是否促进了分工：来自中国制造业企业的证据》，《管理世界》第 4 期。

[16] 孙俊新，2020，《文化距离、文化贸易与对外直接投资区位选择》，《经济问题探索》第 12 期。

[17] 孙毅、吕本富，2011，《网络搜索与经济行为相关性研究综述》，《管理评论》第 7 期。

[18] 汪建新、李娉、杨晨，2021，《美国经济政策不确定性与中企 OFDI 区位选择》，《国际商务研究》第 5 期。

[19] 王领、桑梦倩，2019，《中国与新兴市场的贸易成本及其影响因素研究》，《哈尔滨商业大学学报（社会科学版）》第 4 期。

[20] 王晓颖，2018，《东道国自然资源禀赋、制度禀赋与中国对 ASEAN 直接投资》，《世界经济研究》第 8 期。

[21] 王亚星、谭波、黄彦君、孙磊，2015，《对外直接投资影响因素分析与我国的应对策略》，《现代管理科学》第 3 期。

[22] 王颖、吕婕、唐子仪，2018，《中国对"一带一路"沿线国家直接投资的影响因素研究——基于东道国制度环境因素》，《国际贸易问题》第 1 期。

[23] 魏景赋、曹林秋，2018，《互联网普及对中国企业 OFDI 区位选择的影响分析——基于东盟国家的实证》，《浙江金融》第 10 期。

[24] 杨娇辉、王伟、谭娜，2016，《破解中国对外直接投资区位分布的"制度风险偏好"之谜》，《世界经济》第 11 期。

[25] 杨宏恩、孟庆强、王晶、李浩，2016，《双边投资协定对中国对外直接投资的影响：基于投资协定异质性的视角》，《管理世界》第 4 期。

[26] 杨永聪、李正辉，2018，《经济政策不确定性驱动了中国 OFDI 的增长吗——基于动态面板数据的系统 GMM 估计》，《国际贸易问题》第 3 期。

[27] 尹美群、盛磊、吴博，2019，《"一带一路"东道国要素禀赋、制度环境对中国对外经贸合作方式及区位选择的影响》，《世界经济研究》第 1 期。

[28] 张德园，2020，《中国经济不确定性及其宏观经济效应研究》，吉林大学博士学位论文。

[29] 张俊美、佟家栋，2021，《"一带一路"国际人才网络对中国出口贸易的影响：来自出口企业的微观证据》，《世界经济研究》第 9 期。

[30] 张康之、张桐，2014，《论普雷维什的"中心—边缘"思想——关于世界经济体系中不平等关系的一个分析框架》，《政治经济学评论》第 1 期。

[31] 张战仁、方文君，2015，《信息成本、集聚经济与新晋对外投资企业区位》，《世界

经济研究》第12期。

[32] 郑展鹏、岳帅，2018，《互联网普及、地方政府竞争与中国区域外商直接投资》，《经济体制改革》第4期。

[33] 周超、刘夏、辜转，2017，《营商环境与中国对外直接投资——基于投资动机的视角》，《国际贸易问题》第10期。

[34] 周经、张利敏，2014，《制度距离、强效制度环境与中国跨国企业对外投资模式选择》，《国际贸易问题》第11期。

[35] 朱华，2012，《投资发展周期理论与中国FDI发展阶段定位研究》，《经济学动态》第5期。

[36] 祝继高、梁晓琴、王春飞，2020，《信息透明度如何影响"一带一路"倡议下中国企业对外直接投资区位选择》，《国际商务（对外经济贸易大学学报）》第6期。

[37] Akerlof G. A. 1970. "The Market for 'Lemons': Quality Uncertainty and the Market Mechanism." *Quarterly Journal of Economics* 84(3):488–500.

[38] Baker S. R., Bloom N., Davis S. J. 2016. "Measuring Economic Policy Uncertainty." *Quarterly Journal of Economics* 131(4):1593–1636.

[39] Bhattacharya U., Hsu P., Tian X., Xu Y. 2017. "What Affects Innovation More: Policy or Policy Uncertainty?" *Journal of Financial and Quantitative Analysis* (52):1869–1901.

[40] Berger C.R., Calabrese R. J. 1975. "Some Explorations in Initial Interaction and Beyond: Toward a Developmental Theory of Interpersonal Communication." *Human Communication Research* (1):99–112.

[41] Bonaime A., Gulen H., Ion M. 2018. "Does Policy Uncertainty Affect Mergers and Acquisitions?" *Journal of Financial Economics* (129):531–558.

[42] Buckly P. J., Cleg L. J., Cross A. R., Liu X., Voss H., Zheng Ping. 2007. "The Determinants of Chinese Outward Foreign Direct Investment." *Journal of International Business Studies* (38):499–518.

[43] Chen H. Y., Chen H. C., Lai C. W. 2021. "Internet Search, Fund Flows, and Fund Performance." *Journal of Banking & Finance* (129).

[44] Cheung Y. W., Qian X. W. 2009. "Hoarding of International Reserves: Mrs Machlup's Wardrobe and the Joneses." *Review of International Economics* 17(4):824–843.

[45] Choi C. 2003. "Does the Internet Stimulate Inward Foreign Direct Investment?" *Journal of Policy Modeling* 25(4):319–326.

[46] Choi C. 2011. "The Effect of the Internet on Service Trade." *Economics Letters* 109(2):102–104.

[47] Claudia M.B., Jörn K., Farid T. 2006. "Where Enterprises Lead, People Follow? Links

between Migration and FDI in Germany."*European Economic Review* 50(8):2017–2036.

[48] Dunning J. H. 1981."Explaining the International Direct Investment Position of Countries: Towards a Dynamic or Development Approach."*Weltwirtschaftliches Archiv*:(117):30–64.

[49] Gao T. 2003. "Ethnic Chinese Networks and International Investment: Evidence from Inward FDI in China."*Journal of Asian Economics* 14(4):611–629.

[50] Gani A., Sharma B. 2003. "The Effects of Information Technology Achievement and Diffusion on Foreign Direct Investment." *Perspectives on Global Development & Technology* 2(2):161–178.

[51] Girma S., Yu Z. 2002. "The Link between Immigration and Trade: Evidence from the United Kingdom."*Weltwirtschaftliches Archiv* 138(1):115–130.

[52] Gould D. 1994. "Immigrant Links to the Home Country: Empirical Implications for US Bilateral Trade Flows."*The Review of Economics and Statistics* (2): 302–316.

[53] Hirshleifer D., Sheng J. 2021. "Macro News and Micro News: Complements or Substitutes?"NBER Working Papers.

[54] Jiang J., Wang J. 2016. "Internet Usage, High-Tech Talent and Location Choice: Evidence from Chinese ICT Investments in the United States." *IEEE International Conference on E-business Engineering*: 322–325.

[55] Ko K. W. 2007. "Internet Externalities and Location of Foreign Direct Investment: A Comparison Between Developed and Developing Countries."*Information Economics and Policy* 19 (1):1–23.

[56] Mondria J., Wu T., Zhang Y. 2010. "The Determinants of International Investment and Attention Allocation: Using Internet Search Query Data." *Journal of International Economics* (82): 85–95.

[57] Novy D., Taylor A.M.2011."Why is Trade so Volatile? The Great Trade Collapse of 2008/09."

[58] Novy D. 2013. "Gravity Redux: Measuring International Trade Costs with Panel Data." *Economic Inquiry* (51):101–121.

[59] Panousi V., Papanikolaou D. 2012. "Investment, Idiosyncratic Risk, and Ownership." *Journal of Finance* (67):1113–1148.

[60] Rauch J. E., Trindade V.2002."Ethnic Chinese Networks in International Trade."*Review of Economics and Statistics* 84(1):116–130.

[61] Shannon C., Weaver W. 1949. "The Mathematical Theory of Communication." *Philosophical Review* 3(9): 31–32.

（责任编辑：许雪晨）

员工持股计划与企业社会责任

——基于精准扶贫视角

任　颋　肖有智　张桐川[*]

摘　要： 党的二十大报告提出，中国式现代化是全体人民共同富裕的现代化。共同富裕是中国特色社会主义的本质要求。企业实施员工持股计划和履行社会责任均基于共享理念，二者在"共同富裕"的理论框架下具有一致性，但是目前关于二者之间关系的研究仍然相对缺乏。本文基于2016~2020年中国沪深A股上市公司数据，使用上市公司强制披露的参与精准扶贫的信息衡量上市公司承担社会责任情况，对实施员工持股计划与企业社会责任之间的关系进行了研究。研究发现，实施员工持股计划的公司对精准扶贫的参与程度更深。异质性分析表明，非国有企业、无政治关联企业、位于制度环境较好地区的企业在实施员工持股计划后，其参与精准扶贫的程度更深。潜在机制分析表明，实施员工持股计划会通过共同富裕机制、声誉机制和长期利益机制促进企业承担更多的社会责任。

关键词： 员工持股计划　企业社会责任　精准扶贫　共同富裕

---

*　任颋，副教授，北京大学汇丰商学院，电子邮箱：renting@phbs.pku.edu.cn；肖有智（通讯作者），实习研究员，国家信息中心经济预测部，电子邮箱：xiaoyouzhi@sic.gov.cn；张桐川，科尔尼企业咨询有限公司，电子邮箱：tongchuan.zhang@kearney.com。感谢审稿专家的宝贵意见，文责自负。

一　引言

党的二十大报告指出，"我们坚持精准扶贫、尽锐出战，打赢了人类历史上规模最大的脱贫攻坚战"。取得脱贫攻坚战的胜利是中国实现共同富裕目标的一个里程碑事件。党的二十大报告将实现全体人民共同富裕摆在了更加重要的位置，指出共同富裕是中国式现代化的特征和本质要求之一。企业作为最重要的微观市场主体，是实现共同富裕过程中不可忽视的力量。企业实施员工持股计划贯彻了"共享"理念，在指导思想和实践中与共同富裕目标的实现存在紧密的内在逻辑关联。通过实施员工持股计划，员工能够共享企业发展红利，员工与企业之间的利益分配在一定程度上得以均衡，按劳分配和按要素分配方式有机融合，企业在做大蛋糕的同时也让员工获得更多利益，进而实现个人回报增长和企业发展的"双赢"。

在传统的经济学理论中，企业的目标是为股东谋求利润最大化，并不需要为其他利益相关者承担相应责任，也不需要承担增进社会福利的责任。但是企业社会责任理论认为，企业在寻求利润最大化的同时，还需要对利益相关者承担责任，包括股东、员工、消费者、环境等（Jamali 和 Mirshak，2007；O'Riordan 和 Fairbrass，2008；Russo 和 Perrini，2010）。近年来，越来越多的企业在谋取利润的同时，也积极投入资源承担社会责任，实现经济效益和社会效益的"双赢"。随着企业社会责任愈发受到实务界和理论界的重视，越来越多的文献对影响企业承担社会责任的因素开展研究，主要可以分为两类：第一类是公司内部因素，已有研究发现公司的股权结构、治理结构、经营状况、产权性质、员工结构、高管特征、企业文化、内部激励等因素都将对企业承担社会责任的决策产生显著影响（Atkinson 和 Galaskiewicz，1988；Balabanis 等，1998；Johnson 和 Greening，1999；Galpin 等，2015；黄荷暑和周泽将，2015）；第二类则为公司在日常经营过程中面临的外部因素，包括企业面临的竞争环境、制度环境、法制环境、媒体关注度、供应链压力和行业整体的社会责任表现等（Campbell 等，2002；戴亦一等，2014；黄伟和陈钊，2015；刘柏和卢家锐，2017）。员工是最为重要的企业内部因素之一，然而从员工视角出发，讨论影响企业承担社会责任的研究还相对缺乏。本文从影响公司承担社会责任的内部因素出发，从员工视角，选取与员工利益密切相关的员工持股计划作为研究对象，探讨其对企业承担社会责任的影响，以填补研究空白。

员工持股计划是指让企业员工出资认购公司的股权，与股东共享企业所有权和收益权，从而激发和增强员工积极性和归属感的一种制度安排。中国从20世纪70年代末开始探索员工持股计划，并在90年代进行大规模的尝试，但是由于制度设计存在缺陷，加之监管经验不足，当时的员工持股计划出现诸多问题，并在1998年末被证监会叫停。之后很长一段时间，员工持股计划都处于相对严格的监管之下，仅有少量的国企开展试点。2013年《中共中央关于全面深化改革若干重大问题的决定》提出"允许混合所有制经济实行企业员工持股，形成资本所有者和劳动者利益共同体"。2014年6月，证监会颁布《关于上市公司实施员工持股计划试点的指导意见》，标志着员工持股计划正式重启，并逐渐成为上市公司进行员工激励的重要工具。近年来，员工持股计划受到社会各界的普遍关注，已有研究发现实施员工持股计划会对公司的经营绩效、研发创新、公司违规行为、员工工作态度、公司信息披露等会产生显著影响（Ren 等，2019；Ren 等，2022；孟庆斌等，2019；陈大鹏等，2019；张学志等，2022），而这些因素也是影响企业承担社会责任的重要因素。从企业社会责任的角度来看，一方面，员工作为企业重要的利益相关者，是企业落实社会责任的主要对象之一，员工持股计划的重要作用之一是保持员工工作的稳定性，降低员工的离职率（Bova 等，2015），而为员工提供稳定安全的工作环境是公司履行对于员工的社会责任的重要表现；另一方面，员工也在企业社会责任战略的制定和实施中起着至关重要的作用（Gond 等，2017）。

在企业社会责任的相关研究中，如何准确识别和衡量公司承担的社会责任也尚未有一致的结论（Pérez 和 Rodríguez，2013）。已有研究大都使用慈善捐赠或者企业社会责任评分来衡量和识别企业承担社会责任情况（Hoi 等，2013；贾兴平和刘益，2014；许年行和李哲，2016；潘越等，2017；

Awaysheh 等，2020；Oh 等，2017；Yi 等，2021）。使用这两种方法识别企业承担的社会责任可能存在如下问题：第一，上市公司慈善捐赠并非强制披露的信息，上市公司可能并不会如实披露其慈善捐赠信息，进而导致无法准确衡量公司承担的社会责任。第二，使用各类评分衡量公司承担的社会责任时，如 KLD、和讯网评分等，往往使用专家评分方法，或者以公司的社会责任报告为基础，使用内容分析方法对上市公司承担社会责任的状况进行评估，虽然在各类指数的编制中往往会基于相关的社会责任标准，但是各类指标的计算口径并非是一致的，而且专家评价往往以个案为基础，评价的结果与专家本人的态度和立场密切相关，在评价尺度和体系上也难以做到完全统一，可能存在缺乏可比性、主观性较强和难以验证有效性和可靠性等缺点（黄群慧等，2009；段钊等，2017）。

2013 年，习近平总书记首次提出精准扶贫思想，在"扶持对象精准、项目安排精准、资金使用精准、措施到户精准、因村派人精准、脱贫成效精准"六个精准的基本要求下，中国的脱贫攻坚战取得巨大成就。2021 年，习近平总书记在全国脱贫攻坚总结表彰大会上庄严宣告中国取得了脱贫攻坚战的全面胜利。在脱贫攻坚战的过程中，国家多次发布各类政策性文件，动员社会各界力量积极参与精准扶贫。2016 年，证监会发布《中国证监会关于发挥资本市场作用服务国家脱贫攻坚战略的意见》，特别提出上海证券交易所、深圳证券交易所和全国中小企业股份转让系统有限责任公司分别对上市公司和挂牌公司履行扶贫社会责任的信息披露制定格式指引，并在年度报告中予以披露。同年，上海证券交易所和深圳证券交易所分别发布《关于进一步完善上市公司扶贫工作信息披露的通知》和《关于做好上市公司扶贫工作信息披露的通知》，要求上市公司在年报中强制披露精准扶贫相关信息，包括扶贫管理、扶贫投入、扶贫成效等情况。从本质上来说，企业参与精准扶贫是承担社会责任的重要表现。企业需要强制披露参与精准扶贫的情况，因此，使用上市公司强制披露的参与精准扶贫的信息识别上市公司承担社会责任情况，能够在一定程度上弥补使用慈善捐赠和评分无法准确衡量企业承担社会责任情况的缺陷。

基于此，本文使用 2016~2020 年沪深 A 股上市公司数据，检验了上市公司实施员工持股计划对其承担社会责任的影响。研究结论表明，公司实施员工持股计划能够显著激励企业参与精准扶贫，即承担更多的社会责任。该结论在考虑了内生性及其他可能影响结论的情况后仍然成立。此外，员工持股计划和精准扶贫都强调"共享"理念，同属于实现"共同富裕"政策框架下的具体表现形式，二者在指导思想和实践中存在众多的关联。因此，本文也从"共同富裕"视角出发，对潜在机制进行了检验，结果发现，实施员工持股计划的上市公司会出于实现共同富裕目标的考虑而承担更多的社会责任。

本文潜在的贡献主要包括：第一，从企业社会责任角度，本文使用企业需要强制披露的参与精准扶贫的信息，在一定程度上能够更加准确地识别企业承担社会责任的情况。在此基础上，本文将员工持股计划引入企业承担社会责任的影响因素中，验证了对于公司员工的股权激励也会对企业承担社会责任产生影响，补充了影响企业承担社会责任在内部因素方面的相关文献。第二，从员工持股计划角度，鲜有研究讨论员工持股计划对企业社会责任的影响，本文从"共同富裕"的视角出发，讨论了公司实施员工持股计划与企业承担社会责任之间的关系，补充了关于员工持股计划的研究，从而能够更加全面地理解员工持股计划对公司治理产生的影响。第三，从精准扶贫的角度，本文验证了实施员工持股计划和企业参与精准扶贫之间的关系。已有研究验证了企业获取资源的动机、政治动机、所有权结构、公司业绩、公司规模、企业性质、公司所处的行业、治理结构等因素会对企业参与精准扶贫的决策产生影响（Li 等，2015；杜世风等，2019；任长秋和王钊，2020），鲜有文献讨论员工持股计划对企业参与精准扶贫的影响，且关于精准扶贫的研究也鲜有从"共同富裕"视角展开的，本文补充了企业参与精准扶贫的影响因素，也从企业层面验证了"共同富裕"机制所产生的影响。

本文的结构安排如下：第二部分为理论与研究假设，对企业社会责任和员工持股计划的相关理论进行了梳理；第三部分为研究设计，主要包括样本选择、主要变量和模型建立；第四部分为实证结果与分析，报告了上市公司参与精准扶贫对其经营绩效的影响，并进行了稳健性检验；第五部

分为进一步讨论，对潜在机制以及不同动机进行了讨论；第六部分为结论
与政策建议。

二　理论与研究假设

（一）企业社会责任的相关理论

关于企业承担社会责任的理论，主要关注企业是否应该承担社会责任。
从理论上来说，目前就企业是否应该承担社会责任并未达成共识。反对企
业承担社会责任的理论认为企业承担社会责任会对其经营绩效产生负面影
响，主要包括委托—代理理论和"股东至上"理论。委托—代理理论认为，
股东作为公司的所有者，委托管理者负责公司的日常经营，股东是委托人，
管理者是股东的代理人。在缺乏委托人（股东）的有效监督时，作为理性
经济人的代理人（管理者）会最大化其自身利益，而非股东利益。委托—
代理理论认为，企业承担社会责任的本质是牺牲股东的利益为管理者谋利，
其后果是股东、员工、消费者利益和国民财富都难以最大化，企业的绩效
也会因此受到负面影响（Brammer 和 Pavelin，2006；Friedman，2007；
Zardkoohi 等，2017）。"股东至上"理论认为公司是属于股东的，企业经营
的唯一目标是为股东最大限度地创造财富和利益（Berle 和 Means，1932），
其他所有活动都是非必要的，企业承担社会责任必然会损害股东利益。而
支持企业承担社会责任的理论主要包括长期利益理论、利益相关者理论、
企业社会责任工具性理论、企业公民理论和战略社会责任理论。长期利益
理论将企业利益划分为长期利益和短期利益（Johnson，1971），企业承担社
会责任可能会对其短期利益产生负面影响，但是会显著增加其长期利益
（Lee，2008），也能够显著增加股东的长期利益，因此，企业承担社会责任
是必要的。利益相关者理论与"股东至上"理论相对应，认为企业虽然属
于公司股东，但是在经营过程中需要满足相关利益主体（如雇员、客户、
供应商、当地社区、股东、政府和国家等）的所有合法利益（Dodd 和 Supa，
2011），如为雇员提供安全的工作环境、为消费者提供高质量的产品和服务
以及提升整个社会的福利水平。企业社会责任工具性理论认为企业承担社

会责任是一种实现股东价值最大化、创造财富和竞争优势的工具。一方面，企业承担社会责任将会获得更多媒体的宣传和报道，会提升其声誉；另一方面，企业承担社会责任可以扮演"声誉保险"的角色，转移公众对其负面行为的关注，减小企业未来发生损失的可能性（冯丽艳等，2016）。企业公民理论则认为企业和自然人一样，也是社会的公民，在享受法律赋予权利的同时，也需要承担相应的义务。企业作为受托管理社会资源的公民，不能仅仅为自身创造价值，更需要合理利用这些资源，为整个社会创造利益和价值（Matten 等，2003）。战略社会责任理论将企业战略和社会责任相结合，一般从竞争优势理论出发，假设企业与社会是共生关系，承担社会责任是企业战略的重要组成部分，企业在履行社会责任的同时，可以获取可持续的竞争优势，这不仅为自身创造价值，也为社会创造价值，如为企业创造新的商业机会（Porter 和 Kramer，2006；王水嫩等，2011）、与利益相关者建立有效的沟通渠道以及良好的内部工作氛围、降低企业的经营风险和市场风险（Donaldson 和 Preston，1995；Heslin 和 Ochoa，2008）、降低企业的融资成本等（Heslin 和 Ochoa，2008）。

（二）员工持股计划的相关理论

关于员工持股计划的相关理论主要包括双因素经济理论、分享经济理论、委托—代理理论、利益相关者理论、人力资本理论等。具体来说，双因素经济理论认为财富是由劳动和资本两个因素共同创造的，在前工业革命时期劳动是创造财富最重要的投入要素，但是在工业革命之后资本的力量逐渐占据优势，只有当员工成为企业的所有者时，资本分配才真正具有价值，经济的稳定持续发展才能够得到保证（Kelso 和 Adler，1958）。员工持股计划作为一种使员工集体拥有企业资产的制度安排，员工能够以资本所有者的身份分享企业经营过程中所获得的利润，不仅仅是以自己的劳动换取相应的报酬，对于实现社会公平、缓和劳资矛盾等问题也具有重要的意义。分享经济理论认为，企业员工报酬制度可以分为工资制度和分享制度，其中工资制度与企业外在的核算单位如货币或生活费用指数相挂钩，使得劳动力向高边际价值的方向转移，进而催生通货膨胀、失业和低经济效率等问题；分享制度将员工的工资和反映企业经营情况的因素如收入和利润相挂钩，使得企业的劳动成本和产品价格紧密关联，进而能够降低社会失业水平并从根本上解决滞胀问题（Weitzman，1984）。而员工持股计划的本质是将工资与企业的利润和未来成长相挂钩，从而提升员工的忠诚度和劳动积极性。委托—代理理论认为作为公司所有者的股东和公司代理者的经理人之间的目标往往存在冲突，股东往往追求利润最大化，而经理人倾向于追求个人利益最大化，因此，经理人可能会做出损害全体股东利益的决策（Berle 和 Means，1932）。在此基础上，Jensen 和 Meckling（1976）指出企业所有权和经营权的分离会导致代理成本显著提升，而此时采取员工持股计划能够加强企业内部对代理人的监督，进而降低代理人的道德风险，保护全体股东的利益。利益相关者理论认为随着社会发展，股东作为企业物质资本的所有者，其在企业经营中的重要性逐渐减弱，企业在经营中更需要综合考虑包括股东、员工和社会在内的更多利益相关者的利益，并尽可能平衡各方的利益，进而达到企业价值最大化，而非仅仅实现股东价值最大化（Jamali 和 Mirshak，2007；O'Riordan 和 Fairbrass，2008；Russo 和 Perrini，2010）。实施员工持股计划能够平衡公司员工和股东之间的利益，从而能够实现公司价值最大化。人力资本理论认为人力资本的本质为人的能力和素质，是与公司物质资本相并列的重要资本。人力资本的所有者是员工，而股东作为企业物质资本的所有者，其应该与人力资本的所有者即员工，分享资本投资所创造的价值（Schultz，1961）。因此，实施员工持股计划的本质是让人力资本共享公司资本投资所创造的价值，进而将难以衡量的人力资本转化为具体的股权资本，一方面，能够促使公司进行更多的人力资本投资；另一方面，也使得员工更加积极地参与企业经营生产，进而提升公司的整体价值。

（三）员工持股计划与企业社会责任

实施员工持股计划作为影响企业承担社会责任的内部因素之一，结合企业社会责任和员工持股计划的相关理论，可以从以下角度思考二者关系。

从企业层面来说，实施员工持股计划能够缓解公司内部的委托—代理问题，进而激励企业承担更多的社会责任。具体来说，企业实施员工持股计划能够使得员工同时成为企业员工的内部人和股东，在参与日常管理的同时，将自身收益与企业的长期发展相挂钩，并通过员工持股管理委员会在董事会中的席位在一定程度上缓解企业存在的委托—代理问题。已有研究表明，实施员工持股计划的公司更加关注能够提升自身成长性的因素，如增加研发投入（孟庆斌等，2019；Ren 等，2022），也具有更好的经营绩效（Ren 等，2019）。因此，实施员工持股计划在一定程度上能够约束管理层和大股东出于自身利益而做出某些短视决策，公司可能会出于提升长期利益的考虑而选择承担更多的社会责任。另外，员工是企业最为重要的利益相关者，已有研究表明，实施员工持股计划能够显著降低员工的离职率（Bova 等，2015），并促进企业在员工权益保护和人力资本投入方面进行更多的投入（Jarboui，2013），而稳定安全的工作环境、良好的员工培训机制是企业承担社会责任的重要组成部分，这也表明实施员工持股计划的公司可能倾向于承担更多的社会责任。

从员工角度，员工作为企业承担社会责任的重要实施者，实施员工持股计划对员工产生的影响可以归结为两个效应，即"激励效应"和"长期利益效应"。

第一，对于"激励效应"来说，实施员工持股计划能够显著激励员工参与公司承担社会责任的具体行动，进而使得公司做出承担更多社会责任的决策和行为。企业实施员工持股计划提升了员工地位及其对公司价值的认可，进而提升员工在企业生产经营和决策中的参与积极性以及责任感。已有研究表明，当员工持有公司的股票时，员工对于公司的归属感将显著提升（Chiu 和 Tsai，2007），这有利于强化员工的组织认同和组织承诺，而组织认同和组织承诺是员工参与企业社会责任活动的重要动机之一。Chiu 和 Tsai（2007）研究发现，当公司采取基于股票的利润分享机制时，组织内部的公民行为将受到显著影响，因此，实施员工持股计划能够激励公司员工更多地参与企业社会责任践行活动，进而促进企业承担更多的社会责任。此外，这种"激励效应"还体现在员工对于公司声誉的维护上。一方面，实施员工持股计划在一定程度上加强了员工之间的监督（Drago 和 Garvey，1998；Hochberg 和 Lindsey，2010），员工之间会相互阻止所做出的可能会损害公司声誉的行为，减少了员工实施损害组织声誉的行为。另一方面，已有研究表明实施高管股权激励的公司会更加愿意进行慈善捐赠，其主要原因为慈善捐赠能够帮助企业提升声誉，而声誉有助于提升企业未来的财务业绩，此时公司高管更有动力做出慈善捐赠决策，以增加自身利益（戴永务和陈宇鉱，2020）。而员工持股计划的本质是对员工进行股权激励，可以认为实施员工持股计划也会使员工更加关注公司声誉。对公司声誉的维护和关注，在一定程度上也激励了员工更多地参与企业承担社会责任的实践中，进而促进企业承担更多的社会责任。在实际经营中，诸多企业都在探索如何更加有效地激励员工参与企业承担社会责任的实践。如腾讯为了能够让员工树立起承担社会责任的理念，于2013年启动了"微爱一起来"公益项目，核心目的是激励并倡导员工创造、规划和执行公益项目，将每位员工参与志愿服务的时长按照每小时10元人民币的标准换算为"微爱一起来"基金。在该项目成立的一年多时间里，共计超过21300人次的腾讯员工积极参与，由员工自主发起、组织、执行志愿服务、慈善和环境保护等各类社会责任项目达103个。此外，为了更加有效地激励员工参与践行企业社会责任的活动，该项目规定当员工积累的基金数额达到项目所需资金的1/4时，其余部分将由腾讯公益基金会提供，并给予相应的辅导与支持。这种制度规定使得该项目具有某种员工持股的内涵，即员工进行一定的投入，公司会给予更多的支持，从而将员工参与践行企业责任活动与公司本身绑定，从而产生更佳的激励效果。

第二，对于"长期利益效应"来说，员工持股计划的本质是公司内部实施的一种股权激励计划，已有研究表明股权激励会使得公司更加注重长期利益，如增加创新研发投入（李连伟等，2022）。公司实施员工持股计划往往会设定一定的锁定期，员工无法在员工持股计划的实施节点立刻获得收益，这使得员工更加注重公司的长期利益，希望公司能够通过承担社会责任来提升自身价值和业绩，以在锁定期满时获得更大的利益。对于精准扶贫来说，虽然其本质是企业承担社会责任的具体表现形式，但是又与企业承担社会责任存在差异，这种差异主要体现为共同富裕的指导思想、企业与政府的关系，以及精准扶贫本身具备的产业政策特点。进一步结合员工持股计划的相关理论，员工持股计划对于激励公司参与精准扶贫的效应可以分为直接效应和间接效应。直接效应主要是指实施员工持股计划对企业参与精准扶贫本身产生的激励效果，主要体现为二者在公平目标的实现上。从共同富裕的视角，企业参与精准扶贫相较于其承担社会责任的其他行为而言会更加重视公平，在精准扶贫对象的选取，公共产品、公共服务、公共福利和基本社会保障制度的提供，扶贫资源的整合以及扶贫成效的评价等各个方面都体现着公平的重要性。已有研究表明，企业实施员工持股计划能够使得员工更多地感受到公平，并营造公司整体的公平氛围（Pendleton，2001；Kuvaas，2003）。因此，企业实施员工持股计划与参与精准扶贫在公平这个角度恰好具有一致的目标。相应地，实施员工持股计划的企业也会更加关注共同富裕目标的实现，进而更愿意参与精准扶贫，承担更多的社会责任。间接效应则是指企业参与精准扶贫可能会对其未来的经营绩效产生显著的促进作用，进而增加员工未来能够获取的收益，当员工持有公司股份时会更加愿意参与公司的精准扶贫行动，或影响公司关于精准扶贫的决策。从企业和政府的关系来看，精准扶贫往往是由政府主导的，也是政府官员的重要考核目标之一，企业参与精准扶贫能够与政府建立更加密切的联系，可能获得更多政府的资源支持与政策倾斜，进而对其绩效有正向影响。从精准扶贫本身具备的产业政策特点来看，上市公司参与精准扶贫并非单纯地为贫困地区捐款捐物，也并非企业的单向输出，而是从企业自身特点出发，结合政策需求与企业的业务优势，选取与自身优势和资源相契合的扶贫切入点参与精准扶贫。上市公司在参与精准扶贫的过程中，不是简单地承担社会责任，而是兼具投资功能，特别是当企业选择与其经营范围相近的产业实施产业发展扶贫时，这种投资功能会更加明显。企业在参与精准扶贫的过程中，借助扶贫地区的资源优势，实现企业资源的重新分配和战略调整，并在精准扶贫的过程中拓展了市场和产业链。因此，从员工持股计划产生的直接效应和间接效应来看，实施员工持股计划的公司会更加倾向于参与精准扶贫。综上，本文提出假说：

实施员工持股计划的公司更愿意承担社会责任。

三　研究设计

（一）样本选择

2016年12月，沪深交易所分别就上市公司参与精准扶贫的信息披露发布《关于进一步完善上市公司扶贫工作信息披露的通知》和《关于做好上市公司扶贫工作信息披露的通知》，因此根据相关数据的规范性和完整性，本文选取2016年12月至2020年12月上市公司披露的精准扶贫信息作为样本。根据2014年6月证监会发布的《关于上市公司实施员工持股计划试点的指导意见》，上市公司需要对于实施员工持股计划的情况进行规范化披露，本文所选取的样本区间包含完整的员工持股计划信息，符合本研究要求。本文的数据来源包括CSMAR数据库（China Stock Market & Accounting Research Database）、CNRDS服务平台（Chinese Research Data Services Platform）以及Wind资讯，其中参与精准扶贫的信息来自CSMAR数据库，实施员工持股计划的相关信息来自CNRDS服务平台，上市公司的基本信息、财务状况和股权结构等主要来自CSMAR数据库以及Wind资讯。

本文对于样本的筛选遵循以下规则：保证样本的完整性；考虑到上市公司的财务异常，剔除ST和*ST以及当年暂停上市的公司样本；考虑到金融、保险行业在现金流计算、公允价值等方面与其他行业的差异，剔除归类为金融业的公司样本；对于连续变量，为避免异常值的影响，在Stata中进行1%的Winsorize处理，不进行人工剔除。处理后的样本包含2016~2020年3149家上市公司的13485个观测值。

（二）主要变量

1.被解释变量

本文的被解释变量为企业承担社会责任，使用企业强制披露的参与精准扶贫信息衡量，具体定义为企业参与精准扶贫的总金额加1取自然对数（Pov），其中总金额为资金和物资折款的总额。本文选取该变量作为被解释变量的原因主要有：第一，参考以往的相关研究，企业参与精准扶贫的总金额可以反映不同因素对于企业参与精准扶贫的影响（杜世风等，2019；杨蓉和朱杰，2021）；第二，考虑到数据的完整性和准确性，企业参与精准扶贫的总金额具有较好的披露性，可以满足本文的研究需求。

2. 解释变量

本文的解释变量为企业是否实施员工持股计划的虚拟变量（EO）。如果企业在样本期间实施过员工持股计划，则该变量被赋值为1，否则赋值为0。由于企业在实施员工持股计划之后不会再对于相关计划的实施水平进行公布，本文考虑员工持股计划的存续期和是否发布终止公告，假设企业没有发布终止员工持股计划的公告，则默认企业在员工持股计划的存续期内一直为员工持股计划企业，即解释变量 EO 在企业首次实施员工持股计划后取值为1，直到企业发布终止公告。

3. 控制变量

根据已有的关于企业精准扶贫和员工持股计划的文献，本文选取企业年龄（$LnFirmAge$）、企业资产规模（$LnAsset$）、资产负债率（Lev）、总资产收益率（ROA）、托宾 Q（$Tobins'Q$）、无形资产比例（IAR）、董事会规模（$LnBoard$）、独立董事比例（$IndRate$）、董事长总经理兼任情况（$Duality$）、权益负债比率（E/D）、营业收入增长率（$Growth$）、现金资产规模（$Cash$）和股权集中度（$Top10$）作为衡量公司治理结构、盈利能力等的控制变量。此外，参考相关研究，本文还控制了年份固定效应和公司固定效应以便控制其他潜在因素可能对于研究的影响，主要变量定义参见表1。

表1　主要变量定义

变量类型	变量名称	变量符号	变量定义
被解释变量	精准扶贫参与	Pov	企业当年参与精准扶贫的总金额+1取自然对数，总金额等于资金和物资折款的总额
解释变量	员工持股计划	EO	虚拟变量，若企业在样本期间的存续期内实施员工持股计划且未终止取值为1，否则为0

变量类型	变量名称	变量符号	变量定义
控制变量	企业年龄	LnFirmAge	年份–企业成立年份，并加1取自然对数
	企业资产规模	LnAsset	企业当年总资产取自然对数
	资产负债率	Lev	企业当年总负债与总资产比例
	总资产收益率	ROA	企业当年净利润与总资产比例
	托宾Q	Tobins' Q	企业当年市场价值与期末总资产比例
	无形资产比例	IAR	企业当年无形资产占总资产比例
	现金资产规模	Cash	企业当年现金资产占总资产比例
	股权集中度	Top10	企业当年前十大股东持股比例
	营业收入增长率	Growth	公司当年营业收入与上年营业收入之差除以公司上年营业收入
	董事会规模	LnBoard	公司董事会人数取自然对数
	独立董事比例	IndRate	独立董事人数占公司董事会人数的比例
	权益负债比率	E/D	公司所有者权益与公司负债的比率
	董事长总经理兼任情况	Duality	虚拟变量，董事长与总经理为同一人时，取值为1；否则为0

（三）模型建立

本文使用模型（1）来检验企业实施员工持股计划和企业精准扶贫参与之间的关系：

$$Pov_{it} = \beta ESOP_{it} + \sum_{n} \gamma_n Control_{i,t-1} + \mu_t + \alpha_i + \varepsilon_{it} \quad (1)$$

其中，i 代表公司，t 代表不同年份，α_i 代表公司固定效应，μ_t 代表年份固定效应，ε_{it} 代表随机扰动项，$Control_{i,t-1}$ 代表控制变量。为了在一定程度上避免反向因果问题对估计结果的影响，本文将所有控制变量取滞后一期。若 β 显著为正，则实施员工持股计划将促进企业参与精准扶贫，假说成立。

四　实证结果与分析

（一）描述性统计

表2对于所有样本的主要变量特征进行了统计，包括观测值、均值、标

157

准差、最大值、最小值等。其中，*Pov* 的均值和标准差分别为 3.924 和 6.299，最小值和中位数均为 0，表明超过一半的上市公司在样本期内没有参与精准扶贫。*EO* 在 13485 个观测值中的平均值为 0.081，表明约有 8% 的样本在样本期内实施了员工持股计划。

表 2　主要变量描述性统计结果

变量	样本量	均值	标准差	最小值	中位数	最大值
Pov	13485	3.924	6.299	0	0	18.680
EO	13485	0.081	0.271	0	0	1
L.*LnAsset*	13485	22.226	1.288	19.680	22.054	26.400
L.*Growth*	13485	0.183	0.416	−0.561	0.110	3.596
L.*ROA*	13485	0.045	0.063	−0.330	0.042	0.231
L.*Duality*	13485	0.701	0.459	0	1	1
L.*Top10*	13485	35.990	22.520	0.211	34.414	87.44
L.*LnBoard*	13485	2.274	0.252	1.609	2.303	2.944
L.*IndRate*	13485	0.382	0.073	0.188	0.375	0.800
L.*LnFirmAge*	13485	2.863	0.315	1.946	2.890	3.526
L.*Tobins' Q*	13485	2.367	1.628	0.862	1.864	15.830
L.*IAR*	13485	0.046	0.050	0	0.034	0.333
L.*E/D*	13485	2.494	2.806	0.106	1.542	18.180
L.*LEV*	13485	0.407	0.198	0.052	0.393	0.904
L.*Cash*	13485	15.404	11.550	1.305	12.312	59.430

注：L.表示滞后一期。

（二）回归结果分析

表 3 显示了模型（1）的回归结果，其中列（1）为未加入控制变量的结果，列（2）为加入全部滞后一期控制变量的结果。可以看到，不论是否加入控制变量，*EO* 前的系数均显著为正，说明实施员工持股计划会促进公司参与精准扶贫，即承担更多的社会责任。具体来说，以列（2）为例，实施员工持股计划，会使得上市公司参与精准扶贫的投入增加约 42.9%。样本中上市公司参与精准扶贫的平均投入约为 200 万元，故上市公司实施员工持股计划将使得其为参与精准扶贫的投入增加约 80 万元。

表3 员工持股计划与上市公司承担社会责任

	(1) Pov	(2) Pov
EO	0.460**	0.429**
	(0.188)	(0.186)
L.LnAsset		0.679***
		(0.196)
L.Growth		−0.043
		(0.099)
L.ROA		2.851***
		(0.782)
L.Duality		−0.157
		(0.144)
L.Top10		−0.006*
		(0.003)
L.LnBoard		−0.006
		(0.191)
L.IndRate		−0.534
		(0.579)
L.LnFirmAge		−3.533**
		(1.519)
L.Tobins' Q		0.145***
		(0.038)
L.IAR		1.261
		(2.180)
L.E/D		0.010
		(0.035)
L.LEV		0.366
		(0.735)
L.Cash		1.213**
		(0.525)
常数项	3.887***	−1.270
	(0.015)	(5.673)
公司固定效应	是	是
时间固定效应	是	是
样本量	13485	13485
调整 R^2 值	0.733	0.735

注：①L.表示滞后一期；②括号中为聚类到公司层面的稳健标准误；③*、**、***分别表示在10%、5%和1%的水平下显著。

（三）稳健性检验

1.测量误差问题

考虑到本文的结果可能并非由上市公司实施员工持股计划带来的，而是由不可观测的测量误差引起的，本文使用安慰剂检验来对测量误差问题进行稳健性检验。本文将随机抽取实施员工持股计划的公司，再基于此模拟生成的样本，使用模型（1）进行分析，并重复上述过程500次，将结果的核密度分布绘制在一张图中，结果如图1所示，其中右边的虚竖线为表3中 *EO* 的真实估计值。图1（a）展示了未加入控制变量的结果，图1（b）为加入控制变量的结果，可以看到，*EO* 的系数集中分布在0附近，且分别小于表3中的真实估计值0.460和0.429，说明测量误差并不会对估计结果产生显著影响，本文的结果是稳健的。

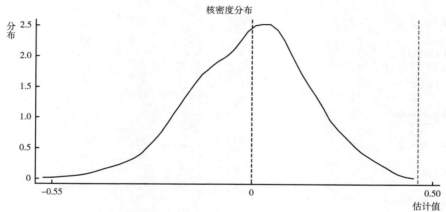

（a）未加入控制变量

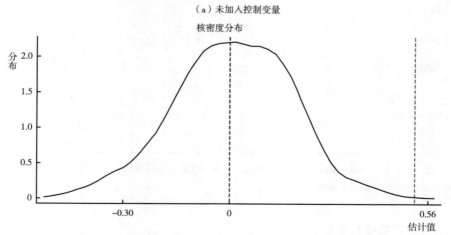

（b）加入控制变量

图1 安慰剂检验

2.样本选择问题

上市公司是否实施员工持股计划主要取决于其自身选择，可能存在某些公司完全不考虑实施员工持股计划的情况，故决定公司是否实施员工持股计划的遗漏变量可能会引起的样本选择偏差导致非一致的参数估计。因此，参考已有研究（Hainmueller，2012；McMullin 和 Schonberger，2020），本文采用熵平衡的方法（Entropy Balancing）对实施员工持股计划和未实施员工持股计划的公司进行匹配，然后进行回归分析。具体来说，本文将模型（1）中所使用的滞后一期控制变量、控制变量的平方项和三次项作为协变量，以分别匹配一阶矩、二阶矩和三阶矩，从而使得实施员工持股计划的公司与未实施员工持股计划的公司具有更相似的分布。为了验证匹配结果的可靠性，本文将对平衡性假设进行检验，结果如表4的 Panel A 所示。从 Panel A 中可以看到，匹配后的实施员工持股计划的公司与未实施员工持股计划的公司均值、方差和偏度均非常相似，说明匹配后两类公司具有相似的分布，两类公司的差异在匹配后变得不显著了。获得匹配的样本后，在匹配样本中使用模型（1）进行分析，结果如 Panel B 所示，列（1）为未加入控制变量的结果，列（2）为未加入全部滞后一期控制变量的结果。从 Panel B 中可以看到，使用熵平衡样本后，不论是否加入控制变量，*EO* 的系数均在10%的水平下显著为正，说明考虑了可能存在的样本选择问题后，实施员工持股计划将会促进公司参与精准扶贫，本文的结果是稳健的。

表4　熵平衡结果

| Panel A　平衡性检验 | | | | | |
| 匹配前 | EO Firms | | | Non-EO Firms | | |
变量	均值	方差	偏度	均值	方差	偏度
L.Ln*Asset*	22.450	1.325	0.656	22.210	1.696	0.755
L.*Growth*	0.270	0.159	3.033	0.175	0.172	3.680
L.*ROA*	0.057	0.003	−1.129	0.045	0.004	−1.212
L.*Duality*	34.850	419.100	0.383	35.670	515.000	0.214
L.*Top*10	2.259	0.050	−0.020	2.275	0.065	−0.037
L.Ln*Board*	0.388	0.005	0.662	0.381	0.005	0.770
L.*IndRate*	2.805	0.097	−0.328	2.866	0.100	−0.601

续表

Panel A 平衡性检验					
匹配前	EO Firms			Non-EO Firms		
变量	均值	方差	偏度	均值	方差	偏度
L.*LnFirmAge*	2.482	2.490	2.754	2.343	2.629	3.220
L.*Tobins' Q*	0.043	0.002	3.586	0.046	0.002	3.068
L.*IAR*	2.272	5.418	2.520	2.528	7.964	2.580
L.*E/D*	0.413	0.035	0.218	0.406	0.040	0.284
L.*LEV*	14.200	98.880	1.602	15.610	135.200	1.454
L.*Cash*	11.405	32.7395	0.989	11.068	41.049	1.084
匹配后	EO Firms			Non-EO Firms		
变量	均值	方差	偏度	均值	方差	偏度
L.*LnAsset*	22.450	1.325	0.656	22.450	1.324	0.656
L.*Growth*	0.270	0.159	3.033	0.270	0.159	3.033
L.*ROA*	0.057	0.003	−1.129	0.057	0.003	−1.129
L.*Duality*	34.850	419.100	0.383	34.850	418.800	0.383
L.*Top10*	2.259	0.050	−0.020	2.259	0.050	−0.020
L.*LnBoard*	0.388	0.005	0.662	0.388	0.005	0.662
L.*IndRate*	2.805	0.097	−0.328	2.805	0.097	−0.328
L.*LnFirmAge*	2.482	2.490	2.754	2.482	2.489	2.754
L.*Tobins' Q*	0.043	0.002	3.586	0.043	0.002	3.586
L.*IAR*	2.272	5.418	2.520	2.272	5.416	2.521
L.*E/D*	0.413	0.035	0.218	0.413	0.035	0.218
L.*LEV*	14.200	98.880	1.602	14.200	98.810	1.602
L.*Cash*	11.405	3.274	0.989	11.405	3.271	0.988

Panel B 员工持股计划与企业承担社会责任：熵平衡样本

	(1)	(2)
	Pov	*Pov*
EO	0.363[*]	0.408[*]
	(0.221)	(0.218)
控制变量	否	是
公司固定效应	是	是
时间固定效应	是	是
样本量	13485	13485
调整 R^2 值	0.768	0.771

注：①L.表示滞后一期；②括号中为聚类到公司层面的稳健标准误；③控制变量为全部滞后一期的控制变量；④*、**、***分别表示在10%、5%和1%的水平下显著。

3.反向因果问题

上市公司实施员工持股计划是基于自身的实际情况做出的决策。实施员工持股计划的公司可能是绩效较好的公司，这类公司更有可能参与精准扶贫，因此，本文的结果可能受到反向因果问题的影响，考虑使用工具变量法进行分析。具体来说，Bova 等（2015）的研究表明，实施员工持股计划的主要目的之一是降低员工的离职率，因此，公司的地区贝塔系数是一个恰当的工具变量。使用地区贝塔系数的原因是，公司的股价与员工能够获得的外部工作机会息息相关，由于公司实施员工持股计划的主要目的是留住员工，采用员工持股计划对员工给予补偿的倾向可能与公司股价和同一地区其他公司股价的共同变动有关（Oyer，2004；Oyer 和 Schaefer，2005；Pirinsky 和 Wang，2006；Kedia 和 Rajgopal，2009；Bova 等，2015）。一个有效的工具变量应满足两个要求——相关性和排他性。就相关性而言，地区贝塔系数能够影响公司实施员工持股计划的概率；就排他性而言，地区贝塔系数主要衡量的是公司的股价与同一地区其他公司股价共同变动情况，这并不会影响公司参与精准扶贫的决策，因此，地区贝塔系数是一个合理的工具变量。

具体来说，参考 Bova 等（2015），地区贝塔系数 β_i^{Loc} 的计算使用每家上市公司 2016~2020 年月度数据计算，具体的回归如模型（2）所示：

$$R_{it}=\alpha_i+\beta_i^{Loc}R_t^{Loc}+\beta_i^{Mkt}R_t^{Mkt}+\beta_i^{Ind}R_t^{Ind}+\varepsilon_{it} \qquad (2)$$

其中，R_{it} 是公司 i 在 t 月的月度收益率；R_t^{Loc} 是与公司 i 位于同一个注册省份的其他公司在 t 月的使用总市值加权的月度收益率；R_t^{Mkt} 是月度的市场收益率；R_t^{Ind} 是与公司 i 同行业公司在 t 月的使用总市值加权的月度收益率；所有的收益率均使用无风险利率进行调整，无风险利率使用一年期定期存款利率代表。

实际上，本文的内生变量上市公司是否决定实施员工持股计划是一个虚拟变量。一般而言，公司在当年决定实施员工持股计划是内生性决策，参考 Wooldridge（2010）的研究，当内生变量是虚拟变量时，可以使用 Probit 模型估计上市公司实施员工持股计划的概率，然后将这个概率作为工具变量，并使用两阶段最小二乘法进行估计。具体到本文，考虑到存续期内的公司均为实施员工持股计划的公司，本文在使用 Probit 模型时，只估计上市公司在第一年实施员工持股计划的概率 $[Pr(EO)]$，并且在存续期内均使用该概率值作为工具变量，结果如表 5 所示。表 5 的列（1）展示了 Probit 模型估计的结果，可以看到 *LocalBeta* 前的系数显著为负，说明 *LocalBeta* 对公司是否实施员工持股计划有显著负向影响。列（2）展示了两阶段最小二乘的估计结果，工具变量为列（1）中公司实施员工持股计划的概率 $[Pr(EO)]$，$Pr(EO)$ 前的系数仍旧显著为正，说明实施员工持股计划的公司更愿意参与精准扶贫。另外，不可识别检验和弱工具变量检验的结果均表明本文使用的工具变量是合理的。

表5　工具变量分析

变量	(1)	(2)
	EO	Pov
LocalBeta	−0.686**	
	(0.269)	
Pr(EO)		0.551**
		(0.230)
控制变量	是	是
公司固定效应	否	是
时间固定效应	是	是
行业固定效应	是	否
样本量	14438	13481
伪 R^2 值	0.050	
不可识别检验值（LM Statistics）	337.090	
弱工具变量检验值（KP Wald F Statistics）	700.040	

注：①括号中为聚类到公司层面的稳健标准误；②控制变量为全部滞后一期的控制变量；③*、**、***分别表示在10%、5%和1%的水平下显著。

4.其他稳健性检验

在本文的基准回归中，使用上市公司参与精准扶贫的总金额来衡量其承担社会责任情况，其中总金额为公司资金和物资折款的总额。在稳健性检验中，本文考虑分别使用公司提供的资金、物资折款和扶贫人数作为因变量进行稳健性检验，结果如表 6 所示。其中列（1）展示了使用扶贫资金作为因变量的结果，列（2）展示了使用扶贫物资折款作为因变量的结果，列（3）展示了使用扶贫人数作为因变量的结果，*EO* 前的系数均显著为正，说明实施员工持股计划能够促进上市公司投入更多的扶贫资金、扶贫物资和扶贫人员，因此本文的结果是稳健的。

另外，本文还考虑使用上市公司参与精准扶贫的相对值进行稳健性检验。具体来说，本文采用上市公司人均扶贫金额 [*Pov/Employee*=Ln（1+*Pov*/员工人数）]，即人均参加精准扶贫的投入金额作为因变量，结果如表6的列（4）和列（5）所示，其中列（4）展示了未加入控制变量的结果，列（5）展示了加入控制变量的结果。可以看到，*EO* 前的系数均显著为正，说明本文的结果是稳健的。另外，考虑到本文选取的控制变量可能会对结论产生影响，删去了与公司财务相关的控制变量，具体包括：资产负债率（*Lev*）、总资产收益率（*ROA*）、托宾 Q（*Tobins' Q*）、无形资产比例（*IAR*）、权益负债比率（*E/D*）、现金资产规模（*Cash*），并进一步加入 CEO 与董事长特征的变量，以及衡量公司研发创新投入的变量。具体来说，衡量 CEO 和董事长特征的变量包括：CEO 年龄、CEO 性别、CEO 持股比例、CEO 是否具有金融背景、董事长年龄、董事长性别、董事长持股比例、董事长是否具有金融背景、女性高管比例，以及上市公司研发支出占营业收入的比例，结果如表6的列（6）所示，可以看到 *EO* 前的系数仍旧显著为正，说明本文的结果是稳健的。

表6　更换因变量、替换控制变量

变量	(1) Ln(1+资金)	(2) Ln(1+物资折款)	(3) Ln(1+扶贫人数)	(4) Pov/Employee	(5) Pov/Employee	(6) Pov
EO	0.404**	0.192*	0.099**	0.460**	0.429**	0.375**
	(0.184)	(0.118)	(0.046)	(0.188)	(0.186)	(0.192)
控制变量	是	是	是	否	是	是
公司固定效应	是	是	是	是	是	是
时间固定效应	是	是	是	是	是	是
样本量	13342	11158	11025	13485	13485	11354
调整 R^2 值	0.740	0.756	0.807	0.733	0.735	0.731

注：①括号中为聚类到公司层面的稳健标准误。②列(1)~(5)中的控制变量为全部滞后一期的控制变量；列（6）的控制变量为剔除财务相关的控制变量，并加入 CEO 与董事长特征的变量，以及衡量公司研发创新投入的变量。③*、**、***分别表示在10%、5%和1%的水平下显著。

考虑到精准扶贫政策的实施具有针对性，比如可能在相对贫困的地区企业有更多机会参与精准扶贫，此时企业参与精准扶贫可能并非由实施员工持股计划引发的，因此剔除精准扶贫政策产生的影响。第一，考虑到精准扶贫启动的初期，企业可能参与的积极性更高，因此将样本限制于2018~2020年，结果如表7的列（1）所示。第二，考虑逐步加入上市公司注册地所在省份的地区宏观变量进行稳健性检验，结果如表7所示。列（2）则加入上市公司注册地所在省份农村贫困人口数量（$LnPov\_Population$）作为控制变量，由于农村贫困人口数量只公开至2019年，列（2）使用的样本区间为2016~2019年，且北京、广东、上海等2017年后不再公布贫困人口数量，观测值有所缺失。列（3）加入上市公司注册地所在省份涉农支出金额占财政支出的比重（$Rural\_Spend$）。列（4）加入上市公司注册地所在省份的中央财政扶贫资金（$LnFund$），列（5）加入居民人均可支配收入（$LnIncome$），列（6）则加入农村居民人均消费性支出（$LnComsumption$），可以看到，在缩小样本和加入地区宏观变量后，EO前的系数仍旧显著为正，说明本文的结果是稳健的。

表7 剔除精准扶贫政策的影响

变量	(1) Pov	(2) Pov	(3) Pov	(4) Pov	(5) Pov	(6) Pov
EO	0.390*	0.716*	0.427**	0.428*	0.424**	0.413**
	(0.212)	(0.389)	(0.191)	(0.236)	(0.191)	(0.192)
L.LnPov_Population		−0.497				
		(0.450)				
L.Rural_Spend			0.169***			
			(0.054)			
L.LnFund				−0.023		
				(0.087)		
L.LnIncome					−0.094	
					(1.106)	
L.LnConsumption						−0.0001*
						(0.00009)
控制变量	是	是	是	是	是	是
公司固定效应	是	是	是	是	是	是
时间固定效应	是	是	是	是	是	是

续表

变量	(1) Pov	(2) Pov	(3) Pov	(4) Pov	(5) Pov	(6) Pov
样本量	8566	4496	12619	7177	12619	12619
调整 R^2 值	0.836	0.742	0.738	0.826	0.737	0.755

注：同表5。

五　进一步讨论

（一）异质性分析

1.国有企业与非国有企业

就分析国有企业和非国有企业的异质性来说，本文根据上市公司实际控制人的性质，将上市公司划分为国有企业（SOEs）和非国有企业（Non-SOEs），分别使用模型（1）进行分析，结果如表8所示。其中列（1）和列（2）为未加入控制变量的结果，列（3）和列（4）为加入滞后一期控制变量的结果。可以看到，不论是否加入控制变量，*EO* 前的系数在国有企业中均不显著，而在非国有企业中均显著为正。以列（3）为例，非国有企业实施员工持股计划后，将使得其参与精准扶贫的投入增加约49%，说明非国有企业实施员工持股计划后明显促进了其参与精准扶贫的程度，换言之实施员工持股计划对非国有企业承担社会责任的影响弹性是显著的。而对于国有企业而言，实施员工持股计划对参与精准扶贫的影响弹性不明显，其原因可能是国有企业的多元目标中已经较大程度包含了履行社会责任及参与精准扶贫。

表8　国有企业与非国有企业

变量	(1) 非国有企业 Pov	(2) 国有企业 Pov	(3) 非国有企业 Pov	(4) 国有企业 Pov
EO	0.508**	0.047	0.490**	0.075
	(0.203)	(0.701)	(0.201)	(0.686)
控制变量	否	否	是	是

续表

变量	(1) 非国有企业 *Pov*	(2) 国有企业 *Pov*	(3) 非国有企业 *Pov*	(4) 国有企业 *Pov*
公司固定效应	是	是	是	是
时间固定效应	是	是	是	是
样本量	8688	4410	8688	4410
调整 R^2 值	0.700	0.730	0.702	0.731

注：同表5。

2. 政治关联企业与无政治关联企业

本文讨论公司如果具备政治关联，是否会对实施员工持股计划和参与精准扶贫产生影响。具体来说，参考已有研究（Fan 等，2007、2014；Wu 等，2012；Wang 等，2017），如果 CEO 或者董事长在政府机构任职或曾任职，或为现任或前任人大或政协委员，则认为公司具有政治关联。在具有政治关联和没有政治关联的公司中使用模型（1）分析，结果如表9所示。其中列（1）和列（2）为未加入控制变量的结果，列（3）和列（4）为加入滞后一期控制变量的结果。可以看到，不论是否加入控制变量，*EO* 前的系数在存在政治关联的企业中均不显著，而在无政治关联的企业中均显著为正。以列（4）为例，不具备政治关联的公司实施员工持股计划后，将使得其参与精准扶贫的投入增加约52%，说明无政治关联的企业在实施员工持股计划后，将促进其参与精准扶贫，而存在政治关联的公司实施员工持股计划后，对其参与精准扶贫并没有显著影响。已有研究表明公司具有政治关联时会更加愿意参与精准扶贫（施赟和舒伟，2020），因此实施员工持股计划对企业参与精准扶贫的影响弹性并不明显。

表9 政治关联公司与无政治关联公司

变量	(1) 政治关联 *Pov*	(2) 无政治关联 *Pov*	(3) 政治关联 *Pov*	(4) 无政治关联 *Pov*
EO	0.271	0.560**	0.266	0.520**
	(0.303)	(0.241)	(0.303)	(0.240)

变量	（1）政治关联 Pov	（2）无政治关联 Pov	（3）政治关联 Pov	（4）无政治关联 Pov
控制变量	否	否	是	是
公司固定效应	是	是	是	是
时间固定效应	是	是	是	是
样本量	3632	9520	3632	9520
调整 R^2 值	0.792	0.716	0.792	0.719

注：同表5。

3. 制度环境异质性

本文讨论制度环境的异质性。在制度环境较差的地区，实施员工持股计划可以成为一种对制度环境的替代（Ren等，2022），促进资源在公司内部更加有效的配置。此外，在制度环境较差的地区，市场机制在资源配置中发挥的作用有限，公司更有可能出于政治或资源目的参与精准扶贫，此时实施员工持股计划并不会对公司参与精准扶贫决策产生显著影响。为了验证制度环境的影响，参考王小鲁等（2019）的研究，本文使用市场化指数和政府与市场关系指数衡量地区的制度环境。具体来说，本文匹配上市公司注册省份的市场化指数和政府与市场关系指数，并分年计算每年的中位数，将大于中位数的省份视为制度环境较好的地区，小于中位数的省份视为制度环境较差地区，分组进行回归，结果如表10所示。列（1）和列（2）展示了使用市场化指数分组的结果，列（1）为制度环境较差地区，列（2）为制度环境较好地区。可以看到，*EO* 在市场化程度较高地区显著为正，而在市场化程度较低地区则不显著，说明位于市场化程度较高地区的企业在实施员工持股计划后会显著增加参与精准扶贫的投入，而位于制度环境较差地区的企业实施员工持股计划后其参与精准扶贫的投入没有显著变化。列（3）和列（4）展示了使用政府与市场关系指数分组的结果，可以看到，*EO* 在公司位于大于中位数的地区显著为正，而在公司位于小于中位数的地区不显著，说明政府与市场关系较好的地区，企业实施员工持股计划将显著增加企业参与精准扶贫的投入。综上，在制度环境较好地区企业实施员工持股计划，能够促进在精准扶贫上进行更多的投入，而在制度环境较差地区企业实施员工持股计划并不会对其参与精准扶贫产生显著影响。

表 10　制度环境的影响

变量	(1) 市场化程度较低	(2) 市场化程度较高	(3) 政府与市场关系较差	(4) 政府与市场关系较好
	Pov	*Pov*	*Pov*	*Pov*
EO	0.466	0.498**	0.175	0.483*
	(0.315)	(0.236)	(0.276)	(0.247)
控制变量	是	是	是	是
公司固定效应	是	是	是	是
时间固定效应	是	是	是	是
样本量	6413	6929	6688	6670
调整 R^2 值	0.738	0.710	0.734	0.713

注：同表 5。

（二）潜在机制讨论

实施员工持股计划为什么会激励企业承担更多社会责任，本文将对潜在机制进行讨论。具体来说，精准扶贫的目的是实现共同富裕，而公司实施员工持股计划，让员工持有公司的股份，使得公司内部的按劳分配和按要素分配在一定程度上有机融合，员工能够分享公司发展利益，企业在将蛋糕做大的同时，也能让员工获得更多的收益，马艳等（2022）的研究也表明，实施员工持股计划是实现共同富裕的重要制度设计。因此，可以认为上市公司实施员工持股计划会促进公司更加提倡共同富裕，公司内部共同富裕的氛围也将更浓厚，公司更愿意落实共同富裕政策，进而使得公司有更强的意愿参与精准扶贫。因此，本文认为实施员工持股计划激励企业参与精准扶贫的潜在机制可能是"共同富裕"机制，本文将从共同富裕的角度进行验证。

第一，本文使用公司 100 公里范围内的孔庙数量来衡量公司受到儒家文化思想影响的程度。一般而言，儒家思想强调"达则兼济天下"，这本质上来说体现出共同富裕的思想。因此，如果公司周围孔庙数量越多，公司所处的环境可能受到儒家思想的影响越深远，进而公司更有可能在日常经营中注重共同富裕理念，此时实施员工持股计划对公司共同富裕目标的影响弹性就越小，反之则影响弹性就越大。基于此，本文生成员工持股计划（EO）与公司100公里范围内的孔庙数量的交互项（$Confucius$），并加入回归模型中，结果如表11的列（1）和列（2）所示，与预期吻合。具体来说，如果公司100公里范围内没有孔庙，实施员工持股计划的公司参与精准扶贫的投入将增加96.7%，而如果公司100公里范围内有一座孔庙，公司参与精准扶贫的投入将增加88.1%。因此，可以初步认为，实施员工持股计划能够促进公司践行共同富裕的理念，进而激励公司参与精准扶贫。

第二，本文考虑使用公司内部的薪酬差距（$PayGap$）来衡量公司是否更加提倡共同富裕。已有研究认为企业降低内部薪酬差距是促进共同富裕目标实现的重要表现（方明月等，2022）。参考已有研究（孔东民等，2017；Banker等，2016），本文将企业薪酬差距（$PayGap$）定义为管理层平均薪酬与员工平均薪酬的比值。其中，管理层薪酬包括所有的高管、董事（独立董事除外）以及监事的薪酬，员工薪酬指所有普通员工的薪酬。管理层平均薪酬的具体计算方法为"董事、监事及高管年薪总额"除以管理层规模，其中管理层规模为董事人数、高管人数及监事人数的总和减去独立董事人数以及未领取薪酬的董事、监事或高管人数。员工平均薪酬的具体计算方法为"应付职工薪酬总额"变化值加上"支付给职工以及为职工支付的现金"减去"董事、监事及高管年薪总额"再除以公司的员工人数。获得衡量公司的薪酬差距的变量后，本文生成员工持股计划（EO）与薪酬差距（$PayGap$）的交互项，并加入回归模型中，结果如表11的列（3）和列（4）所示。可以看到，交互项 EO_PayGap 的系数显著为正，说明在薪酬差距较大的公司中，实施员工持股计划能够更加显著地促进企业参与精准扶贫。而在薪酬差距较小的公司中，实施员工持股计划对公司参与精准扶贫的促进作用较小。因此，可以认为，实施员工持股计划能够促进公司更加注重共同富裕，缩小企业内部的薪酬差距，进而推动企业参与精准扶贫。

表 11 潜在机制讨论：共同富裕

变量	(1) Pov	(2) Pov	(3) Pov	(4) Pov
EO	0.967***	0.960***	−0.154	−0.170
	(0.353)	(0.353)	(0.291)	(0.288)
EO_Confucius	−0.086*	−0.091**		
	(0.045)	(0.045)		
PayGap			0.022	0.005
			(0.030)	(0.029)
EO_PayGap			0.127**	0.125**
			(0.056)	(0.055)
控制变量	否	是	否	是
公司固定效应	是	是	是	是
时间固定效应	是	是	是	是
样本量	13186	13186	13402	13402
调整 R^2 值	0.736	0.739	0.733	0.735

注：同表 5。

第三，本文讨论员工持股计划对于不同类型精准扶贫项目产生的影响。本文根据上市公司参与不同类型的精准扶贫项目，将公司参与的精准扶贫分为六类，具体包括：产业发展脱贫、健康及生态保护扶贫、教育脱贫、兜底保障与社会扶贫、转移就业与易地搬迁扶贫以及其他扶贫。与前文一致，本文仍旧使用不同扶贫方式的投入总金额作为因变量，并使用模型（1）进行回归分析，结果如表 12 所示。Panel A 展示了使用全样本分析的结果，可以看到，EO 的系数对于兜底保障与社会扶贫等显著为正，而对于其他扶贫方式则不显著，说明实施员工持股计划能够显著促进企业参与兜底保障与社会扶贫。Panel B 展示了使用非国有企业样本分析的结果，可以看到，EO 的系数对于兜底保障与社会扶贫、教育脱贫等显著为正，对于其他扶贫方式则不显著，说明对于非国有企业而言，实施员工持股计划能够显著激励其参与兜底保障与社会扶贫、教育脱贫和其他扶贫。在六类扶贫方式中，兜底保障与社会扶贫和教育脱贫是与共同富裕直接相关的扶贫项目，也更能反映共同富裕的内涵，公司参与这两类扶贫项目更能体现公司可能受到共同富裕目标的影响而参与精准扶贫，这也在一定程度上说明了实施员工持股计划的公司会更加注重共同富裕，进而使得企业更加愿意参与精准扶贫。

表 12　不同类型精准扶贫

			Panel A　全样本			
	（1）	（2）	（3）	（4）	（5）	（6）
变量	产业发展脱贫	兜底保障与社会扶贫	健康及生态保护扶贫	教育脱贫	转移就业与易地搬迁扶贫	其他扶贫
EO	−0.052	0.456***	0.092	0.193	−0.019	0.222*
	（0.137）	（0.165）	（0.110）	（0.148）	（0.071）	（0.130）
控制变量	是	是	是	是	是	是
公司固定效应	是	是	是	是	是	是
时间固定效应	是	是	是	是	是	是
样本量	13903	14223	14059	14190	13735	14166
调整 R^2 值	0.663	0.516	0.471	0.569	0.055	0.500
			Panel B　非国有企业样本			
	（1）	（2）	（3）	（4）	（5）	（6）
变量	产业发展脱贫	兜底保障与社会扶贫	健康及生态保护扶贫	教育脱贫	转移就业与易地搬迁扶贫	其他扶贫
EO	0.044	0.455**	0.177	0.277*	0.050	0.233*
	（0.118）	（0.179）	（0.108）	（0.158）	（0.075）	（0.141）
控制变量	是	是	是	是	是	是
公司固定效应	是	是	是	是	是	是
时间固定效应	是	是	是	是	是	是
样本量	9025	9149	9100	9141	9002	9140
调整 R^2 值	0.604	0.501	0.451	0.547	0.565	0.428

注：同表 5。

上市公司可能出于提升自身声誉的目的而参与精准扶贫，即承担更多的社会责任。声誉的提升对企业经营绩效产生显著影响，对于实施员工持股计划的公司而言，其员工能够共享公司绩效提升而带来的利益，员工可能会更加愿意参与精准扶贫。为了验证声誉机制的成立，参考管考磊和张蕊（2019）的研究，选取包括消费者和社会角度的企业资产、收入、净利润和价值在行业内的排名，债权人角度的资产负债率、流动比率、长期负债比，股东角度的每股收益、每股股利、是否为国际四大会计师事务所审计，企业角度的可持续增长率、独立董事比例在内的 12 个企业声誉评价指标，使用因子分析的方法获得每家企业的声誉得分，并按照企业声誉得分从高到低分为十组，依次赋值 1~10。获得识别企业声誉（*Reputation*）的变量后，将其作为因变量，使用模型（1）进行分析，结果如表 13 的列（1）和列（2）所示。可以看到，*EO* 前的系数显著为正，说明上市公司实施员工持股计划后声誉显著提升，即声誉机制得到了验证。

考虑到实施员工持股计划的公司可能会更加注重长期利益，进而更愿意参与精准扶贫，本文使用上市公司发明专利申请数量 $[\text{Ln}(1+Patents)]$ 识别公司对长期利益的关注程度，并将其作为因变量，仍旧使用模型（1）进行分析，结果如表 13 的列（3）和列（4）所示。进一步地，考虑到公司实施员工持股计划后，由于员工成为公司的股东，加强了对公司内部的监督，缓解了公司内部的委托—代理问题，公司可能更加愿意承担社会责任，以便为股东带来更多长远的利益。基于此，本文将因变量替换为和讯网中对股东承担社会责任的评分（*Shareholder*），并使用模型（1）进行分析，结果如表 13 的列（5）和列（6）所示。可以看到就上市公司发明专利申请数量 $[\text{Ln}(1+Patents)]$ 和对股东承担社会责任的评分（*Shareholder*）而言，*EO* 前的系数均显著为正，说明上市公司实施员工持股计划后会更加注重长期利益，进而更愿意承担社会责任，即长期利益机制得到了验证。

表13 声誉机制和长期利益机制

变量	(1) Reputation	(2) Reputation	(3) Ln(1+Patents)	(4) Ln(1+Patents)	(5) Shareholder	(6) Shareholder
EO	0.460**	0.429**	0.375**	0.055**	0.704***	0.613***
	(0.188)	(0.186)	(0.192)	(0.023)	(0.222)	(0.209)
控制变量	否	是	否	是	否	是
公司固定效应	是	是	是	是	是	是
时间固定效应	是	是	是	是	是	是
样本量	8770	8770	14220	14220	14218	14218
调整 R^2 值	0.929	0.931	0.822	0.827	0.595	0.615

注：同表5。

六 结论与政策建议

（一）结论

本文基于2016~2020年沪深A股上市公司数据，使用上市公司强制披露的参与精准扶贫情况来衡量企业承担社会责任情况，研究了实施员工持股计划对于企业承担社会责任的影响，经过理论和实证研究，主要得到以下结论：第一，根据对于样本数据的观察以及回归检验，总体来说，实施员工持股计划能够显著激励企业承担社会责任。该结论说明实施员工持股计划能够提高员工参与企业践行社会责任活动的积极性，同时缓解企业内部的委托—代理问题，使管理层更加重视企业承担社会责任且实现长期平稳发展的决策，而非过度专注于短期利益。第二，通过企业异质性的讨论，发现非国有企业、无政治关联企业和位于制度环境较好地区的企业在实施员工持股计划后，其承担社会责任的意愿会显著增强。第三，通过对潜在机制的讨论，本文发现员工持股计划和以精准扶贫为代表的践行企业社会责任的活动都强调"共享"理念，同属于实现共同富裕目标政策框架下的具体表现形式，二者在指导思想和实践中都存在众多的关联。因此，企业实施员工持股计划后，会更加注重共同富裕理念，进而更加愿意承担社会责任。

（二）政策建议

党的二十大报告指出，中国式现代化是全体人民共同富裕的现代化，共同富裕是中国特色社会主义的本质要求。员工持股计划能够让员工共享企业经营发展的成果，是企业内部实现共同富裕的重要机制。承担社会责任也能够使得企业在追求合理利润的基础上，为社会贡献力量，助力共同富裕目标的实现。精准扶贫任务已在2020年底基本完成，但是员工持股计划和企业社会责任在中国仍然具有十分广阔的发展空间，因此本文的研究结论能够为进一步的政策实施提供启示。本文验证了实施员工持股计划能够显著促进企业承担更多的社会责任。因此，为了使得企业能够更加积极地参与到承担社会责任的行动中，相关政策应当鼓励企业实施员工持股计划，并且切实保护参与员工持股计划的员工权益，充分发挥员工持股计划对员工产生的激励作用，进一步激发员工参与践行社会责任活动的积极性和主动性，引导员工更加广泛地参与企业承担社会责任的行动。同时，通过潜在机制的讨论，本文发现实施员工持股计划能够促进公司更加注重公平和共同富裕目标的实现，进而激励企业承担更多的社会责任，说明公司实施员工持股计划是落实共同富裕政策的重要表现。实现全体人民的共同富裕是中国式现代化的本质要求，企业作为重要的经济主体，需要为实现共同富裕的目标贡献力量，而企业实施员工持股计划和承担社会责任与实现共同富裕目标具有高度的一致性，未来应进一步促进二者的协调一致，一方面促进公司内部共同富裕目标的实现，另一方面也为全社会共同富裕目标的实现贡献力量。

参考文献

[1] 陈大鹏、施新政、陆瑶、李卓，2019，《员工持股计划与财务信息质量》，《南开管理评论》第1期。

[2] 戴亦一、潘越、冯舒，2014，《中国企业的慈善捐赠是一种"政治献金"吗？——来自市委书记更替的证据》，《经济研究》第2期。

[3] 戴永务、陈宇鈜，2020，《股权激励促进慈善捐赠了吗？》，《财经问题研究》第

10期。

[4] 段钊、何雅娟、钟原，2017，《企业社会责任信息披露是否客观——基于文本挖掘的我国上市公司实证研究》，《南开管理评论》第4期。

[5] 杜世风、石恒贵、张依群，2019，《中国上市公司精准扶贫行为的影响因素研究——基于社会责任的视角》，《财政研究》第2期。

[6] 冯丽艳、肖翔、赵天骄，2016，《经济绩效对企业社会责任信息披露的影响》，《管理学报》第7期。

[7] 方明月、林佳妮、聂辉华，2022，《数字化转型是否促进了企业内共同富裕？——来自中国A股上市公司的证据》，《数量经济技术经济研究》第11期。

[8] 管考磊、张蕊，2019，《企业声誉与盈余管理：有效契约观还是寻租观》，《会计研究》第1期。

[9] 黄荷暑、周泽将，2015，《女性高管、信任环境与企业社会责任信息披露——基于自愿披露社会责任报告A股上市公司的经验证据》，《审计与经济研究》第4期。

[10] 黄群慧、彭华岗、钟宏武、张蒽，2009，《中国100强企业社会责任发展状况评价》，《中国工业经济》第10期。

[11] 黄伟、陈钊，2015，《外资进入、供应链压力与中国企业社会责任》，《管理世界》第2期。

[12] 贾兴平、刘益，2014，《外部环境、内部资源与企业社会责任》，《南开管理评论》第6期。

[13] 孔东民、徐茗丽、孔高文，2017，《企业内部薪酬差距与创新》，《经济研究》第10期。

[14] 李连伟、吕镯、任浩锋、纪骁鹏，2022，《股权激励计划与企业创新——基于契约异质性视角的检验》，《中国经济学》第3期。

[15] 刘柏、卢家锐，2017，《"好公民"还是"好演员"：企业社会责任行为异象研究——基于企业业绩预告视角》，《财经研究》第5期。

[16] 马艳、冯璐、宋欣洋，2022，《我国非公经济对共同富裕影响作用的理论分析》，《经济纵横》第5期。

[17] 孟庆斌、李昕宇、张鹏，2019，《员工持股计划能够促进企业创新吗？——基于企业员工视角的经验证据》，《管理世界》第11期。

[18] 潘越、翁若宇、刘思义，2017，《私心的善意：基于台风中企业慈善捐赠行为的新证据》，《中国工业经济》第5期。

[19] 任长秋、王钊，2020，《企业介入精准扶贫的影响因素研究——基于注意力视角的实证分析》，《软科学》第6期。

[20] 施赞、舒伟，2020，《制度推动、政治关联与非国有企业参与精准扶贫》，《统计与

决策》第20期。

［21］ 王水嫩、胡珊珊、钱小军，2011，《战略性企业社会责任研究前沿探析与未来展望》，《外国经济与管理》第11期。

［22］ 王小鲁、樊纲、胡李鹏，2019，《中国分省份市场化指数报告（2018）》，社会科学文献出版社。

［23］ 许年行、李哲，2016，《高管贫困经历与企业慈善捐赠》，《经济研究》第5期。

［24］ 杨蓉、朱杰，2021，《稳定客户关系抑制了企业精准扶贫行为吗？——基于中国A股上市公司的实证研究》，《金融与经济》第5期。

［25］ 张学志、李灿权、周梓洵，2022，《员工持股计划、内部监督与企业违规》，《世界经济》第3期。

［26］ Atkinson L., Galaskiewicz J. 1988. "Stock Ownership and Company Contributions to Charity."*Administrative Science Quarterly* 33(1)：82–100.

［27］ Awaysheh A., Heron R. A., Perry T., Wilson J. I. 2020. "On the Relation Between Corporate Social Responsibility and Financial Performance." *Strategic Management Journal* 41(6)：965–987.

［28］ Banker R. D., Bu D., Mehta M. N. 2016. "Pay Gap and Performance in China."*Abacus* 52 (3)：501–531.

［29］ Balabanis G., Phillips H. C., Lyall J. 1998. "Corporate Social Responsibility and Economic Performance in the Top British Companies：Are They Linked？" *European Business Review* 98(1)：25–44.

［30］ Berle A. A., Means G. G. C. 1932. *The Modern Corporation and Private Property*, Transaction Publishers.

［31］ Brammer S. J., Pavelin S. 2006. "Corporate Reputation and Social Performance：The Importance of Fit." *Journal of Management Studies* 43(3)：435–455.

［32］ Bova F., Kolev K. S., Thomas J. K., Zhang F. 2015. "Non–executive Employee Ownership and Corporate Risk."*Accounting Review* 90(1)：115–145.

［33］ Campbell D., Moore G., Metzger M. 2002. "Corporate Philanthropy in the UK 1985 – 2000 Some Empirical Findings."*Journal of Business Ethics* 39(1)：29–41.

［34］ Chiu S. F., Tsai W. C. 2007. "The Linkage between Profit Sharing and Organizational Citizenship Behaviour." *International Journal of Human Resource Management* 18(6)：1098–1115.

［35］ Dodd M. D., Supa D. W. 2011. "Understanding the Effect of Corporate Social Responsibility on Consumer Purchase Intention."*Public Relations Journal* 5(3)：1–19.

［36］ Donaldson T., Preston L. E. 1995. "The Stakeholder Theory of the Corporation：Concepts,

Evidence, and Implications."*Academy of Management Review* 20(1): 65–91.

[37] Drago R., Garvey G. T. 1998. "Incentives for Helping on the Job: Theory and Evidence." *Journal of Labor Economics* 16(1): 1–25.

[38] Fan J. P., Wong T. J., Zhang T. 2007. "Politically Connected CEOs, Corporate Governance, and Post–IPO Performance of China's Newly Partially Privatized Firms." *Journal of Financial Economics* 84(2): 330–357.

[39] Fan J. P., Guan F., Li Z., Yang Y. G. 2014. "Relationship Networks and Earnings Informativeness: Evidence from Corruption Cases." *Journal of Business Finance & Accounting* 41(7–8): 831–866.

[40] Friedman M. 2007. "The Social Responsibility of Business is to Increase Its Profits." in Corporate Ethics and Corporate Governance . Springer, Berlin, Heidelberg:173–178.

[41] Galpin T. J., Whittington J., Bell G. 2015. "Is Your Sustainability Strategy Sustainable? Creating a Culture of Sustainability."*Corporate Governance* 15(1): 1–17.

[42] Gond J. P., El Akremi A., Swaen V., Babu N. 2017. "The Psychological Microfoundations of Corporate Social Responsibility: A Person–centric Systematic Review." *Journal of Organizational Behavior* 38(2): 225–246.

[43] Hainmueller J. 2012. "Entropy Balancing for Causal Effects: A Multivariate Reweighting Method to Produce Balanced Samples in Observational Studies." *Political Analysis* 20 (1): 25–46.

[44] Heslin P. A., Ochoa J. D. 2008. "Understanding and Developing Strategic Corporate Social Responsibility."*Organizational Dynamics* 37: 125–144.

[45] Hochberg Y. V., Lindsey L. 2010. "Incentives, Targeting, and Firm Performance: An Analysis of Non–executive Stock Options."*Review of Financial Studies* 23(11): 4148–4186.

[46] Hoi C. K., Wu Q., Zhang H. 2013. "Is Corporate Social Responsibility (CSR) Associated with Tax Avoidance? Evidence from Irresponsible CSR Activities."*Accounting Review* 88 (6): 2025–2059.

[47] Jarboui A. 2013. "ESOPs, CEO Entrenchment and Corporate Social Performance." *International Journal of Business and Economics Research* 2(6): 116–129.

[48] Jensen M. C., Meckling W. H. 1976. "Theory of the Firm: Managerial Behavior, Agency Costs and Ownership Structure."*Journal of Financial Economics* 3(4): 305–360.

[49] Jamali D., Mirshak R. 2007. "Corporate Social Responsibility (CSR): Theory and Practice in a Developing Country Context."*Journal of Business Ethics* 72(3): 243–262.

[50] Johnson H. L. 1971. *Business in Contemporary Society: Framework and Issues*, Wadsworth

Publishing Company.

[51] Johnson R. A., Greening D. W. 1999. "The Effects of Corporate Governance and Institutional Ownership Types on Corporate Social Performance." *Academy of Management Journal* 42(5): 564–576.

[52] Kedia S., Rajgopal S. 2009. "Neighborhood Matters: The Impact of Location on Broad Based Stock Option Plans." *Journal of Financial Economics* 92(1): 109–127.

[53] Kelso L. O., Adler M. J. 1958. *The Capitalist Manifesto*. Westport, CT: Greenwood Press.

[54] Kuvaas B. 2003. "Employee Ownership and Affective Organizational Commitment: Employees' Perceptions of Fairness and Their Preference for Company Shares Over Cash." *Scandinavian Journal of Management* 19(2): 193–212.

[55] Lee M. D. P. 2008. "A Review of the Theories of Corporate Social Responsibility: Its Evolutionary Path and the Road Ahead." *International Journal of Management Reviews* 10 (1): 53–73.

[56] Li S., Song X., Wu H. 2015. "Political Connection, Ownership Structure, and Corporate Philanthropy in China: A Strategic-political Perspective." *Journal of Business Ethics* 129 (2): 399–411.

[57] Matten D., Crane A., Chapple W. 2003, "Behind the Mask: Revealing the True Face of Corporate Citizenship." *Journal of Business Ethics* 45(1): 109–120.

[58] McMullin J. L., Schonberger B. 2020. "Entropy-balanced Accruals." *Review of Accounting Studies* 25(1): 84–119.

[59] Oh H., Bae J., Kim S. J. 2017. "Can Sinful Firms Benefit from Advertising Their CSR Efforts? Adverse Effect of Advertising Sinful Firms' CSR Engagements on Firm Performance." *Journal of Business Ethics* 143(4): 643–663.

[60] O'Riordan L., Fairbrass J. 2008. "Corporate Social Responsibility (CSR): Models and Theories in Stakeholder Dialogue." *Journal of Business Ethics* 83(4): 745–758.

[61] Oyer P. 2004. "Why Do Firms Use Incentives that Have No Incentive Effects?" *Journal of Finance* 59(4): 1619–1650.

[62] Oyer P., Schaefer S. 2005. "Why Do Some Firms Give Stock Options to All Employees? An Empirical Examination of Alternative Theories." *Journal of Financial Economics* 76 (1): 99–133.

[63] Pendleton A. 2001. "Jobs and Fairness: The Logic and Experience of Employee Ownership." *Human Resource Management Journal* 11(4): 87–88.

[64] Pérez A., Rodríguez del Bosque I. 2013. "Measuring CSR Image: Three Studies to Develop and to Validate a Reliable Measurement Tool." *Journal of Business Ethics* 118

(2): 265–286.

[65] Pirinsky C., Wang Q. 2006. "Does Corporate Headquarters Location Matter for Stock Returns?" *Journal of Finance* 61(4): 1991–2015.

[66] Porter M. E., Kramer M. R. 2006. "The Link between Competitive Advantage and Corporate Social Responsibility." *Harvard Business Review* 84(12): 78–92.

[67] Ren T., Xiao Y., Yang H., Liu S. 2019. "Employee Ownership Heterogeneity and Firm Performance in China." *Human Resource Management* 58(6): 621–639.

[68] Ren T., Xiao Y., Pinto D., Yang H. 2022. "Employee Ownership and Firm R&D Investment: Evidence from China." *Journal of Participation and Employee Ownership* 5 (2): 81–111.

[69] Russo A., Perrini F. 2010. "Investigating Stakeholder Theory and Social Capital: CSR in Large Firms and SMEs." *Journal of Business Ethics* 91(2): 207–221.

[70] Schultz T. W. 1961. "Investment in Human Capital." *American Economic Review* 51(1): 1–17.

[71] Shapira R. 2011. "Corporate Philanthropy as Signaling and Cooptation." *Fordham L. Rev.* 80(5): 1889–1939.

[72] Wang Z., Chen M. H., Chin C. L., Zheng Q. 2017. "Managerial Ability, Political Connections, and Fraudulent Financial Reporting in China." *Journal of Accounting and Public Policy* 36(2): 141–162.

[73] Weitzman M. L. 1984. *The Share Economy: Conquering Stagflation.* Cambridge, MA: Harvard University Press.

[74] Wu W., Wu C., Zhou C., Wu J. 2012. "Political Connections, Tax Benefits and Firm Performance: Evidence from China." *Journal of Accounting and Public Policy* 31(3): 277–300.

[75] Wooldridge J. M. 2010. *Econometric Analysis of Cross Section and Panel Data.* MIT Press.

[76] Yi Y., Zhang Z., Yan Y. 2021. "Kindness is Rewarded! The Impact of Corporate Social Responsibility on Chinese Market Reactions to the COVID–19 Pandemic." *Economics Letters* 208, 110066.

[77] Zardkoohi A., Harrison J. S., Josefy M. A. 2017. "Conflict and Confluence: The Multidimensionality of Opportunism in Principal–agent Relationships." *Journal of Business Ethics* 146(2): 405–417.

（责任编辑：焦云霞）

利率冲击还是风险冲击：谁驱动了一国宏观经济波动

马振宇　高崧耀[*]

摘　要：伴随全球金融一体化程度的加深，各国之间的金融联系愈加紧密，一国宏观经济波动受到全球金融周期的影响。对此，本文探讨了两个全球金融周期驱动因素——中心国家货币政策和全球风险冲击对全球宏观经济波动的影响，并重点对两个因素各自发挥主导作用的时期进行了识别。基于面板局部投影模型的实证研究发现：在中心国家货币政策维持不变的时期，全球风险冲击将发挥驱动全球金融周期的主导作用，加剧全球宏观经济波动；而在中心国家货币政策进行调整的时期，中心国家货币政策将占据主导地位，此时全球风险冲击不再发挥作用。进一步分析发现，全球风险冲击主要通过贸易渠道对发达经济体产生影响，而对于新兴经济体而言贸易、汇率和金融渠道都发挥了传导作用。

关键词：全球金融周期　驱动因素　传导渠道　宏观经济波动

一　引言

随着全球金融一体化进程的不断推进，全球各国之间的金融联系愈加密切。Rey（2015）在此背景下提出了全球金融周期（Global Financial

---

* 马振宇（通讯作者），博士研究生，中央财经大学国际经济与贸易学院，电子邮箱：mazhenyu_cufe@126.com；高崧耀，博士研究生，中央财经大学中国经济与管理研究院，电子邮箱：gaosy0107@163.com。本文获得国家社科基金重大项目（22&ZD131）、国家自然科学基金面上项目（72073149）的资助。感谢匿名审稿专家的宝贵意见，文责自负。

Cycle）的概念，认为全球跨境资本流动、风险资产价格、杠杆率以及信贷规模的变动具有高度相关性，即各金融变量之间存在协同共振的关系，加剧了全球宏观经济波动。同时，存在一组共同因素驱动着全球金融周期，在周期繁荣阶段，资本大量流入、风险资产价格上涨以及杠杆的迅速积累会带来宏观经济的快速扩张；而在周期衰退阶段，资本流动方向逆转、风险资产价格暴跌以及杠杆的收缩将给宏观经济带来重创，甚至引发严重的金融危机。

　　党的二十大报告明确提出"要坚持高水平对外开放"，而在开放过程中，中国不可避免地会受到来自全球金融周期的冲击，此时如何准确识别外部冲击的来源，进而防范和化解冲击带来的金融风险显得尤为重要。值得关注的问题是，驱动全球金融周期的因素是什么？对此，Rey（2015）较早就指出全球风险水平与全球金融周期存在很强的相关关系，在全球避险情绪的驱动下，全球风险水平的变化将引发金融中介的顺周期行为，进而驱动全球金融周期。随后，Miranda-Agrippino 和 Rey（2020）进一步指出美国货币政策冲击同样是驱动全球金融周期的重要因素之一，发现美国紧缩性货币政策冲击会导致全球金融中介减少信贷供给、全球跨境资本流动规模下降等诸多国际金融变量的共同变动。谭小芬和虞梦微（2021a）、张晓晶等（2022）在对全球金融周期进行文献梳理时均强调了中心国家货币政策和全球风险冲击驱动全球金融周期的主导地位。这一方面是因为全球金融周期本身刻画了中心国家金融状况向外围国家传递扩散的过程；另一方面则是由于受金融中介顺周期行为的影响，金融机构在全球风险较低、资产价格上升的环境下，更倾向于发放贷款和实施激进的投资行为，进而引发全球金融变量的同步变动，反之亦是如此。虽然也有部分学者指出石油价格、全球经济增速能够驱动全球金融周期，但这些因素的解释力度相对较小，且未能得到广泛的论证。对于这两个驱动因素，图1绘制了全球风险水平的代理指标芝加哥期权交易所S&P100波动率指数（CBOE S&P 100 Volatility Index，VXO）和美国货币政策的代理指标美国联邦基金利率（Federal Funds Effective Rate，FFER）1986~2019 年的走势情况。可以看出，VXO 的波动性相对较强，在诸如亚洲金融危机、美国次贷危机等极端事件的爆发期均呈快速上升趋势，而美国联邦基金利率的走势则相对平稳，在一些年份里甚至保持着不变的态势。

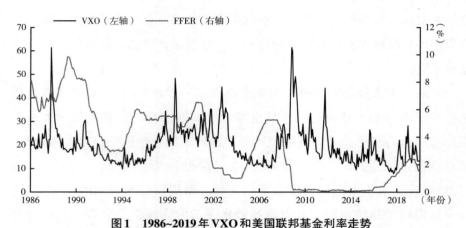

图 1   1986~2019 年 VXO 和美国联邦基金利率走势

资料来源：VXO 来源于芝加哥期权交易所；美国联邦基金利率来源于美国联邦储备委员会。

由此可见，虽然有不少研究指出中心国家货币政策变动是导致外围国家宏观经济波动的主要因素，但是从图 1 来看，在很多时间区间内美国联邦基金利率并未有明显的调整，而同期，VXO 却是频繁变动的。那么，在不同时期内驱动全球金融周期的主导因素是否会发生变化？在中心国家货币政策维持不变的时期，是否更应该关注全球风险水平的变动？这些问题有待深入探究。

本文余下部分的结构安排如下：在第二部分，将对全球金融周期驱动因素的相关文献展开综述，并说明本研究的边际贡献；在第三部分，详细介绍本文的模型设定、变量选择以及数据来源；在第四部分，首先估计两个全球金融周期驱动因素（中心国家货币政策和全球风险冲击）对全球宏观经济波动的影响，其次识别两个全球金融周期驱动因素各自发挥主导作用的时期，最后着重探究全球风险冲击的传导渠道；在第五部分，进一步将研究样本划分为发达经济体和新兴经济体两组样本展开讨论；在第六部分，将对前述实证分析结果的稳健性进行检验；在第七部分，对本文的研究内容和实证结果进行总结，并提出针对性的政策建议。

二　文献综述

在 Ghosh 等（2014）、Rey（2015）、Miranda-Agrippino 和 Rey（2020）、Di Giovanni 等（2022）、虞梦微等（2023）等一系列关于全球金融周期的研究中，学者们普遍认为美国货币政策和全球风险冲击是驱动全球金融周期的主要因素。这一方面是因为美国作为全球金融中心国家，其金融状况会通过多种渠道向其他国家和地区产生溢出效应；另一方面在金融全球化背景下，全球金融市场之间的联系日益紧密，使风险资产价格在全球避险情绪的驱动下呈现出共同的运动趋势。基于此，本部分将分别从中心国家货币政策和全球风险冲击两个驱动因素出发，展开对相关文献的梳理，并尝试对其他的潜在驱动因素进行讨论。

第一，中心国家货币政策。Bruno 和 Shin（2015）认为美元在全球银行体系中扮演了十分重要的角色，美国货币政策的调整会通过银行部门对跨境资本流动和美元汇率产生影响，在美国紧缩性货币政策冲击下，美元升值，跨境资本流动规模减小。Dedola 等（2017）同样发现美国联邦基金利率的上升会导致其他国家货币贬值，这虽然有助于改善其他国家的贸易平衡，但整体上大多数国家都呈现出产出下降、失业率上升的趋势，且新兴经济体受到了更严重的负面影响。Bräuning 和 Ivashina（2020）指出新兴经济体企业借有大量以美元计价的外债，美国货币政策与新兴经济体信贷周期之间存在直接联系，因此新兴经济体更易受到全球金融周期的影响。Dées 和 Galesi（2021）认为美国货币政策扩张冲击促成了全球金融周期，并进而促进了全球宏观经济活动。随着全球一体化程度的加深，美国货币政策将在全球金融周期中发挥越来越重要的驱动作用。Miranda-Agrippino 和 Rey（2021）探讨了主要经济体中央银行的货币政策调整在全球范围内的溢出效应，发现美联储的货币政策是驱动全球金融周期的主要因素，而中国人民银行和欧洲央行的货币政策对全球贸易与商品周期具有重要影响。张礼卿和钟茜（2020）发现美国货币政策调整会通过资本流动渠道对外围国家产生溢出效应，外围国家为降低这一外部冲击对国内经济的影响，只能跟随美国进行货币政策调整，外围国家货币政策独立性的丧失导致了各国金融市场变化趋同，形成了全球金融周期。苏应蓉和王熠琳（2022）进一步研究指出，美国货币政策变动在全球金融周期的不同阶段会通过利率、资产重组、汇率和流动性等不同渠道对我国经济产生溢出效应。

第二，全球风险水平。Adrian 和 Shin（2010）较早就指出全球风险水平反映了金融市场的整体波动性，可以被视为市场波动风险的价格。Forbes 和 Warnock（2012）认为全球风险水平与跨境资本流动之间存在密切联系，可以预测跨境资本流动的突然停止或激增，这一联系主要通过金融渠道、贸易渠道和地理邻近传染等发挥作用。Bloom（2009）、Bloom（2014）研究发现 2008 年国际金融危机使全球风险水平激增，高风险加剧了经济衰退并减缓了复苏的步伐，它可以解释美国产出下降的 1/3，同时还指出发展中国家更容易遭受全球风险冲击的影响。Bekaert 和 Hoerova（2016）在研究中发现国家之间的全球风险偏好与各类金融指标存在较强的相关性，全球风险水平的下降会引起跨境资本流动规模增加、杠杆率增长以及资产价格上涨。Jordà 等（2019）则在研究中首先肯定了中心国家货币政策对全球金融周期的重要驱动作用，但同时提出，全球风险冲击也是全球金融周期的重要驱动因素之一，其对于部分风险资产价格波动的解释力更强。Avdjiev 等（2021）在实证研究中发现全球风险水平与全球信贷的繁荣或萧条密切相关，在全球风险水平处于高位时，信贷萧条的可能性大幅上升。程立燕和李金凯（2021）直接使用全球风险水平作为全球金融周期的度量指标，研究发现，在全球风险水平较低的时期，全球风险指数和经济体自身因素都是驱动国际资本异常流动的因素；在全球风险水平较高的时期，全球风险指数则成为解释力排第一的主导因素。

第三，其他驱动因素。Boehm 和 Kroner（2020）认为相较于美国货币政策冲击，美国宏观经济新闻是全球金融周期中一个更为重要的驱动因素，实证结果显示，美国宏观经济新闻能够解释全球风险资产价格 15% 以上的季度波动。Jiang 等（2020）则认为随着全球对安全美元资产需求的增加，美元本身已经逐渐成为驱动全球金融周期的一个重要因素。杨子晖和王姝黛（2021）发现新冠疫情对全球金融体系与宏观经济都存在显著的冲击，引起了全球资本市场和大宗商品市场的剧烈震荡，因此突发公共危机事件也是导致全球金融市场波动的重要因素之一。此外，还有部分学者认为石油价格、全球经济增速、全球流动性等是全球金融周期的驱动因素（Koepke，2019；谭小芬和虞梦微，2021a）。

综合以上文献梳理可以发现：第一，已有大量研究对全球金融周期的驱动因素展开讨论，且多数研究认为中心国家货币政策和全球风险冲击是驱动全球金融周期最为重要的因素。然而，这些文献并未讨论在不同时期，驱动全球金融周期的主导因素是否会发生变化。第二，对于中心国家货币政策溢出效应的研究已经较为丰富，同样也不乏对其溢出效应传导渠道的讨论。而对于全球风险冲击的传导渠道，虽然已有部分文献对该机制进行了探讨，但少有文献能够在准确识别全球风险冲击的主导时期后，将多个传导渠道纳入同一模型框架下进行分析。那么，相较于以往的研究，本文的边际贡献为：第一，将两个全球金融周期驱动因素（中心国家货币政策和全球风险冲击）共同纳入面板局部投影模型，对两个因素各自发挥主导作用的时期进行识别，相较于以往研究，本文明确且直观地判断了中心国家货币政策和全球风险冲击各自驱动全球金融周期的阶段；第二，从经济体的贸易开放程度、汇率制度和金融脆弱性三个特征出发，实证探究了全球风险冲击对全球经济体宏观经济波动的影响渠道，相较于以往研究，本文在同一模型框架下梳理了全球风险冲击包括贸易、汇率和金融在内的多条传导渠道，并在区分发达经济体和新兴经济体的基础上展开了较为细致的研究。

三　模型设定与变量选择

（一）面板局部投影模型设定

为探究中心国家货币政策和全球风险冲击对各国宏观经济波动的影响，本文采用了面板局部投影法。该方法最早由 Jordà（2005）提出，他认为相较于宏观经济研究中常用的向量自回归（Vector Autoregressive，VAR）模型，局部投影法在脉冲响应函数的计算上更具优势。具体来说，VAR 模型当模型存在误设时，脉冲响应函数的计算结果会存在偏差，且预测期数越长，脉冲响应结果的准确度越低。同时，受变量排序或模型设置的约束，VAR 模型通常仅能考察单一外部冲击的脉冲响应结果，难以在同一模型设定框架下对两类外部冲击的脉冲响应结果进行对比。而局部投影法在生成预测数据时受模型误设的影响较小，数据生成过程比较稳定。并且，局部投影法采用最小二乘法估计，模型设定形式更为灵活，这使我们可以方便地将两个全球金融周期驱动因素直接纳入同一模型进行估计。[1]目前，已经有不少研究表明局部投影法计算出的预测结果要优于 VAR 模型（Ing，2003；刘汉等，2018；Montiel 和 Plagborg-Møller，2021）。

进一步，从脉冲响应函数的定义出发，详细阐述局部投影法的思想。Koop 等（1996）指出脉冲响应函数可以定义为如下形式：

$$IRF(t, h, d_i) = E\left[y_{t+h} | v_t = d_i ; S_t\right] - E\left[y_{t+h} | v_t = 0 ; S_t\right] \ (h = 0, 1, 2, \cdots, \text{H}) \quad (1)$$

式中，$E[.|.]$ 为条件期望函数，表示最优均方误差；t 表示当期值；h 表示预测的时间范围；y_t 为 $n \times 1$ 维的随机向量；S_t 为包含 y_t 滞后项的向量；v_t 表示最简式扰动项的 $n \times 1$ 维向量；假设 D 是 $n \times n$ 的矩阵，则其中第 i 列的列向量 d_i 表示识别出的结构冲击。

从式（1）可以看出，脉冲响应函数的计算实际上是在给定条件 S_t 下对 y_{t+h} 进行均方误差最小化多步预测，那么，借助递归迭代的方法对模型进行多步估计，便可以得到 H + 1 个局部投影回归方程。进而，对 h 期模型进行直接预测，便可以得到最优的多步预测结果。例如，假设将 y_{t+h} 投影到由 $(y_{t-1}, y_{t-2}, \cdots, y_{t-p})'$ 生成的线性空间，可以得到：

---

① Jordà（2005）总结了局部投影法的优点：第一，无具体的模型，可以直接使用最小二乘法进行估计，预测过程较为简单；第二，可以直接计算出脉冲响应的系数，通过递归迭代逐步向前进行预测，是脉冲响应函数的一致估计；第三，在计算脉冲响应时，预测各期的局部投影主要是通过计算内生变量在其滞后阶数上的投影所得，因此对预测数据生成过程的误设非常稳定。

$$y_{t+h} = \alpha_h + B_{1,h+1}y_{t-1} + B_{2,h+1}y_{t-2} + \cdots + B_{p,h+1}y_{t-p} + u_{h,t+h} \quad (h = 0, 1, 2, \cdots, \text{H}) \quad (2)$$

式中，α_h 为常数组成的 $n \times 1$ 维向量；$B_{i,h+1}$ 是变量 y_{t-i} 在 $h + 1$ 期的系数矩阵。通过对式（2）所表示的 H + 1 个方程进行回归估计，便可以得到一个完整的局部投影预测模型，其脉冲响应结果可以表示如下：

$$\widehat{IRF}(t, h, d_i) = \hat{B}_{1,h}d_i \quad (h = 0, 1, 2, \cdots, \text{H}) \quad (3)$$

基于此，本文基准面板局部投影模型的设定形式如下：

$$y_{i,t+h} - y_{i,t-1} = \alpha_{i,h} + \beta_h x_t + A_{h,i}Z_{i,t} + \varepsilon_{i,t+h} \quad (h = 0, 1, 2, \cdots, \text{H}) \quad (4)$$

式中，$y_{i,t+h}$ 和 $y_{i,t-1}$ 分别为国家 i 在 $t + h$ 和 $t - 1$ 时期的 GDP；$\alpha_{i,h}$ 为国家层面固定效应；x_t 为模型的解释变量，包括中心国家货币政策 $FFER_t$ 和全球风险水平 VXO_t，即 $x_t \in \{FFER_t, VXO_t\}$；$Z_{i,t}$ 为控制变量，包括滞后一期的GDP、金融开放指数、金融危机时期虚拟变量；$\varepsilon_{i,t+h}$ 为模型在 $t + h$ 期的残差项。其中，$\widehat{\beta_h}$ 刻画了解释变量变动对被解释变量各国GDP在未来 h 期的影响大小，在对式（4）表示的局部投影模型进行 H + 1 次估计后，可以得到一组由解释变量 x_t 的回归系数构成的序列 $(\widehat{\beta_h})_{h=0}^{\text{H}}$，并据此绘制出脉冲响应图。此处本文另设 H = 20，进而得到全球金融周期驱动因素（中心国家货币政策和全球风险冲击）对各国产出影响的五年期脉冲响应图。此外，本文在使用最小二乘法估计以上模型时，将标准误聚类到国家层面。

在后续实证分析中，本文首先分别将中心国家货币政策和全球风险冲击单独纳入上述面板局部投影模型中进行估计，分析单个全球金融周期驱动因素对各国产出的影响。其次，将两个因素共同纳入模型中进行估计，观察脉冲响应结果的变化。最后，采用分段估计的方法，识别出两个全球金融周期驱动因素各自发挥主导作用的时期。具体的模型设计将在下文进一步展开详细介绍。

（二）全球风险冲击传导渠道的识别

如前所述，已有大量研究对中心国家货币政策冲击的传导渠道进行了探讨，然而，对于全球风险冲击传导渠道的研究较为稀缺。已有文献可以按传导渠道划分如下：第一，贸易渠道。Handley 和 Limão（2015）认为不确定性的上升会阻碍国际贸易，对进出口和跨境投资产生不利的影响。随后，Handley 和 Limão（2017）以中美两国为例，发现不确定性的下降显著改善了中国对美国的出口，并提高了美国消费者的福利水平。第二，汇率渠道。Bhattarai 等（2020）研究了美国不确定性冲击对新兴经济体的影响，发现不确定性冲击会对新兴经济体的资产价格和汇率产生负面影响，并使新兴经济体国家的主权风险溢价升高，减少外部资本的流入，最终导致新兴经济体出现外部失衡。第三，金融渠道。Gilchrist 和 Zakrajšek（2012）认为外部风险上升冲击会减弱金融部门承担风险的能力和意愿，使融资溢价上升、信贷规模收缩，进而对宏观经济产生负面影响，引发宏观经济波动。Gilchrist 等（2014）以及 Alessandri 和 Mumtaz（2019）同样指出当金融市场存在摩擦时，风险冲击会提高企业的经营风险，并加剧市场信息不对称性，此时金融部门会提高风险溢价水平，导致企业外源融资成本提升，抑制企业的投资和产出。综上所述，已有研究对全球风险冲击对一国宏观经济波动的传递渠道进行了分析，但一方面该领域的文献仍相对较少，未能形成统一的研究结论；另一方面，已有文献对全球风险冲击传递渠道的探讨，采用了不同模型对不同渠道进行分析，而本文在同一面板局部投影模型框架下系统梳理了全球风险冲击包括贸易、汇率和金融在内的多条传导渠道，能够得到更加统一且具有可比性的结论。

对此，本文拟在识别出全球风险冲击的主导作用时期以后，对全球风险冲击的传导渠道进行讨论，并重点关注了贸易、汇率和金融三个渠道。借鉴 Iacoviello 和 Navarro（2019）的思想，本文构建并估计了以下模型：

$$y_{i,t+h} - y_{i,t-1} = \alpha_{i,h} + \beta_h VXO_t + \sum_{v \in V} \beta_h^v (e_{i,t-1}^v VXO_t)^{\perp} + A_{h,i} Z_{i,t} + \varepsilon_{i,t+h}$$
$$(h = 0, 1, 2, \cdots, H) \qquad (5)$$

可以发现，式（5）相较于式（4）基准面板局部投影模型增加了一项 $\sum_{v \in V} \beta_h^v (e_{i,t-1}^v VXO_t)^{\perp}$，它是由经数据预处理后的渠道（调节）变量 $e_{i,t}^v$ 与全球风险水平 VXO_t 构成的交互项，其中，渠道变量 $v_{i,t}$ 包括贸易开放程度 $Trade_{i,t}$、汇率制度 $ERR_{i,t}$ 和脆弱性指数 $Vulnerability_{i,t}$，即 $v_{i,t} \in \{Trade_{i,t}, ERR_{i,t}, Vulnerability_{i,t}\}$。

交互项$(e_{i,t-1}^v VXO_t)^{\perp}$具体的构建原理为：第一，对各渠道变量$v_{i,t}$进行标准化处理，即减去均值并除以标准差$v_{i,t}^s = \dfrac{v_{i,t} - mean(v_{i,t})}{\sqrt{var(v_{i,t})}}$，使得变量之间具有可比性；第二，对标准化后的变量进行逻辑变换，将其映射到单位区间内$l_{i,t}^v = \dfrac{exp(v_{i,t}^s)}{1 + exp(v_{i,t}^s)}$，以便能够从分布或概率的角度对其进行分析；第三，依据$l_{i,t}^v$的50和95分位数对其进行中心化处理$e_{i,t}^v = \dfrac{l_{i,t}^v - l_{50}^v}{l_{95}^v - l_{50}^v}$，以便能够考察当变量相对于中位数偏离后的系数变化，即可以将β_h估计值视为当渠道变量的值处于中位数值时全球风险冲击作用的大小，将β_h^v估计值视为当渠道变量的值由中位数提高到95分位数时全球风险冲击的边际作用大小；第四，构建交互项$(e_{i,t-1}^v VXO_t)$；第五，借助递归方法对交互项$(e_{i,t-1}^v VXO_t)$进行正交化处理，即对于第一个渠道变量，用$(e_{i,t-1}^{v_{Trade}} VXO_t)$对$[u_t, Z_{i,t}]$进行回归，获得残差项$(e_{i,t-1}^{v_{Trade}} VXO_t)^{\perp}$，对于第二个渠道变量，用$(e_{i,t-1}^{v_{ERR}} VXO_t)$对$[u_t, Z_{i,t}, (e_{i,t-1}^{v_{Trade}} VXO_t)^{\perp}]$进行回归，获得残差项$(e_{i,t-1}^{v_{ERR}} VXO_t)^{\perp}$，对于第三个渠道变量，用$(e_{i,t-1}^{v_{Vulnerability}} VXO_t)$对$[u_t, Z_{i,t}, (e_{i,t-1}^{v_{Trade}} VXO_t)^{\perp}, (e_{i,t-1}^{v_{ERR}} VXO_t)^{\perp}]$进行回归，获得残差项$(e_{i,t-1}^{v_{Vulnerability}} VXO_t)^{\perp}$，经过该步骤的处理，各交互项与关键解释变量之间相互正交，因此β_h依然可以被视为各国产出对全球风险冲击的平均反应，同时由于各交互项之间也保持正交，还可以清晰地划分出各渠道所发挥的传导作用大小β_h^v。[①]

至此，便可以借助式（5）所表示的面板局部投影模型计算出反事实模拟的脉冲响应结果，讨论在国家贸易开放程度扩大、汇率制度偏向固定、金融脆弱性增加几种情形下，全球风险冲击对产出的影响。以贸易开放程度为例，β_h衡量了当国家贸易开放程度处于中位数水平时全球风险冲击对产出的影响大小，$\beta_h + \beta_h^{Trade}$则衡量了当国家贸易开

---

① 本文的正交处理过程借鉴了施密特正交化的思想，但需要注意的是，该方法对正交化时的变量排序有一定的要求。对此，我们尝试了3个渠道变量的6种排列组合，发现排序对实证结果几乎无影响，所得实证结果具有稳健性。

放程度由中位数水平扩大至 95 分位数水平时，全球风险冲击对产出的影响大小。

（三）变量选择与描述性统计

我们选取了 1995 年第一季度至 2019 年第四季度的季度频率数据。[①]研究样本包含发达经济体和新兴经济体的 58 个国家和地区。[②]需要说明的是，由于当前的国际货币体系是中心—外围结构，即中心国家货币政策的调整会单方面对外围国家产生影响，外围国家在其中是货币政策溢出效应的被动接受者。且本研究重点关注的是中心国家货币政策调整和全球风险水平变化所驱动的全球金融周期对外围国家宏观经济波动的影响，因此，本文在实证样本中剔除了美国这一中心国家。对于解释变量全球金融周期驱动因素的选择，本文参考 Rey（2015）、Obstfeld 等（2018）、Miranda-Agrippino 和 Rey（2021）的研究，选择美国联邦基金利率和芝加哥期权交易所 S&P100 波动率指数（VXO）分别代表中心国家货币政策和全球风险水平，研究发现上述两个指标与全球金融周期具有很强的同步性，而全球金融周期是驱动一国宏观经济波动的重要外部因素，这两个指标数据分别来源于美国联邦储备委员会和芝加哥期权交易所。其中，VXO 常被称为 "恐慌指数"，是衡量市场不确定性与风险厌恶程度的重要指标。它采用 Black-Scholes 期权定价模型，通过计算未来 30 个交易日 S&P100 指数的隐含波动率，对市场未来的波动情况做出判断。随着该指数应用领域和范围的逐渐广泛，已有大量研究将其视为全球风险水平的度量指标（梅冬州和崔小勇，2017；Forbes 和 Warnock，2021）。通常来说，当 VXO 越大时，全球风险水平越高。实证模型的被解释变量为各国 GDP，数据来源于国际货币基金组

[①] 选择该数据区间主要是受限于汇率制度、金融开放指数等数据的可得性和完整性。

[②] 发达经济体包括澳大利亚、奥地利、比利时、加拿大、塞浦路斯、捷克、丹麦、芬兰、法国、德国、希腊、中国香港、冰岛、爱尔兰、以色列、意大利、日本、韩国、拉脱维亚、马耳他、荷兰、新西兰、挪威、葡萄牙、新加坡、斯洛文尼亚、西班牙、瑞典、瑞士、英国。新兴经济体包括阿根廷、巴西、文莱、保加利亚、智利、中国内地、哥伦比亚、哥斯达黎加、厄瓜多尔、萨尔瓦多、格鲁吉亚、匈牙利、印度、印度尼西亚、牙买加、毛里求斯、墨西哥、摩尔多瓦、巴拉圭、菲律宾、波兰、卡塔尔、罗马尼亚、南非、斯里兰卡、泰国、土耳其、乌克兰。

织（IMF）的 International Finance Statistics 数据库。此外，参考 Obstfeld 等（2018）和芦东等（2021）的研究，本文选择了以下控制变量：金融危机时期虚拟变量、金融开放程度①以及 GDP 的滞后项。

对于渠道变量的选择，本文参考 Iacoviello 和 Navarro（2019）的研究分别对贸易、汇率和金融三个渠道进行考察。其中，贸易渠道本文采用一国的贸易开放程度进行衡量，计算方法为一国进出口总额与 GDP 的比值，该数据来源于国际货币基金组织（IMF）的 International Finance Statistics 数据库；汇率渠道本文借鉴 Ilzetzki 等（2019）对于一国汇率制度的划分，通过设置如下变量进行衡量：一国采取固定汇率制度时变量取值为 1，采取中间汇率制度时变量取值为 0.5，采取浮动汇率制度时变量取值为 0；金融渠道采用脆弱性指数进行衡量，该指数主要包含通货膨胀率、经常账户赤字、外债占比、外汇储备（取相反数）四个维度，通过计算四个维度的等权平均值获得，脆弱性指数主要刻画了一国金融健康状况。②

各变量的说明及数据来源如表 1 所示。③

表1　变量说明及数据来源

变量类别	变量名称	变量说明	数据来源
被解释变量	GDP	对一国名义 GDP 取自然对数，并进行 X12 季节调整	International Finance Statistics 数据库
外部冲击（解释）变量	FFER	美国联邦基金有效利率	美国联邦储备委员会
	VXO	芝加哥期权交易所的波动率指数	芝加哥期权交易所

① 金融开放程度（KA）数据来源于 Fernández 等（2016）的测算。此外，本文在后续研究中进一步补充了增加控制变量并将控制变量滞后一期的稳健性检验。

② Iacoviello 和 Navarro（2019）认为经常账户赤字的持续扩张会减弱国际金融机构的借贷意愿，增加跨境资本流出的可能性；外债占比和外汇储备是国际金融机构在评估一国外部脆弱性时需要考虑的重要指标，且已有文献研究表明这两项指标能够用于判断经济体对于外部冲击的敏感程度（Frankel 和 Saravelos，2012；Lane 和 Milesi-Ferretti，2017）；虽然通货膨胀不是直接用于衡量金融渠道的指标，但较高的通货膨胀率表明一国政府财政可能存在结构性问题，极易引起政治不稳定，进而放大外部冲击的影响（Cantor 和 Packer，1996）。

③ 各变量描述性统计结果详见附录部分。

续表

变量类别	变量名称	变量说明	数据来源
渠道（调节）变量	*Trade*	贸易开放程度，采用一国进出口总额与GDP的比值度量	International Finance Statistics 数据库
	ERR	汇率制度，构建虚拟变量，当一国采用固定汇率制度时取值为1，采用浮动汇率制度时取值为0，采用中间汇率制度时取值为0.5	Ilzetzki 等（2019）
	Vulnerability	脆弱性指数，一国通货膨胀率、经常账户赤字、外债占比、外汇储备（取相反数）的等权平均值	通货膨胀率、经常账户赤字、外汇储备数据来源于International Finance Statistics 数据库；外债占比数据来源于Lane 和 Milesi-Ferretti（2017）
控制变量	*L.GDP*	GDP的一阶滞后项	International Finance Statistics 数据库
	KA	金融开放指数	Fernández 等（2016）
	Gfc	金融危机虚拟变量，在金融危机发生时期取值为1，否则值为0	基于2008年金融危机发生时期设置虚拟变量

四 实证结果分析

在本部分中，将首先估计两个全球金融周期驱动因素（中心国家货币政策和全球风险冲击）对全球宏观经济波动的影响，分别考察两个驱动因素对各国产出的影响。其次，识别出两个全球金融周期驱动因素各自发挥主导作用的时期，即判断在某一时期全球金融周期主要是由中心国家货币政策驱动还是由全球风险冲击驱动。最后，在明确区分两个全球金融周期驱动因素的作用时期以后，进一步探究了全球风险冲击的传导渠道，重点对贸易、汇率和金融三个渠道进行了讨论。

（一）中心国家货币政策和全球风险冲击的溢出效应

在具体的模型估计中，本文首先将中心国家货币政策$FFER_t$和全球风险水平VXO_t两个全球金融周期驱动因素分别纳入式（4）中进行估计，分析单个因素对各国产出的影响，所得结果如图2所示。

　　图2分别展示了各国产出在受到美国货币政策冲击和风险冲击后的脉冲响应结果。首先从图2a来看，当美国联邦基金利率上升时，各国产出呈现出下降趋势，即中心国家紧缩性货币政策会给其他国家的产出造成负面影响。该结果与Miranda-Agrippino和Rey（2020）的研究结论相一致，他们认为在全球金融周期下，美国作为全球金融中心国家，其货币政策的变动会对其他的国家或地区产生溢出效应。其次从图2b来看，当全球风险水平上升时，各国产出同样呈现下降趋势，即全球风险上升冲击会给一国的产出造成负面影响。对于该结果，Rey（2015）和Bhattarai等（2020）均指出全球风险冲击会驱动全球金融周期，进而影响全球资产价格和资金流动，且这一金融效应会传递到实体经济，引起产出下降。

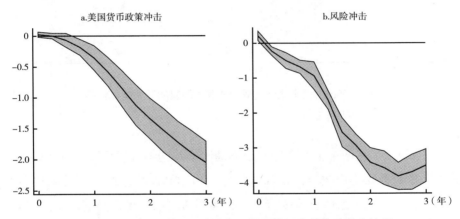

图2　产出分别对单个全球金融周期驱动因素的脉冲响应结果

注：图中阴影部分为68%的置信区间。

　　可以看出，无论是中心国家货币政策还是全球风险冲击，都是全球金融周期的重要驱动因素之一，且都会加剧全球宏观经济波动。那么，有必要将两个驱动因素同时纳入模型，探讨其分别会起到什么作用？并考察两个因素是否会在不同的时间段内各自占据主导地位？①针对该问题，本文进

————————————

① 1986~2019年美国联邦基金利率（FFER）与全球风险水平（VXO）两者间的相关性系数为0.0821。

一步将两个全球金融周期驱动因素共同纳入面板局部投影模型中进行估计，如式（6）所示，通过观察由回归系数 β_h^{ffer} 和 β_h^{vxo} 绘制出的脉冲响应图，判断两个驱动因素对产出的影响作用，所得结果如图3所示。[①]

$$y_{i,t+h} - y_{i,t-1} = \alpha_{i,h} + \beta_h^{ffer}FFER_t + \beta_h^{vxo}VXO_t + A_{h,i}Z_{i,t} + \varepsilon_{i,t+h} \quad (h = 0, 1, 2, \cdots, H)\,(6)$$

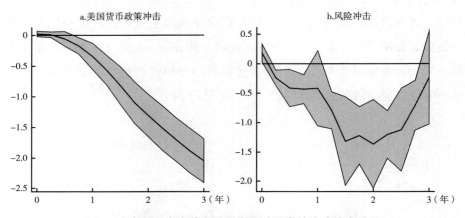

图3　产出对两个全球金融周期驱动因素的脉冲响应结果

注：图中阴影部分为68%的置信区间。

图3展示了将两个全球金融周期驱动因素共同纳入模型进行估计后，各国产出受到美国货币政策冲击和风险冲击后的脉冲响应结果。首先从图3a来看，面对美国紧缩性货币政策冲击，各国产出依然呈现显著的下降趋势，且从下降幅度来看，与图2a的脉冲响应结果几乎保持一致。其次从图3b来看，全球风险上升冲击也依然对各国产出产生了负面影响，但相较于图2b在模型中单独纳入全球风险冲击的脉冲响应结果，其下降幅度明显收窄，产出下降的幅度也仅为图2b中的一半左右。这说明在控制美国货币政策变动以后，全球风险冲击的作用明显变小。

---

① 本文将两个全球金融周期驱动因素共同纳入面板局部投影模型中进行估计。因此，在考察产出对美国货币政策冲击的脉冲响应结果时，已经对全球风险冲击进行了控制。类似地，在考察产出对全球风险冲击的脉冲响应结果时，可以将美国货币政策冲击视为控制变量。同时，利率冲击和风险冲击可能并不是独立的，两者之间会存在相互影响。对此，本文进一步对两类冲击之间的影响作用做了延伸讨论，详见附录部分。

上述结果说明，在将中心国家货币政策和全球风险冲击同时纳入模型进行估计后，中心国家货币政策占据了驱动全球金融周期的主导地位，全球风险冲击的驱动作用明显减弱。但如图1所示，中心国家并非时刻都对货币政策进行调整，而全球风险水平的变化是连续且频繁的，因此这两者驱动全球金融周期的时期很可能不同。[①]

（二）两个全球金融周期驱动因素主导时期的识别

基于图3的结果，本文进一步对两个全球金融周期驱动因素各自发挥主导作用的时期进行识别。对比图2和图3的结果，发现无论是否在模型中加入全球风险冲击变量，各国产出在面对中心国家紧缩性货币政策冲击时下降幅度并无明显差异。且考虑到货币政策的调整是相对离散的，本部分拟对中心国家货币政策的调整情况进行划分，判断在美国联邦基金利率不同波动情形下，全球风险冲击对各国产出的影响。

具体而言，本文对美国联邦基金利率的原始数据进行差分处理，得到美国联邦基金利率在每一期的调整幅度，在此基础上构建虚拟变量 Dum_R1_t，将美国联邦基金利率不变的时期设置为1，否则为0；类似地，构建虚拟变量 Dum_R2_t，将美国联邦基金利率变动的时期设置为1，否则为0。[②]据此，可以使用 Dum_R1_t 表示不存在中心国家货币政策调整的阶段；Dum_R2_t 表示存在中心国家货币政策调整的阶段。根据这一设定，本文分别在 $Dum\_R1_t = 1$ 和 $Dum\_R2_t = 1$ 两个时间区间下对式（6）展开分段估计，重点关注回归系数 β_h^{uxo} 的变化，所得结果如图4所示。

---

① 据Laeven和Valencia（2020）提供的系统性银行危机数据库，2009~2015年全球共爆发了近40次金融危机，但同期美国联邦基金利率一直维持在0附近。那么，存在一种可能的解释是，在2008年国际金融危机后，美联储实施的零利率货币政策导致美国联邦基金利率一直保持不变，但在该时期美联储采取了非常规货币政策，通过大规模购买债券等资产来进行货币政策调整。对此，本文在剔除美国实施非常规货币政策时期的样本后，对实证结果展开稳健性检验，发现所得结果依然保持稳健。

② 此处设置两个虚拟变量而非一个虚拟变量，主要是为了方便下文的分析。

　　图 4 展示了不同美国联邦基金利率波动情形下，各国产出受到全球风险冲击后的脉冲响应结果。首先从图 4a 来看，当不存在中心国家货币政策调整时，全球风险上升冲击会给一国产出造成显著的负面影响。其次从图 4b 来看，当存在中心国家货币政策调整时，全球风险上升冲击则不会对一国产出造成影响，图中阴影部分表示的置信区间包含了 0 轴，说明回归系数 β_h^{vxo} 并不显著。

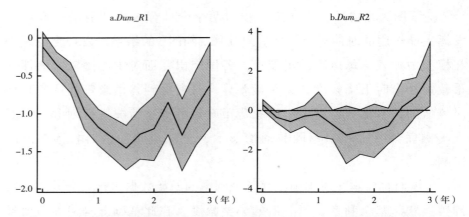

图 4　不同美国联邦基金利率波动情形下产出对全球风险上升冲击的脉冲响应结果

注：Dum_R1 和 Dum_R2 分别表示不存在中心国家货币政策调整和存在中心国家货币政策调整的时期；图中阴影部分为 68% 的置信区间。

　　综合前述实证分析的结果，我们认为中心国家货币政策和全球风险冲击都是驱动全球金融周期的重要因素，两者的变动均会加剧全球宏观经济波动。同时，这两个因素驱动全球金融周期的时期存在差异，在中心国家货币政策进行调整的时期，中心国家货币政策因素将占据主导地位，此时全球风险冲击不再发挥作用；而在中心国家货币政策维持不变的时期，全球风险冲击将占据主导地位。从经济现实来看，自 2008 年国际金融危机后，美国长期实施量化宽松政策，并于 2015 年底重启加息。据美国财政部统计，在该时期仅一年流入美国的资金就超越了危机后五年流出资金的 1/3，而同时其全球风险水平仅出现小幅上升随后便下降。由此可见，美国货币政策作为驱动全球金融周期的重要因素，对全球金融变量有很大影响。该结论作为对全球金融周期理论的补充，有助于更加准确地划分了两个重要驱动因素对全球金融周期的影响时期。

（三）全球风险冲击的传导渠道

进一步，本文拟对全球风险冲击的传导渠道进行讨论，探讨全球风险冲击是否会通过贸易、汇率和金融三个渠道影响全球经济体的产出，即考察在一国贸易开放程度扩大、汇率制度偏向固定、金融脆弱性增加几种情形下，全球风险上升冲击是否会对产出造成更严重的负面影响。对此，本文在全球风险冲击发挥主导作用的时期（$Dum\_R1_t = 1$），估计了式（5），所得结果如图5所示。

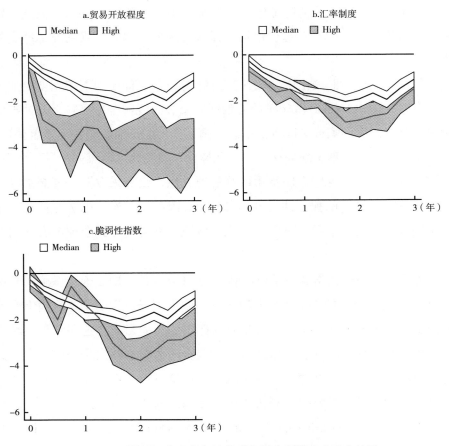

图5　不同传导渠道下产出对全球风险冲击的脉冲响应结果

注：图中 Median 和 High 分别表示当渠道变量取值为中位数值和95分位数值时的结果；阴影部分为68%的置信区间。

图 5 展示了在不同传导渠道下，各国产出对全球风险冲击的脉冲响应结果。可以发现，当三个渠道变量的值处于中位数水平时，全球风险上升冲击会引致产出的下降，与本文前述结果相一致。

首先，当贸易开放程度由中位数转变为 95 分位数，即一国贸易开放程度扩大时，由 High 表示的产出水平会以更大的幅度下降，说明全球风险上升冲击会给贸易开放程度较高的国家带来更为严重的负面影响。这一结果反映出随着贸易自由化程度的加深，越来越多的国家参与全球价值链，而全球价值链使生产要素在全球范围内重新整合，生产行为也逐渐跨越国界，导致经济冲击会通过价值链传导至各个国家（段玉婉等，2022）。因此，贸易开放程度越高、参与全球价值链越深入的国家，越容易受到外部冲击的影响。

其次，当汇率制度由中位数转变为 95 分位数，即一国汇率制度更加偏向固定时，图中 Median 和 High 的置信区间交叠，说明全球风险上升冲击对于浮动汇率制度国家或者固定汇率制度国家产出的负面影响并无显著差异。该结果反映出在全球金融周期下"三元悖论"转变为"两难困境"，即浮动汇率制度不再能够保障一国货币政策的独立性，仅有采取资本管制手段才可能实现货币政策的独立性（Rey，2015）。因此，无论一国选择浮动汇率政策还是固定汇率政策，其国内宏观经济波动都可能受到全球金融周期的影响。

最后，当脆弱性指数由中位数转变为 95 分位数，即一国金融脆弱性增加时，由 High 表示的产出水平会以更大的幅度下降，说明全球风险上升冲击会给金融脆弱性较强的国家带来更为严重的负面影响。这一结果反映出金融体系是传播风险冲击的重要机制，在金融体系不够完善的国家中，其金融市场存在较大的摩擦，金融市场中的信息不对称性更强，此时，全球风险水平的上升将大幅提高经济体内实体部门的风险溢价，引起经济中投资和产出的下降（Christiano 等，2014；Acemoglu 等，2015；Alessandri 和 Mumtaz，2019）。因此，金融脆弱性越强的国家，在全球金融周期下越容易遭受全球风险冲击的负面影响。

五 分样本讨论

本部分将考察前述研究结论在不同类型经济体之间的差异表现。目前来看，在开放宏观领域已有大量研究文献发现发达经济体与新兴经济体在经济发展水平、经济结构等诸多方面存在较大差异。例如，部分学者发现在开放条件下，新兴经济体受到外部冲击的影响程度更大且持续性也更久，导致新兴经济体的宏观经济波动率要远高于发达国家（Pallage 和 Robe，2003；王宇鹏和赵庆明，2015）。Chen 等（2016）采用全局向量误差修正模型探究了美国量化宽松政策对新兴经济体和发达经济体的影响，发现新兴经济体所受到的影响存在非对称性且总体影响程度要大于发达经济体。Quadrini（2020）提出发达国家的低利率政策或许能够改善本国的宏观经济状况，但可能对新兴经济体的宏观经济产生负面影响。且多数研究指出外部冲击会导致新兴经济体出现资本外流、出口下降以及汇率贬值等，使其经济增长承受压力（Pasricha，2012；Aizenman 和 Binici，2016），且新兴经济体金融危机爆发的频率更高、持续性更强（Laeven 和 Valencia，2020）。基于此，本文将研究样本划分为发达经济体和新兴经济体两组样本，考察了基准研究结论在不同类型经济体之间的差异表现。[①]依然首先对两个全球金融周期驱动因素各自发挥主导作用的时期进行识别；其次探讨对于不同类型的经济体而言全球风险冲击的传导渠道。

图 6 为发达经济体和新兴经济体两类样本，分别在 $Dum\_R1_t = 1$ 和 $Dum\_R2_t = 1$ 的两个时间区间下对式（6）展开分段估计的结果。可以看出，对于发达经济体而言，无论美国是否对货币政策进行调整，在全球风险上升冲击下，其产出都呈现出了显著的下降趋势。而对于新兴经济体而言，图 6 结果与图 4 所展示的结果保持一致，即在美国联邦基金利率不变的时期，全球风险冲击会给新兴经济体产出造成显著的负面影响；在美国联邦

---

① 本文进一步开展了 OECD 国家和非 OECD 国家、北约成员国和非北约成员国等不同类型国家之间的分样本讨论，详见附录部分。

基金利率发生变动的时期，全球风险冲击则不会对新兴经济体产出造成影响。该结果说明全球金融周期驱动因素的作用规律仅对新兴经济体成立：在中心国家货币政策调整时，其所驱动的全球金融周期将加剧新兴经济体的宏观经济波动，此时全球风险冲击对新兴经济体不会产生影响；当中心国家货币政策维持不变时，由全球风险冲击驱动的全球金融周期将对新兴经济体产生影响。

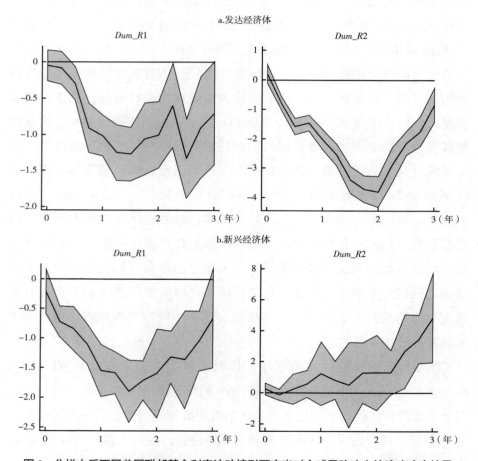

图6 分样本后不同美国联邦基金利率波动情形下产出对全球风险冲击的脉冲响应结果

注：*Dum_R1* 和 *Dum_R2* 分别表示不存在中心国家货币政策调整和存在中心国家货币政策调整的时期；图中阴影部分为 68% 的置信区间。

上述结论一方面反映出中心国家货币政策调整对于新兴经济体宏观经济波动的影响更大，Chen等（2016）和Quadrini（2020）等学者均指出，美国货币政策调整对新兴经济体的影响程度要大于发达经济体。据国际清算银行数据统计，新兴经济体约1/3的外债由全球银行持有，这一比例是发达经济体的2倍，由于该部分外债主要以美元标价，十分容易受到美国货币政策调整的影响。另一方面，在由全球风险冲击驱动的全球金融周期下，其对发达经济体宏观经济波动的影响要强于新兴经济体，Barrot和Servén（2018）研究发现全球风险冲击对发达经济体金融周期的驱动力是新兴经济体的2倍左右。这可能是因为发达经济体债务规模整体要大于新兴经济体，且发达经济体之间的金融联系更加紧密，导致其更容易受全球风险水平波动的影响。

图7展示了在不同传导渠道下发达经济体和新兴经济体产出对全球风险冲击的脉冲响应结果。可以看出，对于发达经济体而言，贸易渠道发挥了主要的传导作用，说明全球风险冲击会给贸易开放程度较高的发达经济体带来更为严重的负面影响。而观察汇率渠道和金融渠道，图中Median和High的置信区间均保持交叠，说明全球风险冲击对于不同汇率制度或金融脆弱性的发达经济体产出的负面影响无显著差异。对于新兴经济体而言，贸易、汇率和金融渠道均发挥了传导作用，即全球风险上升冲击会给贸易开放程度较大、汇率制度较为固定、金融脆弱性较强的新兴经济体带来更为严重的负面影响。

通过上述结果可以发现，在贸易自由化的背景下，无论是发达经济体还是新兴经济体都不可避免地参与全球价值链，这也使得贸易渠道成为连接各国经济的纽带、传递风险的重要渠道。同时，在全球金融周期下，浮动汇率制度有助于缓解全球风险冲击对新兴经济体的负面作用，而发达经济体不管选择哪种汇率制度都没有显著差异，该结论与Obstfeld等（2018）一致，他们研究发现汇率制度的选择并不能帮助发达经济体抵御外部冲击，但新兴经济体选择灵活的汇率制度有助于抑制外部冲击对国内信贷增长、房地产价格和金融部门杠杆率的跨境影响。同时，本文发现相较于发达经济体，金融渠道对于新兴经济体更为重要。

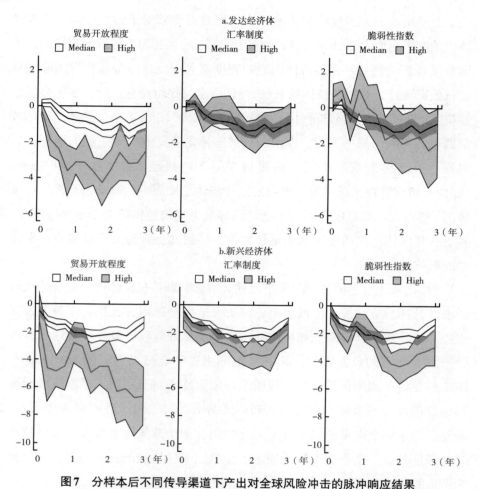

图7 分样本后不同传导渠道下产出对全球风险冲击的脉冲响应结果

注：图中 Median 和 High 分别表示当渠道变量取值为中位数值和95分位数值时的结果；阴影部分为68%的置信区间。

六 稳健性检验

（一）全球风险水平测度

在上述分析中，本文使用了芝加哥期权交易所S&P100波动率指数（VXO）作为全球风险水平的代理指标。那么，对于全球风险水平的度量，

Miranda-Agrippino 和 Rey（2020）在对全球金融周期进行研究时，使用动态因子模型从全球858种风险资产的价格序列中提取出了一个全球共同因子，发现该因子能够解释全球风险资产价格超20%的变动。同时，通过与全球多个波动率指数进行对比，发现该全球共同因子与其他风险度量指标有较强的相关性，能够较好地预测全球风险水平变化。此外，选择全球共同因子作为全球风险水平代理指标的另一个好处在于，该因子构建所使用的动态因子模型会将提取出的全球层面风险因子与区域层面的因素进行正交化处理，使得全球共同因子不会受到区域层面因素的影响，具有一定的外生性。①基于此，本文将 VXO 替换为全球共同因子以后，再次对式（6）展开了分段估计，以考察在替换全球风险冲击的代理指标后，模型结果是否具有稳健性。

图8展示了在替换全球风险水平的代理指标后，不同美国联邦基金利率波动情形下各国产出受到全球风险冲击后的脉冲响应结果。可以看出，当不存在中心国家货币政策调整时，全球风险冲击会给一国产出造成显著的负面影响。而当存在中心国家货币政策调整时，产出不再对全球风险冲击做出负面响应，且在多数时期回归系数 β_h^{vxo} 的置信区间包含了0轴，影响不显著。可见，全球风险冲击依然仅在中心国家货币政策维持不变的时期发挥驱动全球金融周期的作用，实证结果在替换全球风险水平的代理指标后保持稳健。

图9进一步展示了在替换全球风险水平的代理指标后，不同类型经济体产出对全球风险冲击的分阶段响应结果。可以看出，无论中心国家是否进行货币政策调整，全球风险冲击都对发达经济体的产出存在负面影响；而对于新兴经济体而言，仅当不存在中心国家货币政策调整时，全球风险冲击才会给新兴经济体产出造成显著的负面影响。可见，以上识别出的全球金融周期驱动因素的作用规律依然仅对新兴经济体成立。

---

① 为了缓解内生性问题，本文进一步替换全球风险水平的测度方法对外生冲击进行识别，详见附录部分。

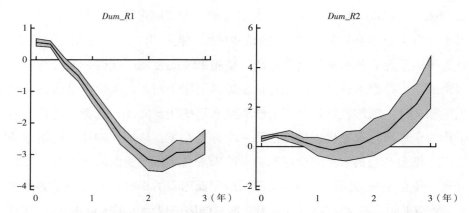

图8 不同美国联邦基金利率波动情形下产出对全球风险上升冲击的脉冲响应结果
（替换全球风险水平的代理指标）

注：*Dum_R1* 和 *Dum_R2* 分别表示不存在中心国家货币政策调整和存在中心国家货币政策调整的时期；图中阴影部分为68%的置信区间。

（二）控制变量设置

在前述研究中，本文将中心国家货币政策和全球风险冲击视为两个驱动全球金融周期的重要因素，但也有学者认为石油作为全球范围内极具战略意义的商品，石油价格冲击与国际金融市场波动存在密切的联系。例如，Demirer 等（2020）发现石油价格冲击不仅会对全球股票市场和债券市场的收益率产生影响，同时还是引起全球金融市场共振的重要驱动因素。Venditti 和 Veronese（2020）认为石油价格不仅是全球经济活动的晴雨表，同时也与全球金融资产的价格波动存在密切关联。因此，本部分将石油价格作为控制变量纳入模型，对于该数据的选择，本文使用了美国西得克萨斯中质原油指数（WTI）作为代理指标，数据来源于国际货币基金组织（IMF）。此外，参考 Bonciani 和 Ricci（2020）、芦东等（2021）等的研究，他们在探究全球风险冲击对国家层面变量影响时指出，将控制变量滞后一期有助于减小内生性影响，能够更加准确地识别出全球风险冲击的外生波动。基于此，在纳入石油价格作为控制变量，并将各控制变量滞后一期以后，再次对式（6）展开了分段估计，以考察在调整控制变量后，模型结果是否具有稳健性。

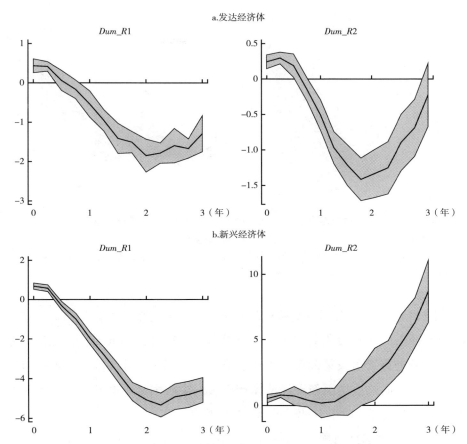

图9　分样本后不同美国联邦基金利率波动情形下产出对全球风险冲击的脉冲响应结果（替换全球风险水平的代理指标）

注：*Dum_R1* 和 *Dum_R2* 分别表示不存在中心国家货币政策调整和存在中心国家货币政策调整的时期；图中阴影部分为68%的置信区间。

图10展示了在调整控制变量后，不同美国联邦基金利率波动情形下各国产出受到全球风险冲击后的脉冲响应结果。可以看出，图10中的脉冲响应结果与前述分析相同，即全球风险冲击依然仅在中心国家货币政策维持不变的时期发挥驱动全球金融周期的作用，而在中心国家货币政策调整时期，图中回归系数 β_h^{vxo} 先是不再显著，且在2年期后甚至出现了正向的响应结果。可见，实证结果在调整控制变量后保持稳健。

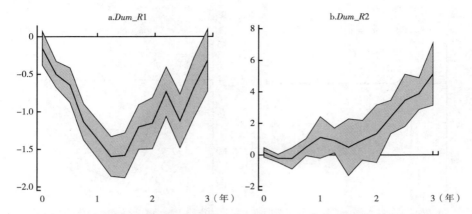

图 10　不同美国联邦基金利率波动情形下产出对全球风险冲击的脉冲响应结果
（调整控制变量）

注：*Dum_R*1 和 *Dum_R*2 分别表示不存在中心国家货币政策调整和存在中心国家货币政策调整的时期；图中阴影部分为 68% 的置信区间。

图 11 进一步展示了在调整控制变量后，不同类型经济体产出对全球风险上升冲击的分阶段响应结果。可以看出，对于发达国家而言，无论中心国家是否进行货币政策调整，发达经济体产出都对全球风险上升冲击有一个显著的负向响应。而新兴经济体产出仅当中心国家不进行货币政策调整时，才会对全球风险上升冲击做出负向响应。

（三）样本选择问题

前述实证分析中，本文使用了包含发达经济体和新兴经济体的 58 个全样本国家和地区。谭小芬和虞梦微（2021b）在探究全球金融周期对跨境资本总流入的影响时发现，全球金融周期对于金融发展水平很低的国家并不存在显著影响。这是因为金融发展水平较低的国家，其金融基础设施不够完善，金融市场的流动性较差，因此未能融入全球金融周期。对此，本部分将考察在剔除金融发展水平较低的样本后模型结果的稳健性。其中，使用金融发展指数对金融发展水平进行度量，该数据来源于国际货币基金组织（IMF）的金融发展指数数据库。

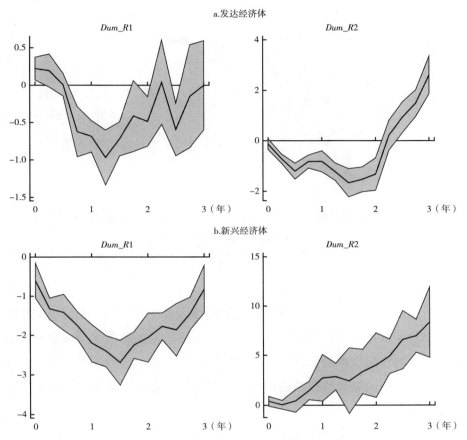

图 11　分样本后不同美国联邦基金利率波动情形下产出对全球风险冲击的脉冲响应结果（调整控制变量）

注：*Dum_R1* 和 *Dum_R2* 分别表示不存在中心国家货币政策调整和存在中心国家货币政策调整的时期；图中阴影部分为 68% 的置信区间。

图 12 展示了在剔除金融发展程度较低的样本后，不同美国联邦基金利率波动情形下各经济体产出受到全球风险冲击后的脉冲响应结果。可以看出，该结果依然保持稳健，即当不存在中心国家货币政策调整时，全球风险冲击会给一国（地区）产出造成显著的负面影响。而当存在中心国家货币政策调整时，产出不再对全球风险冲击做出负面响应。

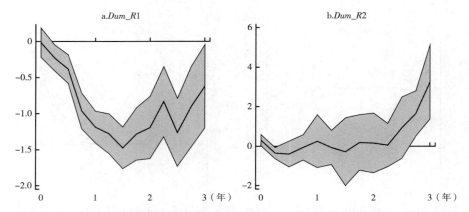

图12 不同美国联邦基金利率波动情形下产出对全球风险冲击的脉冲响应结果
（剔除金融发展程度较低的样本）

注：*Dum_R*1 和 *Dum_R*2 分别表示不存在中心国家货币政策调整和存在中心国家货币政策调整的时期；图中阴影部分为68%的置信区间。

图13进一步展示了在剔除金融发展程度较低的样本后，不同类型经济体产出对全球风险上升冲击的分阶段响应结果。可以看出，全球金融周期驱动因素的作用规律仍然仅对新兴经济体成立，也再次验证了相较于发达经济体，中心国家货币政策变动对于新兴经济体宏观经济波动的影响力度更大。

七 结论与政策建议

随着全球金融一体化程度的加深，各经济体在融入全球金融市场时不可避免地会受到全球金融周期的影响，对此，厘清全球金融周期背后的驱动因素，准确识别不同驱动因素发挥主导作用的时期至关重要。本文首先采用面板局部投影法考察了两个全球金融周期驱动因素（中心国家货币政策和全球风险冲击）对全球宏观经济波动的影响，随后对两个全球金融周期驱动因素各自发挥主导作用的时期进行了识别。在此基础上，重点对全球风险冲击的传导渠道进行了讨论，探讨全球风险冲击是否会通过贸易、汇率和金融三个渠道影响全球经济体的产出。

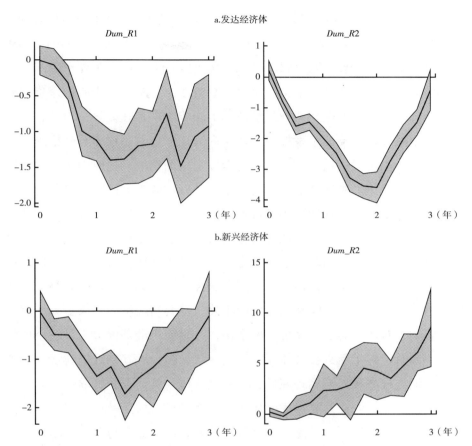

**图13　分样本后不同美国联邦基金利率波动情形下产出对全球风险冲击的脉冲
响应结果（剔除金融发展程度较低的样本）**

注：*Dum_R*1 和 *Dum_R*2 分别表示不存在中心国家货币政策调整和存在中心国家货币政策调整的时期；图中阴影部分为68%的置信区间。

　　研究发现，中心国家货币政策和全球风险冲击都是驱动全球金融周期的重要因素，两者的变动均会加剧全球宏观经济波动。同时，两个因素驱动全球金融周期的时期存在差异，在中心国家货币政策调整时期，中心国家货币政策因素将占据主导地位，全球风险冲击不再发挥作用；而在中心国家货币政策维持不变时期，全球风险冲击将占据主导地位。从传递渠道的分析来看，全球风险冲击会对贸易开放程度较大、金融脆弱性较强的经济体带来更严重的负面影响。分样本结果显示，前述全球金融周期驱动因素的作用规律主要存在于新兴经济体。且从发达经济体和新兴经济体产出对全球风险冲击的脉冲响应结果来看，对于发达经济体而言，贸易渠道发挥了主要的传导作用；对于新兴经济体而言，贸易、汇率和金融渠道均发挥了传导作用。

根据以上研究结论，本文提出以下政策建议：第一，中心国家货币政策和全球风险冲击对全球宏观经济波动的影响时期存在差异，对此，在不同全球金融周期驱动因素发挥主导作用的时期，应该采取差异性措施进行应对，要分类施策、精准防控，针对全球金融周期波动适时地采取逆周期的宏观经济政策。中国在实施更高水平对外开放政策的同时，也应建立和完善针对全球金融周期冲击的宏观审慎监管框架，对驱动全球金融周期的关键因素、易引发全球金融风险共振的关键金融变量进行动态监控。通过量化风险累积空间，当风险达到一定水平时发出预警信号，进而可以根据预警信息前瞻性、针对性地制定逆周期调控政策。第二，伴随贸易自由化程度的提升，由全球风险冲击引发的不确定性会给经济体带来更为严重的负面影响，对此，有必要完善金融市场，鼓励使用套期保值工具缩小风险敞口。同时，对于新兴经济体而言，还应该加强金融基础设施建设，合理掌控外债杠杆率和外汇储备规模，降低经济体自身的金融脆弱性。对于中国而言，伴随金融业开放步伐的加快，金融市场的风险敞口也将扩大，国内宏观经济波动加剧。对此，应该权衡好宏观经济稳定与金融市场开放之间的关系，审慎、渐进、可控地推动金融业开放，可以优先放开 FDI 等权益类跨境资本流动的管制，再放开信贷融资等负债类跨境资本流动的管制。

参考文献

[1] 程立燕、李金凯，2021，《全球金融周期视角下国际资本异常流动的驱动因素》，《国际金融研究》第 6 期。

[2] 段玉婉、陆毅、蔡龙飞，2022，《全球价值链与贸易的福利效应：基于量化贸易模型的研究》，《世界经济》第 6 期。

[3] 刘汉、黄卫挺、贺彦飞，2018，《新常态下货币供给对工业经济的非对称冲击——兼论冲击路径的情景设计与分析》，《中国管理科学》第 1 期。

［4］芦东、刘家琳、周行，2021，《浮动汇率制能有效降低跨境资本流动波动吗?》，《国际金融研究》第11期。

［5］梅冬州、崔小勇，2017，《制造业比重、生产的垂直专业化与金融危机》，《经济研究》第2期。

［6］苏应蓉、王熠琳，2022，《全球金融周期、美联储资产负债表效应及其对中国经济溢出渠道的差异性研究》，《世界经济研究》第5期。

［7］谭小芬、虞梦微，2021a，《全球金融周期：驱动因素、传导机制与政策应对》，《国际经济评论》第6期。

［8］谭小芬、虞梦微，2021b，《全球金融周期与跨境资本流动》，《金融研究》第10期。

［9］王宇鹏、赵庆明，2015，《金融发展与宏观经济波动——来自世界214个国家的经验证据》，《国际金融研究》第2期。

［10］杨子晖、王姝黛，2021，《突发公共卫生事件下的全球股市系统性金融风险传染——来自新冠疫情的证据》，《经济研究》第8期。

［11］虞梦微、谭小芬、赵茜等，2023，《全球金融周期与新兴市场跨境债券资本流动管理——来自EPFR跨境债券基金的证据》，《数量经济技术经济研究》第1期。

［12］张礼卿、钟茜，2020，《全球金融周期、美国货币政策与"三元悖论"》，《金融研究》第2期。

［13］张晓晶、张明、张策，2022，《全球金融周期：典型事实、驱动因子和政策应对》，IMI Working Paper。

［14］Acemoglu D., Ozdaglar A., Tahbaz-Salehi A. 2015. "Systemic Risk and Stability in Financial Networks."*American Economic Review* 105(2)：564-608.

［15］Adrian T., Shin H. S. 2010. "Liquidity and Leverage."*Journal of Financial Intermediation* 19(3)：418-437.

［16］Aizenman J., Binici M. 2016. "Exchange Market Pressure in OECD and Emerging Economies：Domestic vs. External Factors and Capital Flows in the Old and New Normal." *Journal of International Money and Finance* 66：65-87.

［17］Alessandri P., Mumtaz H. 2019. "Financial Regimes and Uncertainty Shocks."*Journal of Monetary Economics* 101：31-46.

［18］Avdjiev S., Binder S., Sousa R. 2021. "External Debt Composition and Domestic Credit Cycles."*Journal of International Money and Finance* 115：102377.

［19］Barrot L. D., Servén L. 2018. "Gross Capital Flows, Common Factors, and the Global Financial Cycle."SSRN Working Paper.

［20］Bekaert G., Hoerova M. 2016. "What do Asset Prices Have to Say About Risk Appetite and Uncertainty?"*Journal of Banking & Finance* 67：103-118.

［21］ Bhattarai S., Chatterjee A., Park W. Y. 2020. "Global Spillover Effects of US Uncertainty."*Journal of Monetary Economics* 114: 71-89.

［22］ Bloom N. 2014. "Fluctuations in Uncertainty."*Journal of Economic Perspectives* 28(2): 153-176.

［23］ Bloom N. 2009. "The Impact of Uncertainty Shocks."*Econometrica* 77(3): 623-685.

［24］ Boehm C., Kroner N. 2020. "The US, Economic News, and the Global Financial Cycle." SSRN Working Paper.

［25］ Bonciani D., Ricci M. 2020. "The International Effects of Global Financial Uncertainty Shocks."*Journal of International Money and Finance* 109: 102236

［26］ Bräuning F., Ivashina V. 2020. "US Monetary Policy and Emerging Market Credit Cycles." *Journal of Monetary Economics* 112: 57-76.

［27］ Bruno V., Shin H. S. 2015. "Capital Flows and the Risk-Taking Channel of Monetary Policy."*Journal of Monetary Economics* 71: 119-132.

［28］ Cantor R., Packer F. 1996. "Determinants and Impact of Sovereign Credit Ratings." *Economic Policy Review* 2(2): 37-53.

［29］ Carrière-Swallow Y., Céspedes L. F. 2013. "The Impact of Uncertainty Shocks in Emerging Economies."*Journal of International Economics* 90(2): 316-325.

［30］ Chen Q., Filardo A., He D., et al. 2016. "Financial Crisis, US Unconventional Monetary Policy and International Spillovers."*Journal of International Money and Finance* 67: 62-81.

［31］ Christiano L. J., Motto R., Rostagno M. 2014. "Risk Shocks."*American Economic Review* 104(1): 27-65.

［32］ Dedola L., Rivolta G., Stracca L. 2017. "If the Fed Sneezes, Who Catches a Cold?" *Journal of International Economics* 108: S23-S41.

［33］ Dées S., Galesi A. 2021. "The Global Financial Cycle and US Monetary Policy in an Interconnected World."*Journal of International Money and Finance* 115: 102395.

［34］ Demirer R., Ferrer R., Shahzad S. J. H. 2020. "Oil Price Shocks, Global Financial Markets and Their Connectedness."*Energy Economics* 88: 104771.

［35］ Di Giovanni J., Kalemli-Özcan Ş., Ulu M. F., et al. 2022. "International Spillovers and Local Credit Cycles."*The Review of Economic Studies* 89(2): 733-773.

［36］ Fernández A., Klein M. W., Rebucci A., et al. 2016. "Capital Control Measures: A New Dataset."*IMF Economic Review* 64(3): 548-574.

［37］ Forbes K. J., Warnock F. E. 2012. "Capital Flow Waves: Surges, Stops, Flight, and Retrenchment."*Journal of International Economics* 88(2): 235-251.

［38］ Forbes K. J., Warnock F. E. 2021. "Capital Flow Waves or Ripples? Extreme Capital Flow

Movements Since the Crisis."*Journal of International Money and Finance* 116: 102394.

[39] Frankel J., Saravelos G. 2012. "Can Leading Indicators Assess Country Vulnerability? Evidence from the 2008–09 Global Financial Crisis."*Journal of International Economics* 87(2): 216–231.

[40] Ghosh A. R., Qureshi M. S., Kim J. I., et al. 2014. "Surges."*Journal of International Economics* 92(2): 266–285.

[41] Gilchrist S., Sim J. W., Zakrajšek E. 2014. "Uncertainty, Financial Frictions, and Investment Dynamics."NBER Working Paper 20038.

[42] Gilchrist S., Zakrajšek E. 2012. "Credit Spreads and Business Cycle Fluctuations." *American Economic Review* 102(4): 1692–1720.

[43] Handley K., Limão N. 2017. "Policy Uncertainty, Trade, and Welfare: Theory and Evidence for China and the United States."*American Economic Review* 107(9): 2731–2783.

[44] Handley K., Limão N. 2015. "Trade and Investment Under Policy Uncertainty: Theory and Firm Evidence."*American Economic Journal: Economic Policy* 7(4): 189–222.

[45] Iacoviello M., Navarro G. 2019. "Foreign Effects of Higher US Interest Rates."*Journal of International Money and Finance* 95: 232–250.

[46] Ilzetzki E., Reinhart C. M., Rogoff K. S. 2019. "Exchange Arrangements Entering the Twenty–First Century: Which Anchor will Hold?"*The Quarterly Journal of Economics* 134 (2): 599–646.

[47] Ing C. K. 2003. "Multistep Prediction in Autoregressive Processes."*Econometric theory* 19 (2): 254–279.

[48] Jiang Z., Krishnamurthy A., Lustig H. 2020. "Dollar Safety and the Global Financial Cycle."NBER Working Paper 27682.

[49] Jordà Ò., Schularick M., Taylor A. M., et al. 2019. "Global Financial Cycles and Risk Premiums."*IMF Economic Review* 67(1): 109–150.

[50] Jordà Ò. 2005. "Estimation and Inference of Impulse Responses by Local Projections." *American Economic Review* 95(1): 161–182.

[51] Koepke R. 2019. "What Drives Capital Flows to Emerging Markets? A Survey of the Empirical Literature."*Journal of Economic Surveys* 33(2): 516–540.

[52] Koop G., Pesaran M. H., Potter S. M. 1996. "Impulse Response Analysis in Nonlinear Multivariate Models."*Journal of Econometrics* 74(1): 119–147.

[53] Laeven L., Valencia F. 2020. "Systemic Banking Crises Database II." *IMF Economic Review* 68(2): 307–361.

[54] Lane M. P. R., Milesi–Ferretti M. G. M. 2017. "International Financial Integration in the

Aftermath of the Global Financial Crisis."IMF Working Paper 115.

［55］Miranda-Agrippino S., Rey H. 2021. "The Global Financial Cycle."NBER Working Paper 29327.

［56］Miranda-Agrippino S., Rey H. 2020. "US Monetary Policy and the Global Financial Cycle."*The Review of Economic Studies* 87(6): 2754-2776.

［57］Montiel Olea J. L., Plagborg-Møller M. 2021. "Local Projection Inference is Simpler and More Robust Than You Think."*Econometrica* 89(4): 1789-1823.

［58］Obstfeld M., Ostry J. D., Qureshi M S. 2018. "Global Financial Cycles and the Exchange Rate Regime: A Perspective from Emerging Markets."*AEA Papers and Proceedings* 108: 499-504.

［59］Obstfeld M., Ostry J. D., Qureshi M S. 2019. "A Tie That Binds: Revisiting the Trilemma in Emerging Market Economies."*Review of Economics and Statistics* 101(2): 279-293.

［60］Pallage S., Robe M. A. 2003. "On the Welfare Cost of Economic Fluctuations in Developing Countries."*International Economic Review* 44(2): 677-698.

［61］Pasricha G. K. 2012. "Recent Trends in Measures to Manage Capital Flows in Emerging Economies."*The North American Journal of Economics and Finance* 23(3): 286-309.

［62］Quadrini V. 2020. "The Impact of Industrialized Countries' Monetary Policy on Emerging Economies."*IMF Economic Review* 68: 550-583.

［63］Rey H. 2015. "Dilemma not Trilemma: The Global Financial Cycle and Monetary Policy Independence."NBER Working Paper 21162.

［64］Venditti F., Veronese G. 2020. "Global Financial Markets and Oil Price Shocks in Real Time."SSRN Working Paper.

（责任编辑：李兆辰）

附　录

一　变量描述性统计

附表 1　变量描述性统计

变量	样本数	均值	标准差	最小值	25%分位数	中位数	75%分位数	最大值
GDP	6564	12.183	2.954	0.626	10.265	12.193	13.649	22.116
FFER	7900	2.557	2.322	0.060	0.178	1.807	5.125	6.630

续表

变量	样本数	均值	标准差	最小值	25%分位数	中位数	75%分位数	最大值
VXO	7900	2.925	0.370	2.157	2.623	2.865	3.196	4.125
Trade	5233	0.785	0.614	0.271	0.436	0.587	0.829	2.807
ERR	7601	0.668	0.306	0.000	0.500	0.500	1.000	1.000
Vulnerability	3648	0.427	0.048	0.269	0.396	0.430	0.456	0.668
L.*GDP*	6491	12.175	2.952	0.626	10.246	12.186	13.642	22.101
KA	7900	0.020	0.140	0.000	0.000	0.000	0.000	1.000
Gfc	6300	0.305	0.317	0.000	0.050	0.150	0.600	1.000

二 利率冲击与风险冲击相互影响作用的讨论

如正文所述，利率冲击和风险冲击可能并不是独立的，两者可能存在相互影响。对此，本文进一步对两类冲击的影响做了延伸讨论。首先，借助相关性分析，本文发现1986~2019年美国联邦基金利率（FFER）与全球风险冲击（VXO）两者间的相关性系数为0.0821，呈弱相关关系。其次，由于两类冲击均为时间序列，采用格兰杰因果检验对两者的关系进行判断，所得结果如附表2所示。可以发现，对于两个原假设"中心国家货币政策冲击不是全球风险冲击的格兰杰原因"和"全球风险冲击不是中心国家货币政策冲击的格兰杰原因"，P值的大小分别为0.5287和0.3183，均接受了原假设，说明两者之间没有显著的因果关系。

附表2 中心国家货币政策冲击和全球风险冲击的格兰杰因果检验

原假设	卡方	P值
中心国家货币政策冲击不是全球风险冲击的格兰杰原因	1.274837	0.5287
全球风险冲击不是中心国家货币政策冲击的格兰杰原因	2.289449	0.3183

三 进一步分样本讨论

首先探讨了对于OECD国家和非OECD国家而言，基准研究结论在两类国家的表现差异，所得结果如附图1所示。可以看出，对于OECD国家而言，无论美国是否对货币政策进行调整，在全球风险冲击下，其产出都呈现出显著的下降趋势。而对于非 OECD 国家而言，在美国联邦基金利率不变的时期，全球风险冲击会给非 OECD 国家产出造成显著的负面影响；在美国联邦基金利率发生变动的时期，全球风险冲击则不会对其产出造成影响。这可能是因为非 OECD 国家与新兴经济体在经济产出、经济结构等方面存在一定的相似性，使在中心国家货币政策进行调整时，其所驱动的全球金融周期将加剧非 OECD 国家的宏观经济波动，此时全球风险冲击对该类国家不会产生影响；当中心国家货币政策维持不变时，由全球风险冲击驱动的全球金融周期将对该类国家产生影响。

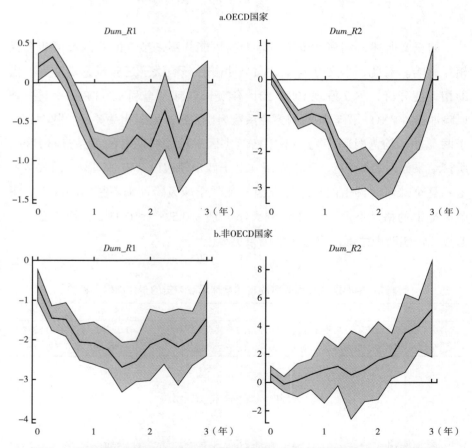

附图 1　不同美国联邦基金利率波动情形下产出对全球风险冲击的脉冲响应结果
（区分 OECD 国家）

　　注：*Dum_R*1 和 *Dum_R*2 分别表示不存在中心国家货币政策调整和存在中心国家货币政策调整的时期；图中阴影部分为 68% 的置信区间。

其次考察了对于北约成员国和非北约成员国而言，基准研究结论在两类国家的表现差异。通常来说，北约成员国在政治或军事层面与美国有着更强的联系。对两类样本进行估计，所得结果如附图2所示。可以看出，对于北约成员国而言，在美国联邦基金利率不变的时期，全球风险冲击会给北约成员国产出造成显著的负面影响；在美国联邦基金利率发生变动的时期，全球风险冲击则不会对北约成员国产出造成影响。而对于非北约成员国而言，无论美国是否对货币政策进行调整，在全球风险冲击下，其产出都呈现出显著的下降趋势。因此，北约成员国在美国货币政策发生变动时，应更加关注利率冲击带来的影响。

四　稳健性检验：识别外生事件冲击

Bloom（2009）在测度全球风险水平时则采用了如下识别方法：首先利用HP滤波将全球风险指数序列分解为趋势项和波动项，随后计算出波动项的1.65倍标准差，将去趋势后的序列均值与波动项1.65倍标准差之和设定为阈值。如果全球风险指数在当期小于等于该阈值，则将识别出的全球风险冲击赋值为0；如果全球风险指数在当期大于该阈值，则将识别出的全球风险冲击赋值为序列的原始值。Carrière-Swallow 和 Céspedes（2013）采用该方法对全球风险冲击进行了识别，认为这种方式能够有效识别出经济中较为重要的外生事件冲击：

$$VXO_t = \begin{cases} 0 & if, vxo_t \leqslant threshold \\ vxo_t & if, vxo_t > threshold \end{cases} \tag{7}$$

基于上述思想，使用Bloom（2009）的方法识别了全球风险的外生事件冲击，如式（7）所示。随后，采用识别出的全球风险冲击替换原变量，再次对原文中的式（6）展开分段估计，所得结果如附图3所示。

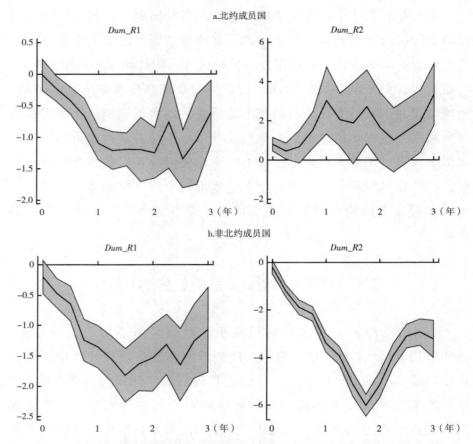

附图 2　不同美国联邦基金利率波动情形下产出对全球风险冲击的脉冲响应结果
（区分北约成员国）

注：Dum_R1 和 Dum_R2 分别表示不存在中心国家货币政策调整和存在中心国家货币政策调整的时期；图中阴影部分为 68% 的置信区间。

　　附图 3 展示了在采用新的识别方法测度全球风险水平后，不同美国联邦基金利率波动情形下，各国产出受到全球风险冲击后的脉冲响应结果。可以看出，图 3 中的脉冲响应结果与正文中的基准结果相同，即当不存在中心国家货币政策调整时，全球风险水平上升会给一国产出造成显著的负面影响。而当存在中心国家货币政策调整时，产出不再对全球风险冲击做出负面响应。

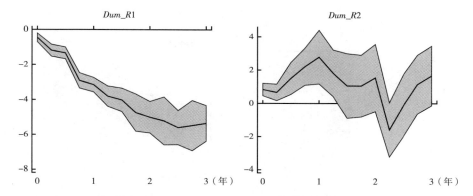

附图3　不同美国联邦基金利率波动情形下产出对全球风险冲击的脉冲响应结果
（更换全球风险冲击的测度方法）

　　注：Dum_R1 和 Dum_R2 分别表示不存在中心国家货币政策调整和存在中心国家货币政策调整的时期；图中阴影部分为68%的置信区间。

　　附图4进一步展示了在采用新的识别方法测度全球风险水平后，不同类型经济体产出对全球风险上升冲击的分阶段响应结果。可以看出，全球金融周期驱动因素的作用规律仍然仅对新兴经济体成立，也再次验证了相较于发达经济体，中心国家货币政策变动对于新兴经济体宏观经济波动的影响更大。

a.发达经济体

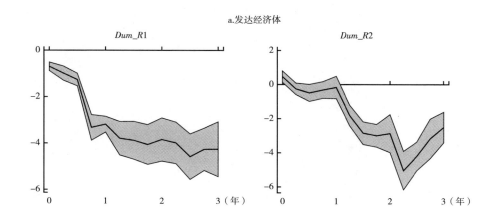

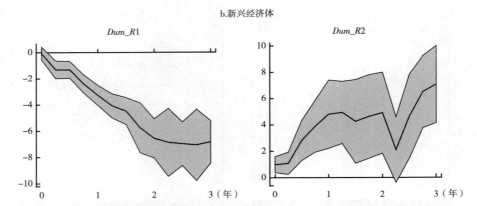

附图 4　分样本后不同美国联邦基金利率波动情形下产出对全球风险冲击的脉冲响
应结果（更换全球风险冲击的测度方法）

注：*Dum_R*1 和 *Dum_R*2 分别表示不存在中心国家货币政策调整和存在中心国家货币政策调整的时期；图中阴影部分为 68% 的置信区间。

国有资本授权经营与融资效率改进

梁上坤　姜艳峰　陈艳利*

摘　要： 本文以2010~2019年的国有上市企业为样本，基于行政干预和内部人控制的双重视角，考察了国有资本授权经营制度改革对国有企业融资效率的影响。研究发现，国有资本授权经营制度改革对提升国有企业融资效率具有显著的促进作用。进一步研究显示，减少行政干预、抑制内部人控制是国有资本授权经营制度改革提升国有企业融资效率的重要机制；区分所有权结构后，上述促进作用在非国有股东持股比例较低的企业中更显著；区分行业竞争程度后，上述促进作用在行业竞争程度较低的企业中更显著。本文丰富了国有资本授权经营的经济后果研究以及国有企业融资治理研究，为提升国有企业资本配置效率和完善相关制度提供了现实启示。

关键词： 国有资本授权经营　融资效率　行政干预　内部人控制

一　引言

党的二十大报告指出，高质量发展是全面建设社会主义现代化国家的首要任务。融资活动是企业资产形成的最原始途径，是承担着起点作用的

＊　梁上坤（通讯作者），教授，中央财经大学会计学院，电子邮箱：Liang_sk@126.com；姜艳峰，博士后，中央财经大学会计学院，电子邮箱：yfjiangjy@163.com；陈艳利，教授，东北财经大学会计学院，电子邮箱：chenyl9889@sina.com。本文获得国家自然科学基金面上项目（72272164、72073019、71872196）、国家社会科学基金重大项目（21&ZD145、19ZDA098）的资助。衷心感谢匿名审稿专家与编辑部的宝贵意见，文责自负。

企业资本配置行为，其效率事关企业的基本生存与健康发展。对于国有企业而言，随着改革的深化，近年来其融资模式朝着市场化的方向发展。但是，由于国有产权性质的特殊性，促进国有企业融资效率提升的工作依然紧迫。诸如"债务融资占比高""融资渠道单一""高规模—低效率""低成本—低效率"等问题制约了国有企业融资效率的改善（程仲鸣等，2008；韩鹏飞和胡奕明，2015；李文兴和汤一用，2021）。随着"十四五"规划步入开局阶段，加之经济周期、疫情等的影响，国有企业所处的经营环境更加复杂且多变。那么，如何改善融资决策机制、提升融资效率，成为国有企业高质量发展过程中所必须面对的现实难题，其治理机制愈发值得关注和思考。

对于融资效率，现有文献主要从融资成本视角考察了企业获取资金的能力（Anderson 等，2004；孙会霞等，2013；黄振和郭晔，2021）。国有企业相比非国有企业更容易获取低成本、规模大的融资（Khwaja 和 Mian，2005；Faccio，2006；Chang 等，2014；方军雄，2007；范小云等，2017），但资金使用效率却不高（程仲鸣等，2008；董红晔和李小荣，2014）。因此，仅根据资金获取能力对国有企业融资效率进行评价的做法是不够客观的。现有文献借鉴经济学的投入产出理念，将企业融资效率定义为企业获取资金并利用其进行价值创造的综合能力（宋文兵，1998；卢福财，2001；吴娅玲，2012），能够有效弥补采用融资成本指标分析的不足。然而，基于这一定义对企业融资效率影响因素的研究相对较少，目前主要关注了会计稳健性、内部控制、社会责任履行及金融发展的影响（吴娅玲，2012；曹亚勇等，2013；张玉喜和赵丽丽，2015；张海君，2017），尚未涉及对国有上市企业的研究。

国资监管模式是完善国有企业治理结构的重要制度基础，对于国有企业融资决策的制定与执行有着不可忽视的影响。作为"管资本"模式下的监管制度创新，国有资本授权经营制度改革在2013年党的十八届三中全会上应运而生。此后，随着《国务院关于改革和完善国有资产管理体制的若干意见》（国发〔2015〕63号）、《改革国有资本授权经营体制方案》（国发〔2019〕9号）等政策的颁布和落实，国有资本授权经营的试点范围迅速扩大，相关改革举措对于国有企业资本决策的影响日益突出，并引起学者们的广泛关注。然而，对此重要改革的经济后果研究多采用规范分析方法，实证研究相对匮乏，且研究视角局限于对企业绩效、非效率投资及薪酬业绩敏感性的单一维度考察（卜君和孙光国，2021；陈艳利和姜艳峰，2021；肖土盛和孙瑞琦，2021），尚未涉及对国有企业融资效率的研究。国有资本授权经营制度改革以授权放权为核心，一方面强调放活国有企业，另一方面致力于配套完善国有企业的约束机制，以缓解管理层代理问题。这一政策设计与我国"简政放权、放管结合、优化服务改革"的投融资体制改革基调一致。[①]那么，国有资本授权经营制度改革是否会对国有企业的融资行为和决策效率发挥重要影响？这一问题的探索，对于优化国有企业融资治理、推进经济高质量发展具有重要意义。

党的二十大报告强调，要"深化国资国企改革"和"推动国有资本和国有企业做强做优做大"。在上述背景下，本文以2010~2019年国有控股上市企业为样本，实证考察国有资本授权经营制度改革对融资效率的影响。研究发现，国有资本授权经营制度改革对提升国有企业融资效率具有显著的促进作用。进一步研究显示，降低行政干预、抑制内部人控制是国有资本授权经营制度改革提升国有企业融资效率的重要机制；区分所有权结构后，上述促进作用在非国有股东持股比例较低的企业中更显著；区分行业竞争程度后，上述促进作用在行业竞争程度较低的企业中更显著。在进行平行趋势检验、安慰剂检验等一系列稳健性测试后，上述发现保持稳定。

本文可能的研究贡献有以下两点：第一，为国有资本授权经营的经济后果研究提供新的证据。国有资本授权经营制度改革自2013年被正式提出，至今十余年的实践探索对于国有企业的资本经营活动产生了不可忽视的影响，然而现有文献仅从企业绩效、薪酬业绩敏感性及非效率投资的视角对改革的经济后果进行了考察（李端生和宋璐，2020；卜君和孙光国，2021；陈艳利和姜艳峰，2021），缺乏融资视角的分析与检验。本文从融资效率视

---

① 资料来源于2016年7月发布的《中共中央　国务院关于深化投融资体制改革的意见》。

角考察了国有资本授权经营制度改革的作用，并进一步分析了企业内部所有权结构与外部行业竞争程度产生的异质性影响，有助于加深对改革作用机制的认识，为相关政策评估和制度的完善提供了稀缺的经验证据。第二，丰富了国有企业融资效率的研究。现有文献关于融资效率的专项研究较少，多关注市场整体层面的资金配置效率或者企业融资成本（孙会霞等，2013；黄振和郭晔，2021）。本文基于国有资本授权经营制度改革的外生冲击，从投入产出的角度考察了国有企业改革政策对企业融资决策的影响，拓展了融资效率的研究视角。

二 制度背景、文献回顾与假设发展

（一）制度背景

改革开放以来，我国的国有资产管理模式经历了放权让利（1978~1992年）、制度创新（1993~2002年）、国资监管（2003~2012年）以及全面深化改革（2013年至今）四个阶段。前三个阶段的国有资产管理以资产授权经营为核心，对国有企业的行政干预过多，制约了国有企业公司治理制度的建立健全和高效运行。在此背景下，2013年11月党的十八届三中全会正式提出国有资本授权经营制度改革。该项制度改革是"以管资本为主"完善国有资产管理模式的时代创新，具体以资本层面的授权放权为核心机制，以改组国有资本投资、运营公司（以下简称"两类公司"）和配套落实公司治理优化举措为重要手段，理顺国资监管机构与国有企业的关系，推进由"管资产"向"管资本"转变。在目标设定上，这项制度改革致力于赋予国有企业更多经营自主权，以此促进国有企业的经营活力释放和国有资本经营效率提升等目标的实现。此后国务院、财政部等部门陆续发布具体改革政策，推进国有资本授权经营制度改革。

目前国有资本授权经营制度改革仍然处于分批试点阶段，各年度试点企业数量如表1所示。其中，中央企业是改革的排头兵，率先在2014年7月选择中粮、国投2家央企进行试点，后续在2016年增加了神华、宝武、中国五矿等8家试点，在2018年增加了航空工业、国机等11家试点。在中央企业的试点引领下，上海、广东、四川等地的14家地方国有企业在2014年开始进行试点，此后每年至少有20家地方国有企业加入试点队伍。截至2020年初，全国进行国有资本授权经营制度改革的国有企业数量合计172家，包括中央国有企业21家，地方国有企业151家。

表1　国有资本授权经营制度改革试点企业数量

单位：家

项目	2014年	2015年	2016年	2017年	2018年	2019年	合计
中央层面	2		8		11		21
地方层面	14	20	30	39	28	20	151

（二）文献回顾

1.国有资本授权经营研究

构建以管资本为主的国有资本授权经营体系是当前国企改革的重点内容（马忠等，2017；高明华，2019）。目前关于国有资本授权经营制度改革的研究尚处于起步阶段，已有文献主要从理论层面关注了国有资本授权经营的概念内涵、改革意义、制度框架以及改革试点中存在的重点问题（胡锋和黄速建，2017；王曙光和徐余江，2017；徐文进，2020；肖红军，2021）。对于国有资本授权经营制度的改革效果研究，现有文献较少，而且局限于对国有企业绩效、薪酬业绩敏感性及非效率投资的影响考察。在企业绩效方面，李端生和宋璐（2020）、肖土盛和孙瑞琦（2021）以两类公司成立为外生冲击，发现这一改革举措对于国有企业绩效提升具有显著的促进作用。在薪酬业绩敏感性方面，卜君和孙光国（2021）将两类公司的成立作为"以管资本为主"变革国资监管模式的标志，发现这一变革对于提升央企薪酬业绩敏感性具有显著的促进作用。在非效率投资方面，陈艳利和姜艳峰（2021）以授权放权为核心，对国有资本授权经营制度改革的重要举措进行了提炼，研究发现改革能够显著抑制国有企业非效率投资。虽然现有研究发现国有资本授权经营制度改革对于国有企业的资本经营决策产生了重要影响（卜君和孙光国，2021；陈艳利和姜艳峰，2021），但是尚未涉及对国有企业融资决策的影响分析。

2.融资效率研究

对于国有企业的融资效率，国有产权的特殊性使得其在低成本获取外源融资方面具有先天优势，但资金的使用效率却不高（程仲鸣等，2008；董红晔和李小荣，2014；范小云等，2017），故而仅根据资金获取能力对国有企业融资效率进行评价的做法不够客观。投资效率反映了企业向不同领域投入的资本水平与该领域投资机会之间的匹配程度（Shin 和 Stulz，1998），但是这一指标缺少对融资成本的分析，也难以较好地体现企业是否对所获资金进行了高效利用。宋文兵（1998）、卢福财（2001）、吴娅玲（2012）等借鉴经济学的投入产出理念，提出企业融资效率应该兼顾交易效率和配置效率，将企业融资效率定义为企业获取资金并利用其进行价值创造的综合能力。这一做法不仅能够有效弥补采用融资成本指标分析的不足，也更好地体现了国有资本保值增值的目标理念，有助于综合、客观地考察国有资本授权经营制度改革的经济后果。在此概念下，为了提升企业融资效率，企业一方面需要以尽可能低的成本获取经营所需资金，另一方面需要将资金进行高效利用以实现收益最大化（宋文兵，1998；卢福财，2001；吴娅玲，2012；曹亚勇等，2013；张玉喜和赵丽丽，2015；张海君，2017）。[①]现有研究发现，企业融资效率受公司治理质量、交易费用及制度环境等诸多因素的影响（张海君，2017）。其中，吴娅玲（2012）、张海君（2017）发现较高的会计稳健性、较高的内部控制质量能够提升企业的债权融资效率。曹亚勇等（2013）发现履行社会责任对于企业降低资本约束、提升融资效率具有显著的促进作用。张玉喜和赵丽丽（2015）则发现，支持政策虽然能够降低科技创新企业的融资成本，但同时也诱发了企业的寻租行为，导致企业融资效率下降。

对于国有企业的融资效率，与本文定义直接相关的研究尚处于空白

---

① 也有文献将融资效率定义为企业以最低成本获取经营所需资金的能力。对于国有企业，鉴于提升企业价值创造能力一直是国资国企改革的目标，而且国有企业因政府隐性担保而存在融资成本偏低现象，从投入产出的角度来评价国有企业融资效率的做法更具合理性。

状态，但是已有文献发现行政干预和内部人控制问题是影响国有企业融资成本或收益的重要因素。在行政干预方面，现有文献发现过去政企不分、政资不分问题导致国有企业难以按照市场机制配置资源（Lin 等，1998；林毅夫和李志赟，2004；凌文，2012；李文贵等，2017）。在内部人控制方面，非效率投资、在职消费、变相私有化等问题造成企业的资金使用效率不高（Zhang，1997；权小锋等，2010；马连福等，2012），由此产生的经营风险会导致企业融资成本上升（李昕潼和池国华，2017；王运通和姜付秀，2017）。这些问题成为国有企业融资效率下降的重要原因。

（三）理论分析与假设发展

对于国有企业融资效率，现有文献发现行政干预和内部人控制问题是造成其效率损失的重要因素（Zhang，1997；权小锋等，2010；马连福等，2012；李文贵等，2017；李昕潼和池国华，2017）。而国有资本授权经营制度改革以授权放权为核心举措，对于行政干预和企业管理层行为会产生直接且不可忽视的影响。国有资本授权经营制度改革会影响行政干预和内部人控制问题，从而对国有企业融资效率产生重要影响。

一方面，国有资本授权经营制度改革可能会减少行政干预、抑制内部人控制，进而促进国有企业融资效率提升。首先，在行政干预方面，国有资本授权经营制度改革能够降低对国有企业的行政干预程度，减小政策性负担对国有企业融资效率的影响。对于融资成本而言，已有文献表明在非完全信息对称的市场，投资者对企业的风险评估水平决定了企业融资成本（曾颖和陆正飞，2006；罗进辉等，2020），而政策性负担的存在会加剧国有企业的经营风险和财务风险，导致国有企业融资成本上升（肖浩和夏新平，2010；李昕潼和池国华，2017）。从信号传递的角度，国有资本授权经营制度改革是国家改革重点，当一家国有企业被纳入改革名单时，可能会向外界投资者传递公司治理质量提升的信号，有利于增强投资者对企业的投资信心，降低投资者对企业的风险评估水平，进而促进国有企业融资成本降低。对于融资收益而言，政策性负担是导致国有企业资金利用效率低的重要原因（Qian，1996；Zhang，1997；Lin

等，1998；林毅夫和李志赟，2004）。而国有资本授权经营制度改革通过授权放权和成立两类公司，分离了监管职能和出资者职能，从治理结构上减少了对国有企业的行政干预（胡锋和黄速建，2017；文宗瑜和宋韶君，2018），进而有助于降低由政策性负担造成的资金使用效率损失，促进国有企业融资收益增加。因此，国有资本授权经营制度改革有助于从降低行政干预的角度促进国有企业融资成本降低和融资收益增加，进而促进国有企业融资效率提升。其次，在内部人控制方面，国有资本授权经营制度改革能够完善国有企业的治理制度，缓解内部人控制问题对企业融资效率的影响。对于融资成本而言，当企业的管理层代理问题较为严重时，投资者会认为投资这类企业的风险较高，导致企业的融资成本偏高（林芳和冯丽丽，2012；周嘉南和雷霆，2014），而公司治理水平的提高有助于降低企业的融资成本（Khurana 和 Raman，2004；沈艺峰等，2005；姜付秀等，2008；蒋琰，2009）。在进行国有资本授权经营制度改革后，为了强化国有企业的行权能力和行权规范，国有企业会配套完善董事会治理、经理人市场化选聘、违规经营投资责任追究等治理机制（陈艳利和姜艳峰，2021）。并且，在制度改革后，国资监管机构不再直接进行繁杂的企业管理活动，能够将有限的资源更多地投向履行外部监管职能，有助于实现国有企业内外部治理的协同优化（卜君和孙光国，2021）。国有资本授权经营制度改革有助于完善公司治理机制，从而降低投资者对国有企业的风险估计水平，进而缓解企业融资成本压力。对于融资收益而言，委托—代理理论认为管理层基于自身利益会进行非效率投资、在职消费等，导致企业存在一定的资金浪费问题，无法实现融资收益最大化（胡援成和田满文，2008）。那么，如果国有资本授权经营制度改革能够通过完善公司治理机制来约束管理层代理行为，也将会对融资收益产生显著的促进作用。因此，国有资本授权经营制度改革有助于从完善公司治理机制的角度促进国有企业融资成本降低、融资收益增加，进而促进国有企业融资效率提升。

另一方面，国有资本授权经营制度改革也可能会减少行政干预和加剧内部人控制问题，导致国有企业融资效率下降。首先，在行政干预方面，国有资本授权经营制度改革通过授权放权和成立两类公司等举措，不仅会减少国资监管机构对国有企业的过多干预，也可能会削弱国有企业原有的融资优势，导致企业融资效率降低。国有企业承担了政策性负担，而信息不对称使企业经营损失无法确定是由政策性负担造成的还是由管理层机会主义造成的，导致国有企业预算软约束问题（林毅夫和李志赟，2004）。国有资本授权经营制度改革后，国有企业承担的政策性负担会减少（卜君和孙光国，2021；陈艳利和姜艳峰，2021；肖土盛和孙瑞琦，2021），这可能会减少国有企业获得政策扶持和融资隐性担保的机会，并且可能会向外界传递预算约束硬化的信号。所以，国有资本授权经营制度改革后，国有企业的融资优势可能会削弱。此时，投资者会提高对国有企业的风险评估水平并索要更高的风险溢价补偿，从而导致国有企业融资成本变高，并最终体现为国有企业融资效率下降。其次，在内部人控制方面，国有资本授权经营制度改革通过授权放权可能会加剧国有企业的内部人控制问题，造成国有企业融资效率下降。现有研究表明，管理层权力过大是产生企业内部人控制问题的重要原因（权小锋等，2010；王烨等，2012；刘剑民等，2019；郭宏等，2020），可能会引发管理层以权谋私、虚增业绩、操纵成本等损害股东利益的行为（Lazear 和 Rosen，1979；Bebchuk 等，2002；Steen，2010；林芳和冯丽丽，2012）。国有资本授权经营制度改革通过授权放权会使国有企业管理层权力变大，并且两类公司的成立如同在国有企业集团委托—代理链条上增设了一个层级，可能产生新的信息不对称问题。所以，如果公司治理和外部监管没有对管理层权力发挥有效的规范作用，国有资本授权经营制度改革可能会加剧国有企业的内部人控制问题，由此产生的管理层代理问题会降低国有企业的资金使用效率并增加企业经营风险，进而导致国有企业融资收益降低、融资成本变高，即导致国有企业融资效率下降。

根据以上分析，国有资本授权经营制度改革对国有企业融资效率的影响可能存在两种情况：一方面可能会减少行政干预、抑制内部人控制，进而促进国有企业融资效率的提升，另一方面可能会减少行政干预、加剧内部人控制问题，进而导致国有企业融资效率下降。所以，本文提出竞争性的研究假设H1：

H1a：国有资本授权经营制度改革能够提升国有企业融资效率。

H1b：国有资本授权经营制度改革能够降低国有企业融资效率。

三　研究设计

（一）模型构建与变量定义

由于目前国有资本授权经营制度改革尚处于试点阶段，不同国有企业开始改革的时间并不一致，这意味着难以确定某一年作为统一的政策作用时间节点。所以，采用多期双重差分识别策略对假设H1进行检验，具体模型如下：

$$FE_{i,t}=\beta_0+\beta_1 Treat_{i,t}\times Post_{i,t}+\sum Control_{i,t}+\sum Firm+\sum Year+\varepsilon_{i,t} \tag{1}$$

其中，FE 为被解释变量，表示企业融资效率；$Treat\times Post$ 为解释变量，表示国有资本授权经营制度改革。控制变量（$Control$）为一系列可能影响融资效率的变量，同时控制了企业个体固定效应（$Firm$）和年份固定效应（$Year$）。若国有资本授权经营制度改革（$Treat\times Post$）的系数显著为正，则支持了研究假设H1a；若国有资本授权经营制度改革（$Treat\times Post$）的系数显著为负，则支持了研究假设H1b。具体的变量定义如下。

1.被解释变量

融资效率（FE）。本文借鉴吴娅玲（2012）、曹亚勇等（2013）、张玉喜和赵丽丽（2015）等的研究，采用公式"投资回报率/加权平均资本成本"来测度企业融资效率。

其中，投资回报率（ROA）采用总资产收益率来度量。加权平均资本成本（$Wacc$）采用公式"债务资本成本×（债务资本/总资本）×（1−所得税）+权益资本成本×（权益资本/总资本）"来度量。对于债务资本成本（$Cost\_Debt$），参考王艺霖和王爱群（2014），采用公式"利息支出/负债总额"来计算。对于权益资本成本（$Cost\_PEG$），考虑模型的风险捕捉能力和中国特殊的市场环境（毛新述等，2012；许志等，2017），本文参考王爱国等（2019）、张修平等（2020）的研究，采用PEG模型来测度，具体公式如下：

$$Cost\_PEG = \sqrt{\frac{|EPS_2 - EPS_1|}{P_0}} \qquad (2)$$

其中，EPS 为每股收益，EPS_1、EPS_2 分别代表企业被分析师预测的未来一期、未来二期的值，P_0 代表当期的股票收盘价。

2.解释变量

国有资本授权经营制度改革（$Treat \times Post$）。参考陈艳利和姜艳峰（2021）的研究，采用 $Treat$ 与 $Post$ 的交乘项表示。对于改革标识（$Treat$），本文以纳入国有资本授权经营制度改革试点范围的国有控股上市公司为处理组，此时 $Treat$ 赋值为1，以截至2019年12月31日仍未纳入改革试点范围的国有控股上市公司为控制组，此时 $Treat$ 赋值为0。对于事件期（$Post$），如果样本公司处在改革试点当年和之后的年份时，$Post$ 赋值为1，否则 $Post$ 赋值为0。以中央企业为例，我国分别在2014年、2016年和2018年分三批选择了21家央企进行国有资本授权经营制度改革试点，那么这21家央企的控股上市公司会被划分到处理组，$Treat$ 赋值为1，其他从未进行过改革试点的央企控股上市公司被划分到处理组，$Treat$ 赋值为0。2014年2家央企开始了国有资本授权经营制度改革试点，那么这2家央企的控股上市公司在2014~2019年 $Post$ 赋值为1，在2010~2013年 $Post$ 赋值为0。其他样本依此类推。如果某公司从未被纳入国有资本授权经营制度改革范围，则 $Post$ 一直赋值为0。

3.控制变量

参考以往研究，选择以下控制变量：公司规模（$Asset$）、负债水平（Lev）、成长性（$Growth$）、总资产周转率（Ato）、有形资产率（$Tang$）、公司年龄（Age）、股权集中度（$Shrcr1$）、两职合一（Ceo）、董事会规模（BS）、独立董事比例（$IndB$）。主要变量的定义及说明如表2所示。

表 2　主要变量的定义和说明

变量类型	变量符号	计算方法
因变量	FE	投资回报率与加权平均资本成本的比值
解释变量	Treat	虚拟变量，曾进行国有资本授权经营制度改革赋值为 1，否则为 0
	Post	虚拟变量，国有资本授权经营制度改革当年及以后年份赋值为 1，否则为 0
	Treat×Post	Treat 与 Post 的交乘项
控制变量	Asset	年末总资产的自然对数
	Lev	年末总负债与年末总资产的比值
	Growth	当年营业收入相比上年营业收入的增长率
	Ato	当年营业收入与年末总资产的比值
	Tang	年末固定资产与年末总资产的比值
	Age	（上市年数+1）的自然对数
	Shrcr1	年末第一大股东持股数与总股数的比值
	Ceo	当董事长兼任总经理时赋值为 1，否则取 0
	BS	年末董事会总人数的自然对数
	IndB	年末独立董事与年末董事会总人数的比值

（二）样本选取与数据来源

本文选取 2010~2019 年国有控股上市企业作为样本。[①]公司治理、分析师预测数据来自 CSMAR 数据库，其他财务数据来自 Wind 数据库。为增强数据分析的严谨性，剔除数据缺失类、金融类及 ST 类样本，最后剩余 1117 个处理组观测、4183 个控制组观测，合计 5300 个观测。数据使用软件 Stata 处理，并对所有连续型变量进行上下 1% 水平的缩尾处理。

---

① 选择 2010 年为起始年的原因为双重差分实证模型需要比较改革前后企业融资效率的变动情况，而国有资本授权经营制度改革于 2014 年起正式试点，以此为基准往前计算 4 年（为避免时间跨度过长带来过多的噪声影响）时间为 2010 年。这一做法与已有文献卜君和孙光国（2021）、陈艳利和姜艳峰（2021）一致。如果将起始年份改为 2011 年或者 2012 年，本文研究结论不变。对于样本时间截至 2019 年，本文的考虑是 2020 年之后新冠疫情突袭而至，我国企业的融资决策受到更多更复杂的因素影响，这些因素会加大国有资本授权经营政策效果估计的噪声。

四 实证分析与结果

（一）描述性统计

表3 Panel A列示描述性统计结果。可以发现，融资效率（*FE*）的均值为0.820，与曹亚勇等（2013）、祁怀锦等（2019）的研究一致；下四分位数、上四分位数、标准差分别为0.386、1.234、1.040，表明不同企业间的融资效率存在较大差异。其他变量的统计特征均在合理水平内。Panel B列示了变量的相关系数矩阵。可以发现，国有资本授权经营制度改革（*Treat×Post*）与融资效率（*FE*）的相关系数为0.005，但是不显著，需结合控制变量作进一步研究。此外，各变量的方差膨胀因子（VIF）均低于5，因此多重共线性问题的影响不大。Panel C报告了处理组样本中融资效率（*FE*）的单变量检验结果。结果显示，融资效率（*FE*）的均值在进行国有资本授权经营制度改革前后存在显著差异，并且其数值在改革后更大，支持了本文的研究假设H1a，而研究假设H1b没有得到支持。

表3 描述性统计、相关性分析与单变量检验

	Panel A：描述性统计				
变量	均值	标准差	下四分位	中位数	上四分位
FE	0.820	1.040	0.386	0.769	1.234
Treat×Post	0.066	0.249	0.000	0.000	0.000
Asset	21.630	1.316	20.720	21.420	22.330
Lev	0.512	0.189	0.370	0.521	0.660
Growth	0.431	1.187	−0.036	0.133	0.428
Ato	0.685	0.478	0.350	0.572	0.862
Tang	0.266	0.198	0.102	0.223	0.400
Age	2.512	0.578	2.197	2.708	2.944
Shrcr1	0.394	0.158	0.273	0.389	0.512
Ceo	0.106	0.307	0.000	0.000	0.000
BS	2.221	0.195	2.197	2.197	2.398
IndB	0.371	0.056	0.333	0.333	0.385

	Panel B：相关系数矩阵										
变量	*(A)*	*(B)*	*(C)*	*(D)*	*(E)*	*(F)*	*(G)*	*(H)*	*(I)*	*(J)*	*(K)* *(L)*
(A)FE	1										
(B)Treat×Post	0.005	1									
(C)Asset	−0.007	−0.035**	1								
(D)Lev	−0.211***	0.026*	−0.031**	1							
(E)Growth	0.026*	−0.023*	0.010	0.117***	1						
(F)Ato	0.093***	−0.008	0.030**	0.084***	−0.164***	1					
(G)Tang	−0.108***	0.039***	−0.043***	0.002	−0.270***	−0.083***	1				
(H)Age	−0.039***	0.103***	0.076***	0.185***	0.032**	0.071	0.035**	1			
(I)Shrcr1	0.072***	0.070***	−0.052***	0.055***	−0.015	0.042***	0.096***	−0.091***	1		
(J)Ceo	0.025*	−0.003	0.021	−0.031**	−0.015	−0.003	−0.071***	−0.028**	−0.087***	1	
(K)BS	0.031**	−0.028**	−0.039***	0.045***	−0.044**	−0.014	0.166***	−0.051***	0.023*	−0.072***	1
(L)IndB	−0.033**	0.017	0.046***	0.087***	0.008	−0.015	−0.070***	0.010	0.095***	0.059***	−0.388*** 1

	Panel C：单变量检验				
变量	改革前		改革后		均值差异
	观测数	均值	观测数	均值	
FE	765	0.702	352	0.841	0.138*

注：*、**、***分别表示在10%、5%、1%水平下显著。

（二）研究假设检验

表 4 报告了国有资本授权经营制度改革与国有企业融资效率的回归结果。无论是否添加控制变量，国有资本授权经营制度改革（*Treat×Post*）的系数为正，且在 1% 的水平下显著。回归结果表明，国有资本授权经营制度改革后，国有企业的融资效率显著提升，支持了研究假设 H1a。在控制变量方面，负债水平（*Lev*）的系数为负，且在 1% 水平下显著，表明样本企业获得了较大的负债规模（张四灿等，2022），但是资金的使用效率却不高，导致融资效率偏低，这与程仲鸣等（2008）、董红晔和李小荣（2014）的研究一致。成长性（*Growth*）、总资产周转率（*Ato*）的系数为正，且均在 1% 水平下显著，其可能的原因是较强的成长能力和营运能力有助于提升企业的

资金使用效率，并且有助于降低企业经营风险，故而使企业呈现出较高的融资效率。股权集中度（*Shrcr1*）的系数为正，且在1%水平下显著，其可能的原因是当大股东持股比例较高时，为了最大化收益，更愿意加强对企业的监督并减少掏空行为，有助于降低企业的经营风险、抑制管理层的低效率使用资金行为，故而有助于提升企业的融资效率。其他控制变量的系数方向和显著性与现有研究大体一致（吴娅玲，2012；祁怀锦等，2019）。

表4　国有资本授权经营制度改革与国有企业融资效率

变量	(1) FE	(2) FE
Treat×Post	0.246***	0.212***
	(3.566)	(3.163)
Asset		0.026
		(0.719)
Lev		−1.870***
		(−11.480)
Growth		0.069***
		(5.033)
Ato		0.739***
		(10.769)
Tang		−0.776***
		(−4.311)
Age		0.020
		(0.210)
Shrcr1		1.370***
		(5.689)
Ceo		0.145**
		(2.568)
BS		0.083
		(0.569)
IndB		−0.629
		(−1.580)
Constant	1.274***	0.719
	(32.264)	(0.778)
企业固定效应	是	是
年份固定效应	是	是
样本量	5300	5300
调整 R^2 值	0.050	0.117

注：括号内为t值，*、**、***分别表示在10%、5%、1%水平下显著。

（三）稳健性测试

1. 平行趋势检验

考虑到进行双重差分估计的前提是满足平行趋势假设，本文借鉴 Beck 等（2010）、Moser 和 Voena（2012）的研究，进行平行趋势检验。具体将前文式（1）中的 $Treat \times Post$ 分解为 $Treat \times Post^n$，当处理组样本处在被纳入国有资本授权经营制度改革范围的第 n 年时，$Treat \times Post^n = 1$，其他样本赋值为 0。

表 5 报告了平行趋势检验的回归结果。当 n 为负数时，$Treat \times Post^n$ 的系数均不显著，而当 n 为 0 或者正数时，$Treat \times Post^n$ 的系数显著为正，表明在改革前，处理组和控制组的融资效率并无显著差异，改革后才出现显著差异，即支持了平行趋势假设。

表5 平行趋势检验

变量	(1) FE
$Treat \times Post^{-3+}$	0.121
	(1.355)
$Treat \times Post^{-1}$	−0.084
	(−0.748)
$Treat \times Post^0$	0.252**
	(2.170)
$Treat \times Post^1$	0.321***
	(2.646)
$Treat \times Post^2$	0.112
	(0.791)
$Treat \times Post^{3+}$	0.309**
	(2.179)
$Asset$	0.025
	(0.676)
Lev	−1.874***
	(−11.496)
$Growth$	0.068***
	(4.980)
Ato	0.739***
	(10.756)
$Tang$	−0.768***
	(−4.265)
Age	0.019
	(0.205)
$Shrcr1$	1.375***
	(5.707)

变量	(1) FE
Ceo	0.147***
	(2.592)
BS	0.088
	(0.603)
IndB	−0.608
	(−1.526)
Constant	0.706
	(0.764)
企业固定效应	是
年份固定效应	是
样本量	5300
调整 R^2 值	0.119

注：括号内为 t 值，*、**、***分别表示在10%、5%、1%水平下显著。

2.安慰剂检验

考虑到不可观测因素可能对国有资本授权经营制度改革效应造成的影响，本文借鉴周茂等（2018）的研究，进行安慰剂检验。随机的构造改革冲击（$Treat×Post^{random}$）500 次，并最终在图 1 中展现回归估计的 $Treat×Post^{random}$分布。可见，$Treat×Post^{random}$ 的系数集中分布在 0 的附近，远小于估计的真实值0.212，并且有90%的估计系数的显著性低于10%水平，从而证明不可观测因素不会对估计结果产生显著影响。

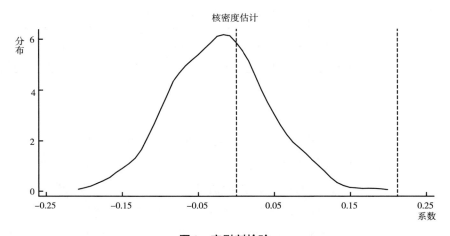

核密度估计

分布

图1　安慰剂检验

3.倾向得分匹配检验

考虑到国有资本授权经营制度改革名单可能是非随机制定的，样本自选择偏误可能对研究结论造成影响。所以，借鉴曹清峰（2020）的研究，本文进行倾向得分匹配测试。具体而言，本文按照 1∶3 最近邻匹配规则，进行分年度匹配。匹配时采用 Logit 回归，协变量包含公司规模（*Asset*）、负债水平（*Lev*）、成长性（*Growth*）、总资产周转率（*Ato*）、有形资产率（*Tang*）、公司年龄（*Age*）、股权集中度（*Shrcr1*）、两职合一（*Ceo*）、董事会规模（*BS*）、独立董事比例（*IndB*）。表 6 报告了倾向得分匹配后处理组与控制组的均值差异检验结果，t 值的绝对值均小于 1，表明协变量的差异均不显著，即匹配效果良好。进行倾向得分匹配后，式（1）的回归结果如表 7 第（1）列所示，国有资本授权经营制度改革（*Treat×Post*）的系数在 10% 水平下显著为正。与前文结果一致。

表 6 倾向得分匹配后处理组与控制组的均值差异

年份	Asset	Lev	Growth	Ato	Tang	Age	Shrcr1	Ceo	BS	IndB
2010	−0.090	−0.410	0.020	−0.540	0.380	0.100	−0.270	0.220	0.530	−0.960
2011	−0.910	1.080	0.160	−0.860	0.470	−0.160	−0.190	0.960	0.070	−0.450
2012	−0.110	−0.300	0.020	−0.020	0.270	−0.300	−0.090	0.220	0.370	−0.550
2013	−0.060	−0.290	−0.710	0.290	0.430	−0.470	0.100	0.470	0.040	0.480
2014	−0.610	−0.480	−0.030	−0.470	0.880	−0.040	−0.210	0.000	0.690	−0.490
2015	−0.490	−0.040	−0.130	−0.290	0.420	0.080	−0.160	−0.200	−0.090	−0.090
2016	0.000	−0.670	0.350	0.790	−0.180	0.150	0.010	0.410	−0.400	−0.360
2017	0.120	−0.090	0.560	0.030	−0.140	−0.190	0.220	0.650	0.070	0.030
2018	0.130	0.340	0.660	0.120	−0.300	−0.010	−0.100	0.200	0.750	−0.070
2019	0.060	−0.310	−0.170	0.090	0.270	−0.110	−0.010	0.250	0.080	0.020

4.工具变量检验

为减小遗漏变量、反向因果等内生性问题对研究结论的影响，本文进行工具变量检验。本文以同行业同年份进行国有资本授权经营制度改革的企业数量作为工具变量（*IV*），该指标值越大，国有企业被纳入改革试点范围的概率就越大，但对企业融资效率的影响可能较小。统计值 Kleibergen-Paap rk LM 的 P 值为 0.000，Kleibergen-Paap rk Wald F 的检验值为 237.942，大于10%水平临界值16.380，排除工具变量识别不足、弱工具变量假设。工具变量检验的结果见表7的第（2）列和第（3）列。第（2）列报告了第一阶段的回归结果，工具变量（*IV*）的系数为正，且在1%水平下显著。第（3）列报告了第二阶段的回归结果，估计的国有资本授权经营制度改革（*Treat×Post_IV*）的系数为正，且在1%水平下显著。这一结果表明，采用工具变量缓解内生性后，本文研究结论依然成立。

表7　内生性问题检验

变量	(1) PSM FE	(2) 工具变量法：First IV	(3) 工具变量法：Second FE
Treat×Post	0.140*	0.034***	
	(1.863)	(15.425)	
Treat×Post_IV			0.765***
			(2.88)
Asset	−0.029	0.013	0.018
	(−0.590)	(1.584)	(0.55)
Lev	−2.257***	−0.069*	−1.825***
	(−9.676)	(−1.916)	(−12.20)
Growth	0.077***	−0.006*	0.073***
	(3.373)	(−1.816)	(5.77)
Ato	0.589***	0.022	0.724***
	(6.586)	(1.472)	(11.51)
Tang	−0.990***	−0.050	−0.773***
	(−3.964)	(−1.251)	(−4.72)
Age	0.124	−0.042**	0.053
	(0.904)	(−2.027)	(0.61)
Shrcr1	1.736***	−0.182***	1.467***
	(4.850)	(−3.421)	(6.56)
Ceo	0.148*	0.026**	0.131**
	(1.777)	(2.066)	(2.53)
BS	0.238	0.056*	0.053
	(1.139)	(1.732)	(0.40)
IndB	−0.497	0.114	−0.675*
	(−0.886)	(1.295)	(−1.86)
Constant	1.504	−0.374	1.939**
	(1.182)	(−1.604)	(2.02)
企业固定效应	是	是	是

续表

变量	(1) PSM	(2) 工具变量法：First	(3) 工具变量法：Second
	FE	IV	FE
年份固定效应	是	是	是
样本量	3138	5300	5300
调整 R² 值	0.140	0.565	0.484

注：括号内为 t 值，*、**、***分别表示在 10%、5%、1% 水平下显著。

5.排除其他国企改革影响的检验

本文以 2010~2019 年为样本期间，在该时间段，除了国有资本授权经营制度改革，我国还进行了多项重要的国资国企改革。其中，以混合所有制改革、央企董事会试点改革以及违规经营投资责任追究改革最具代表性，这三项改革对国有企业资本决策的影响较大，进而可能影响本文估计得到的国有资本授权经营制度改革效果。为排除上述问题带来的影响，本文进行以下三个方面的检验。

其一，控制混合所有制改革的影响。2013 年党的十八届三中全会提出"积极发展混合所有制经济"，此后国有企业混合所有制改革成为国有企业改革的重点内容。已有文献普遍支持混合所有制改革能够缓解行政干预和内部人控制问题，从而提高国有企业的投资回报率（陈林和唐杨柳，2014；谢海洋等，2018；张荣武等，2022）。由于上述路径也是国有资本授权经营制度改革提升国有企业融资效率的重要路径，混合所有制改革可能也会促进企业融资效率提升。鉴于增加非国有股东持股、发挥非国有股东对国有企业的治理功能是混合所有制改革的重要内容，本文借鉴蔡贵龙等（2018）、陈良银等（2021）的研究，以非国有股东持股比例刻画混合所有制改革程度。为控制混合所有制改革的影响，具体在式（1）中加入前十大股东持股中第一大非国有股东持股比例（SHR_Nonsoe1th）和全部非国有股东持股比例（SHR_Nonsoe）控制变量，回归结果分别如表8的第（1）列和第（2）列所示。前十大股东持股中第一大非国有股东持股比例（SHR_Nonsoe1th）和全部非国有股东持股比例（SHR_Nonsoe）的系数均为正，且都在 1% 水平下显著，表明混合所有制改革对提升国有企业融资效率有显著的促进作用，与以往文献一致。在此基础上，国有资本授权经营制度改革（*Treat×Post*）的系数均为正，且都在1%的水平下显著，表明在控制混合所有制改革的影响后，前文结果稳健。

其二，控制央企董事会试点改革的影响。2004年中央企业开始进行董事会试点改革，2010年试点企业数量达到21家，2018年试点企业数量达到94家，其试点推行时间覆盖了本文的样本期间。现有文献发现，央企董事会试点改革能够解决行政干预和内部人控制问题，从而降低试点央企的代理成本（李文贵等，2017；黄华等，2020）。这表明央企董事会试点改革与国有资本授权经营制度改革的作用机制可能存在相似性，也会对国有企业融资效率产生影响。为排除这一试点改革的影响，本文以中央企业为样本，在式（1）中加入央企董事会试点（*Board*）控制变量。如果某样本企业或者其控股股东进行了央企董事会试点并且处在试点当年及以后年份，*Board* 赋值为1，否则赋值为0。回归结果如表8的第（3）列所示。央企董事会试点（*Board*）的系数为正，但是不显著，表明央企董事会试点改革可以一定程度上提升央企的融资效率，但在本文考察范围内效果不显著。在此基础上，国有资本授权经营制度改革（*Treat×Post*）的系数为正，且在1%的水平下显著，表明在控制央企董事会试点改革的影响后，前文结果稳健。

其三，控制违规经营投资责任追究改革。2016年8月，国务院出台《关于建立国有企业违规经营投资责任追究制度的意见》，代表国有企业违规经营投资追责制度体系基本建立（陈运森等，2022）。现有文献发现违规经营投资责任追究改革，能够有效约束国有企业管理者的违规经营行为，从而降低国有企业的经营风险（陈运森等，2022）。经营风险的降低有助于缓解国有企业的融资成本压力。同时，这些改革实施后，管理层因决策失败而被降薪、撤职的风险加大，这会激励管理层谨慎决策，提升资金的使用效率。所以，违规经营投资责任追究改革可能会促进国有企业融资效率的提升。为排除其影响，本文将样本期间缩短为2016~2019年后重新对式（1）进行回归，结果如表8的第（4）列所示。国有资本授权经营制度改革（*Treat×Post*）的系数为正，且在5%的水平下显著，表明在控制违规经营投资责任追究改革的影响后，前文结果稳健。

表8　排除其他国企改革影响的检验

变量	（1） 控制混合所有制 改革的影响 FE	（2） 控制混合所有 制改革的影响 FE	（3） 控制央企董事会试 点改革的影响 FE	（4） 控制违规经营投资责 任追究改革的影响 FE
Treat×Post	0.213***	0.216***	0.547***	0.219**
	(3.184)	(3.231)	(5.136)	(2.063)
SHR_Nonsoe1th	1.538***			
	(2.982)			
SHR_Nonsoe		1.484***		
		(5.198)		
Board			0.024	
			(0.292)	
Asset	0.026	0.027	−0.003	−0.013
	(0.711)	(0.747)	(−0.052)	(−0.253)
Lev	−1.842***	−1.794***	−1.587***	−1.878***
	(−11.301)	(−11.005)	(−5.817)	(−4.992)
Growth	0.067***	0.065***	0.060***	0.063***
	(4.846)	(4.775)	(2.626)	(3.196)
Ato	0.747***	0.757***	1.080***	0.551***
	(10.879)	(11.043)	(9.061)	(3.478)
Tang	−0.753***	−0.727***	−1.316***	−1.040**
	(−4.178)	(−4.043)	(−3.716)	(−2.531)
Age	0.059	0.067	0.173	−0.319
	(0.624)	(0.716)	(1.053)	(−1.197)
Shrcr1	1.480***	1.654***	1.764***	1.574***
	(6.080)	(6.716)	(4.370)	(2.885)
Ceo	0.150***	0.150***	0.165	0.090
	(2.658)	(2.663)	(1.430)	(1.007)
BS	0.065	0.066	0.244	0.199
	(0.441)	(0.450)	(0.970)	(0.700)
IndB	−0.599	−0.567	−0.983	0.271
	(−1.505)	(−1.429)	(−1.470)	(0.351)
Constant	0.547	0.300	0.363	1.617
	(0.592)	(0.324)	(0.251)	(1.024)
企业固定效应	是	是	是	是

变量	(1) 控制混合所有制 改革的影响	(2) 控制混合所有 制改革的影响	(3) 控制央企董事会试 点改革的影响	(4) 控制违规经营投资责 任追究改革的影响
	FE	FE	FE	FE
年份固定效应	是	是	是	是
样本量	5300	5300	1934	2141
调整 R^2 值	0.119	0.123	0.144	0.078

注：括号内为t值，*、**、***分别表示在10%、5%、1%水平下显著。

6.改变融资效率度量方式的检验

对于融资效率（FE），前文实证设计时采用"投资回报率与加权平均资本成本之比"来度量，而不同的指标计算方法可能导致不同的研究结论。为排除指标计算差异对研究结论的影响，本文采用以下三种方法重新计算融资效率（FE）：方法一，采用"（利息支出与手续费、其他财务费用的总和）/负债总额"来计算债务资本成本，计算新的融资效率1（FE1）；方法二，采用OJ模型计算权益资本成本，计算新的融资效率2（FE2）；方法三，采用资本保值增值率作为投资回报率的度量指标，计算新的融资效率3（FE3）。替换融资效率度量指标后，回归结果如表9的第（1）列至第（3）列所示，国有资本授权经营制度改革（Treat×Post）的系数均为正，且在1%水平下显著，表明之前的研究结论具有稳健性。

7.其他稳健性检验

删除试点当年样本的测试。在实证设计中，本文将改革当年的时间期（Post）赋值为1，而考虑到国有资本授权经营政策落实可能存在滞后，特别当企业在年末被纳入试点时，当年受到的政策冲击可能相对较弱。因此，本文借鉴李文贵等（2017）的研究，将政策冲击当年的观测值进行剔除。检验结果如表9第（4）列所示，国有资本授权经营制度改革（Treat×Post）的系数在1%水平下显著为正，前文结果稳定。

针对中央企业的测试。考虑到各省份在公布国有资本授权经营制度改革名单时，存在年度上的非连续性，那么可能出现已经进行了改革而未被公布的情况。而中央企业是国有资本授权经营制度改革的带头羊，目前仅选择了三批企业进行改革试点，其信息披露更为透明、及时，即出现上述问题的可能性非常小。所以，为缓解样本遗漏问题对检验结果造成的可能影响，本文以中央企业样本进行回归，结果如表 9 第（5）列所示，国有资本授权经营制度改革（*Treat×Post*）的系数在 1% 水平下显著为正，前文结果稳定。

表 9　稳健性测试

变量	（1）改变融资效率度量：方法一	（2）改变融资效率度量：方法二	（3）改变融资效率度量：方法三	（4）删除试点当年样本	（5）中央企业样本
	*FE*1	*FE*2	*FE*3	*FE*	*FE*
Treat×Post	0.180***	0.138***	24.438***	0.204***	0.545***
	(2.730)	(3.030)	(2.885)	(2.591)	(5.130)
Asset	0.024	−0.011	0.555	0.027	−0.003
	(0.675)	(−0.467)	(0.120)	(0.736)	(−0.056)
Lev	−1.926***	−0.860***	7.009	−1.911***	−1.587***
	(−12.023)	(−7.538)	(0.340)	(−11.609)	(−5.820)
Growth	0.065***	0.034***	1.508	0.069***	0.061***
	(4.818)	(3.669)	(0.868)	(5.005)	(2.630)
Ato	0.726***	0.590***	−1.236	0.742***	1.081***
	(10.756)	(12.223)	(−0.142)	(10.657)	(9.076)
Tang	−0.733***	−0.176	−84.200***	−0.740***	−1.321***
	(−4.137)	(−1.374)	(−3.692)	(−4.065)	(−3.737)
Age	0.009	−0.069	7.712	0.026	0.171
	(0.094)	(−1.101)	(0.648)	(0.277)	(1.043)
Shrcr1	1.349***	0.319*	16.427	1.296***	1.768***
	(5.696)	(1.891)	(0.539)	(5.323)	(4.381)
Ceo	0.136**	0.113***	−9.817	0.150***	0.165
	(2.452)	(2.920)	(−1.370)	(2.623)	(1.431)
BS	0.030	−0.036	−27.055	0.061	0.247
	(0.211)	(−0.362)	(−1.460)	(0.413)	(0.984)
IndB	−0.711*	−0.525*	0.939	−0.525	−0.976
	(−1.815)	(−1.922)	(0.019)	(−1.301)	(−1.461)
Constant	0.954	1.534**	82.200	0.734	0.367
	(1.051)	(2.469)	(0.703)	(0.779)	(0.254)
企业固定效应	是	是	是	是	是
年份固定效应	是	是	是	是	是

变量	(1) 改变融资效率 度量：方法一 FE1	(2) 改变融资效率 度量：方法二 FE2	(3) 改变融资效率 度量：方法三 FE3	(4) 删除试点当年 样本 FE	(5) 中央企业样本 FE
样本量	5300	4996	5300	5193	1934
调整 R^2 值	0.120	0.092	0.008	0.118	0.144

注：括号内为t值，*、**、***分别表示在10%、5%、1%水平下显著。

五　进一步分析

(一) 机制检验

实证检验表明国有资本授权经营制度改革能够促进国有企业融资效率提升，对于其中的作用机制，前文理论分析主要从行政干预和内部人控制两个方面进行了分析：在行政干预方面，制度改革能够减少对国有企业的过多干预，缓解政策性负担对国有企业融资效率的影响；在内部人控制方面，制度改革能够完善国有企业的治理机制，规范管理层行为，从而减小内部人控制问题对企业融资效率的影响。如果这两个方面的机制分析成立，则可以推测在政策性负担较重、内部人控制问题较为严重的情况下，国有资本授权经营制度改革提升融资效率的作用会更显著。为了进一步识别和验证国有资本授权经营制度改革的作用机制，本文进行以下分析和检验。

1.行政干预方面的机制检验

政策性负担的存在会增加国有企业的融资需求和经营风险，导致国有企业融资效率下降（Qian，1996；Zhang，1997；Lin等，1998；肖浩和夏新平，2010；李昕潼和池国华，2017）。如果国有资本授权经营制度改革能够减小政策性负担对融资效率的影响，则可以推测对于承担较多政策性负担的国有企业，制度改革的作用空间会更大，从而对融资效率的提升作用可能更显著。为检验上述推论，本文以企业在国有资本授权经营制度改革前承担政策性负担的情况为依据，将样本划分为高政策性负担组和低政策性负担组。在度量政策性负担（Burden）时，本文借鉴张霖琳等（2015）的研究，采用资本密集度（*Intenc*）的实际值与预期值差额的绝对值进行度量。在估计资本密集度的估计值时，被解释变量为资本密集度（*Intenc*）的实际值，等于每百万固定资产净额与员工人数的比值。控制变量为滞后一期的公司规模（*Asset*）、负债水平（*Lev*）、成长性（*Growth*）、有形资产率（*Tang*）、投资回报率（*ROA*），并分别控制行业、年份及所属省份的固定效应。分组时，首先计算出各企业在国有资本授权经营制度改革前所有年份的政策性负担（*Burden*）的均值，然后以该均值的中位数为基准，将均值大于等于全样本中位数的企业归入高政策性负担组，其他归入低政策性负担组。

按照政策性负担分组的检验结果如表 10 的第（1）列和第（2）列所示。其中，第（1）列高政策性负担组的国有资本授权经营制度改革（*Treat×Post*）的系数为正，且在 1% 水平下显著，第（2）列低政策性负担组的国有资本授权经营制度改革（*Treat×Post*）的系数为正，但是不显著。分组结果表明，相比改革前承担较少政策性负担的企业，国有资本授权经营制度改革对承担更多政策性负担企业的融资效率的影响更显著，表明改革能够通过减少政策性负担提升国有企业融资效率，支持了行政干预方面的机制分析。

2. 内部人控制方面的机制检验

在管理层权力理论下，管理者的权力过大时会导致其代理行为无法被约束。过去渐进式的放权让利改革、国有企业改制等举措，使得国有企业管理层在经营决策上获得了一定程度的自主权。但是在出资者缺位和公司治理机制不健全的情况下出现了管理层损害股东利益的内部人控制问题（权小锋等，2010；马连福等，2012）。这些代理问题会提升企业的融资成本并导致融资收益难以最大化（胡援成和田满文，2008；林芳和冯丽丽，2012；周嘉南和雷霆，2014），从而阻碍企业融资效率的提升。如果国有资本授权经营制度改革能够对内部人控制产生作用，则可以推测对于内部人控制情况较为严重的企业，改革的作用空间会更大，从而对提升融资效率的作用可能更显著。为检验上述推论，本文以企业在国有资本授权经营制度改革前内部人控制水平为依据，将样本划分为高内部人控制组和低内部人控制组。管理者权力越大，越可能基于私人利益进行寻租，导致内部人控制问题越突出（Adams 等，2005；Chen 等，2010；黄昌富和张晶晶，2016）。本文采用管理层权力来刻画内部人控制水平（*InControl*）。具体借鉴刘剑民等（2019）的研究，利用 CEO 任职时间（*Tenure*）、CEO 是否兼任董事长哑变量（*Ceo*）、董事会规模（*BS*）、内部董事比例（*Insider*）、管理层持股比例（*Mgshder*）五个指标，进行主成分分析获得内部人控制水平综合指标，该指标值越大代表内部人控制问题越严重。分组时，首先计算出各企业在国有资本授权经营制度改革前所有年份的内部人控制水平（*InControl*）均值，然后以该均值的中位数为基准，将均值大于等于全样本中位数的企业归入高内部人控制组，其他归入低内部人控制组。

按照内部人控制水平分组的检验结果如表 10 的第（3）列和第（4）列所示。其中，第（3）列高内部人控制组的国有资本授权经营制度改革（*Treat×Post*）的系数为正，且在 1% 水平下显著，第（4）列低内部人控制组的国有资本授权经营制度改革（*Treat×Post*）的系数为正，但是不显著。这一分组结果表明，相比改革前内部人控制情况较弱的企业，国有资本授权经营制度改革对内部人控制情况较为严重的企业的融资效率影响更显著，表明制度改革能够通过治理内部人控制问题提升国有企业融资效率，支持了内部人控制方面的机制分析。

表 10　机制检验

变量	（1）高政策性负担组 FE	（2）低政策性负担组 FE	（3）高内部人控制组 FE	（4）低内部人控制组 FE
Treat×Post	0.286***	0.095	0.352***	0.095
	(3.113)	(0.960)	(3.614)	(1.023)
Asset	−0.026	0.049	0.105*	−0.028
	(−0.414)	(1.121)	(1.901)	(−0.570)
Lev	−2.078***	−1.513***	−1.471***	−2.193***
	(−9.017)	(−6.566)	(−6.123)	(−9.871)
Growth	0.084***	0.052***	0.052**	0.077***
	(3.892)	(2.975)	(2.403)	(4.353)

续表

变量	(1) 高政策性负担组 FE	(2) 低政策性负担组 FE	(3) 高内部人控制组 FE	(4) 低内部人控制组 FE
Ato	0.797***	0.666***	0.656***	0.827***
	(7.598)	(7.385)	(6.453)	(8.887)
Tang	−0.118	−2.019***	−0.156	−1.375***
	(−0.527)	(−6.532)	(−0.609)	(−5.424)
Age	0.092	−0.080	−0.007	0.058
	(0.685)	(−0.609)	(−0.050)	(0.440)
Shrcr1	0.856**	2.058***	0.750**	1.834***
	(2.449)	(6.175)	(2.075)	(5.659)
Ceo	0.205**	0.108	0.135*	0.172**
	(2.382)	(1.443)	(1.811)	(1.968)
BS	0.212	−0.121	0.219	0.037
	(1.084)	(−0.542)	(0.991)	(0.186)
IndB	−0.454	−0.818	−0.962	−0.651
	(−0.857)	(−1.349)	(−1.117)	(−1.406)
Constant	1.345	0.895	−1.129	1.890
	(0.885)	(0.761)	(−0.800)	(1.537)
企业固定效应	是	是	是	是
公司固定效应	是	是	是	是
样本量	2642	2658	2623	2677
调整 R^2 值	0.121	0.138	0.101	0.147

注：括号内为 t 值，*、**、***分别表示在10%、5%、1%水平下显著。

（二）基于所有权结构的进一步分析

推进非国有股东参与公司治理是改善国有企业治理状况的重要途径。混合所有制改革通过引入非国有资本来提高国有企业治理的市场化程度。现有文献表明，非国有资本的引入及其资本占比的提高能够提升非国有股东在国有企业决策中的话语权，并且在减少行政干预和加强管理层监督方面发挥显著作用（蔡贵龙等，2018；陈艳利和姜艳峰，2020；马新啸等，2021）。前文分析提出，减少行政干预、抑制内部人控制是国有资本授权经营制度改革提升国有企业融资效率的重要路径，那么可以推测，在非国有股东持股比例较大的企业中，企业融资效率受行政干预和内部人控制问题的影响较小，此

250

时国有资本授权经营制度改革的边际治理效应较小，故而改革对提升融资效率的作用可能会较弱。为检验上述推论，本文按照非国有股东持股比例对样本进行分组检验。具体借鉴蔡贵龙等（2018）、马新啸等（2021）的研究，分别根据前十大股东持股中第一大非国有股东持股比例（*SHR_Nonsoe1th*）和全部非国有股东持股比例（*SHR_Nonsoe*）的中位数进行分组：将大于中位数的样本归入高持股组，将小于中位数的样本归入低持股组。非国有股东持股比例越高，代表其参与公司治理的能力越强。

按照非国有股东治理能力进行分组后，回归结果如表11所示。国有资本授权经营制度改革（*Treat×Post*）的系数仅在第（2）列、第（4）列的低持股组显著为正，表明国有资本授权经营制度改革与国有企业融资效率的正向关系，主要发生在非国有股东持股比例较低的企业中，即非国有股东治理能力越强时，非国有股东与国有股东之间的制衡作用、非国有股东对国有企业管理层的治理作用越强，此时国有资本授权经营制度改革通过减少行政干预和抑制内部人控制发挥作用的空间有限，故而对于提升融资效率的作用也较弱。

表11　基于所有权结构的进一步分析

变量	第一大非国有股东持股比例		全部非国有股东持股比例	
	（1）	（2）	（3）	（4）
	高持股组	低持股组	高持股组	低持股组
	FE	FE	FE	FE
Treat×Post	0.108	0.347***	0.119	0.287***
	(1.162)	(3.205)	(1.220)	(2.775)
Asset	0.021	0.085	0.021	0.297
	(0.619)	(0.621)	(0.627)	(1.330)
Lev	−1.114***	−2.839***	−1.137***	−2.606***
	(−4.914)	(−10.176)	(−5.162)	(−9.324)
Growth	0.051***	0.088***	0.041***	0.083***
	(3.402)	(2.977)	(2.659)	(2.896)
Ato	0.836***	0.823***	0.784***	0.932***
	(8.162)	(7.413)	(7.772)	(8.231)
Tang	−0.111	−1.487***	−0.216	−1.285***
	(−0.432)	(−5.050)	(−0.845)	(−4.479)

续表

变量	第一大非国有股东持股比例		全部非国有股东持股比例	
	(1) 高持股组 FE	(2) 低持股组 FE	(3) 高持股组 FE	(4) 低持股组 FE
Age	0.068	−0.046	0.071	−0.023
	(0.590)	(−0.278)	(0.589)	(−0.147)
Shrcr1	0.392	2.131***	0.734**	1.839***
	(1.157)	(4.909)	(2.116)	(4.439)
Ceo	0.067	0.276***	0.101	0.176*
	(0.928)	(2.767)	(1.436)	(1.833)
BS	0.068	0.142	0.187	0.207
	(0.338)	(0.605)	(0.910)	(0.903)
IndB	−0.902	−0.600	−0.636	−0.446
	(−1.556)	(−0.957)	(−1.101)	(−0.728)
Constant	0.624	−0.273	0.238	−5.251
	(0.633)	(−0.089)	(0.242)	(−1.073)
企业固定效应	是	是	是	是
年份固定效应	是	是	是	是
样本量	2645	2642	2649	2649
调整 R^2 值	0.097	0.165	0.097	0.157

注：括号内为 t 值，*、**、***分别表示在10%、5%、1%水平下显著。

（三）基于行业竞争程度的进一步分析

行业竞争是影响企业经营决策的重要外部治理要素。现有研究发现，当行业竞争程度较高时，市场信息透明度较高，管理者的工作能力和努力程度更容易被市场识别，其为了避免失去工作或损害声誉会更积极履职，并主动减少有损股东利益的代理行为（Holmstrom，1982；陈信元等，2014）。而且，这类企业受到的行政干预相对较少。在行业竞争程度较高的企业中，行政干预和内部人控制受市场机制的约束作用较强，故而其对国有企业融资效率的负向影响较小，导致国有资本授权经营制度改革的作用空间有限，对提升国有企业融资效率的作用也会较弱。为检验上述推论，本文按照行业竞争程度对样本进行分组检验。具体借鉴林乐等（2013）、谭雪（2017）的研究，分别采用分年度计算的营业收入赫芬达尔指数

（*HHI_incom*）和资产总额赫芬达尔指数（*HHI_asset*）的中位数进行分组：由于赫芬达尔指数越大，代表行业竞争程度越低，将小于中位数的样本归入高行业竞争组，将大于中位数的样本归入低行业竞争组。

按照行业竞争程度进行分组后，回归结果如表12所示。国有资本授权经营制度改革（*Treat×Post*）的系数仅在第（2）列、第（4）列的低行业竞争组显著为正，表明国有资本授权经营制度改革与国有企业融资效率的正向关系，主要发生在低行业竞争企业中，即激烈的行业竞争能够成为企业内部治理的有益补充，有助于激励管理层勤恳工作，此时国有资本授权经营制度改革发挥作用的空间有限，故而对提升国有企业融资效率的作用也相对较弱。

表12　基于行业竞争程度的进一步分析

变量	营业收入的赫芬达尔指数		资产总额的赫芬达尔指数	
	（1）	（2）	（3）	（4）
	高行业竞争组	低行业竞争组	高行业竞争组	低行业竞争组
	FE	*FE*	*FE*	*FE*
Treat×Post	0.087	0.377***	0.104	0.333***
	(0.857)	(4.098)	(1.048)	(3.547)
Asset	0.025	0.020	0.025	0.019
	(0.439)	(0.427)	(0.431)	(0.402)
Lev	−1.685***	−2.012***	−1.660***	−2.008***
	(−7.580)	(−8.353)	(−7.531)	(−8.284)
Growth	0.044***	0.079***	0.043***	0.080***
	(2.733)	(3.368)	(2.720)	(3.278)
Ato	0.871***	0.626***	0.820***	0.668***
	(8.539)	(6.331)	(8.098)	(6.730)
Tang	−0.813***	−0.998***	−0.815***	−0.969***
	(−3.003)	(−3.859)	(−3.038)	(−3.711)
Age	0.047	0.039	0.075	0.058
	(0.356)	(0.289)	(0.567)	(0.421)
Shrcr1	1.083***	1.694***	1.084***	1.728***
	(3.100)	(4.857)	(3.166)	(4.806)
Ceo	0.244***	0.054	0.225***	0.079
	(3.394)	(0.615)	(3.165)	(0.881)
BS	0.296	−0.041	0.213	0.065
	(1.477)	(−0.191)	(1.069)	(0.301)

续表

变量	营业收入的赫芬达尔指数		资产总额的赫芬达尔指数	
	（1）	（2）	（3）	（4）
	高行业竞争组	低行业竞争组	高行业竞争组	低行业竞争组
	FE	FE	FE	FE
IndB	-1.028^{*}	-0.489	-1.106^{**}	-0.388
	(-1.834)	(-0.852)	(-1.995)	(-0.666)
Constant	0.228	1.154	0.345	0.892
	(0.160)	(0.938)	(0.245)	(0.718)
企业固定效应	是	是	是	是
年份固定效应	是	是	是	是
样本量	2482	2818	2481	2819
调整 R^2 值	0.143	0.110	0.126	0.123

注：括号内为 t 值，*、**、***分别表示在10%、5%、1%水平下显著。

六 结论与启示

本文将融资效率定义为企业获取资金并利用其进行价值创造的综合能力，以 2010~2019 年的国有上市企业为样本，对国有资本授权经营制度改革与国有企业融资效率的关系进行了实证考察。研究发现，国有资本授权经营制度改革能够显著提高国有企业融资效率。进一步研究显示，减少行政干预、抑制内部人控制是国有资本授权经营制度改革提升国有企业融资效率的重要机制；区分所有权结构后，上述促进作用在非国有股东持股比例较低的企业中更显著；区分行业竞争程度后，上述促进作用在行业竞争程度较低的企业中更显著。

在深化国资国企改革的背景下，本文得出的研究启示有以下三点。

第一，进一步扩大国有资本授权经营制度改革实施范围的政策导向具有客观合理性。企业融资效率是宏观资本配置效率的微观基础，当国有企业融资效率偏低时，可以尝试从行政干预和内部人控制的角度探寻原因。本文发现国有资本授权经营制度改革能够提高国有企业融资效率，表明其改革试点是一个可取的应对方向，其中成立两类公司、授权放权、配套完善治理机制对于提升国有企业的融资决策质量具有重要意义。

第二，放管结合的国有资本授权经营政策设计原则发挥了重要作用。

在行政约束减弱的情况下，如果企业内部管理者行为得不到有效监管，可能引发非预期的代理问题。本文的理论分析和实证结果显示，减少行政干预和抑制内部人控制是国有资本授权经营制度改革提升国有企业融资效率的重要路径。这表明国有企业竞争力的提升，既需要充分地落实放活机制，也需要国资监管部门做好适当的监管和引导工作，两种机制相互配合、相互促进，缺一不可。这为下一步的制度完善提供了重要启发。

第三，国有资本授权经营制度改革与非国有股东治理、行业竞争存在替代效应。非国有股东治理在理顺出资人关系、约束国有股东行为、完善公司治理机制等方面发挥了重要作用，当国资监管机构无法直接授权放权时，推进混合所有制改革、引入非国有股东治理是比较理想的方法。行业竞争作为企业内部治理的重要补充机制，有助于减小行政干预和内部人控制对国有企业资本经营决策的影响，在对国有资本授权经营制度改革效果进行评估时，应该适当考虑企业所处的行业特征，开展分类考核、分类监管。

参考文献

[1] 卜君、孙光国，2021，《国资监管职能转变与央企高管薪酬业绩敏感性》，《经济管理》第6期。

[2] 蔡贵龙、郑国坚、马新啸、卢锐，2018，《国有企业的政府放权意愿与混合所有制改革》，《经济研究》第9期。

[3] 曹清峰，2020，《国家级新区对区域经济增长的带动效应——基于70大中城市的经验证据》，《中国工业经济》第7期。

[4] 曹亚勇、刘计含、王建琼，2013，《企业社会责任与融资效率》，《软科学》第9期。

[5] 陈良银、黄俊、陈信元，2021，《混合所有制改革提高了国有企业内部薪酬差距吗》，《南开管理评论》第5期。

[6] 陈林、唐杨柳，2014，《混合所有制改革与国有企业政策性负担——基于早期国企产权改革大数据的实证研究》，《经济学家》第11期。

[7] 陈运森、蒋艳、何玉润，2022，《违规经营投资责任追究与国有企业风险承担》，《会计研究》第4期。

［8］陈艳利、姜艳峰，2020，《非国有股东治理与股利平稳性——基于竞争性国有控股上市公司的经验证据》，《中南财经政法大学学报》第 2 期。

［9］陈艳利、姜艳峰，2021，《国有资本授权经营是否有助于缓解国有企业非效率投资》，《经济与管理研究》第 8 期。

［10］陈信元、靳庆鲁、肖土盛、张国昌，2014，《行业竞争、管理层投资决策与公司增长/清算期权价值》，《经济学（季刊）》第 1 期。

［11］程仲鸣、夏新平、余明桂，2008，《政府干预、金字塔结构与地方国有上市公司投资》，《管理世界》第 9 期。

［12］董红晔、李小荣，2014，《国有企业高管权力与过度投资》，《经济管理》第 10 期。

［13］范小云、方才、何青，2017，《谁在推高企业债务融资成本——兼对政府融资的"资产组合效应"的检验》，《财贸经济》第 1 期。

［14］方军雄，2007，《所有制、制度环境与信贷资金配置》，《经济研究》第 12 期。

［15］高明华，2019，《澄清对国有资本授权经营的模糊认识》，《中国党政干部论坛》第 5 期。

［16］郭宏、李婉丽、高伟伟，2020，《政治治理、管理层权力与国有企业过度投资》，《管理工程学报》第 2 期。

［17］韩鹏飞、胡奕明，2015，《政府隐性担保一定能降低债券的融资成本吗？——关于国有企业和地方融资平台债券的实证研究》，《金融研究》第 3 期。

［18］胡锋、黄速建，2017，《对国有资本投资公司和运营公司的再认识》，《经济体制改革》第 6 期。

［19］胡援成、田满文，2008，《代理成本、融资效率与公司业绩——来自中国上市公司的实证》，《财贸经济》第 8 期。

［20］黄昌富、张晶晶，2016，《交叉持股、内部人控制与经营绩效——基于沪深上市公司的经验研究》，《商业研究》第 12 期。

［21］黄华、何威风、吴玉宇，2020，《央企董事会试点与上市公司盈余管理行为》，《会计研究》第 7 期。

［22］黄振、郭晔，2021，《央行担保品框架、债券信用利差与企业融资成本》，《经济研究》第 1 期。

［23］姜付秀、支晓强、张敏，2008，《投资者利益保护与股权融资成本——以中国上市公司为例的研究》，《管理世界》第 2 期。

［24］蒋琰，2009，《权益成本、债务成本与公司治理：影响差异性研究》，《管理世界》第 11 期。

［25］李端生、宋璐，2020，《国有资本投资运营公司成立提高企业价值了吗？——来自中央企业和省级改革试点的经验数据》，《经济与管理研究》第 10 期。

［26］李文贵、余明桂、钟慧洁，2017，《央企董事会试点、国有上市公司代理成本与企业绩效》，《管理世界》第8期。

［27］李昕潼、池国华，2017，《经济增加值考核对降低国有企业成本的影响——基于权益资本成本的视角》，《学术交流》第2期。

［28］李文兴、汤一用，2021，《混改背景下国有企业投融资机制创新问题研究》，《中州学刊》第3期。

［29］林芳、冯丽丽，2012，《管理层权力视角下的盈余管理研究——基于应计及真实盈余管理的检验》，《山西财经大学学报》第7期。

［30］林乐、谢德仁、陈运森，2013，《实际控制人监督、行业竞争与经理人激励——来自私人控股上市公司的经验证据》，《会计研究》第9期。

［31］林毅夫、李志赟，2004，《政策性负担、道德风险与预算软约束》，《经济研究》第2期。

［32］凌文，2012，《央企控股上市公司九大热点问题研究》，《管理世界》第1期。

［33］刘剑民、张莉莉、杨晓璇，2019，《政府补助、管理层权力与国有企业高管超额薪酬》，《会计研究》第8期。

［34］卢福财，2001，《企业融资效率分析》，经济管理出版社。

［35］罗进辉、彭逸菲、陈一林，2020，《年报篇幅与公司的权益融资成本》，《管理评论》第1期。

［36］马连福、王元芳、沈小秀，2012，《中国国有企业党组织治理效应研究——基于"内部人控制"的视角》，《中国工业经济》第8期。

［37］马新啸、汤泰劼、蔡贵龙，2021，《非国有股东治理与国有企业去僵尸化——来自国有上市公司董事会"混合"的经验证据》，《金融研究》第3期。

［38］马忠、张冰石、夏子航，2017，《以管资本为导向的国有资本授权经营体系优化研究》，《经济纵横》第5期。

［39］毛新述、叶康涛、张頔，2012，《上市公司权益资本成本的测度与评价——基于我国证券市场的经验检验》，《会计研究》第11期。

［40］祁怀锦、李晖、刘艳霞，2019，《政府治理、国有企业混合所有制改革与资本配置效率》，《改革》第7期。

［41］权小锋、吴世农、文芳，2010，《管理层权力、私有收益与薪酬操纵》，《经济研究》第11期。

［42］沈艺峰、肖珉、黄娟娟，2005，《中小投资者法律保护与公司权益资本成本》，《经济研究》第6期。

［43］宋文兵，1998，《关于融资方式需要澄清的几个问题》，《金融研究》第1期。

［44］孙会霞、陈金明、陈运森，2013，《银行信贷配置、信用风险定价与企业融资效

率》，《金融研究》第 11 期。

［45］谭雪，2017，《行业竞争、产权性质与企业社会责任信息披露——基于信号传递理论的分析》，《产业经济研究》第 3 期。

［46］王爱国、张志、王守海，2019，《政府规制、股权结构与资本成本——兼谈我国公用事业企业的"混改"进路》，《会计研究》第 5 期。

［47］王曙光、徐余江，2017，《国有资本投资运营平台构建的动机模式与风险规避》，《新视野》第 4 期。

［48］王烨、叶玲、盛明泉，2012，《管理层权力、机会主义动机与股权激励计划设计》，《会计研究》第 10 期。

［49］王艺霖、王爱群，2014，《内控缺陷披露、内控审计与债务资本成本——来自沪市 A 股上市公司的经验证据》，《中国软科学》第 2 期。

［50］王运通、姜付秀，2017，《多个大股东能否降低公司债务融资成本》，《世界经济》第 10 期。

［51］文宗瑜、宋韶君，2018，《国有资本运营职能从国有企业剥离的改革逻辑及绩效评价体系重构》，《北京工商大学学报（社会科学版）》第 2 期。

［52］吴娅玲，2012，《会计稳健性对公司债权融资效率的影响》，《经济管理》第 10 期。

［53］项安波，2018，《重启新一轮实质性、有力度的国企改革——纪念国企改革 40 年》，《管理世界》第 10 期。

［54］肖浩、夏新平，2010，《政府干预、政治关联与权益资本成本》，《管理学报》第 6 期。

［55］肖红军，2021，《深化对国有资本运营公司的认识：概念界定与功能定位的视角》，《经济体制改革》第 5 期。

［56］肖土盛、孙瑞琦，2021，《国有资本投资运营公司改革试点效果评估——基于企业绩效的视角》，《经济管理》第 8 期。

［57］谢海洋、曹少鹏、孟欣，2018，《混合所有制改革实践与企业绩效——基于非国有股东派任董监高的中介效应》，《华东经济管理》第 9 期。

［58］徐文进，2020，《"管资本"功能视角下国有资本投资运营公司研究》，《东吴学术》第 5 期。

［59］许志、林星岑、赵艺青，2017，《我国上市公司隐含权益资本成本的测度与评价》，《投资研究》第 3 期。

［60］曾颖、陆正飞，2006，《信息披露质量与股权融资成本》，《经济研究》第 2 期。

［61］张海君，2017，《内部控制、法制环境与企业融资效率——基于 A 股上市公司的经验证据》，《山西财经大学学报》第 7 期。

［62］张霖琳、刘峰、蔡贵龙，2015，《监管独立性、市场化进程与国企高管晋升机制的

执行效果——基于2003~2012年国企高管职位变更的数据》,《管理世界》第10期。

[63] 张荣武、罗澜、黄心圆, 2022,《非国有股东治理对国企投资效率影响的实证研究》,《江汉论坛》第5期。

[64] 张四灿、李自磊、高帆、张云, 2022,《企业借贷成本、资本配置扭曲与全要素生产率——基于双重金融摩擦视角的动态随机一般均衡分析》,《中国经济学》第1期。

[65] 张修平、李昕宇、卢闯、宋秀慧, 2020,《资产质量影响企业权益资本成本吗?》,《会计研究》第2期。

[66] 张玉喜、赵丽丽, 2015,《政府支持和金融发展、社会资本与科技创新企业融资效率》,《科研管理》第11期。

[67] 周嘉南、雷霆, 2014,《股权激励影响上市公司权益资本成本了吗》,《管理评论》第3期。

[68] 周茂、陆毅、杜艳、姚星, 2018,《开发区设立与地区制造业升级》,《中国工业经济》第3期。

[69] Adams R. B., Almeida H., Ferreira D. 2005. "Powerful CEOs and Their Impact on Corporate Performance." *Review of Financial Studies* 18(4): 1403-1432.

[70] Anderson A. C., Mansi S. A., Reeb D. M. 2004. "Board Characteristics, Accounting Report Integrity, and the Cost of Debt." *Journal of Accounting and Economics* 37(3): 315-342.

[71] Bebchuk L. A., Fried J. M., Walker D. I. 2002. "Managerial Power and Rent Extraction in the Design of Executive Compensation." *University of Chicago Law Review* 69(3): 599-601.

[72] Beck T., Levine R., Levkov A. 2010. "Big Bad Banks? The Winners and Losers from Bank Deregulation in the United States." *Journal of Finance* 65(5): 1637-1667.

[73] Chang C., Chen X., Liao G. 2014. "What Are the Reliably Important Determinants of Capital Structure in China?" *Pacific-Basin Finance Journal* 30: 87-113.

[74] Chen J. J., Liu X., Li W. 2010. "The Effect of Insider Control and Global Benchmarks on Chinese Executive Compensation." *Corporate Governance: An International Review* 8(2): 107-123.

[75] Faccio M. 2006. "Politically Connected Firms." *The American Economic Review* 96(1): 369-386.

[76] Holmstrom B. 1982. "Moral Hazard in Terms." *The Bell Journal of Economics* 13(2): 324-340.

[77] Khurana I. K., Raman K. K. 2004. "Litigation Risk and the Financial Reporting

Credibility of Big 4 Versus Non-Big 4 Auditors: Evidence from Anglo-American Countries." *The Accounting Review* 79(2): 473-496.

[78] Khwaja A., Mian A. 2005. "Do Lenders Favor Politically Connected Firms? Rent Provision in an Emerging Financial Market." *Quarterly Journal of Economics* 120(4): 1371-1411.

[79] Lazear E. P., Rosen S. 1979. "Rank-Order Tournaments as Optimum Labor Contracts." *Journal of Political Economy* 89(5): 841-864.

[80] Lin J. Y., Cai F., Li Z. 1998. "Competition, Policy Burdens, and State-Owned Enterprise Reform." *The American Economic Review* 88(2): 422-427.

[81] Moser P., Voena A. 2012. "Compulsory Licensing, Evidence from the Trading with the Enemy Act." *American Economic Review* 102(1): 396-427.

[82] Qian Y. 1996. "Enterprise Reform in China: Agency Problems and Political Control." *Economics of Transition* 4(2): 427-447.

[83] Steen E. V. D. 2010. "Disagreement and the Allocation of Control." *Journal of Law Economics & Organization* 26(2): 385-426.

[84] Shin H. H., Stulz R. M. 1998. "Are Internal Capital Markets Efficient? " *Quarterly Juarterly Journal of Economics* 13(2): 531-552.

[85] Zhang W. 1997. "Decision Rights, Residual Claim and Performance: A Theory of How the Chinese State Enterprise Reform Works." *China Economic Review* 8(1): 67-82.

（责任编辑：张容嘉）

农村土地制度改革视域下的共同富裕研究

——以产权开放为分析线索

郑淋议[*]

摘　要： 党的二十大强调，中国式现代化的本质是全体人民共同富裕的现代化。土地作为财富之母，强化其制度创新，理论上可为农业农村现代化和农民农村共同富裕奠定坚实的土地制度支撑。然而，现行土地产权的相对封闭却阻隔了以农地为依托的产业共富之路、以林地为依托的生态共富之路和以宅基地为依托的城乡共富之路。借此，未来需以提高土地产权开放性为突破推进农村土地制度的系统变革，促进农地由发展宝地向创业福地、林地由绿水青山向金山银山、宅基地由宜居宜家向宜业宜游的有机转化，进而推动农村土地从"沉睡"资源到"流动"资产的价值跃升。其中，农地制度改革可推动农地家庭承包方式由"均田承包"向"均权承包"转变，农地产权行使范围从农业领域向涉农领域拓展，农地利用从耕者有其田到善耕者享其田转变；林地制度改革可推动林地产权行使范围从林业领域向涉林领域拓展，林地承包经营权的转让从村集体内部优先向村外林业经营主体允许转变，林地承包经营权的退出从村集体优先向乡镇集体统筹转变，林木资源生态价值的实现方式由单一向多元转变；宅基地制度可推动宅基地产权行使范围从民用居住

---

* 郑淋议，特聘副研究员，浙江大学中国农村发展研究院、公共管理学院、中国特色社会主义研究中心，电子邮箱：zly01@zju.edu.cn。本文获得国家社科基金重大项目（19ZDA088）、浙江省新型智库研究项目（22ZK23YB）、中央高校基本科研业务费专项资金资助（20221121、20230322）和浙江省哲学社会科学规划专项课题的资助。感谢匿名审稿专家的宝贵意见，文责自负。

向商业开发拓展，农房配置从农民有其屋向居者享其屋转变，宅基地收益共享机制从无到有转变。

关键词：农地制度　林地制度　宅基地制度　产权开放　共同富裕

一　引　言

共同富裕是中国特色社会主义的本质要求，也是中国共产党矢志不渝的奋斗目标。自成立之日起，中国共产党就将共产主义确立为远大理想，开启了为国家富强、民族振兴和人民幸福而不懈奋斗的百年征程。特别是党的十八大以来，中国共产党团结带领中国人民打赢脱贫攻坚战，全面建成小康社会，为推动全体人民共同富裕创造了良好条件。站在新的历史起点，党的十九大正式将共同富裕纳入新时代国家发展战略规划，党的二十大进一步强调中国式现代化是全体人民共同富裕的现代化，要继续带领全国各族人民朝着第二个百年奋斗目标奋勇迈进。然而，不容忽视的是，当前社会主要矛盾的主要方面在于城乡发展不平衡和农业农村发展不充分，解决好"三农"问题不仅是全党工作重心的重中之重，也是制约全体人民共同富裕的关键所在。从这个意义上讲，推动共同富裕行稳致远，最艰巨最繁重的任务在农村，最关键最核心的突破口也在农村（习近平，2021）。

作为共同富裕的重要组成部分，农民农村共同富裕不仅离不开政府外部投入的大力支持，更离不开农村现有资源的充分利用（钱忠好和牟燕，2020）。相较于城市，与农民生产、生态和生活息息相关的农地、林地和宅基地具有独特的比较优势，它们既是农民最为重要的生产生活资料，也是农村最为宝贵的要素资源。据公开数据统计，截至2019年底，全国承包耕地面积为19.18亿亩[①]，集体林地面积28.93亿亩[②]，村庄建设用地面积1.93

[①]　资料来源：《第三次全国国土调查主要数据公报》，http：//www.gov.cn/xinwen/2021-08/26/content_5633490.htm，2021年8月26日。

[②]　资料来源：《关于集体林权制度改革》，https：//www.forestry.gov.cn/main/6088/20210304/192124056605977.html#，2021年3月4日。

亿亩①，其中宅基地1.7亿亩②。然而，近年来，伴随着工业化和城镇化的快速推进，农村劳动力大量向城市和非农部门转移，现行农村土地制度越来越难以满足土地要素市场化配置的发展需要（钱文荣等，2021；吕晓等，2022），农民农村共同富裕面临农村土地制度的掣肘。受制于土地产权的相对封闭性，农地抛荒、宅基地闲置和林地自然生长现象广泛存在，大量土地资源被迫"沉睡"（李江涛等，2020；钱忠好和牟燕，2020；刘璨，2020），使得土地作为财富之母，却难以很好地在共同富裕的伟大征程中"施展抱负"，城乡收入差距在财产性收入方面体现得尤为明显（谭智心，2020）。尽管党的十八大以来农村土地制度改革取得阶段性进展，中央相继建立了承包地、宅基地和林地的"三权分置"制度，开展了新一轮承包耕地、林地和宅基地的确权登记颁证工作，明确了承包地第二轮承包到期再延长30年，以及协同推进了农村土地征收、集体经营性建设用地入市和宅基地制度"三块地"改革。但是，当前农村土地资源的不合理利用和闲置浪费问题依然十分突出，土地要素的市场化配置不容乐观，农民财产权利难以有效实现。据《中国农村经营管理统计年报》，2014年以来全国农地流转面积增速逐年回落，全国农地流转率在2017年达到37%后，甚至出现一定程度的下降，近年来一直维持在36%左右（刘同山等，2022）。与此同时，浙江大学主导的中国农村家庭追踪调查数据库显示，2019年全国农户农地抛荒的发生率高达15.56%；《2017年度中国林业和草原发展报告》显示，目前全国集体林地流转率仅在10%左右，农村林地经营权流转还有很大的上升空间（刘璨，2020）；中国社会科学院发布的《中国农村发展报告（2017）》测算表明，现阶段全国农村宅基地闲置面积多达3000万亩，且随着农村人口的外出转移，农村每年还将继续新增89.1万亩闲置宅基地③。同时，浙江大学主导的中国农村家庭追踪调查数据库也显示，2018年全国

---

① 资料来源：《2019年我国各省市村庄建设用地面积数据统计表》，https：//data.chinabaogao.com/fangchan/2021/04295409562021.html#：~：text，2021年4月29日。

② 资料来源：《我国共清查出宅基地面积1.7亿亩》，https：//www.sohu.com/a/429374356_780508#，2020年11月4日。

③ 资料来源：《全国农村居民点闲置用地3000万亩！如何盘活要过三关》，https：//www.whb.cn/zhuzhan/sz/20180208/189053.html，2018年2月8日。

95% 以上的农村家庭都没有宅基地流转经历，只有 0.3% 的农村家庭出租或出售过宅基地。

土地制度在农村各项经济社会制度中居于中枢地位，对土地资源的有效利用和优化配置具有深远影响（刘守英，2017；韩长赋，2019；严金明等，2021）。土地制度虽不能直接增加土地资源，但可以通过改变生产要素配置的环境和相对价格，从而影响农业农村发展的方向、速度和效率（黄祖辉等，2009）。因而，在共同富裕背景下，如何通过土地制度创新撬开财富之母的生财密码，最大限度地开发和利用好各类土地资源，特别是推动农村土地由"沉睡"资源到"流动"资产的迭代转化，让广大农民在土地要素市场化进程中共享土地收益和发展成果，是农民农村共同富裕亟待解决的现实难题。回望历史，改革开放四十多年来，正是通过农村土地的产权开放促进城乡经济权利的有序开放，加快了产品和要素的市场化进程，推动了城乡中国的结构转型（刘守英等，2018）。站在新的历史起点上，为扎实推动农民农村共同富裕，当前依然迫切需要推进农村土地制度的系统变革，进一步提高农村土地产权的开放性，促进城乡要素的双向流动与融合，逐步提高农民收入水平和缩小城乡发展差距。鉴于此，本文将以产权开放为分析线索，围绕农村土地制度的重要组成部分，依次探讨农地制度改革推动产业共富、林地制度改革推动生态共富和宅基地制度改革推动城乡共富的实现路径，以期为推动共同富裕目标下的农村土地制度改革提供有益参考。

二　文献综述与分析框架

（一）共同富裕与土地制度的相关文献综述

当前有关共同富裕的研究方兴未艾，有关土地制度的研究汗牛充栋，而系统探讨共同富裕导向下的土地制度创新的相关研究却凤毛麟角。从现有代表性文献来看，共同富裕的相关研究主要集中在共同富裕的百年探索、理论内涵、测度方法、实践模式、现实挑战和实现路径等方面。比如，李军鹏（2021）全面梳理了中国共产党自成立以来，在新民主主义革命时期、社会主义革命和建设时期、改革开放和社会主义现代化建设新时期以及中国特色社会主义新时代等各个时期的共同富裕百年探索。李实（2021）认为发展与共享的有机统一是共同富裕的本质内涵，因而，对于共同富裕的测度，可从收入、财产和基本公共服务等维度出发，构建符合发展与共享理念的相关指标。黄祖辉和傅琳琳（2022）以共同富裕示范区浙江为研究对象，系统比较了12种浙江共同富裕发展的实践模式，认为未来建设浙江共同富裕示范区需坚持新型城镇化战略和乡村振兴战略双轮驱动。郁建兴和任杰（2021）指出，新时代推进共同富裕有较好的发展基础，但也面临发展收敛性不足、机会分配不均、社会保障水平不高和收入差距加大等现实挑战，未来需要以高质量发展引领共同富裕，矫正和补偿由制度性因素造成的不平等。

与此同时，土地制度的相关研究主要集中在土地制度的变革历程、演进逻辑、实践探索、改革绩效和发展前瞻等方面。比如，围绕中国共产党成立100周年、新中国成立70周年和改革开放40周年三个重要时间节点，严金明等（2021）、丰雷等（2019）、唐忠（2018）总结和梳理了建党百年以来各个时期土地制度的历史变迁及演变逻辑。刘守英和熊雪锋（2018）分析了四川泸州的宅基地制度改革，认为传统农区宅基地制度改革的内在需求主要在于经济结构变革与村庄结构转型，而宅基地制度改革的动力机制则主要来源于"农二代"经济社会行为特征的变化。张浩等（2021）基于苏州吴中区的调研发现，通过政经分离和股份制改革可以有效推动农村集体产权制度改革，壮大新型集体经济。郑淋议等（2019）考察了党的十八大以来浙江在农村土地制度改革领域的实践探索，认为浙江以土地要素市场化配置和赋予农民更多财产权利为方向，在农地制度、宅基地制度和集体经营性建设用地入市制度方面均取得了阶段性进展。Lin（1992）、Chari等（2021）、冒佩华和徐骥（2015）、周力和沈坤荣（2022）分别探讨了不同时期的家庭承包制度改革对农业生产率和农民收入增长的影响。韩长赋（2019）强调，农村土地制度改革必须朝着产权关系明晰化、农地权能完整化、流转交易市场化、产权保护平等化和农地管理法制化方向不断迈进。李江涛等（2020）指出，未来中国土地制度改革必须协同推进城乡土地同权化和资源配置市场化，使之更好地满足新型城镇化、乡村振兴和城乡融合发展的需要。

目前鲜有学者关注土地制度与共同富裕的关系，尤其是"三农"系统内农村土地制度与农民农村共同富裕的关系，但较为相近的成果已开始聚焦农村土地制度和乡村振兴的关联。比如，陈美球等（2018）认为，基于用地制度创新促进农村产业发展和推动乡村振兴是当前土地管理工作的一项迫切课题。刘振伟（2018）指出，乡村振兴过程中，农村土地制度改革应该重点关注农村集体土地征收、城乡统一的建设用地市场、宅基地管理使用制度和产业用地管理制度四个方面的问题。钱忠好和牟燕（2020）进一步强调，城乡转型阶段，乡村振兴必须从乡村内部出发，针对农地、宅基地和集体建设用地进行持续性土地制度创新，以达到盘活土地资源、激发乡村内生动力的目的。

（二）农村土地制度推动农民农村共同富裕的分析框架

土地是财富之母，通过以产权开放为主线的农村土地制度创新，推动土地要素市场化，不断将沉睡的土地资源转变为流动的土地资产，理论上能够为农民农村共同富裕提供坚实的土地制度保障。根据用地类型划分，农村土地制度主要包括农地制度、林地制度和宅基地制度[①]三个组成部分。党的十八大以来，现行农地制度、林地制度和宅基地制度相继开展了新一轮土地确权改革，且实行土地"三权分置"制度架构（即农地和林地的所有权、承包权与经营权分置，以及宅基地的所有权、资格权和使用权分置），初步完成了农村土地的产权界定工作，为土地产权的有效实施奠定了产权制度基础（罗必良，2019）。不过，现行农地制度、林地制度和宅基地制度都缘起于改革开放初期以公平为导向的制度设计，本质上都属于农村土地集体所有制的范畴，农民获得的土地产权实际上是基于人格化的集体成员身份免费取得的一定期限和一定权利范围的成员权（郑淋议等，2022），现实中土地产权的封闭性依然不同程度的存在（叶兴庆，2020）。因此，改革开放以来的农村土地制度改革在某种程度上也是围绕

---

① 需要说明的是，宅基地面积在村庄建设用地面积中占有绝对比重，加之宅基地与农民生产生活息息相关，因此本文将重点讨论宅基地制度而非集体建设经营性用地制度。

提高土地产权的开放性展开（刘守英等，2018；张清勇等，2021），而当前共同富裕目标下的农村土地制度改革自然也离不开土地产权的进一步开放。

产权开放的本质是权利开放。权利开放是与权利限制相对的概念，强调权利的开放与包容，追求法律面前人人平等，淡化血缘、地缘、业缘等身份形成，主张社会秩序的维持主要通过政治与经济权利的开放竞争，经济发展主要依靠"非人格交换"（Impersonal Exchange）的市场规则，个体与组织可以自由进入与退出，而不是依赖人格化的特权身份和社会等级，市场范围相对封闭和狭小。该理论主要由新制度经济学家诺斯（North）、温格斯特（Weingast）和瓦利斯（Wallis）提出，他们基于长尺度的人类历史研究和大范围的跨国研究发现，从权利限制秩序（Limited Access Social Order）向权利开放秩序（Open Access Social Order）转变是国家经济稳定增长的关键（North 等，2009、2015）。在诺斯等的研究基础上，刘守英和路乾（2017）进一步指出，发展中国家经济相对落后的主要原因就在于产权的封闭性，产权的人格化阻碍了权利开放秩序的建立，不利于经济社会的可持续发展。从产权经济学来看，产权最为核心的权能主要包括使用、交易和收益三项（Cheung，1973），从产权界定到产权实施关键是自由开放地行使三项核心权能（郑淋议等，2023），任何一项权能的残缺都会影响到资源配置效率（田传浩，2018）。现行农村土地制度下，土地产权的相对封闭性在一定程度上限制了土地核心权能的有效行使，阻碍了土地要素的市场化配置和城乡要素的双向自由流动，不利于农民财产权利的有机实现（叶兴庆，2020；张清勇等，2021），成为农民农村共同富裕的发展阻梗。因此，共同富裕目标下提高土地产权开放性的重点就是围绕使用范围、交易边界和收益渠道下功夫，通过要素市场化促进农村土地从"沉睡"资源到"流动"资产的价值跃升，推动农地由发展宝地向创业福地、林地由绿水青山向金山银山、宅基地由宜居宜家向宜业宜游有机转化，走以农地为依托的产业共富之路、以林地为依托的生态共富之路和以宅基地为依托的城乡共富之路（见图1）。

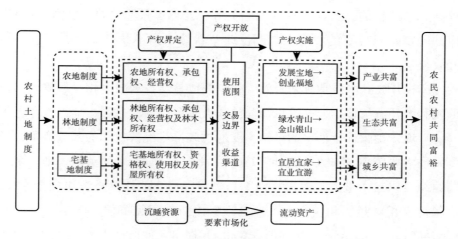

图1　分析框架

产业共富、生态共富和城乡共富是农民农村共同富裕的重要实现路径，三者以农村土地资源为依托，促进农民农村共同富裕的实现。其中，产业共富是农民农村共同富裕的根本之策，农村没有产业，就没有就业、没有收入、没有发展（陈美球等，2018），共同富裕也就无从谈起。生态共富是共同富裕的关键之举，相对于城市，生态资源是农村的宝贵财富和最大优势，尤其是森林资源，它不仅是生物多样性的基础，也是生态保护的屏障，还是农民收入增长的重要来源，通过推动森林资源的生态价值转化，可以发挥显著的生态效益、经济效益和社会效益（刘璨，2020）。城乡共富是农民农村共同富裕的必由之路，只有城乡互动，才能美美与共。在城乡双向开放下，农村人口可以进城务工、创业，提高非农收入水平，推动农民市民化；城镇居民也可以下乡旅游、休闲、养老和创业，增加农民收入，提升乡村人气、活力与发展水平（叶兴庆，2020）。因而，农民农村共同富裕不能简单地就城镇谈城镇、就乡村谈乡村，而是要以新型城镇化战略和乡村振兴战略双驱动为引领，将城乡发展统筹起来考虑，优势互补、协同推进，引导和促进城乡要素的双向流动与融合（李江涛等，2020）。从上述意义上讲，农村土地制度推动农民农村共同富裕的本质就是要以提高土地产权的开放性为突破，系统推进农地制度、林地制度和宅基地制度改革，进而激活产业共富、生态共富和城乡共富，促进农民财产权利的有机实现，推动农民收入水平的有效提升。

三　农地制度改革与产业共富之路

（一）新中国农地制度的历史演进

1.农地的"产权合一"：1949~1978年

从新中国成立到改革开放前，农地制度的产权归属主要表现为两种形式的农地"产权合一"，即新中国成立初期以农民为主体的农地"产权合一"与集体化时期以集体为主导的农地"产权合一"。具体地，1949年，新中国的成立宣告了中国人民真正实现当家作主，成为国家的主人。1950年，《土地改革法》的实施废除了地主土地所有制，要求实行农民土地所有制。改革完成后，国家给农民颁发土地所有证，他们拥有自由经营、出租及买卖其土地的完整权能。此时，农地制度的产权安排可谓是以农民为主体的农地"产权合一"，使用、交易和收益等权能高度集中于农民，农地产权呈现自由开放的状态。然而，由于土地买卖的放开再次加剧了土地的兼并与集中，以及高度分散的农民难以为工业化提供原始资本积累，借鉴苏联发展经验，国家顺势开启了农地产权的集体化进程。1956年，《高级农业生产合作社示范章程》出台，要求按照社会主义原则，农民的私有土地将逐步转化为合作社集体所有。1962年，《农村人民公社工作条例（修正草案）》宣布实行生产队、生产大队和人民公社"三级所有，队为基础"的集体土地所有制，除少量自留地外，农民的土地产权均被上收至集体（郑淋议等，2019）。此后一直到改革开放初期，农民均已不再享有农业生产经营自主权，农地产权高度集中于集体，形成完全封闭的状态，农地制度的产权安排可谓是以集体为主导的农地"产权合一"。

2.农地的"两权分离"：1979~2012年

从党的十一届三中全会到党的十八大期间，农地制度产权归属主要表现为所有权与承包经营权的"两权分离"。改革开放初期，以集体为主导的农地"产权合一"导致农民的积极性受挫，农业生产难以维系，农村发展长期裹足不前。在此背景下，安徽、四川等地农民包产到户、包干到户的地方实践引起了中央高层的高度重视。1979 年《关于加快农业发展若干问题的决定》出台，开启了分类推进农地制度产权开放的序幕，强调"除某些副业生产的特殊需要和边远山区、交通不便的单家独户外，也不要包产到户"，由此包产到户便率先在上述地区大胆地试点开来。1980 年《关于进一步加强和完善农业生产责任制的几个问题》进一步对包产到户进行了差别化处理，要求"包产到户应当区别不同地区、不同社队采取不同的方针"。此后，鉴于地方实践效果明显，国家迅速将地方经验上升为政策制度，家庭承包制度应运而生并在全国范围内推广。1983 年通过的《当前农村经济政策的若干问题》从政策上肯定了家庭承包制度的合法地位，家庭作为农业基本生产经营单位得到回归。1985 年出台的《关于进一步活跃农村经济的十项政策》指出，家庭承包制度要长期不变、继续完善。进一步地，1999 年国家明确将"以家庭承包经营为基础、统分结合的双层经营体制"写入宪法，家庭承包制度的法律地位得到强化。进入 21 世纪，2002 年通过的《土地承包法》以专门法的形式强调和凸显了家庭承包制度的重要性。基于上述政策制度与法律安排，在坚持农地集体所有的前提下，国家通过创新农地集体所有制的实现形式，将农地以分期均田承包的方式由所在集体发包给辖区内的农民，农民由此获得承包期内的农地使用、收益和交易等权能，一举打破了农地产权的完全封闭状态，农地制度形成所有权归集体、承包经营权属农户的制度架构。因而，这一时期，农地制度的产权安排可谓是集体与农户共享的农地"两权分离"。

3. 农地的"三权分置"：2013 年至今

党的十八大以来，农地制度的产权归属主要表现为所有权、承包权与经营权"三权分置"。伴随着工业化、城市化的快速推进，农村劳动力开始大规模地向城市非农部门转移，农地流转市场逐渐兴起并日趋繁荣，新型农业经营主体对农地经营权利的需求也愈加旺盛。在此背景下，针对城乡经济社会转型过程中农地流转引发的承包权主体和经营权主体分离的现象，习近平总书记 2013 年在湖北武汉农村综合产权交易所调研时首次提出了所有权、承包权和经营权"三权分置"的理论构想。2014 年，《关于引导农村土地经营权有序流转发展农业适度规模经营的意见》出台，落实集体所有权、稳定农户承包权和放活土地经营权被提上议程，为农地"三权分置"的改革深化指明了方向。2016年，中央出台《关于完善农村土地所有权承包权经营权分置办法的意见》，强调要逐步构建起层次分明、结构合理、平等保护的"三权分置"格局。2018年，最新修正通过的《土地承包法》进一步将农地"三权分置"的精神意旨转化为法律表述，"土地经营权"被正式独立出来，且土地经营权流转期限超过五年的，当事人还可以申请土地经营权登记。同时该法律也指出农民不仅享有使用、收益和处置产品的权利，他们也可依法在集体内部互换、转让土地承包经营权，以及通过出租（转包）、入股或者其他方式向他人流转土地经营权，并强调不得以退出土地承包经营权作为农民进城落户的前提条件。自此，农地权利被创造性地一分为三，农地的"三权分置"也成为继家庭承包制度以来农地制度改革领域的又一重大制度创新。在农地"三权分置"制度下，农地的产权开放性进一步提高，农民在农业生产领域不仅拥有较为完整的使用、交易和收益等核心权能，也逐渐拥有贷款融资和入股等他项权能。

（二）现行农地制度的现实困境

伴随着农地要素市场化进程的加快，现行农地制度在某种程度上已难以适应产业共富的发展需要。产业共富主要是以乡村产业振兴为基础，推动农民农村共同富裕的发展路径。乡村产业发展既需要转入大量农地用于农业生产经营，也需要一定数量的农地用于非农设施建设。因此，产业共富特别强调农地资源的优化配置和高效利用，要求通过发展以土地要素的流转与集中为基础的农业规模化经营和以三次产业深度融合为特征的农业产业化经营，推动小农户与现代农业有机衔接，让小农户在高质量产业发展中获益。

然而，现行农地制度下，农地流转停滞不前，农地抛荒现象较为严重，农地产权依然有待进一步开放（叶兴庆，2020；Zheng 和 Qian，2022）。总体上，现行农地制度在推动产业共富方面还存在以下现实困境。首先，农地产权人格化配置破坏产权稳定，农地长期流转缺乏稳定预期。现行农制度实质上是以集体所有和家庭承包为内核、以公平优先为导向的制度设计，集体通过分期承包、均田授权的合约方式将部分农地产权平等地赋予作为集体组织成员的农民，农地产权配置充满基于身份形成的人格化烙印。因此，一旦承包期限到期，人地关系的变化将使得"集体成员、人人有份"的朴素公平诉求不自觉地弹压"增人不增地、减人不减地"的制度安排，从而破坏农地承包关系的长期稳定。当前不少地方的二轮承包即将到期，尽管中央已印发《关于保持土地承包关系稳定并长久不变的意见》，并着手开展二轮农地承包到期后延包试点，但关于二轮农地承包到期后到底如何进行农地配置至今尚未有明确办法，小农户和新型农业经营主体都缺乏稳定预期，这给农地经营权的长期流转造成了一定的困扰。其次，农地承包经营权仅限于农业领域内行使，非农设施建设缺乏法律保障。现阶段，无论是《土地管理法》还是《土地承包法》都明确强调未经依法批准，农地不得用于非农建设。而且，农地转用手续的审批也需要省、自治区、直辖市人民政府甚至国务院办理。然而，今时不同于以往，伴随着农村新产业新业态的出现以及新型农业经营主体的兴起，农业的外延和内涵都在拓展，农业的经营规模不断扩大，农业的产业链条向二三产业不断延伸，农业规模化经营和农业产业化经营对非农设施用地的需求日益旺盛。最后，进城农民的农地处置仅限于村集体内部，村外农业经营主体被排除在市场之外。进城农民不再以农业为生，他们的农地大多闲置，按理其应是发展农业规模化经营和农业产业化经营的重点。然而，现行农地制度下，进城农民的财产净收入却难以实现，主要原因在于当前农地承包经营权的两种处置方式都限于村集体内部，即将农地承包经营权转让给同村农民和将农地承包经营权退回给村集体。由于村集体范围内每家每户都平等享有面积相当的农地承包经营权，狭小空间内农地承包经营权的转让需求几乎可忽略不计。同时，目前全国大部分村集体都缺乏稳定的收入来源，让其提供和承担农地承包经营权退出的资金亦不太现实；加之，专注农业生产的集体经营基本已退出历史舞台，在农地不能抛荒的政策约束下也将产生回收农地的配置及利用问题，这些使得村集体也缺乏收回农地承包经营权的动力。

（三）农地制度改革推动产业共富的政策取向

农地是乡村产业发展的禀赋基础，为将农地由发展宝地转化为创业福地，以产业共富扎实推进农民农村共同富裕，在农地"三权分置"框架下，现行农地制度需要以提高农地产权开放性为突破进行相应的制度创新。

第一，减轻农地产权人格化配置的内在束缚，保持农地承包关系长期稳定。在二轮农地承包即将到期之际，未来可拓展农地产权配置公平的实现形式，淡化农地的物理边界，强化农地的产权边界，努力推动农地家庭承包方式由"均田承包"向"均权承包"转变。这样做的主要原因在于，前两轮承包期内大多数农户以农为业、靠地为生，农地的配置公平对他们而言更为重要，因而，当时采取农地远近、好坏搭配的均田承包方式有其时代合理性；不过，在工业化、城市化背景下农村劳动力大规模外流，工资性收入已取代农业经营净收入成为农村家庭的最大收入来源。而且，伴随着农村人口老龄化的加剧，老一代农民亦逐渐退出农业生产经营，农民（尤其是新生代农民）对权利的诉求日益凸显，因此，如何保障农民合法的土地权益将更加重要。具体到操作层面，可结合农村集体产权制度改革和高标准农田建设，将集体经济组织成员的农地承包经营权折合为股份，在不加重农地细碎化要求下，采取"多退少补"的形式，支持户均承包地面积超过其村内均值的农户向集体退出多余承包地的股权，之后集体再根据无地少地农户的意愿，将退回的多余承包地的股权无偿分配给他们。一旦涉及农地流转、农地征收和农地补贴等，无地少地农户也可凭股权享有相应比例的财产收益。借此，避免农地细碎化加重的稳定的产权制度安排也将有助于促进农业规模化经营和农业产业化经营的可持续发展。第二，扩充农地产权的使用范围，增加农地承包经营权的经济用途。在农村产业融合发展的趋势下，未来可强化农业产业用地的制度供给，努力推动农地产权的行使范围从农业领域向涉农领域拓展。具体到操作层面，首先要区分非农建设用地与涉农设施用地，其次在符合国土空间规划和基本农田保障要求前提下，从法律层面赋予涉农设施用地的发展权利以及下放涉农设施用地的审批权限，最后根据不同类型的产业发展实际，政府也可定期划拨一定比例的设施用地用于支持农业规模化经营和农业产业化经营，最大限度地保障农业产业发展的用地需求。第三，拓展农地产权的交易边界，提高农地承包经营权的配置效率。为减少进城农民农地资源的闲置与浪费，未来可逐步打破农地产权的村庄限制，努力推动农地利用从耕者有其田向善耕者享其田转变。具体到操作层面，对于农地承包经营权的转让，首先可以从村集体经济组织内部农户拓展到进村务农的村外农业经营主体，尤其是进村准备长期务农的，而后再根据实际情况考虑是否需要进一步将受让主体拓展到对乡村发展有突出贡献的其他主体；对于农地承包经营权的退出，在原"三级所有"的制度框架下，进城农民可将承包经营权退回到乡镇集体层次，由乡镇集体予以进城农民有偿退出的财政补贴，同时乡镇集体可考虑将退回的承包地流转或外包给新型农业经营主体，统筹发展农业规模化经营和农业产业化经营。

四 林地制度改革与生态共富之路

（一）新中国林地制度的历史演进

1. 林地的"产权合一"：1949~1980 年

新中国成立初期，林地制度采取国家所有和私人所有相结合的制度安排，而后者的产权归属主要表现为以农民为主体的林地"产权合一"。1950年颁布的《土地改革法》指出，包括大森林、大荒山和矿山在内的林地，以及原土地所有权属于地主的大茶山和大桐山，均收归国家所有，并采取人民政府管理经营和原私人经营者按照人民政府颁布之法令继续经营。除此之外，没收和征收的山林应按适当比例，折合普通土地统一分配给农民。而且，对于国家所有、私人经营的林地，其出租、买卖和荒废均被禁止；而对于私人所有的林地，将连同农地，由政府颁发土地所有权证，并享有自由经营、出租及买卖的完整权能。不过，这种以农民为主体的林地"产权合一"并未维系太久，自由开放的产权格局很快便被打破。伴随着农业合作化和集体化运动的开展，包括林地在内的土地资源逐渐被收归集体，在1962年《农村人民公社工作条例（修正草案）》发布后，私人所有的林地制度逐渐演化为"三级所有，队为基础"的集体林地所有制，除小部分自留山外，其他私人所有的林地均从农民转由包括人民公社、生产大队、生产队在内的集体统一经营管理。此后，一直到改革开放，林地制度的产权归属主要表现为以集体为主导的林地"产权合一"，林地产权均高度集中于集体，呈现完全封闭的状态。

2.林地的"两权分离"：1981~2017年

改革开放初期，农业生产领域的家庭承包制度改革带动了林地制度的变迁，林地产权开始由封闭逐步走向开放，推动了林地所有权与承包经营权的"两权分离"。1981年，中央出台《关于保护森林发展林业若干问题的决定》，拉开了集体林地所有制改革的序幕。决定提出了稳定山权林权、划定自留山和确定林业生产责任制的"林业三定"发展方针，同时也明确强调，无论是国家所有、集体所有还是私人所有的林地，政府都应当颁发林权证，保障所有权不变；对于社队集体林业，应当推广专业承包、联产计酬责任制，至于承包的形式，包到组、包到户、包到劳力都得到允许。1982年，中央发布的《全国农村工作会议纪要》进一步对包括自留山在内的土地产权归属进行了新的定位，特别指出，"集体划分给社员长期使用的自留地、自留山以及宅基地，所有权仍属集体"，这一规定在同年修正通过的《宪法》中被再次予以强调。1984年，一部专门规范林业发展的《森林法》出台，再次强调了林地产权明晰的重要性，要求"全民所有的和集体所有的森林、林木和林地，个人所有的林木和使用的林地，由县级以上地方人民政府登记造册，核发证书，确认所有权或者使用权"。1985年，《关于进一步活跃农村经营的十项政策》出台，提出要取消集体林区的木材统购，"开放木材市场，允许林农和集体的木材自由上市，实行议购议销"。总体上，在20世纪80年代中期，集体林权呈现不断下放的趋势，农民相继拥有集体林地的使用权和林木的所有权。不过，当时经济条件尚不成熟，林木市场的突然放开和林地产权的自由开放，导致林区出现严重的乱砍滥伐现象，尤其是南方集体林区，森林资源被严重破坏。为阻止这一局势的蔓延，中央在1987年发布了《关于加强南方集体林区森林资源管理坚决制止乱砍滥伐的指示》，要求集体林地未包产到户的，不得再分；已包产到户的，组织专人统一护林。自此，林地制度的产权开放进程被迫短期中断，直到20世纪90年代初期社会主义市场经济体制的确立，林地制度的开放阀门才重新打开。1995年，为顺应市场经济发展，中央颁布《林业经济体制改革总体纲要》，强调要以市场化为导向，"改革集体林业经营形式，以多种方式有偿流转集体宜林'四荒'地使用权，调动广大群众兴林致富的积极性，兴办股份合作林场，推进林业适度规模经营；改革木材等林产品流通体制，发展林产品、林业技术和劳务市场，推进贸工林一体化经营"。1998年，修正通过的《森林法》从法律上放开了森林、林木、林地使用权的依法转让和作价入股。进入21世纪，2003年中央发布《关于加快林业发展的决定》，要求进一步完善林地产权制度，保障农户自留山的长期无偿使用以及责任山的承包关系稳定。同年，福建率先启动了新一轮集体林权制度改革试点，直至2008年中央出台《关于全面推进集体林权制度改革的意见》，全国除上海和西藏之外均启动了新一轮集体林权制度改革。新一轮集体林权制度改革强调要在清晰界定林地产权的基础上，进一步放活经营权、落实处置权和保障收益权，把集体林地经营权和林木所有权真正落实到农户。农户在不改变林地用途的前提下，可依法对拥有的林地承包经营权和林木所有权进行转包、出租、转让、入股、抵押或作为出资、合作条件，对其承包的林地和林木进行开发利用。因此，从改革开放到党的十九大期间，集体林权制度改革本质上是家庭承包制度从农地向林地的延伸和拓展。在集体林权制度下，农民的林地产权不断开放，集体林地的产权归属也主要表现为林地所有权与承包经营权的"两权分离"。

3. 林地的"三权分置"：2018年至今

在农地和宅基地相继实行"三权分置"之后，林地的所有权、承包权和经营权"三权分置"改革也被提上议程。2018年，国家林业和草原局出台《关于进一步放活集体林经营权的意见》，正式拉开了集体林地"三权分置"改革的序幕。意见强调落实所有权、稳定承包权和放活经营权，鼓励包括转包、租赁、转让、入股、合作在内的多种形式的林地经营权流转，发展林下经济、森林旅游、森林康养和森林碳汇。同年修正通过的《土地承包法》正式将"三权分置"从政策条文上升为法律条款，包括林地、农地在内的土地经营权被单列出来。2019年，修正通过的《森林法》进一步强调，对于已经实行承包经营的集体林地，农民享有林地承包经营权和承包林地上的林木所有权，可依法采取出租（转包）、入股、转让等方式流转林地经营权、林木所有权和使用权；对于尚未实行承包经营的集体林地，经集体经济组织成员的村民会议三分之二以上的成员或三分之二以上的村民代表同意并公示，可以通过招标、拍卖、公开协商等方式依法流转林地经营权、林木所有权和使用权。因此，这一时期，"三权分置"改革由农地延伸到林地，农民的林地产权得到进一步开放，集体林地的产权归属也主要表现为林地所有权、承包权与经营权的"三权分置"。

（二）现行林地制度的现实困境

在林地资源长期重保护轻开发的政策导向下，现行林地制度在一定程度上已难以顺应生态共富的发展趋势。生态共富主要是以生态资源价值实现为依托，推动农民农村共同富裕的发展路径。林地是生态资源价值实现的天然载体，集体林地在农用地类型中占有最大比重。因而，生态共富特别强调在集体林地资源保护的基础上，通过发展多种形式的林业规模化经营和林业产业化经营，让小农户在高质量产业发展中共享发展成果，实现林地资源生态效益与经济效益的双赢。不过，目前林地制度的产权开放性依然相对不足，全国只有28.39万家新型林业经营主体[①]，以新型林业经营主体为主导的林业规模化经营和林业产业化经营的带动辐射作用比较有限（刘璨，2020），依托林地资源开发实现农民农村共同富裕依然任重而道远。

总体上，现行林地制度在推动生态共富方面还存在以下现实困境。首先，林地承包经营权仅限于林业领域内行使，非林设施建设缺乏法律保障。从《土地承包法》《土地管理法》《森林法》来看，现行林地制度下，林地转为非林地是被严格控制的，未经依法批准，不得改变林地的林业用途。无论是为林业生产经营服务的工程设施，还是需要临时使用林地进行工程建设的，都需要上报县级以上人民政府林业主管部门批准。实际上对于林业经济而言，无论是相对传统的林下经济或是比较现代的森林旅游、森林康养、生态研学等都离不开一定的非林设施用地作为支撑。其次，进城农

---

① 资料来源：《关于集体林权制度改革》，https://www.forestry.gov.cn/main/6088/20210304/192124056605977.html，2021年3月4日。

民的林地处置只限于村庄范围内，真正有市场需求的村外林业经营主体被排斥在外。与农地相似，进城农民的林地处置方式也主要包括在村集体范围内的承包经营权的转让与退出两种，林地承包经营权转让与退出的范围受限造成林地流转市场供需不匹配，限制了林业的规模化经营和产业化经营。与农地不同，林地上的投资往往周期更长、风险更大、回报更慢，因而，林地承包经营权的流转通常需要更长的流转期限和更完整的使用权能作为保障。可见，在市场交易中，相较于林地承包经营权的出租（权利的部分让渡），林地承包经营权的转让与退出（权利的完全让渡）更能满足各类新型林业经营主体的需求。然而，由于同一村庄的农户异质性相对较小，每户基本都有承包林地，村庄范围内林地承包经营权的转让需求几乎也可以忽略，同时村集体也缺乏足够的资金和动力接受有偿退出的林地承包经营权，这使得林地承包经营权转让与退出成为一项束之高阁的"空制度"。最后，林木所有权与使用权受到限制，林木的收益权能难以充分释放。从《森林法》的相关规定来看，目前国家对于林地有商品林和公益林之分。在不破坏生态环境的前提下，商品林可合理利用林木依法自主经营，公益林可用于适度开展林下经济和发展森林旅游。但当涉及林木采伐时，无论是商品林还是公益林，农民都需要向县级以上人民政府林业主管部门申请采伐许可证，并需严格按照相关规定进行采伐。因此，现阶段农民虽然名义上享有林木的所有权和使用权，但其产权行使事实上依然受到严格的政策规制，在林地资源重保护轻开发的政策导向下，农民的财产权利难以有效实现。

（三）林地制度改革推动生态共富的政策取向

中国的集体林区与民族地区、边疆地区、革命老区、连片特困地区以及经济落后地区高度重合，因而，如何创新林地制度，进一步推动林地资源生态价值实现是实现农民农村共同富裕的重点和难点。为将林地从绿水青山转化为金山银山，以生态共富扎实推进农民农村共同富裕，在林地"三权分置"框架下，林地制度需要以提高林地产权开放性为突破进行相应的制度创新。

第一，拓展林地产权的使用范围，扩充林地承包经营权的经济用途。在林业产业融合形势下，未来可顺应林业规模化经营和林业产业化经营的发展趋势，强化林业产业用地的制度供给，努力推动林地承包经营权的行使范围从林业领域向涉林领域拓展。具体到操作层面，有必要区分非林建设用地与涉林设施用地，在加强林地资源保护的同时，进一步简化涉林设施用地审批程序，保障林业产业发展的用地需求，并通过放活林地经营权来开发林地的多元价值，推动林业规模化经营和林业产业化经营，提升农民的林地经营收益和财产收益。第二，扩大林地产权的交易半径，提高林地承包经营权的配置效率。为避免林地长期自然生长，成为一种"沉睡"资源，未来可拓宽进城农民林地承包经营权的交易边界，让林地资源在更大范围内得到优化配置。具体到操作层面，有必要在规范交易数量、规模、价格和用途等基础上，努力推动林地承包经营权的转让从村集体内部优先向村外林业经营主体允许转变，林地承包经营权的退出从村集体优先向乡镇集体统筹转变，在更好发挥政府作用的同时，让市场在林地资源配置中起决定性作用。第三，保障林地产权的排他性行使，丰富林木资源生态价值的实现机制。在不破坏林地生态的基础上，未来有必要减少对林木所有权与使用权的政策规制，发展多种形式的林业规模化经营和林业产业化经营，努力推动林木资源生态价值的实现方式由单一向多元转变。具体到操作层面，有必要分类推进林木所有权与使用权的排他性行使，逐步畅通"两山"转化渠道。对于商品林，可在下放林木采伐审批权限的同时，实施林木采伐与林木种植的增减挂钩，有序开展林木种植、采伐和加工，发展林业产供销一体化经营，促进林木资源的更新、利用和保护；对于公益林，可适度开展药材种植、果木栽培、森林旅游、森林康养和生态研学等项目。同时，在碳中和、碳达峰背景下，也可鼓励森林碳汇的城乡跨区域交易，多途径助力林地生态资源的价值转化，多渠道增加农民的林业收入和林地财产净收入。

五 宅基地制度改革与城乡共富之路

（一）新中国宅基地制度的历史演进

1.宅基地的"产权合一"：1949~1962年

新中国成立之初，宅基地制度的产权归属主要表现为以农民为主体的

"产权合一"。1950年,《土地改革法》宣布没收地主的土地和农村多余的房屋,并将其分发给无地少地的农民,同时向农民颁发土地所有权证,允许农民自由居住、出租和买卖。1954年,新中国第一部宪法出台,强调公民的住宅不受侵犯,国家依法保护农民土地、房屋和其他生产生活资料的所有权。这一时期,农民享有包括宅基地在内的完整充分的土地产权权能,宅基地产权呈现自由开放的状态。不过,伴随着早期社会主义改造的基本完成以及农业合作化和集体化的逐步推开,宅基地连同其他土地资源一起逐渐收归集体。1956年颁发的《高级农业生产合作社示范章程》指出,"社员原有的坟地和房屋地基不必入社。社员新修房屋需用的地基和无坟地的社员需用的坟地,由合作社统筹解决",由此短暂形成存量宅基地农民所有与增量宅基地集体所有并存的产权格局(张清勇等,2021)。20世纪50年代末,在得到中央同意后,全国各地参照1958年《嵖岈山卫星人民公社试行简章(草稿)》的相关规定,进一步将农民私有的房基和其他生产生活资料全部收归集体所有。自此,宅基地制度基本从农民私有转为集体所有,宅基地制度的产权归属主要表现为以集体为主导的"产权合一",宅基地产权处于完全封闭的状态。

2. 宅基地的"两权分离":1963~2017年

20世纪60年代起,"产权合一"的宅基地制度逐渐演化为所有权与使用权"两权分离"的制度安排。1963年发布的《关于各地对社员宅基地问题作一些补充规定的通知》首次正式使用"宅基地"取代原来的"地基""房基"等概念,同时强调农民社员的宅基地一律收归生产队集体所有,不能出租和买卖,但可以长期使用。这表明宅基地所有权与使用权的"两权分离"初具雏形。1978年改革开放后,国家加快了宅基地制度改革的规范化进程。1982年中央专门出台了有关宅基地管理的《村镇建房用地管理条例》,规定包括宅基地在内的所有土地均归集体所有,对于宅基地,农民不得出租、买卖和转让,只在规定用途范围和规定用地限额内拥有使用权;农民一旦出租、买卖房屋,也不能再度申请宅基地。上述规定影响深远,宅基地的无偿分配、面积法定、长期使用和限制交易基本延续至今。不过,该条例也指出,回乡落户定居的离退休职工、军人和华侨也可向集

体申请宅基地，非农户口申请宅基地和农房买卖的通道依然敞开。1986年
出台的《土地管理法》在强调宅基地面积法定、限制交易等规定的同时，
针对宅基地申请将原来的离退休职工、军人和华侨拓展至全部非农户口，
规定城镇居民可通过支付一定费用有偿取得宅基地。然而，进入20世纪
90年代，宅基地的产权开放性进一步收缩，城镇居民申请宅基地和买卖农
村住房被排除在外。1990年国家土地管理局《关于加强农村宅基地管理工
作的请示》指出，非农户口不得申请宅基地。1998年修正通过的《土地管
理法》提出了"一户一宅"法律要求，同时也删掉了非农户口有偿取得宅
基地的法律条款，并进一步强调包括宅基地在内的集体土地使用权不得出
让、转让或者出租用于非农业建设。1999年，中央发布《关于加强土地转
让管理严禁炒卖土地的通知》，进一步强调城镇居民既不能购买农民住房，
也不得占用农民集体土地建设住宅。进入21世纪，2004年修正通过的
《土地管理法》进一步增加了农民住宅建设尽量使用原有的宅基地和村内
空闲地的法律条款。2004年出台的《关于加强农村宅基地管理的意见》和
2007年印发的《关于严格执行有关农村集体建设用地法律和政策的通知》
进一步强调了城镇居民不得到农村购置宅基地和购买住宅。为打破宅基地
的产权封闭性，推动宅基地要素市场化，提高农民的财产净收入，党的十
八大以来，农村宅基地制度启动了新一轮改革试点。2013年，党的十八届
三中全会指出，要"慎重稳妥推进农民住房财产权抵押、担保、转让，探
索农民增加财产性收入渠道"。2014年，中央发布《关于农村土地征收、
集体经营性建设用地入市、宅基地制度改革试点工作的意见》，要求在试
点地区探索宅基地的有偿使用，有序放开进城农民在集体范围内有偿退出
和转让宅基地的法律限制。总体上，在所有权与使用权"两权分离"的制
度框架下，宅基地产权依然较为封闭，农民只享有规定用途、法定面积和
村庄范围的使用权。

3. 宅基地的"三权分置"：2018年至今

党的十九大以来，农村宅基地制度改革进一步深化。2018年，在参考
农地所有权、承包权和经营权"三权分置"的基础上，中央发布《关于实
施乡村振兴战略的意见》，首次提出要建立宅基地"三权分置"制度，落实

宅基地集体所有权，保障宅基地农户资格权和农民房屋财产权，适度放活宅基地和农民房屋使用权，有效盘活利用闲置宅基地和闲置农房。同时，进一步强调，不得违规违法买卖宅基地，并严格禁止下乡利用农村宅基地建设别墅大院和私人会馆。2019 年，《关于坚持农业农村优先发展做好"三农"工作的若干意见》在强调不得以退出宅基地作为农民进城落户条件的同时，要求开展闲置宅基地复垦试点。同年，中央出台的《关于建立健全城乡融合发展体制机制和政策体系的意见》明确指出，要鼓励农村集体经济组织及其成员盘活利用闲置宅基地和闲置房屋。在随后修正通过的《土地管理法》中，上述政策被转化为法律条款，具体表述为"国家允许进城落户的农村村民依法自愿有偿退出宅基地，鼓励农村集体经济组织及其成员盘活利用闲置宅基地和闲置住宅"。与此同时，相较于上一版本的《土地管理法》，2019 年版本还进一步增加了"农民赠与住宅后也不得再申请宅基地"的法律要求。2020 年，中央针对宅基地制度改革专门出台《深化农村宅基地制度改革试点方案》，再次强调要适度放活宅基地和农民房屋使用权，同时严格禁止下乡利用农村宅基地建设别墅大院和私人会馆。2021 年，中央出台的《关于全面推进乡村振兴加快农业农村现代化的意见》进一步指出要规范开展房地一体宅基地日常登记颁证工作，探索宅基地"三权分置"的有效实现形式。同年，为推动《土地管理法》的实施，国务院颁布《土地管理法实施条例》，进一步强调要尊重农民意愿，保障农民合法的宅基地权益。特别是要做到"四个禁止"，即禁止强制农民流转宅基地、禁止违法收回农民的宅基地、禁止以退出宅基地作为农民进城落户的条件以及禁止强迫农民搬迁退出宅基地。因此，这一时期，"三权分置"改革由农地拓展到宅基地，农民的宅基地产权，尤其是进城农民的闲置宅基地和闲置房屋使用权开始有序放开，宅基地的产权归属也主要表现为宅基地所有权、资格权与经营权的"三权分置"。

（二）现行宅基地制度的现实困境

在城乡要素双向流动与融合条件下，现行宅基地制度在很大程度上已难以满足城乡共富的发展需求。城乡共富主要是以新型城镇化战略和乡村振兴战略双驱动为引领，推动农民农村共同富裕的发展路径。农村宅基地在村庄建设用地中占有绝对比重，而进城农民的宅基地大量闲置以及市民下乡产生了对宅基地的潜在需求，因此，城乡共富特别强调宅基地资源的盘活利用，通过开展多种类型的乡村旅游、休闲、餐饮、民宿、养老、文化体验和电子商务等创业活动，以及推动城乡建设用地指标的市场化交易，让农民在城乡融合发展过程中共享经济发展成果。

作为一项攸关农村居民财产权和居住权的关键性制度安排，宅基地制度理应在城乡融合发展过程中发挥重要作用。然而，在现行宅基地制度下，宅基地产权依然较为封闭，当前农村宅基地的面积虽大，却长期存在高闲置和低流转并存的现实矛盾，农民的宅基地财产权利不能有效实现（刘守英和熊雪锋，2018；吕晓等，2022）。总体上，现行宅基地制度在推动城乡共富方面还存在以下现实困境。首先，宅基地使用权不明朗，宅基地的财产价值难以显化。从《土地管理法》来看，现行宅基地制度下，农民可以依法利用宅基地修建房屋及其附属设施，满足自身"宜居宜家"的居住需要。但是，宅基地是否可用于商业用途以达成城镇居民下乡"宜业宜游"的美好愿望，相关法律并没有明文规定，目前只有闲置宅基地的盘活利用才正式被法律认可。其次，宅基地交易权不完整，宅基地和农房的市场化进程受阻。当前，国家禁止城镇居民到农村买房建房，更禁止城镇居民下乡利用农村宅基地建设别墅大院和私人会馆。宅基地并不能自由地进行市场交易，只有进城农民的宅基地退出正式被法律允准。不过，考虑到村集体需要支付宅基地退出的补偿，如果其缺乏乡村经营的能力或者退回的宅基地缺乏入市的通道，那么村集体执行宅基地退出政策的积极性也不会太高。与此同时，农房的市场交易也受到限制，农民出租农房将会被剥夺宅基地的资格权。从《关于进一步加快宅基地和集体建设用地确权登记发证有关问题的通知》来看，当前宅基地确权采取"房地一体"原则，房在，农民的宅基地及其权利就在。农民若出租、出售、赠与房屋，他们便不能再向村集体申请宅基地，除非房屋或宅基地因自然灾害等原因灭失。与出售和赠与本质上属于权利的完全让渡不同，宅基地出租只是合约期限内宅基地权利的部分让渡，因此，如果仅因农民有过宅基地出租的经历，其便自动丧失宅基地取得的权利，那么农民出租农房的积极性将会极大受挫。

最后，宅基地所有权不充分，宅基地的收益共享机制不健全。与农地和林地属于农用地不同，宅基地属于建设用地范畴，在工业化、城市化进程中增值速度相对较快、增值份额相对更大。因此，在宅基地集体所有制下，作为集体组织成员的农民理应获得一定的土地增值收益，但农民宅基地财产权利的实现并不容乐观。从《土地管理法》来看，目前村集体对宅基地的所有权主要体现在宅基地分配、宅基地退出和宅基地盘活利用方面。其中，对于宅基地的退出，仅限于进城农民；对于宅基地的盘活利用，仅限于闲置宅基地。而且，对于退回的宅基地和闲置的宅基地，村集体是否可将其转化为农村集体经营性建设用地再进行入市仍有待探索，以及宅基地是否可作为城乡建设用地指标进行跨区域交易直接入市也尚未有明确办法。

（三）宅基地制度推动城乡共富的政策取向

宅基地是连接城市与乡村、沟通市民与农民的乡间驿站，为促使宅基地从宜居宜家向宜业宜游转变，以城乡共富扎实推进农民农村共同富裕，在宅基地"三权分置"框架下，宅基地制度需要以提高宅基地产权开放性为突破进行相应的制度创新。

第一，延展宅基地产权的使用范围，丰富宅基地使用权的经济用途。在宅基地面积法定的政策限定基础上，未来可增加宅基地的商业用途，努力推动宅基地产权的行使范围从民用居住向商业开发拓展。具体到操作层面，在符合建筑工程标准的前提下，可允许有能力有意愿的农民优先利用闲置宅基地和闲置农房进行商业开发，再逐步放开非闲置宅基地和非闲置农房的用途管制。而对于宅基地和农房的商业开发，农民既可以自主改造，也可以与村集体合作，还可以与城镇居民联合，选择性发展乡村餐饮、民宿、电商等乡村旅游项目。第二，减少宅基地产权的交易限制，提高宅基地与农房的配置效率。在城乡人口双向流动背景下，未来可逐步赋予宅基地更为完整的交易权能，同时适当分离宅基地资格权和房屋使用权，努力推动农房的配置从农民有其屋向居者享其屋转变。具体到操作层面，有必要针对交易规模、数量、价格和用途约束做出规定，并在此基础上分类推进宅基地和农房的交易。对于宅基地，可参照农地和林地的转让规定，先行增加宅基地的转让权能，允许宅基地在集体范围内自由转让，而后根据实际情况决定是否进一步放开转让范围；对于农房，可逐步放开农房的出租、出售、转让和入股的流转限制，同时减少对交易对象的设限，按照供给方先进城农民后在村农民，以及需求方先精英人才后城镇居民的顺序，有序推动农房的城乡流转。第三，强化宅基地产权的排他性行使，健全宅基地收益共享机制。在宅基地要素市场化推进过程中，未来可减少村集体对宅基地的利用限制，打通宅基地与农村集体经营性建设用地的转换渠道，推进城乡建设用地指标的跨区域交易，努力推动宅基地收益共享机制从无到有转变。具体到操作层面，国家可鼓励村集体对进城农民退回的宅基地和在村农民闲置的宅基地进行摸底排查和整治规划。同时，在尊重农民意愿的基础上，允许村集体将宅基地转化为农村集体经营性建设用地后入市，以及通过城乡建设用地指标跨区域交易直接入市，让全体农民共享宅基地的增值收益。

六 结论与讨论

（一）主要结论

党的二十大指出，全体人民共同富裕是中国式现代化的本质要求。作为全体人民共同富裕的重要组成部分，农民农村共同富裕因"三农"问题的基础重要性而显得格外迫切。农民农村共同富裕不仅需要政府外部投入的大力支持，更需要农村现有资源的充分利用。尤其是与农民生产、生态和生活息息相关的农地、林地和宅基地，它们是农村的宝贵资源和核心优势。然而，受制于农村土地产权的相对封闭性，现阶段农地、林地和宅基地都存在不同程度的闲置问题，低效率配置问题客观存在。大量土地资源被迫"沉睡"，阻隔了以农地为依托的产业共富之路、以林地为依托的生态共富之路和以宅基地为依托的城乡共富之路。为加快农村土地制度改革，推动农民农村共同富裕，本文以产权开放为分析线索，在回顾和剖析农地制度、林地制度及宅基地制度的历史演进及现实困境的基础上，依次探讨了农地制度改革推动产业共富、林地制度改革推动生态共富和宅基地制度改革推动城乡共富的实现路径，主要得出以下研究结论。

第一，新中国成立以来，农地制度、林地制度和宅基地制度都大致经历了"产权合一"、"两权分离"和"三权分置"三个阶段。在此过程中，农村土地产权总体上也从新中国成立初期的自由开放到集体化时期的完全封闭再到改革开放以来的逐步开放转变。不过，相较于农地和林地，宅基地的产权开放相对滞后，产权封闭性也最高。第二，现行农村土地制度的产权依然较为封闭，难以适应农民农村共同富裕的发展需要。其中，农地制度存在农地长期流转缺乏稳定预期、非农设施建设缺乏法律保障，以及进城农民的农地转让与退出仅限于村集体内部等问题，林地制度存在非林设施建设缺乏法律保障、进城农民的林地转让与退出仅限于村集体内部，以及林木所有权与使用权受到限制等问题，宅基地制度存在使用权不明朗、交易权不完整和所有权不充分等问题。第三，在农村土地"三权分置"框架下，为将农地由发展宝地转化为创业福地，以产业共富扎实推进农民农村共同富裕，农地制度改革有必要推动农地家庭承包方式由"均田承包"向"均权承包"转变，农地产权的行使范围从农业领域向涉农领域拓展，农地利用从耕者有其田向善耕者享其田转变；为将林地从绿水青山转化为金山银山，以生态共富扎实推进农民农村共同富裕，林地制度改革有必要推动林地承包经营权的行使范围从林业领域向涉林领域拓展，林地承包经营权的转让从村集体内部优先向村外林业经营主体允许转变，林地承包经营权的退出从村集体优先向乡镇集体统筹转变，林木资源生态价值的实现方式由单一向多元转变；为促使宅基地从宜居宜家向宜业宜游转变，以城乡共富扎实推进农民农村共同富裕，宅基地制度有必要推动宅基地产权的行使范围从民用居住向商业开发拓展，农房的配置从农民有其屋向居者享其屋转变，宅基地收益共享机制从无到有转变。

（二）进一步讨论

土地制度是农村经济社会的基础性制度安排，关乎亿万农民的切身利益和农业农村现代化的发展走向。中国共产党建党百年以来，土地制度在革命、建设和改革的各个时期均发挥着不可替代的作用。进入中国特色社会主义新时代，依然有必要强化农村土地制度创新，撬开财富之母的生财密码，推动农村土地从"沉睡"资源到"流动"资产的价值跃升，为扎实推进农民农村共同富裕奠定坚实的土地制度支撑。

本文通过构建农村土地制度推动农民农村共同富裕的分析框架，分别讨论了如何通过农地制度改革促进产业共富、通过林地制度改革促进生态共富和通过宅基地制度改革推动城乡共富，进而助推农民农村共同富裕的早日实现。但是，这并不意味着农村土地制度改革推动农民农村共同富裕仅限于上述三条路径。比如，在农村土地集体所有框架下，集体也可坚持"有为集体"与"有效市场"相统一，引入现代企业管理制度和职业经理人制度开展乡村市场化运营，通过盘活利用土地资源，发展和壮大新型农村集体经济，让农民共享集体经济发展红利。而且，不容忽视的是，农村土地制度改革既可能通过产业共富、生态共富和城乡共富等渠道间接助推农民农村共同富裕的实现，也可能通过建立农村土地增值收益共享机制对农民农村共同富裕产生直接影响。比如，国家可向用地主体征收相关税款，然后将税收通过二次分配的方式返还给农民或者用于投资乡村振兴事业，这便会直接使农民获益，让农民的转移净收入得到实质性提升。与此同时，同样有必要说明的是，共同富裕是物质和精神都富裕。本文以产权开放为分析线索，重点讨论了农村土地制度改革对农民收入增长的潜在影响，这并不表明农村土地制度改革对农民的幸福感没有影响。事实上，由于农村土地制度关乎亿万农民的切身利益，农民的土地产权是否安全、是否稳定也都会影响到农民的幸福感。总之，本文之所以要进行上述行文安排，乃是基于分析框架的逻辑一致性要求。这里仅是抛砖引玉，未来相关研究依然有必要继续深化和拓展。

参考文献

［1］陈美球、蒋仁开、朱美英、翁贞林、郎海鸥，2018，《乡村振兴背景下农村产业用地政策选择——基于"乡村振兴与农村产业用地政策创新研讨会"的思考》，《中国土地科学》第7期。

［2］丰雷、郑文博、张明辉，2019，《中国农地制度变迁70年：中央—地方—个体的互动与共演》，《管理世界》第9期。

［3］韩长赋，2019，《中国农村土地制度改革》，《农业经济问题》第1期。

［4］黄祖辉、傅琳琳，2022，《浙江高质量发展建设共同富裕示范区的实践探索与模式

解析》，《改革》第5期。

[5] 黄祖辉、徐旭初、蒋文华，2009，《中国"三农"问题：分析框架、现实研判和解决思路》，《中国农村经济》第7期。

[6] 李江涛、熊柴、蔡继明，2020，《开启城乡土地产权同权化和资源配置市场化改革新里程》，《管理世界》第6期。

[7] 李军鹏，2021，《共同富裕：概念辨析、百年探索与现代化目标》，《改革》第10期。

[8] 李实，2021，《共同富裕的目标和实现路径选择》，《经济研究》第11期。

[9] 刘璨，2020，《集体林权流转制度改革：历程回顾、核心议题与路径选择》，《改革》第4期。

[10] 刘守英，2017，《中国土地制度改革：上半程及下半程》，《国际经济评论》第5期。

[11] 刘守英、路乾，2017，《产权安排与保护：现代秩序的基础》，《学术月刊》第5期。

[12] 刘守英、熊雪锋，2018，《经济结构变革、村庄转型与宅基地制度变迁——四川省泸县宅基地制度改革案例研究》，《中国农村经济》第6期。

[13] 刘同山、陈晓萱、周静，2022，《中国的农地流转：政策目标、面临挑战与改革思考》，《南京农业大学学报（社会科学版）》第4期。

[14] 刘振伟，2018，《乡村振兴中的农村土地制度改革》，《农业经济问题》第9期。

[15] 罗必良，2019，《从产权界定到产权实施——中国农地经营制度变革的过去与未来》，《农业经济问题》第1期。

[16] 吕晓、牛善栋、谷国政、黄贤金、陈志刚，2022，《有限市场化的农村宅基地改革：一个"人—地—房—业"分析框架》，《中国农村经济》第9期。

[17] 冒佩华、徐骥，2015，《农地制度、土地经营权流转与农民收入增长》，《管理世界》第5期。

[18] 钱文荣、郑淋议，2019，《中国农村土地制度的合理性探微：一个组织的制度分析范式》，《浙江大学学报（人文社会科学版）》第3期。

[19] 钱文荣、朱嘉晔、钱龙、郑淋议，2021，《中国农村土地要素市场化改革探源》，《农业经济问题》第2期。

[20] 钱忠好、牟燕，2020，《乡村振兴与农村土地制度改革》，《农业经济问题》第4期。

[21] 谭智心，2020，《城镇化进程中城乡居民财产性收入比较研究——一个被忽略的差距》，《学习与探索》第1期。

[22] 唐忠，2018，《改革开放以来我国农村基本经营制度的变迁》，《中国人民大学学报》第3期。

[23] 田传浩，2018，《土地制度兴衰探源》，浙江大学出版社。

[24] 习近平，2021，《扎实推动共同富裕》，《求是》第20期。

[25] 严金明、郭栋林、夏方舟，2021，《中国共产党百年土地制度变迁的"历史逻辑、

理论逻辑和实践逻辑"》,《管理世界》第7期。

［26］叶兴庆,2020,《在畅通国内大循环中推进城乡双向开放》,《中国农村经济》第11期。

［27］郁建兴、任杰,2021,《共同富裕的理论内涵与政策议程》,《政治学研究》第3期。

［28］张浩、冯淑怡、曲福田,2021,《"权释"农村集体产权制度改革:理论逻辑和案例证据》,《管理世界》第2期。

［29］张清勇、杜辉、促济香,2021,《农村宅基地制度:变迁、绩效与改革——基于权利开放与封闭的视角》,《农业经济问题》第4期。

［30］郑淋议、刘琦、李丽莉、洪名勇,2022,《家庭承包制度改革:问题、取向与进路——基于产权强度、长度和广度的视角》,《经济社会体制比较》第6期。

［31］郑淋议、罗箭飞、洪甘霖,2019,《新中国成立70年农村基本经营制度的历史演进与发展取向——基于农村土地制度和农业经营制度的改革联动视角》,《中国土地科学》第12期。

［32］郑淋议、钱文荣、郭小琳,2020,《农村土地制度改革的研究进展与经验深化——来自改革先行地浙江的探索》,《当代经济管理》第2期。

［33］郑淋议、李烨阳、钱文荣,2023,《土地确权促进了中国的农业规模经营吗?——基于CRHPS的实证分析》,《经济学(季刊)》第2期。

［34］周力、沈坤荣,2022,《中国农村土地制度改革的农户增收效应——来自"三权分置"的经验证据》,《经济研究》第5期。

［35］Chari A., Liu E. M., Wang S. Y., Wang Y. 2021. "Property Rights, Land Misallocation, and Agricultural Efficiency in China." *The Review of Economic Studies* 88(4): 1831-1862.

［36］Cheung S. N. 1973. "The Fable of the Bees: An Economic Investigation." *Journal of Law & Economics* 16(1): 11-33.

［37］Lin J. Y. 1992. "Rural Reforms and Agricultural Growth in China." *American Economic Review* 82(1):34-51.

［38］North D. C., Wallis J. J., Webb S. B., Weingast B. R. 2015. "In the Shadow of Violence: A New Perspective on Development (August 30)." Available at SSRN: https://ssrn.com/abstract = 2653254 or http://dx.doi.org /10.2139/ssrn.2653254.

［39］North D. C., Wallis J. J., Weingast B. R. 2009. *Violence and Social Orders: A Conceptual Framework for Interpreting Recorded Human History*. Cambridge: Cambridge University Press.

［40］Zheng L., Qian W. 2022. "The Impact of Land Certification on Cropland Abandonment: Evidence from Rural China." *China Agricultural Economic Review* 14(3): 509-526.

（责任编辑：张容嘉）

市场演进与经济高质量发展

——分工网络的超边际一般均衡分析

郑小碧　方　权*

摘　要：党的二十大报告指出，加快发展数字经济，促进数字经济和实体经济深度融合，打造具有国际竞争力的数字产业集群。随着传统经济时代向数字经济时代的变迁，以规模经济和规模化产品为特征的大众市场加速向以范围经济和个性化产品为特征的长尾市场转型升级，经济社会的市场分工网络正在发生重大变化。本文运用新兴古典超边际分析与数值模拟方法，揭示了大众主体型市场向长尾主体型市场演进的内在机理，并系统分析了这一市场结构变迁对经济高质量发展的促进效应。研究发现，市场综合交易效率的充分改进，驱动大众市场向混合型市场和长尾市场转型升级，产品或服务综合学习成本不断提高，也会逼迫长尾市场取代大众市场成为均衡市场模式，尤其当综合学习成本过高时，将极大降低市场演进的市场综合交易效率门槛条件，乃至长尾市场成为唯一的均衡模式；大众市场向长尾市场的转化升级过程具有提高劳动生产率、增强市场创新能力、扩张产品多样化程度与消费需求规模、提升人均真实收入水平的经济高质量发展促进效应。本文不仅提供了理解长尾市场形成及市场结构转型的新理论视角，而且对推动数字经济时代长尾市场和宏观经济的高质量发展具有丰富的政策含义。

关键词：大众市场　长尾市场　分工网络　高质量发展　超边际分析

---

* 郑小碧，教授，浙江师范大学经济与管理学院，电子邮箱：zxb1982@zjnu.cn；方权（通讯作者），硕士研究生，浙江师范大学经济与管理学院，电子邮箱：3434891238@qq.com。本文获得国家自然科学基金面上项目（72073123）、国家社会科学基金重大项目（22&ZD051）的资助。感谢匿名审稿专家的宝贵意见，文责自负。

一　引言

党的二十大报告指出，着力扩大内需，增强消费对经济发展的基础性作用。随着人民生活水平的提高，群众的生活质量也得到极大的改善，传统的消费理念越来越难以适应新时代的要求，由消费理念升级带动的市场结构正在被重构。随着互联网信息技术的更迭和数字经济时代的到来，数字经济成为驱动经济高质量发展的重要引擎（方玉霞，2022），由此建立在大众化产品基础上的传统大众市场正在向以个性化产品为主体的长尾市场演化，并由此带来经济高质量发展。

实际上，长尾经济一直受到众多国内外学者的关注。而目前对长尾市场的研究重点主要体现在长尾理论的内涵、长尾经济形成的机理、长尾理论对市场的影响及其对企业转型升级的意义等方面。首先，关于长尾理论，虽然其关注的重点与"二八定律"相悖，但学术界普遍认为这是对"二八"定律的补充。"二八定律"关注少数重要的事物，要将有限的精力放在抓重点、抓骨干、抓关键少数上，专注重要的事情，做好重要的工作；而长尾理论则关注的就是如何从单纯依靠规模经济逐步转向范围经济，满足消费者个性化需求，推动需求分布曲线逐渐从头部向尾部移动（杨晓宏和周效章，2017）。陈兴淋和纪顺洪（2017）认为长尾理论诞生于计算机网络技术飞速进步的时代，且网络催生了人们多样化的需求。除此之外，长尾经济理论反映了聚沙成塔的理论核心（唐海军，2009）。

其次，学术界对于长尾经济形成条件也有深入的研究。长尾市场的形成离不开生产工具、传播工具的普及以及较低的搜索成本（杨连峰，2010）。具体而言，生产内容的工具形成信息生产的长尾、配销大众化形成信息传播平台的长尾、连接供给与需求的可能形成信息需求的长尾（陈力丹和霍仟，2013）。可见，长尾市场需要依靠生产工具、传播途径以及信息处理技术的不断优化。黄浩（2014）对互联网时代下的搜寻成本进行了详细阐述，认为搜寻能力的改善可以减弱长尾市场的噪声，缓解信息不对称，增强市场匹配能力，大大降低搜寻成本。这意味着互联网时代下，信息搜寻成本的降低积极推动长尾市场形成。总之，多数研究者认为生产工具、传播工具的普及以及连接供需的"群体智慧"促进了长尾经济的形成和发展（克里斯·安德森，2015）。

再次，关于长尾理论如何促进市场发展，学界开展了较为深入的研究。霍兵和张延良（2015）通过案例分析得出，在交易成本和搜寻成本显著降低的条件下，长尾市场上将会出现众多的利基产品，虽然每个利基产品的销量不大，但市场中利基产品品种远超畅销产品品种，进而汇聚成与主流大市场相匹敌的市场需求。可见，众多的利基产品为市场的繁荣奠定了基础。这也体现了长尾理论指引和促进利基产品的推广，进而推动市场走向繁荣。

最后，长尾市场如何促进中小微企业发展也是学界关注的重点。小微企业可以通过服务市场的"尾巴"即小众群体来避开与大企业之间的竞争，并借此打造具有个性和特色的产品和服务，形成独特竞争力（欧阳芳，2016）。其中，打造核心竞争力需要依靠技术创新，技术创新将成为企业发展的决定性因素（欧阳芳，2016）。王方（2016）指出，在长尾市场的商业模式上同样需要有新的突破，聚焦长尾需求开展个性化定制以及采用柔性化生产模式。除了自身运营能力的提升外，企业需要充分利用网络时代的红利，通过互联网平台来获取充足的信息，进而减小信息不对称对其造成的影响（姜鑫，2016）。

上述研究对长尾理论进行了深刻的阐述，并依靠大量的案例进行了论证。但不难发现，已有研究主要是对长尾市场进行专门的深入研究，缺乏从市场结构和分工网络演进的视角对不同市场结构进行跨历史的比较分析，尤其是尚未建立大众市场向长尾市场演进的理论模型，更未揭示这一过程演变的内在驱动机制和因素。为此，本文借鉴和扩展已有的新经济组织超边际模型（郑小碧等，2017、2018、2020），从市场分工网络演变的视角，构建大众市场向长尾市场转型升级的新兴古典经济学超边际模型，揭示前者向后者演进的内在驱动因素和机理，阐释这一转变过程促进经济社会发展的效应，以为数字经济时代的市场网络演进提供新的理论分析框架和政策含义。同时，也从微观角度阐述分工结构转换对经济增长的意义，揭示市场经济转型的一般规律，从而从不同的视角探讨市场经济转型发展。

二 从大众市场到长尾市场：现实观察与内在区别

随着互联网时代的崛起，人们的消费观念和思维发生了重大的转变，追求个性化、便利化的商品及服务，产品及服务种类变得更为复杂而多样，原来传统大众市场正在被长尾市场所取代，市场分工结构和网络由此发生深刻变化。从大众市场向长尾市场演进的过程并不是一蹴而就的，市场交易效率的改变促使市场分工结构演进，进而催生利基市场，众多利基市场汇集成长尾市场。

（一）市场发展的外部环境特征及分工模式演进

1.网络化、数字化和智能化推动大众市场向多元化的长尾市场演进

在经历工业革命后，商品经济得到充分发展，但市场结构和模式比较单一。此时人们对于个性化商品和服务的需求较小，其信息的交互作用不强。企业为了实现规模经济，集中大量资源用于开发"大众市场"，以满足消费者基本的物质生活需求。随着市场技术升级，以及先进的管理技术的跟进，企业极大地提升了产品的生产能力。随着信息技术的发展和运用，以及电视和杂志等新媒体的出现，人们对产品的需求也开始升级（任增吉，2020），消费者不再单方面地追求产品数量，而是更加关注产品质量且追求更加个性化的产品，这进一步促使企业加强对消费者消费观念的重视，积极追求新的生产模式。伴随着互联网信息技术的进一步升级，尤其是数字化和智能化技术的广泛应用，普通大众化商品市场的竞争愈发激烈，导致一些企业出现产能过剩、商品滞销的情况（方行明和屈子棠，2022），大众市场状况恶化。而互联网社群极大地促进了小众化产品的推广，同时人工算法技术使得消费者搜寻个性化产品的能力增强且成本降低，从而能够使消费者更快、更精准地寻找到其所需要的个性化长尾产品，长尾市场逐渐取代大众市场并实现蓬勃发展。

2. 市场分工模式演进

时代的发展离不开技术的进步和升级，市场结构也不断转型和升级，产品逐渐从单一走向多元化，消费者的选择空间得到极大的扩展。此外，消费选择的升级，也有利于形成多样化的区域消费产品体系，扩大消费市场规模与促进市场结构转型（周勇，2022）。市场的分工模式逐步从大众主体型向混合型和长尾主体型转变。

（1）大众主体型市场。大众主体型市场的组织分工比较简单，主要特征是没有普及商业运营模式和互联网等信息传输搜索技术，在下文的模型中体现为没有专业的交易服务提供商和信息配对服务商。例如，在规模化商业市场形成之前，企业总体生产效率不高，产品比较匮乏，没有形成成熟的商品经济，商业的运营模式也无法普及，导致商品和服务的交易成本较高且没有专业的交易服务提供商，交易效率较低。在交易的过程中，经济个体不仅要负责生产产品，还要付出额外的时间成本（劳动力成本）来提供商品的交易服务（如运输服务及其配套服务）。此外，由于互联网尚未出现，专业的信息配对服务没有普及，企业为了寻找到目标用户，还需要开展广告等宣传活动。企业的宣传活动主要借助报纸和广播等媒体，缺乏针对性、专业性，将耗费大量企业原本可用于生产的资源。市场上缺乏信息的高效配对同时也意味着产品种类将大大受限，而多样化的产品往往需要更多的信息配对服务，企业即便能够生产出足够的产品，如果无法合理地进行供需匹配，也将面临滞销风险。这也解释了产品种类单一的现象。总体来说，大众主体型市场的分工简单，企业需要完成产品生产、交易服务、信息配对服务等一系列任务，这大大加重了企业的负担，导致企业的整体生产效率较低，进而只能生产大众化产品，市场上产品种类单一，经济整体不景气。

（2）混合型市场。混合型市场的发展离不开开放，市场经济快速发展，商业运作模式得以完善。可以更加自由的交易商品，从原来的经济组织中分离出专业的交易服务商，并为企业和消费者群体提供专业的交易服务，使得企业能够更加专注于产品生产，不必为产品的交易服务花费额外的精力，提高产品的生产效率。例如，市场开放后，商品的交易更加频繁，出现了专门提供物流服务的企业。此时交易服务质量得到了极大的提升，交易成本降低，企业获得更大的盈利空间，进而产品数量增加，产品的交易服务需求也增加，这为专业交易服务商提供了更大的发展空间。此外，市场开放也带动企业的生产技术以及管理水平提升，产品的生产规模得到空前的提升，为此，交易服务商专业化成为历史必然。但此时互联网等信息服务还没有普及，专业的信息配对服务商并未出现，信息搜索服务尽管基于技术进步而有所改善，但本质上并没有实现多大程度的提升。企业主要依托于电视、杂志等进行产品的宣传推广，依旧没有针对性，信息配对质量不高。总体来说，混合型市场的分工结构开始变得复杂，虽然信息搜索服务没有发生本质上的改善，但相对于之前的大众主体型市场结构，分工主体的专业化程度和生产效率提升，进而可以生产多品种产品，市场上产品日益多样化，经济整体发展水平提升。

（3）长尾主体型市场。长尾主体型市场的出现依托于互联网信息时代的崛起，信息交互更加高效。信息处理得到了前所未有的重视，这使得市场上出现了新的分工主体——专业的信息配对服务商，为企业和消费者提供信息的搜索和配对服务，承担起衔接、协调消费者和生产者的作用。同时生产商可以完全专注于生产，这大大提升了其专业化程度和生产效率。例如，互联网时代出现的Google的"群体智慧"搜索引擎和eBay等，通过多级分类结构和智能搜索引擎，不仅对产品的信息进行搜集，而且进行个性化过滤，大大节约了消费者用于信息搜索的时间，提高了产品交易的效率和用户体验感。企业能够通过信息服务了解消费者偏好，更有针对性地进行个性化产品生产。在数字经济时代，数字媒体等信息传播渠道的出现显著促进了企业创新，激发了大众创业，释放了高质量发展红利（何枫和刘贯春，2022）。信息的作用变得不可小觑，企业更加注重信息服务质量，这为专业的信息配对服务商的发展壮大提供了基础。随着信息屏障的消除，生产商可以更加精确地了解消费者的需求，进行更多人性化产品生产，极大地丰富了产品种类。同时，互联网平台为大众创新提供了机会，激发了大众创新热情，增进了数字经济发展带来的红利（赵涛等，2020）。总体来说，相对于之前的混合型市场结构，长尾主体型市场的分工结构更加复杂，且主体都实现了完全专业化，生产效率得到了极大的提升，信息配对服务有了质的改变，并为个性化产品生产提供了保障，供需之间可以紧密相连，产品的多样化程度提升，消费者效用也大大提升，经济整体发展水平达到了高层次。

（二）大众主体型市场、混合型市场与长尾主体型市场的内在区别

市场类型决定了经济主体的分工层次、专业化程度以及整体交易效率。当从原结构中分离出来形成更加专业的分工主体时，生产效率大大提高，并且分工结构复杂化，交易的复杂程度同样提升，交易成本上升，从而分工结构的演进受到牵制。不同市场类型的分工结构差异，将导致市场在多方面呈现出不同的状态，如表1所示。

1. 市场驱动效应：从规模经济到范围经济

在经济社会的网络化、数字化和智能化过程中，生产能力提升、数字化传播工具普及和供求快速匹配驱动范围经济效应逐步取代规模经济效应成为市场结构的主导性驱动力。

（1）生产能力提升。市场开放以后，企业获得了技术外溢，劳动力的生产积极性得到了调动，企业的管理水平不断提升，这为企业实施多样化生产战略奠定了基础。产能大大提升，原本的大众化产品市场快速饱和，进而出现产能过剩风险。如果企业仍旧热衷于大众化产品市场，将面临产品滞销和存货堆积的风险，进而社会资源无法得到合理转化，社会整体福利受损。为此，企业积极追求多元化生产模式，形成一定的范围经济效应，促使长尾市场形成。

（2）传播工具普及。随着互联网时代的崛起，信息传播方式多样化，不再局限于图书、报纸和电视等，出现了各类网络平台。相对于以前的信息传播模式，现代化的信息集合更为全面，为消费者搜集信息提供了极大地方便。随着互联网的出现，信息的搜集方式发生极大地改变，人们只需通过浏览相关网站，就可以获得大量信息。可以说，互联网改变了交易场所、拓展了交易时间、丰富了交易品类、加快了交易速度（李海舰等，2014）。维基百科就属于这类网络平台，其通过专业化的运营和海量信息，为用户提供了多样化选择的空间。在互联网时代，消费者的多元化需求促

使企业采用多元化生产战略，为范围经济效应的形成奠定了基础，进一步促进市场经济长尾的延伸。

（3）连接供给与需求。用户即使拥有海量信息也无法做出正确的选择，信息量大也意味着用户需要花费更多的时间进行筛选，这将大大增加用户的筛选成本，用户体验感受到影响。Google的"群体智慧"搜索引擎就是长尾市场中的一种新型服务，帮助消费者筛选出符合个人品位的产品。这种"信息过滤服务"不仅节约了消费者挑选产品的时间，而且帮助消费者追求个性化商品和服务，提升消费体验。"信息过滤服务"将新产品介绍给消费者，供求间交易的便利化使得企业能够积极转型，制造业增加服务要素，范围经济效应进一步提升（周大鹏，2013），推动需求沿长尾曲线向右移动。

2.市场消费理念：从盲目从众到追求个性

Zhang（2021）从电商直播的视角出发，认为小众女装品牌有可能获得良好的经济效益，且能与大品牌抗衡。小众产品越来越受到市场的认可，可见需求对长尾市场的发展起着重要的推动作用。而需求升级必然离不开人们消费理念的改变。人们的生活水平不断提升，20世纪80年代认为的奢侈品（如汽车）现在看来不过是平常的生活用品。当前的潮牌及其相类似的文化体系体现了消费理念的巨大变化。其一，消费者愿意在更多领域追求定制及个性。其二，消费者愿意追随小众品牌。从小众品牌的崛起到相关的细分市场增多，消费者观念发生转变，消费意识从盲目跟风逐渐转向自我认同，这代表着个性化时代的到来。消费者不再只是追求物质上的满足，更追求精神上的满足，实现自我认可。需求升级也将带动企业积极进行产品升级，社会上原本闲置的资源能够得到合理配置，整个社会进入一种产品多元化的丰饶状态。此外，随着"互联网+"新业态发展，消费方式持续升级，推动消费理念转变，从而促进消费新增长点涌现（刘长庚等，2016）。因此，在这一市场结构转型过程中，消费者的个性化需求以及供应商的转型升级将催生新型市场，而这种新型市场更加注重挖掘"长尾市场"中的潜在需求，从而充分提升资源利用程度，使整个经济进入富足状态。

3.市场分工网络：从局部分工网络到完全分工网络

从大众主体型市场到混合型市场再到长尾主体型市场的演进，除了上述驱动效应存在显著差别外，三种市场结构的分工网络也存在差异，交易效率提升促使人们频繁地进行交互，经济社会关系更加紧密，由此推动局部分工网络向完全分工网络演进。

（1）交易服务从自我提供到专业化外包。随着社会经济活动日益频繁，人与人之间的物质流动也更加频繁，所以产品间交换以及交易效率对于经济活动的重要性不言而喻。而随着经济总量不断增大，以前的简单分工结构难以维系其如此庞大的经济体量。在需求不断扩大的背景下，企业在关注产品质量和数量的同时，再难以分配额外的精力进行产品交易的维系和扩展。随着社会分工结构的演进，现代物流业蓬勃发展，很好地充当了交易服务的专业提供商，不仅能够为企业减少交易成本，而且能配套提供担保等系列增值服务，有利于增进企业与消费者之间的信任，打造社会的整体商业氛围。专业的交易服务商的出现就像是在供给放和需求方之前架起了一座"无形"的桥梁。

（2）信息配对服务从自我提供到网络平台专业提供。信息配对服务对于消费者进行个性化商品的选择而言起着举足轻重的作用，是大众市场向长尾市场转型的关键。社会发展到了"富足经济"时代，消费者面临各种各样的信息。在信息爆炸时代，消费者很可能会因无法有效处理这些杂乱的信息而显得力不从心。不仅如此，消费者在处理信息时会花费大量时间，增加了时间成本。这就需要有专业的信息配对服务商，根据消费者喜好进行搜集、分类和筛选，为消费者提供真实有效的信息。随着长尾市场的发展，专业的信息配对服务商还能够通过收集消费的喜好和个性化需求等信息并分享给相应的生产商来进行个性化产品生产，大大提升了社会整体资源的利用效率。市场上出现了专业的信息配对服务商，不仅可以大大提高消费者的整体效用，也为供应商提供了极大的便利。供应商在新型市场的转变过程中，可以更加快速而有效地捕捉到用户的需求变化，进而可以进行相应的转型，提升产品的市场竞争力。总体来说，专业的信息配对服务商的出现极大地提升了消费者和供应商的匹配程度，使得供需紧密相连，极大地发挥了信息在资本运作中的巨大作用，提高了资本在社会经济中的运作速度。

总体来说，市场网络分工结构的演进通过提升分工主体的专业化程度来提高社会的总体生产效率，并在市场整体交易效率和信息效率（信息配对程度）两个方面尤其显著，其原因在于专业的交易服务商和信息配对服务商从分工结构中独立出来，成为市场中核心的分工主体。

表1　大众主体型市场、混合型市场与长尾主体型市场的内在区别

市场模式	驱动效应	产品类型与消费理念	市场类型	产品个性化的匹配度	企业战略手段	分工网络	信息传播媒介
大众主体型	规模经济	热门产品占主导地位	产品种类单一	低	低成本战略（大众化服务）	局部	报纸、广播
混合型	双元经济	个性化产品得到推广	产品种类逐渐丰富	较低	追求多元化生产模式	局部	电视、杂志
长尾主体型	范围经济	个性化产品占主导地位	产品种类极大地丰富	较高	差异化战略（个性化服务）	完全	Google搜索引擎、Book Smart

资料来源：笔者归纳整理。

三　模型与超边际分析：大众市场向长尾市场演进的门槛条件

如前所述，市场要实现从传统模式向新型模式演进，必然要满足一定的门槛条件。在给出市场运行的基础模型和各种市场结构下分工主体的生产交易关系的基础上，对大众主体型市场向混合型市场、长尾主体型市场演进过程进行超边际模型构造和分析，从而揭示市场结构演进的门槛条件。

（一）生产关系和基础模型

在偌大的市场结构中，存在 M 个经济个体（分工主体）。其中产生效用的产品包括大众化产品 X 和差异化产品 Y。在 X 产品的生产过程中需要投入劳动力 L_X，其在交易的过程中需要通过交易服务 R 来完成。交易服务的产生就需要投入劳动力要素 L_R。而相应地，在 Y 产品的生产过程中，需要对 X 产品进行个性化增值及投入劳动力 L_Y，以提升产品的质量和性能，进而满足不同层次的需求。当然，在个性化增值过程中，往往也配有上门对接的个性化服务，用于降低甚至完全抵消掉产品交易过程中所需要的交易费用，所以 Y 产品的交易不需要通过 R 服务来完成，这也体现了个性化产品的优势，即不需要额外的交易服务。此外，如图 1 所示，Y 产品的生产过程中需要额外投入信息配对服务 F。这意味着 Y 产品种类繁多且质量不一，消费者消费 Y 产品需要投入一定的劳动力 L_F 来对 Y 产品进行信息搜集和筛选。同时，可以看出，经济个体通过消费 X 产品和 Y 产品获得效用，意味着 X 产品和 Y 产品的数量决定了效用的整体水平。

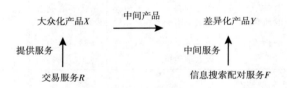

图1　生产关系

从图 1 看出，本文的研究思路涉及两种产品 X 和 Y，两种服务 R 和 F。本文的设计与以往模型基本一致，但需要注意 R 服务和 F 服务性质的不同。其中，F 服务可以视为 Y 产品的中间产品，而 R 服务则是只影响 X 产品的交易效率，不影响 X 产品的生产。本文的研究重点是市场转型下的分工结构演进机制和原理，借鉴庞春（2009）和郑小碧等（2017、2018、2020）的框架，给出经济个体的超边际决策模型：

$$\mathrm{Max}U = \left\{ (1 - \theta) \left[x + k \left(r + \delta r^d \right) x^d \right] \right\}^{\beta} \left(y + k y^d \right)^{1-\beta} \qquad (1a)$$

$$\text{s.t. } r^p = r + r^s = L_R - a \qquad (1b)$$

$$f^p = f + f^s = L_F - b \tag{1c}$$

$$x^p = x + x^s = L_x - c \tag{1d}$$

$$y^p = y + y^s = t\left[\theta\left(x + kx^d\right)\right]^{\frac{1}{3}}\left(f + kf^d\right)^{\frac{1}{3}}\left(L_Y - d\right)^{\frac{1}{3}} \tag{1e}$$

$$L_Y + L_X + L_F + L_R = 1 \tag{1f}$$

$$p_Y\left(y^s - y^d\right) + p_X\left(x^s - x^d\right) + p_R\left(r^s - r^d\right) + p_F\left(f^s - f^d\right) = 0 \tag{1g}$$

在模型中经济主体面临生产约束，劳动时间约束、预算约束下追求消费者效用 U 最大。具体而言，经济个体的消费效用 U 取决于对产品 X 和产品 Y 的消费量。而对于 X 产品的消费取决于自我消费量 x 和从市场购入量 x^d，其中从市场购入 X 产品需要通过一定的交易服务并涉及一定的交易损耗，所以最终到达消费者手中的数量为 $k\left(r + \delta r^d\right)x^d$。这里，$k$ 表示交易的效率系数，称为市场交易效率。庞春等（2008）在分析影响交易效率的情况下指出 k 主要与一系列条件制度有关，包括基础设施条件、运输条件、通信条件、城市化程度和制度环境等，也与生产者的工作效率有关。k 越高，那么交易的损耗 $1-k$ 就越小，交易也越容易达成。本文中，δ 是指获得交易服务的效率，称为服务交易效率，δ 的大小与交易服务的获取容易程度成正相关。

X 产品既是商品又是 Y 产品的中间过渡产品，假设个人生产的 X 产品中有 θ 份额的数量进入 Y 产品的生产中，剩余的 $1 - \theta$ 份额的 X 产品用于个人消费。相应地，Y 产品的消费取决于自我消费量 y 和最终从市场上交易获得的数量 ky^d，这里，Y 产品虽然不需要通过交易服务，但在交易过程中也会有一定的损耗（双方进行交易所耗费的时间成本），这取决于市场交易效率 k。效用函数总体采用的是 C–D 生产函数，其中 β 表示 X 产品对总体效用的贡献程度，值越大，表示 X 产品数量的增加对总体效用的提升作用明显，相应地，$1 - \beta$ 表示 Y 产品对总体效用的贡献程度。

从模型中可以看出，效用函数的大小取决于交易服务 R、信息配对服务 F、普通大众化产品 X 以及差异化产品 Y 的生产效率和劳动时间的约束。首先，如式（1b）所示，R 服务的生产数量由投入的劳动时间 L_R 和学习成本 a 决定，投入时间越长，学习成本越低，R 服务水平越高。此外，R 服务的生产总量为 r^p，其中一部分是自我使用，使用量为 r（r 可以为 0），其余部分将参与市场交易，进行出售，销售量为 r^s。类似地，式（1c）和式（1d）分别表示了 F 服务和 X 产品的生产函数。有所不同的是，R 服务作用于效用函数，用于对接产品供需，促使效用产生，但并不作用于产品 Y 的生产；F 服务作用于产品 Y 的生产，能够对效用函数产生间接影响；X 产品既作用于效用函数，又对 Y 产品的生产起着重要作用。

其次，如式（1e）所示，表现了 Y 产品的生产函数。Y 产品的生产函数是进入生产的 X 产品与 F 服务这两种中间投入量以及劳动时间份额 L_Y 的 C-D 生产函数。θ（$0 < \theta < 1$）表示经济个体获得 X 产品数量（包括自用和购买）中用于生产 Y 产品的份额，当 θ 越大，表示经济个体越倾向于将 X 产品用来生产 Y 产品，以便获得更高的产品增值效应。为了使模型计算简便，并对核心问题具有解释力，将 Y 产品的市场生产函数进行赋值，均赋值为 1/3，代表了产品 Y 对 X 产品、F 服务以及净劳动力投入（即投入的劳动力减去相应的学习成本后的净额）的依赖度。这可以理解为 X 产品、F 服务以及净劳动力投入对生产 Y 产品的贡献度一致（这可能与实际情况有出入，但并不影响对核心观点的解释力）。其中，Y 生产函数中的 t 表示随着技术升级而带来的生产效率提升，$t > 1$。t 越大，意味着技术变革对 Y 产品生产能力的提升程度越大。此外，假设在劳动专业化投入中，长期的劳动投入可以形成经验等学习效应，学习成本 d（$0 < d < 1$）越低，那么最终产品 Y 的产出量 y^p 越大。

最后，如式（1f）所示，经济个体拥有有限的劳动时间，面临着劳动时间约束，假设在所有劳动产品和服务生产上的劳动时间总额为 1。另外，式（1g）表明经济个体在市场上需要满足预算平衡，所有产品的出售和购入能够实现收支相抵，其中 P_j（$j = Y$ 或 X 或 R 或 F）为相关产品或服务的市场交易价格。

（二）分工结构演进

由于上述的产品 X、产品 Y、交易服务 R、信息配对服务 F 等涉及四种不同的劳动力，可以构成几十种决策模式和上百种分工结构。为了聚焦本文的研究重点，根据前文提出的相关理论和假设、图1涉及的生产关系结构以及新型古典模型涉及的定理来排除不合理以及非最优化决策结构。为此，本文挑选了6种决策模式进行分工结构和超边际分析。根据前文的理论和假设，这6种模式分别是 X/Y、YFR/X、R/XY、YF/XR、Y/XRF、F/XYR。这样处理，可以简化分析过程，使得计算更加精炼，更加聚焦研究重点，且保障逻辑上的可信度。利用这6种决策模式可以分析大众市场向长尾市场转变过程中的分工结构演进机理。具体分工网络如图2、图3、图4所示。

如图2所示，大众主体型市场的分工结构相对简单，分工网络（分工结构A）主要由大众化产品生产商（X/Y）、差异化产品生产商（YFR/X）构成。在市场的早期，由于缺乏相应的创新和个性化需求，大部分资源投入大众化生产，大众化产品为市场主流。其中，从图2可以看出大众化产品生产商（X/Y）专业化生产并且销售数量为 x^d 的 X 产品，然后通过市场购入数量为 y^d 的 Y 产品。相应地，差异化产品生产商（YFR/X）是半专业化生产 F 服务和 R 服务，并主要通过自用 R 服务来从市场上获得一定量的 X 产品，再通过自用 F 服务和购入的 X 产品来达到生产 Y 产品的专业目标。差异化产品生产商（YFR/X）通过销售 y^s 数量的 Y 产品来获得 x^d 数量的 X 产品，以达到预算平衡。由此，大众化产品生产商（X/Y）和差异化产品生产商（YFR/X）通过交易关系构成了早期简单市场的局部分工网络，也就是形成了大众主体型市场。

随着工业的发展以及制度的改革，经济加快发展，人民生活水平显著提高，市场上交易的商品数目和种类不断增加。这极大改变了人们的思维模式，并开始追求更加优质和差异化的产品，这是人民生活逐渐走上富裕的写照。开放带来的不仅有多样化产品，而且有先进的技术和管理理念。并通过良性竞争，人们开始重视产品创新，追求多样化的生产模式以不断扩大市场规模。这时，如图3所示，交易服务从市场的分工结构中分离出来，出现了专业的交易服务商（R/XY）。依托于优质的交易服务，在市场上需求方和供给方之间形成了便捷的通道，极大地降低了分工主体的交易成本。当然，可以清晰地看出，专业交易服务商也需要分别从大众化产品生产商（X/Y）和差异化产品生产商（YF/XR）处获得 x^d 的 X 产品和 y^d 的 Y 产品。分工网络中的大众化产品生产商（X/Y）的角色基本没有发生变化，只不过由于网络结构复杂化，需要同时向专业交易服务商（R/XY）提供一定数量的 X 产品，同样从差异化产品生产商处（YF/XR）获得 y^d 的 Y 产品。与大众主体型市场不同的是，差异化产品生产商（YF/XR）变成更加专业的生产者，不需要自己提供 R 服务，只需要从专业的交易服务商（R/XY）购入数量为 r^d 的 R 服务，服务于 X 产品的交易，生产出的 Y 产品一部分用于自我消费，其余都流入市场。差异化产品生产商（YF/XR）将 R 服务外包，就不需要额外承担提供 R 服务所需耗费的学习成本 a，但其还未完全实现专业化，仍需要半专业化生产 F 服务来生产 Y 产品。此时，市场的分工结构较之前的大众主体型市场更加复杂，差异化产品的生产也更加专业化，使得 Y 产品在市场结构中的重要性凸显，形成大众化产品和差异化产品并重的混合型市场。

随着互联网平台的更新升级，加之信息的集合和配对技术的普及，市场出现了新的交易结构和交易模式。此时，用户不需要进行专门的信息搜索和信息过滤，高级的搜索引擎有效且自动地帮助用户进行信息的处理。这不仅节约了用户的交易成本，而且促使买卖双方在平台上更频繁的交易，给平台创造了有利的发展空间（平台可以利用用户流量和大数据进行更专业化推荐，并收取一部分商家广告费维持经营，从而达到为市场引流的目的，实现资源更加合理的配置）。如图 4 所示，长尾主体型市场分工结构与之前混合型市场的核心区别在于出现了更加专业的分工主体——专业信息配对服务商（F/XYR），这使得市场的分工水平大大提升，每个市场主体仅需负责一项专业的生产（或者提供服务）活动。正因如此，该市场结构下的差异化产品生产商（Y/XRF）不再需要自己提供 F 服务、R 服务和生产 X 产品，只需从市场中购入 f^d 数量的 F 服务、x^d 数量的 X 产品和 r^d 数量的

R 服务，配之以劳动投入来使得大众化产品成为差异化产品。与之前的结构类似，大众化产品生产商（X/Y）为市场上其他经济主体提供 x^d 数量的 X 产品，并以此从差异化产品生产商（Y/XRF）处获得 y^d 数量的 Y 产品。当然，专业的交易服务商（R/XY）与之前在混合型市场上的作用和功能类似，专业化生产 R 服务，并获得 y^d 数量的 Y 产品和 x^d 数量的 X 产品。总体来说，长尾主体型市场的分工结构更加精细，专业提供 F 服务的分工主体从市场结构中分离出来，形成了专业的信息配对服务商。通过提供更加专业的搜集和过滤服务，差异化产品能更好地面向消费者。在互联网时代下，差异化产品能够满足消费者更加个性化的需求，并为消费者提供更优质、便捷的服务和产品，大大提升消费者的生活品质，提高社会整体福利水平。专业化信息配对服务为差异化产品生产商和需求者提供了便捷的通道，使得社会的资源能够更加高效地发挥作用，进而有益于分工网络中每个经济主体福利的增加。

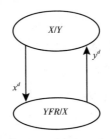

图2 大众主体型市场（结构A）

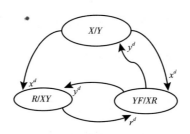

图3 混合型市场（结构B）

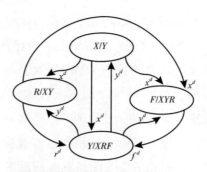

图 4　长尾主体型市场（结构 C）

（三）超边际决策与角点解分析

上述对经济个体所进行的经济活动进行了大致描述，不同市场分工模式下的经济主体将按照效用最大化进行超边际决策，在角点解的基础上选择一定的专业化程度，决定特定产品生产的时间投入、最优的产品生产量以及交易量。

1.大众主体型市场分工结构中的超边际决策和角点解分析

如图 2 所示，大众化产品生产商（X/Y）、差异化产品生产商（YFR/X）是该结构中的两个核心经济个体，它们通过生产与交易来形成 X 产品和 Y 产品的交易市场，以此构成局部的分工网络结构。

（1）大众化产品生产商（X/Y）的超边际专业化决策及角点解。前文已述，在该分工结构中，大众化产品生产商（X/Y）通过自我提供 X 产品和向市场购入数量为 y^d 的 Y 产品，并投入专业化劳动 L_x 来组织生产 X 产品。由于生产商不用将 X 产品拿来生产 Y 产品，其自给的 X 产品将全部用于消费，及 $\theta=0$。以此，此时生产商面临的决策变量为 y^d、x 和 x^s，其余决策变量都是 0。为此，根据基础模型，大众化产品生产商超边际决策问题为：

$$\mathrm{Max}\,U = \left[(1-\theta)x \right]^{\beta} \left(ky^d \right)^{1-\beta}$$

$$s.t.\ x^p = x + x^s = L_x - c, L_X = 1 \tag{2}$$

$$p_X x^s = p_Y y^d, \theta = 0$$

求解上述效用值最大，可得角点解：

$$x^p = 1 - c, x = (1 - c)\beta, x^s = (1 - c)(1 - \beta), y^d = (1 - c)(1 - \beta)P_X/P_Y$$

（3a）

$$U_A^X = k^{1-\beta}\beta^\beta(1 - \beta)^{1-\beta}(1 - c)\left(P_X/P_Y\right)^{1-\beta}$$

（3b）

（2）差异化产品生产商（*YFR/X*）的超边际专业化决策及角点解。根据前文分析，在该市场分工结构下，差异化产品生产商主要提供 Y 产品生产所需 F 服务，以及为购入 X 产品所需 R 服务，并从市场上购入数量为 x^d 的 X 产品，出售数量为 y^s 的 Y 产品。因此，该生产商对 y、r、y^s、f、x^d、L_R、L_F、L_Y、θ 进行决策，其余变量为 0。为此，根据基础模型，此时差异化产品生产商的超边际决策问题为：

$$\text{Max}U = \left[(1 - \theta)krx^d\right]^\beta y^{1-\beta}$$

$$\text{s.t.} \ r^p = r = L_R - a, f^p = f = L_F - b$$

$$y^p = y + y^s = t\left(\theta kx^d\right)^{\frac{1}{3}}f^{\frac{1}{3}}\left(L_Y - d\right)^{\frac{1}{3}}$$

（4）

$$L_Y + L_F + L_R = 1, p_Xx^d = p_Yy^s$$

求解上述效用值最大，可得角点解：

$$L_F = (1 - a - b - d)/(2\beta + 2) + b, L_Y = (1 - a - b - d)/(2\beta + 2) + d$$

（5a）

$$L_R = 2\beta(1 - a - b - d)/(2\beta + 2) + a, r^p = r = 2\beta(1 - a - b - d)/(2\beta + 2)$$

（5b）

$$f^p = f = (1 - a - b - d)/(2\beta + 2),$$
$$x^d = \left[tP_Y(1 + 2\beta)/3P_X\right]^{\frac{3}{2}}(k\theta)^{\frac{1}{2}}(1 - a - b - d)/(2\beta + 2)$$

（5c）

$$y^s = \left[t(1 + 2\beta)/3\right]^{\frac{3}{2}}(k\theta P_Y/P_X)^{\frac{1}{2}}(1 - a - b - d)/(2\beta + 2) \tag{5d}$$

$$y^p = (t)^{\frac{3}{2}}\left[k\theta(1 + 2\beta)P_Y/3P_X\right]^{\frac{1}{2}}(1 - a - b - d)/(2\beta + 2) \tag{5e}$$

$$y = y^p - y^s = (t)^{\frac{3}{2}}(k\theta P_Y/P_X)^{\frac{1}{2}}(1 - a - b - d)\left[(1 + 2\beta)/3\right]^{\frac{1}{2}}(1 - \beta)/(3\beta + 3) \tag{5f}$$

$$U_A^{YFR} = (t/3)^{\frac{3}{2}}(kP_Y/P_X)^{\frac{1+2\beta}{2}}(1 - a - b - d)^{1+\beta}\beta^{2\beta}(1 - \beta)^{1-\beta}/(\beta + 1)^{1+\beta} \tag{5g}$$

$$\theta = (2\beta + 1)^{-1} \tag{5h}$$

2. 混合型市场分工结构中的超边际决策与角点解分析

在混合型市场分工结构网络中，出现了为差异化产品生产商提供专业交易服务的专业交易服务商（R/XY），并与之前的大众化产品生产商和差异化产品生产商一同进行市场分工网络的构建。市场交易除了 X 产品和 Y 产品，也有 R 服务的交易，市场的分工结构变得更加复杂，新的混合型市场分工体系由此产生。

（1）大众化产品生产商（X/Y）的超边际专业化决策及角点解。如图 3 所示，在混合型市场分工结构中，大众化产品生产商与之前在分工结构条件下类似，投入全部的时间来进行 X 产品的生产，只不过需要向差异化产品生产商和专业交易服务商提供数量总和为 x^s 的 X 产品。类似地，大众化产品生产商的超边际决策问题为：

$$\text{Max}U = \left[(1 - \theta)x\right]^{\beta}(ky^d)^{1-\beta}$$

$$\text{s.t. } x^p = x + x^s = L_x - c, L_X = 1 \tag{6}$$

$$p_X x^s = p_Y y^d, \theta = 0$$

求解上述效用值最大，可得角点解：

$$x^p = 1 - c, x = \beta(1 - c), x^s = (1 - \beta)(1 - c) \tag{7a}$$

$$y^d = P_X(1 - \beta)(1 - c)/P_Y \tag{7b}$$

$$U_B^X = k^{1-\beta}\left(P_X/P_Y\right)^{1-\beta}(1 - \beta)^{1-\beta}\beta^\beta(1 - c) \tag{7c}$$

（2）差异化产品生产商（*YF/XR*）的超边际专业化决策及角点解。比较图2和图3，可以发现，差异化产品生产商在 *Y* 产品的供给功能上变化不大，但由于出现专业的交易服务商，差异化产品生产商不再需要进行 *R* 服务的自我生产，只需从市场上购入 *R* 服务，这就意味着差异化产品生产商可以进行更加专业化的 *Y* 产品生产，大大提高生产效率。由此，差异化产品生产商的超边际决策问题为：

$$\mathrm{Max} U = \left[(1 - \theta)k\delta r^d x^d\right]^\beta y^{1-\beta}$$

$$\mathrm{s.t.} f^p = f = L_F - b, y^p = y + y^s = t\left(\theta k x^d\right)^{\frac{1}{3}} f^{\frac{1}{3}}\left(L_Y - d\right)^{\frac{1}{3}} \tag{8}$$

$$L_Y + L_F = 1, p_X x^d + p_R r^d = p_Y y^s$$

求解上述效用值最大，可得角点解：

$$L_F = (1 + b - d)/2, L_Y = (1 - b + d)/2, f^p = f = (1 - b - d)/2 \tag{9a}$$

$$x^d = (\theta k)^{\frac{1}{2}}\left[t(1 + 3\beta)P_Y/P_X(3 + 3\beta)\right]^{\frac{3}{2}}(1 - b - d)/2, \theta = (1 + \beta)/(1 + 3\beta) \tag{9b}$$

$$r^d = t^{\frac{3}{2}}(\theta k P_Y/P_X)^{\frac{1}{2}}\left(P_Y/P_R\right)\left[(1 + 3\beta)/(3 + 3\beta)\right]^{\frac{1}{2}}2\beta(1 - b - d)/(6 + 6\beta) \tag{9c}$$

$$y^p = t^{\frac{3}{2}}\left[\theta k(1 + 3\beta)P_Y/(3 + 3\beta)P_X\right]^{\frac{1}{2}}(1 - b - d)/2 \tag{9d}$$

$$y^s = t^{\frac{3}{2}}\left[\theta k\left(1 + 3\beta\right)P_Y\big/P_X\left(3 + 3\beta\right)\right]^{\frac{1}{2}}\left(1 + 5\beta\right)\left(1 - b - d\right)/\left(6 + 6\beta\right) \quad (9e)$$

$$y = t^{\frac{3}{2}}\left[\theta k\left(1 + 3\beta\right)P_Y\big/P_X\left(3 + 3\beta\right)\right]^{\frac{1}{2}}\left(2 - 2\beta\right)\left(1 - b - d\right)/\left(6 + 6\beta\right) \quad (9f)$$

$$U_B^{YF} = t^{\frac{3+3\beta}{2}}k^{\frac{1+3\beta}{2}}\delta^{\beta}\left(\frac{P_Y}{P_R}\right)^{\beta}\left(\frac{P_Y}{P_X}\right)^{\frac{1+3\beta}{2}}\left(\frac{1 - b - d}{2}\right)^{1+\beta}\frac{2^{\beta+1}}{3^{\frac{3+3\beta}{2}}}\frac{\left(1 - \beta\right)^{1-\beta}\beta^{2\beta}}{\left(\beta + 1\right)^{1+\beta}} \quad (9g)$$

（3）专业交易服务商（R/XY）的超边际专业化决策及角点解。专业交易服务商（R/XY）是混合型市场分工结构中新加入的经济主体。它完全专注于生产交易服务 R 并向差异化产品生产商出售部分交易服务 R。作为交易，从市场中获得数量为 x^d 的 X 产品和数量为 y^d 的 Y 产品。由于专业交易服务商不需要将购入的 X 产品投入 Y 产品的生产活动中，有 $\theta=0$。该专业交易服务商对 r、r^s、y^d、x^d、$L_R=1$、$\theta=0$ 进行决策，而其余变量为 0。为此，根据基础模型，此时专业化交易服务商的超边际决策问题为：

$$\text{Max} U = \left[\left(1 - \theta\right)krx^d\right]^{\beta}\left(ky^d\right)^{1-\beta}$$

$$\text{s.t.} \quad r^p = r + r^s = L_R - a, L_R = 1 \quad (10)$$

$$p_R r^s = p_Y y^d + p_X x^d, \theta = 0$$

求解上述效用值最大，可得角点解：

$$r^p = 1 - a, r^s = (1 - a)/(1 + \beta), r = (1 - a)\beta/(1 + \beta) \quad (11a)$$

$$x^d = (1 - a)\beta\left(P_R\big/P_X\right)\big/(1 + \beta), y^d = (1 - a)(1 - \beta)\left(P_R\big/P_Y\right)\big/(1 + \beta) \quad (11b)$$

$$U_B^R = k\left(P_R\big/P_Y\right)^{1-\beta}\left(P_R\big/P_X\right)^{\beta}(1 - a)^{1+\beta}\beta^{2\beta}(1 - \beta)^{1-\beta}\big/(1 + \beta)^{1+\beta} \quad (11c)$$

3. 长尾主体型市场分工结构中的超边际决策与角点解分析

随着混合型市场向长尾主体型市场转型，市场的分工网络更加丰富和专业，出现了完全专业化的信息配对服务商（F/XYR）。因此，差异化产品生产商（Y/XRF）的专业化程度和整个市场的专业化水平都得以显著提升，从而大大提高差异化产品的生产效率，促使长尾主体型市场的形成。

（1）大众化产品生产商（X/Y）的超边际决策和角点解。从图4可以看出，此时大众化产品生产商的分工决策及其在分工体系中的角色与之前在混合型市场分工结构中的类似。为此，根据上述分析，此时的大众化产品生产商的超边际决策问题为：

$$\text{Max}U = \left[(1-\theta)x\right]^{\beta}\left(ky^{d}\right)^{1-\beta}$$

$$\text{s.t. } x^{p} = x + x^{s} = L_{x} - c, L_{X} = 1 \tag{12}$$

$$p_{X}x^{s} = p_{Y}y^{d}, \theta = 0$$

求解上述效用值最大，可得角点解：

$$x^{p} = 1 - c, x^{s} = (1-c)(1-\beta), x = (1-c)\beta, y^{d} = (1-c)(1-\beta)P_{X}/P_{Y} \tag{13a}$$

$$U_{C}^{X} = (1-c)\beta^{\beta}\left[k(1-\beta)\right]^{1-\beta}\left(P_{X}/P_{Y}\right)^{1-\beta} \tag{13b}$$

（2）专业交易服务商（R/XY）的超边际专业化决策及角点解。专业交易服务商（R/XY）在此分工结构中所处的作用和功能与混合型市场分工结构相同。但由于市场的交易主体增加和市场交易复杂程度增加，专业交易服务商较之前需要额外向专业信息配对服务商（F/XYR）提供R服务。此时，专业交易服务商面临的超边际决策问题为：

$$\text{Max}U = \left[(1-\theta)krx^{d}\right]^{\beta}\left(ky^{d}\right)^{1-\beta}$$

$$s.t. \ r^{p} = r + r^{s} = L_{R} - a, L_{R} = 1 \tag{14}$$

$$p_{R}r^{s} = p_{Y}y^{d} + p_{X}x^{d}, \theta = 0$$

求解上述效用值最大，可得角点解：

$$x^d = (1 - a)\beta\left(P_R/P_X\right)/(1 + \beta), r^s = (1 - a)/(1 + \beta),$$
$$r = r^p - r^s = \beta(1 - a)/(1 + \beta) \tag{15a}$$

$$r^p = 1 - a, y^d = (1 - a)(1 - \beta)\left(P_R/P_Y\right)/(1 + \beta) \tag{15b}$$

$$U_C^R = k\left(P_R/P_Y\right)^{1-\beta}\left(P_R/P_X\right)^{\beta}(1 - a)^{1+\beta}\beta^{2\beta}(1 - \beta)^{1-\beta}/(1 + \beta)^{1+\beta} \tag{15c}$$

（3）差异化产品生产商（*Y/XRF*）的超边际专业化决策及角点解。从图 4 可以看出，差异化产品生产商不再需要通过投入部分劳动和精力来进行 *F* 服务的生产，而是通过市场交易来获得数量为 f^d 的 *F* 服务。因此，差异化产品生产商成为专业化的 *Y* 产品生产商及 $L_Y=1$。对于 *Y* 产品，差异化产品生产商将数量为 *y* 的自用，其余 y^s 数量的 *Y* 产品出售给市场。当然，差异化产品生产商将从市场上购入数量为 x^d 的 *X* 产品，其中 θ 份额将作为 *Y* 产品生产所需的中间产品。剩下的 $1-\theta$ 份额将作为一种初级消费品（大众化消费产品）。据此，构造差异化产品生产商的超边际决策问题为：

$$\text{Max}U = \left[(1 - \theta)k\delta r^d x^d\right]^{\beta}y^{1-\beta}$$

$$\text{s.t. } y^p = y + y^s = t\left(\theta k x^d\right)^{\frac{1}{3}}\left(kf^d\right)^{\frac{1}{3}}\left(L_Y - d\right)^{\frac{1}{3}} \tag{16}$$

$$L_Y = 1, p_X x^d + p_R r^d + p_F f^d = p_Y y^s$$

求解上述效用值最大，可得角点解：

$$x^d = 4t^3\theta k^2\left(P_Y/P_X\right)^2 P_Y\left[(1 + 2\beta)/(2 + 2\beta)\right]^2(1 - d)/27P_F \tag{17a}$$

$$r^d = 4t^3\theta k^2 P_Y^3(1 + 2\beta)\beta(1 - d)\left/\left[27P_X P_R P_F(2 + 2\beta)^2\right]\right. \tag{17b}$$

$$f^d = 2t^3\theta k^2\left(P_Y/P_X\right)\left(P_Y/P_F\right)^2(1 + 2\beta)(1 - d)/(54 + 54\beta) \tag{17c}$$

$$y^p = 2t^3\theta k^2(1 - d)\left(P_Y/P_X\right)\left(P_Y/P_F\right)(1 + 2\beta)/(18 + 18\beta) \tag{17d}$$

$$y^s = 2t^3 \theta k^2 (1 - d) \left[(1 + 2\beta) \big/ (1 + \beta) \right]^2 \left(P_Y/P_X \right) \left(P_Y/P_F \right) \big/ 27 \qquad (17e)$$

$$y = 4t^3 \theta k^2 (1 - d) \left(P_Y/P_X \right) \left(P_Y/P_F \right) (1 + 2\beta)(1 - \beta) \big/ 27 (2 + 2\beta)^2,$$
$$\theta = (1 + \beta) / (1 + 2\beta) \qquad (17f)$$

$$U_C^Y = t^{3+3\beta} \delta^\beta k^{2+3\beta} \left(\frac{P_Y}{P_X} \right)^{1+2\beta} \left(\frac{P_Y}{P_F} \right)^{1+\beta} \left(\frac{P_Y}{P_R} \right)^{\beta} \frac{(1 - \beta)^{1-\beta} \beta^{2\beta}}{(1 + \beta)^{1+\beta}} (1 - d)^{1+\beta} \left(\frac{1}{27} \right)^{1+\beta}$$

$$(17g)$$

（4）专业集合过滤者（F/XYR）的超边际专业化决策及角点解。作为长尾主体型市场分工结构中新出来的一种专业化信息服务提供者，专业集合过滤者能够为差异化产品生产商提供专业的 F 服务，极大地拓宽大众化产品的销售渠道和消费者获取方式，提高差异化产品在市场份额中的竞争力，很好地解决长尾主体型市场中存在差异化产品的产销对接不畅问题，推动实现产销一体化。这里，F 服务供给更具专业化，能够为差异化产品提供更加优质的品牌服务和数据化服务，提升差异化产品的市场影响力，为消费者提供更加优质的消费体验和获得更多的消费者剩余。此时，专业集合过滤者将所有精力投入 F 服务的生产中，即 $L_F=1$。由于 F 服务仅仅作用于 Y 产品的生产，专业集合过滤者将所有 F 服务提供给差异化产品生产商，有 $f^p=f^s$，并在市场上进行交易，获得 x^d 数量的 X 产品、r^d 数量的 R 服务、y^d 数量的 Y 产品以供消费使用。据此，构造专业集合过滤者的超边际决策问题为：

$$\text{Max} U = \left[(1 - \theta) k \delta r^d x^d \right]^\beta \left(k y^d \right)^{1-\beta}$$

$$\text{s.t.} \ f^p = f^s = L_F - b, L_F = 1 \qquad (18)$$

$$p_X x^d + p_R r^d + p_Y y^d = p_F f^s, \theta = 0$$

求解上述效用值最大，可得角点解：

$$r^d = \left(P_F/P_R \right)(1 - b)\beta \big/ (1 + \beta), x^d = \left(P_F/P_X \right)(1 - b)\beta \big/ (1 + \beta) \qquad (19a)$$

$$f^p = f^s = 1 - b, y^d = \left(P_F/P_Y \right)(1 - b)(1 - \beta)/(1 + \beta) \tag{19b}$$

$$U_C^F = k\delta^\beta \left(\frac{P_F}{P_R} \frac{P_F}{P_X} \right)^\beta \left(\frac{P_F}{P_Y} \right)^{1-\beta} \left(\frac{\beta}{1+\beta} \right)^{2\beta} \left(\frac{1-\beta}{1+\beta} \right)^{1-\beta} (1-b)^{1+\beta} \tag{19c}$$

（四）角点均衡与一般均衡比较静态分析

1. 角点均衡

根据新兴古典经济学的研究框架，角点均衡作为市场分工的均衡状态，其条件是要满足市场所有分工主体的效用相等和所有市场产品出清。为此，本文以效用均等和市场出清两个原则，可以计算得到不同市场分工结构下的角点均衡值以及市场分工主体间的人数比例。

（1）大众主体型市场的角点均衡分析。在此分工网络中，大众化产品生产商和差异化产品生产商通过市场进行 X 产品和 Y 产品的交易来实现部分专业分工。X 产品和 Y 产品在市场交易中要实现供求相等，存在 $M_A^{YFR} y^s = M_A^X y^d$ 和 $M_A^{YFR} x^d = M_A^X x^s$（$M_A^{YFR}$ 和 M_A^X 分别代表大众主体型市场分工网络中的差异化产品生产商和大众化产品生产商数量）。同时，角点均衡的另一个条件是分工主体效用相等，即 $U_A^{YFR} = U_A^X$。因此，根据这两大均衡公式，带入可以计算得到该市场分工网络中不同产品和服务的相对价格比、人均真实收入 U_A 和两类分工主体相对人数的均衡比例值：

$$P_Y/P_X = 3k^{\frac{1-4\beta}{3}} t^{-1} \left[(1 - c)(\beta + 1)^{\beta+1} \big/ (1 - a - b - d)^{1+\beta} \beta^\beta \right]^{\frac{2}{3}} \tag{20a}$$

$$U_A = 3^{\beta-1} k^{\frac{(\beta-1)(-4\beta-2)}{3}} t^{1-\beta} (1 - c)^{\frac{1+2\beta}{3}} (1 - a - b - d)^{\frac{2(\beta+1)(1-\beta)}{3}} \beta^{\frac{\beta(5-2\beta)}{3}} (1 - \beta)^{1-\beta} (\beta + 1)^{\frac{2(\beta+1)(\beta-1)}{3}} \tag{20b}$$

$$M_A^{YFR}/M_A^X = 2k^{2\beta-1} (1 - a - b - d)^\beta (1 - \beta) \beta^\beta (1 + 2\beta)^{-1} (\beta + 1)^{-\beta} \tag{20c}$$

（2）混合型市场的角点均衡分析。对于混合型市场来说，同样遵循着效用均等和市场出清的原则。但由于市场结构中分离出专业交易服务商，此时的效用均等条件为 $U_B^X = U_B^{YF} = U_B^R$，即大众化产品生产商、差异化产品生产商和专业交易服务商的效用均等。此外，所有的贸易产品或服务的供求相等，即 $M_B^{YF} y^s = M_B^R y^d + M_B^X y^d$、$M_B^X x^s = M_B^{YF} x^d + M_B^R x^d$ 和 $M_B^R r^s = M_B^{YF} r^d$（M_B^X、M_B^R 和 M_B^{YF} 分别代表大众化产品生产商、专业交易服务商和差异化产品生产商数量），因此得到混合型市场分工网络中不同产品和服务的相对价格比、人均真实收入 U_B 和各类分工主体的相对人数的均衡比值：

$$P_Y/P_X = 3k^{\frac{1-5\beta-2\beta^2}{3+3\beta}} t^{-1} \delta^{\frac{-2\beta}{3+3\beta}} \left[(1-c)\big/(1-b-d)\right]^{\frac{2}{3}} (1-a)^{-\frac{2\beta}{3}} (1+\beta)^{\frac{2\beta+2}{3}} \beta^{-\frac{2\beta}{3}}$$

$$（21a）$$

$$P_R/P_X = k^{-\beta}(1-c)(1-a)^{-1-\beta}(1+\beta)^{1+\beta}\beta^{-\beta}$$

$$（21b）$$

$$U_B = 3^{\beta-1} k^{\frac{(1-\beta)(2\beta^2+8\beta+2)}{3+3\beta}} t^{1-\beta} \delta^{\frac{2\beta-2\beta^2}{3\beta+3}} (1-c)^{\frac{1+2\beta}{3}} (1-b-d)^{\frac{2-2\beta}{3}} (1-a)^{\frac{2\beta-2\beta^2}{3}} \beta^{\frac{\beta(5-2\beta)}{3}} (1-\beta)^{1-\beta} (\beta+1)^{\frac{2(\beta+1)(\beta-1)}{3}}$$

$$（21c）$$

$$M_B^R/M_B^{YF} = k^{\frac{1-\beta}{1+\beta}} \delta^{\frac{-\beta}{\beta+1}} \left[2\beta\big/(3+3\beta)\right]$$

$$（21d）$$

$$M_B^X/M_B^{YF} = k^{\frac{1-2\beta-\beta^2}{1+\beta}} \delta^{-\frac{\beta}{\beta+1}} (1-a)^{-\beta}(1+\beta)^{\beta-1}\beta^{-\beta}(1-\beta)^{-1}(3+12\beta+5\beta^2)/6$$

$$（21e）$$

（3）长尾主体型市场的角点均衡分析。在该市场分工结构中，为了实现新兴古典经济学意义上的角点均衡，同样要满足这两个原则：各类市场主体的效用均等和所有产品或服务出清。为此，$U_C^X = U_C^Y = U_C^R = U_C^F$，$M_C^Y y^s = M_C^R y^d + M_C^X y^d + M_C^F y^d$，$M_C^X x^s = M_C^R x^d + M_C^X x^d + M_C^F x^d$，$M_C^R r^s = M_C^R r^d + M_C^Y r^d$，$M_C^F f^s = M_C^Y f^d$（$M_C^X$、$M_C^R$、$M_C^Y$ 和 M_C^F 分别表示大众化产品生产商、专业交易服务商、差异化产品生产商和专业信息配对服务商数量）。得到长尾主体型市场分工网络中的不同产品和服务的相对价格比、人均真实收入 U_C 和各类分工主体的相对人数的均衡比值：

$$P_Y/P_X = 3k^{\frac{-1-2\beta-2\beta^2}{3+3\beta}} t^{-1} \delta^{\frac{-2\beta}{3+3\beta}} (1-c)^{\frac{2}{3}} (1-a)^{-\frac{2\beta}{3}} (1-b)^{-\frac{1}{3}} (1-d)^{-\frac{1}{3}} (1+\beta)^{\frac{2\beta+2}{3}} \beta^{\frac{-\beta(1+2\beta)}{3+3\beta}}$$

$$（22a）$$

$$P_R/P_X = k^{-\beta}(1-c)(1-a)^{-1-\beta}(1+\beta)^{1+\beta}\beta^{-\beta}$$

$$（22b）$$

$$P_F/P_X = k^{-\beta}\delta^{\frac{-\beta}{1+\beta}}(1-c)(1-a)^{-\beta}(1-b)^{-1}(1+\beta)^{1+\beta}\beta^{-\beta} \tag{22c}$$

$$M_C^F/M_C^Y = k^{\frac{1-\beta}{1+\beta}}\beta^{\frac{\beta}{1+\beta}},\ M_C^R/M_C^Y = 2k^{\frac{1-\beta}{1+\beta}}\delta^{-\frac{\beta}{\beta+1}}\beta^{\frac{3\beta+1}{1+\beta}} \tag{22d}$$

$$M_C^X/M_C^Y = k^{\frac{1-2\beta-\beta^2}{1+\beta}}\delta^{-\frac{\beta}{\beta+1}}(1-a)^{-\beta}\beta^{\frac{-\beta^2}{1+\beta}}(1+2\beta)(1+\beta)^{\beta+1}(1-\beta)^{-1} \tag{22e}$$

$$U_C = \frac{3^{\beta-1}k^{\frac{(1-\beta)(2\beta^2+4\beta+4)}{3+3\beta}}t^{1-\beta}\delta^{\frac{2\beta-2\beta^2}{3\beta+3}}(1-c)^{\frac{1+2\beta}{3}}(1-\beta)^{1-\beta}(\beta+1)^{\frac{2(\beta+1)(\beta-1)}{3}}}{(1-b)^{\frac{\beta-1}{3}}(1-d)^{\frac{\beta-1}{3}}(1-a)^{\frac{3\beta^2-2\beta}{3}}\beta^{\frac{\beta(2\beta^2-4\beta-4)}{3+3\beta}}} \tag{22f}$$

2.一般均衡比较静态分析

上文给出了三种结构的均衡效用，下文将通过对分工结构的比较静态分析来揭示市场结构逐步演进的内在机制与经济条件的变化。在分析经济结构的转型时，借鉴 Yang（2001）在超边际分析模型中给出的假设：经济主体如果能够从结构变迁中获得更高的人均真实收入，将促进分工结构的转变。对三种分工结构进行交叉比较，若 $U_A>U_B$，$U_A>U_C$，市场结构为大众主体型；若 $U_B>U_A$，$U_B>U_C$，市场结构为混合型；若 $U_C>U_B$，$U_C>U_A$，市场结构为长尾主体型。对比式（20b）、式（21c）与式（22f）三种模式下的均衡效用（U_A、U_B、U_C），结果如表 2 所示。从三种均衡效用的结构可以看出，若交易服务、信息配对服务以及差异化产品生产过程中的综合学习成本较高（$a+b+d>1$），且信息配对服务和差异化产品生产过程中的综合学习成本也较高（$b+d>1$），显然大众主体型模式和混合型模式的人均效用都小于零，即 $U_A<0$ 和 $U_B<0$，而长尾主体市场下的人均效用大于零，即 $U_C>0$，因此，此时的长尾主体型模式必然是一个均衡模式。这也说明，当市场上的学习成本总体较高时，产品生产商进行交易服务和信息配对服务的自我提供将耗费大量的精力，从而该市场结构下的生产效率低下。然而通过市场分工结构的演进，产品生产商可以更加专注于差异化产品生产，依靠外界专业的物流服务和互联网信息配对服务来完成产品的交易，整个产业结构得以升级，单个主体的生产效率也大幅提升，减小了由学习成本上升而带来的负面影响。

当交易服务、信息配对服务以及差异化产品生产过程中的综合学习成本较高（$a+b+d>1$），而信息配对服务和差异化产品生产过程中的综合学习成本却较低（$b+d<1$），这时的市场结构只可能是混合型市场结构与长尾主体型市场结构，交易服务的学习成本较高，而恰恰这两种结构都分离出了专业的交易服务商，减小由较高交易服务学习成本而带来的负面影响。此刻，市场结构的均衡状态将取决于市场交易效率 k，成为市场结构进一步演进的门槛条件。k 大于两种模式之间的门槛值 H^*，即市场交易效率足够高时，市场均衡为完全专业化分工模式下的长尾主体型市场；若 $0<k<H^*$，则混合型市场为均衡模式，表明如果市场的交易效率较高时，市场结构将会积极向分工更加复杂的分工结构演进，同时揭示了分工形成的内在机理。若交易服务、信息配对服务以及差异化产品生产过程中的综合学习成本小于1（$a+b+d<1$），三种结构均有可能成为经济社会的均衡模式，而具体选择哪种分工结构则取决于市场交易效率与服务交易效率。当 $0<\delta<E^*$ 时，市场只存在大众主体型和长尾主体型，显然交易服务效率偏低，降低了交易服务商从市场结构中分离出来的可能性。而市场两种可能的均衡结构由市场交易效率与门槛值决定，当 $0<k<F^*$ 时，市场总体交易效率偏低，复杂的分工将导致市场整体交易费用显著提升，进而市场结构只能是低水平的分工结构，即大众主体型市场；当 $F^*<k<1$，长尾主体型市场为经济社会均衡分工结构，市场交易效率的提升促使市场结构则直接从大众主体型向长尾主体型跨越。当 $E^*<\delta<1$ 时，市场可能存在三种均衡结构，取决于 k 的取值范围。当 $0<k<G^*$ 时，市场整体交易效率低下，难以形成高效的分工结构，大众主体型是市场的均衡结构。随着市场交易效率的提高，若 $G^*<k<H^*$，专业的交易服务商将从之前的市场结构中分离出来，成为新市场结构中的主体，从而混合型市场结构取代了之前的市场结构。如果市场的交易效率随着制度和政策的改善而进一步提升，即 $H^*<k<1$，市场结构能够承受更频繁的交易次数和更复杂的交易模式，市场中的专业信息配对服务商将从混合型市场结构中分离出来，并提供更加专业的 F 服务，提升市场运作效率，从而长尾主体型市场结构的完全专业化优势得到充分发挥，并取代原有的市场结构，成为新的市场均衡结构。综上，归纳如下。

命题 1：市场综合交易效率的提升与各项服务和产品的综合学习成本的增加都会促使大众主体型市场向分工水平更高的混合型市场乃至长尾主体型市场演进。然而，交易效率提升有利于提高各个分工结构的个体均衡效用水平，促使市场结构积极地向更高的分工水平演进，而学习成本的提升使个体均衡效用降低，逼迫市场结构消极地向更高的分工水平演进，因此提高市场综合交易效率是驱动市场分工模式演进更为积极的因素。

表 2　大众主体型市场向长尾主体型市场演进的门槛条件

综合学习成本	$a+b+d<1$					$a+b+d>1$		
						$b+d>1$	$b+d<1$	
交易效率	$0<\delta<E^*$		$E^*<\delta<1$			N/A	$0<k<H^*$	$H^*<k<1$
	$0<k<F^*$	$F^*<k<1$	$0<k<G^*$	$G^*<k<H^*$	$H^*<k<1$			
市场模式	大众主体型	长尾主体型	大众主体型	混合型	长尾主体型	长尾主体型	混合型	长尾主体型

注：$E^* = (1-a-b-d)^{\frac{(1+\beta)^2}{\beta}}(1-b)^{\frac{(1+\beta)(1-\beta)}{2}}(1-d)^{\frac{(1+\beta)(1-\beta)}{2}}(1-a)^{-1-\beta}(1-b-d)^{\frac{(1+\beta)\left(\beta^2-\beta-1\right)}{2}}\beta^{\frac{\beta(\beta-1)}{2}}$；

$F^* = \delta^{\frac{\beta}{\beta^2-\beta-1}}(1-a-b-d)^{\frac{-(1+\beta)^2}{\beta^2-\beta-1}}(1-b)^{\frac{1+\beta}{2\beta^2-2\beta-2}}(1-d)^{\frac{1+\beta}{2\beta^2-2\beta-2}}(1-a)^{\frac{\beta(1+\beta)}{\beta^2-\beta-1}}\beta^{\frac{-\beta}{2\beta^2-2\beta-2}}$；

$G^* = \delta^{\frac{1}{\beta-1}}(1-a-b-d)^{\frac{(1+\beta)^2}{\beta(1-\beta)}}(1-a)^{\frac{1+\beta}{\beta}}(1-b-d)^{\frac{1+\beta}{(\beta-1)\beta}}$；

$H^* = (1-b)^{\frac{1+\beta}{4}}(1-d)^{\frac{1+\beta}{4}}(1-b-d)^{1+\beta}\beta^{\frac{\beta}{2}}$。

从表 2 看出，市场结构演进取决于门槛值和两种交易效率，由此可以揭示交易效率和学习成本等因素如何影响市场分工网络的变迁。首先，当 $a+b+d>1$ 且 $b+d<1$ 时，观察门槛值 H^*，可以发现门槛值 H^* 与信息配对服务的学习成本 b 和生产差异化产品的学习成本 d 有着密切的关系。对 H^* 求关于 b 和 d 的偏微分，不难得到 $\partial H^*/\partial b < 0$、$\partial H^*/\partial d < 0$（$b+d<1$）。这充分说明了信息配对服务的学习成本 b 和生产差异化产品的学习成本 d 的增加，将降低市场结构从混合型向长尾主体型变迁的门槛，使得市场更容易向完全分工结构转型。这意味着当某项活动的学习成本较高时，市场将会形成该项活动的专业化分工主体，以应对高学习成本对经济运行带来的

负担。

其次，当$a+b+d<1$且$0<\delta<E^*$时，门槛值F^*成为大众主体型市场直接向长尾主体型市场跨越的关键。这说明服务交易效率δ偏低使得市场整体的交易效率低下，导致专业交易服务商难以从市场分工结构中分离出来，而是需要依靠专业信息配对服务商的配合，即与信息配对服务的专业化一同进行。在现实经济场景中，表现为物流服务（交易服务）和互联网购物平台（信息配对服务）协同发展的格局。观察门槛值F^*，可以得到$\partial F^*/\partial\delta<0$，意味着随着服务交易效率的提高，市场的整体交易效率有所提高，市场分工结构转型的难度下降，大众主体型市场更容易向完全分工市场变迁，实现跨越式变迁。

最后，当$a+b+d<1$且$E^*<\delta<1$时，市场将会有三种可能的结构，这就取决于门槛值G^*和H^*与市场交易效率k的关系。由于前文已经研究过门槛值H^*，这里不再分析。为了研究交易服务的学习成本对门槛值G^*的影响程度，可以得到$\partial G^*/\partial a<0$（$a+b+d<1$）。这充分说明了交易服务学习成本的增加，将降低市场结构从大众主体型市场向混合型市场转变的难度，使得专业交易服务商能更容易地从市场结构中分离出来，成为专业化的主体。在现实中，表现为随着企业的物流服务量以及物流服务烦琐程度的增加，往往需要投入巨大的时间和劳动力才能保障其正常运转，这时企业往往将其外包给专业的物流公司进行打理，从而能大大提升企业的运作效率，市场分工程度因此提升。观察表2可以发现，这种变迁方式区别于之前的跨越式变迁，而是经历了混合型市场，说明服务交易效率δ对市场结构的变迁方式起着决定性作用。观察门槛值还可以发现，市场上专业化的生产或者服务活动对应的学习成本将不会对市场结构的变迁产生影响。例如，混合型市场与长尾主体型市场结构之间的门槛值H^*就不会受到交易服务的学习成本a的影响，即$\partial H^*/\partial a=0$。这是因为在这两种市场结构中，专业交易服务商早已从市场结构中分离出来，交易服务实现了专业化，这时要想市场向更高级的结构变迁，就需要关注那些还没有实现完全分工的主体或者没有完全专业化的生产活动（服务），这些主体或者生产活动（服务）相对应的学习成本的改变才是市场结构进一步升级的关键。由此，本文提出以

下命题。

命题 2：服务交易效率和市场交易效率都会影响市场整体交易效率，并共同决定了市场结构变迁方式。市场中未分离出来的专业生产（服务）活动的学习成本增加会降低市场进一步演化的门槛值，进而逼迫长尾主体型市场的形成。然而当学习成本过高时，门槛值将降为 0，此时不论服务交易效率和市场交易效率取值多少，市场将始终维持完全分工结构，市场均衡模式为长尾主体型。

四 大众市场向长尾市场演进的经济高质量发展效应

前文主要揭示了整体交易效率以及学习成本对市场分工结构变迁的重大推动力。根据前文的分析，这里将从五个方面分析市场分工模式变迁如何促进经济高质量发展。

（一）产品及服务劳动生产率的提升效应

企业的竞争归根到底是投入产出比的竞争、效率的竞争。在长尾理论的指引下，企业要以深化产品供给侧结构性改革为效率变革的主线，用改革创新的办法推进产业结构调整，集中优势兵力，发挥拳头产品的拳头优势，持续不断地提高全生产要素的社会化生产效率。因此，产品生产效率的提升是符合市场结构转型的历史规律的。本文将劳动生产率定义为产品生产量与投入劳动量之比，体现的是单位时间内使用价值的创造能力。根据前文计算结果，得出不同市场结构下交易服务和信息配对服务的劳动生产率：

$$D_A^R = r^p/L_R = 2\beta(1-a-b-d)\big/\big[2\beta(1-b-d)+2a\big], D_B^R = D_C^R = r^p/L_R = 1-a \tag{23}$$

$$D_A^F = f^p/L_F = \frac{1-a-b-d}{1-a-d+(2\beta+1)b}, D_B^F = f^p/L_F = \frac{1-b-d}{1+b-d}, D_C^F = f^p/L_F = 1-b \tag{24}$$

首先，在式（23）中，D_A^R、D_B^R和D_C^R分别表示三种市场结构中交易服务的生产率。可以看出，由于在混合型市场结构和长尾主体型市场结构中，交易服务已经从市场结构中分离出来，形成了专业的交易服务商，其交易服务 R 的劳动生产率几乎没有变化（$D_B^R = D_C^R$），这表明在混合型和长尾主体型这两种市场结构中，交易服务都实现了专业化最优配置，且生产效率最高，不会随着市场第二次转型（F 服务的专业化）而提升。这时，我们观察市场结构的第一次转型，通过比较 D_A^R 与 D_B^R 的相对大小，不难得到 $D_A^R < D_B^R$，这意味着大众主体型市场向混合型市场的升级带来了 R 服务生产效率的提高，这也说明了专业化可以提升产品或服务的生产效率。其次，观察得到 $\partial D_A^R / \partial \beta > 0$ 和 $\partial D_A^F / \partial \beta < 0$，这表明在传统的大众主体型市场结构中，消费者对大众化产品的偏好程度 β 越高，需要越多的大众化产品以及涉及交易大众化产品的交易服务 R，进而导致更多的劳动力资源转移到 R 服务的生产中，使得 R 服务的生产效率显著提高，与之相反的是，原来进行差异化产品和信息配对服务 F 生产的劳动力部分转移出去，使得 F 服务的生产效率降低。这意味着消费者的偏好会通过影响产品及服务的劳动力投入，进而影响产品及服务的生产效率。显然，$\partial D_A^R / \partial a < 0$，$\partial D_A^R / \partial b < 0$，$\partial D_A^R / \partial d < 0$ 和 $\partial D_B^R / \partial a < 0$，这意味着生产主体的生产效率会与其相关的各类学习成本呈负相关，学习成本越低，那么交易服务的生产率越高。与大众主体型不同的是，混合型市场结构下，形成了专业交易服务商，交易服务的生产效率不再受到多种产品或服务相应的学习成本的影响，这也体现了专业度提高后，生产环节的独立性提高，生产过程也更加的紧凑。在式（24）中，D_A^F、D_B^F和D_C^F分别表示大众主体型、混合型和长尾主体型市场结构中信息配对服务的生产率，显然有 $D_A^F < D_B^F < D_C^F$，这说明随着互联网时代的来临，大众主体型市场结构向长尾主体型市场结构演进，F 服务的专业化程度提高，信息配对服务生产率显著提升。

推论1：随着大众主体型市场向混合型市场、长尾主体型市场的转型升级，交易服务和信息配对服务的专业化程度提升，其劳动生产率和生产的独立性不断提高，从而有利于形成劳动力资源配置效率明显提高、经济发展的稳定性和可持续性明显增强的高质量发展局面。此外，在长尾市场中，消费者的偏好会影响劳动力资源配置，且劳动力资源越集中的生产活动，其劳动生产率越高。此外，长尾市场将通过消费升级大大提升社会生产活力，进而呈现出多元化商品的经济繁荣景象。

（二）市场创新能力的促进效应

企业要实现高质量发展就必须转换发展动力，以创新为第一动力，以高素质人才为第一资源，使高素质人才的创新能力成为变革的强大动能。动力变革由要素投入向创新驱动转变。现代企业要加快推进与大数据、云计算、物联网、区块链等数字技术和传统产业的深度融合，优化配置劳动力，推动劳动力向创新领域配置，提升整个市场的创新和竞争能力。专业信息配对服务商在现实生活中往往指的是那些具有创新能力的互联网企业，其相对数量越多，整个市场的创新能力越强。这将是实现由高速增长转向高质量发展的务实选择。因此，本文利用专业信息配对服务商数与大众化产品生产商数之比来表示创新能力指数：

$$G_A = M_A^{YFR}/M_A^X = 2k^{2\beta-1}(1-a-b-d)^{\beta}(1-\beta)\beta^{\beta}(1+2\beta)^{-1}(\beta+1)^{-\beta} \tag{25a}$$

$$G_B = M_B^{YF}/M_B^X = 6k^{\frac{2\beta+\beta^2-1}{1+\beta}}\delta^{\frac{\beta}{\beta-1}}(1-a)^{\beta}(1+\beta)^{1-\beta}\beta^{\beta}(1-\beta)(3+12\beta+5\beta^2)^{-1} \tag{25b}$$

$$G_C = M_C^F/M_C^X = k^{\beta}\delta^{\frac{\beta}{\beta-1}}(1-a)^{\beta}\beta^{\beta}(1+2\beta)^{-1}(1+\beta)^{-\beta-1}(1-\beta) \tag{25c}$$

通过对大众主体型市场、混合型市场和长尾主体型市场中创新能力指数 G_A、G_B 和 G_C 进行比较分析发现，$\partial G_A/\partial a < 0$，$\partial G_A/\partial b < 0$，$\partial G_A/\partial d < 0$，$\partial G_B/\partial a < 0$ 和 $\partial G_C/\partial a < 0$，这充分说明了学习成本的增加会降低创新能力，意味着过高的学习成本对创新氛围的形成造成阻碍，不利于新型产业的发

展。可以发现 $\partial G_c/\partial k > 0$，$\partial G_c/\partial \delta > 0$，说明在完全分工的市场结构中，交易效率的提升降低了交易成本，使得社会资源能够更多地流向社会其他生产或者服务活动，促进了社会创新能力的提升，意味着提高市场整体交易效率有利于营造共同创新的氛围。

推论2：在不同的市场模式下，学习成本的增加都会抑制社会创新氛围的形成，而交易效率的提高将大大提升市场创新活力。长尾市场的形成和发展将有利于催生新技术、新业态、新产品和新产业，从而有利于市场创新能力的提升。

（三）产品多样化的扩张效应

大众化产品往往是那种传统且供给过剩的产品，随着时代的发展，其无法满足人们对高品质生活的追求，形成供需缺口，而差异化产品应运而生，推动市场走向高端化，以满足更多的个性化需求，极大提升人民群众的生活体验感。任晶和杨青山（2008）通过对中国31个省会城市的产业增长数据进行分析，发展城市产业多样化促进创新思想的产生和知识溢出，对市场经济发展有积极作用。产业的多样化发展与形成多样化产品的市场格局密不可分。因此，本文利用差异化产品的市场生产总数与大众化产品的市场生产总数之比来表示市场产品多样化指数：

$$E_C = \frac{M_C^Y y^p}{M_C^X x^p} = tk^{\frac{1+5\beta+2\beta^2}{3+3\beta}}\delta^{\frac{2\beta}{3\beta+3}}\frac{(1-a)^{\frac{2\beta}{3}}(1-b)^{\frac{1}{3}}(1-d)^{\frac{1}{3}}\beta^{\frac{2\beta^2+\beta}{3+3\beta}}(1-\beta)}{(1-c)^{\frac{2}{3}}(1+\beta)^{\frac{2\beta+2}{3}}(1+2\beta)} \tag{26a}$$

$$E_B = \frac{M_B^{YF} y^p}{M_B^X x^p} = 3tk^{\frac{5\beta+2\beta^2-1}{3+3\beta}}\delta^{\frac{2\beta}{3\beta+3}}\frac{(1-b-d)^{\frac{2}{3}}(1-a)^{\frac{2\beta}{3}}\beta^{\frac{2\beta}{3}}(1-\beta)}{(1-c)^{\frac{2}{3}}(3+12\beta+5\beta^2)(1+\beta)^{\frac{2\beta-4}{3}}} \tag{26b}$$

$$E_A = \frac{M_A^{YFR} y^p}{M_A^X x^p} = tk^{\frac{4\beta-1}{3}}\frac{(1-a-b-d)^{\frac{2\beta+2}{3}}(1-\beta)\beta^{\frac{2\beta}{3}}}{(1-c)^{\frac{2}{3}}(\beta+1)^{\frac{2+2\beta}{3}}(1+2\beta)} \tag{26c}$$

其中，E_A、E_B 和 E_C 分别表示大众主体型市场、混合型市场和长尾主体型市场下的产品多样化指数。观察和分析式（26a）、式（26b）、式（26c），通过对 t 求导，容易得到 $\partial E_A/\partial t > 0$、$\partial E_B/\partial t > 0$ 和

$\partial E_C/\partial t > 0$。这意味着在不同的市场结构中，随着生产差异化产品技术的改进，差异化产品的生产效率提升，促进了差异化产品市场规模的扩张，差异化产品将更易被消费者所认可。通过简单观察可以发现 $\partial E_A/\partial c > 0$，$\partial E_B/\partial c > 0$ 和 $\partial E_C/\partial c > 0$，可见大众化产品的学习成本较低，将导致差异化产品市场份额较低，不利于差异化产品的市场扩张。而这往往就需要通过降低差异化产品生产的学习成本 d，以及其相关配套服务的学习成本 a 和 b，推动差异化产品的市场扩张（$\partial E_C/\partial a < 0$，$\partial E_C/\partial b < 0$ 和 $\partial E_C/\partial d < 0$）。

推论 3：在不同市场模式下，大众化产品生产中的学习成本相对提高和差异化产品生产中的学习成本相对降低都有利于促进市场多元化格局的形成，从而更能满足人民日益增长的美好生活需要；生产技术的提升有利于加速差异化产品生产能力的提高，并促进产品品质和性能的提升，从而使更多人分享技术进步红利。现代企业降低差异化产品的相关学习成本以及提升生产技术水平，有利于推动形成多元化的长尾市场。

（四）人均真实收入的增长效应

本文通过模型对人均真实收入的增长进行数理推导，进而对人均收入增长的内在机制进行深入研究，对推动宏观政策的实施具有现实的启示意义。下文给出三种市场结构存在的均衡收入水平：

$$U_A = 3^{\beta-1} k^{\frac{(\beta-1)(-4\beta-2)}{3}} t^{1-\beta} \frac{(1-c)^{\frac{1+2\beta}{3}} (1-\beta)^{1-\beta} (\beta+1)^{\frac{2(\beta+1)(\beta-1)}{3}}}{(1-a-b-d)^{\frac{2(\beta+1)(\beta-1)}{3}} \beta^{\frac{\beta(2\beta-5)}{3}}} \tag{27a}$$

$$U_B = 3^{\beta-1} k^{\frac{(1-\beta)(2\beta^2+8\beta+2)}{3+3\beta}} t^{1-\beta} \delta^{\frac{2\beta-2\beta^2}{3\beta+3}} \frac{(1-c)^{\frac{1+2\beta}{3}} (1-a)^{\frac{2\beta-2\beta^2}{3}} (\beta+1)^{\frac{2(\beta+1)(\beta-1)}{3}}}{(1-b-d)^{\frac{2\beta-2}{3}} (1-\beta)^{\beta-1} \beta^{\frac{\beta(2\beta-5)}{3}}} \tag{27b}$$

$$U_C = \frac{3^{\beta-1} k^{\frac{(1-\beta)(2\beta^2+8\beta+4)}{3+3\beta}} t^{1-\beta} \delta^{\frac{2\beta-2\beta^2}{3\beta+3}} (1-c)^{\frac{1+2\beta}{3}} (1-\beta)^{1-\beta} (\beta+1)^{\frac{2(\beta+1)(\beta-1)}{3}}}{(1-b)^{\frac{\beta-1}{3}} (1-d)^{\frac{\beta-1}{3}} (1-a)^{\frac{2\beta-2\beta}{3}} \beta^{\frac{2\beta^2-4\beta-4}{3+3\beta}}} \tag{27c}$$

在上文研究市场结构的门槛条件时已经给出了市场结构演进的条件，其中，市场交易效率 k 和服务交易效率 δ 起着至关重要的作用。这里分析在单独的市场结构中对给定均衡效用产生影响的因素。为此，通过简单的求导得到表3。

表3 市场结构演进的人均真实收入

市场结构	大众主体型	混合型	长尾主体型
人均真实收入	U_A	U_B	U_C
人均真实收入影响因素	$\partial U_A/\partial k>0$, $\partial U_A/\partial \delta=0$ $\partial U_A/\partial t>0$ $\partial U_A/\partial a<0$, $\partial U_A/\partial b<0$ $\partial U_A/\partial c<0$, $\partial U_A/\partial d<0$	$\partial U_B/\partial k>0$, $\partial U_B/\partial \delta>0$ $\partial U_B/\partial t>0$ $\partial U_B/\partial a<0$, $\partial U_B/\partial b<0$ $\partial U_B/\partial c<0$, $\partial U_B/\partial d<0$	$\partial U_C/\partial k>0$, $\partial U_C/\partial \delta>0$ $\partial U_C/\partial t>0$ $\partial U_C/\partial a<0$, $\partial U_C/\partial b<0$ $\partial U_C/\partial c<0$, $\partial U_C/\partial d<0$

由表3可知，人均真实收入水平会随市场交易效率和服务交易效率的改善、技术生产效率的提升以及学习成本的降低呈现上升趋势。由此，市场交易效率和服务交易效率的提升不仅能够促进市场结构的演进，还能够能降低交易成本，进而提升市场主体的人均真实收入。在大众主体型市场结构中，由于差异化产品生产商提供交易服务，故不存在交易服务交易，交易服务涉及的服务交易效率固然不会对该市场结构中的主体人均真实收入产生影响，显然，$\partial U_A/\partial \delta=0$。通过观察式（27a）、式（27b）、式（27c），可以发现技术生产率提升，各种结构下主体的人均真实收入增长，并且收入的增长效应是相同的。这就意味着技术的提升带来的生产效率提升并不能实现市场结构的转型，市场结构转型要解决的矛盾始终是交易费用和学习成本之间的矛盾。这为市场结构的转型提供了思路，市场结构要实现转型仅仅注重技术带来的生产效率提升是远远不够的，需要注重技术升级带来的整体交易费用的降低及市场整体交易效率的提升。

推论4：在大众主体型市场向长尾主体型市场演进的分工结构内部，市场整体交易效率和技术生产效率的提升对人均真实收入的提高都有促进作用，而学习成本的增加必然会降低生产效率，从而降低人均真实收入水平。

（五）多元化需求规模的扩张效应

实施扩大内需战略能够推动经济发展方式加快转变，从而促进市场结构转型升级。推动消费回升，提高居民消费意愿和能力，对稳就业促增收保民生具有重大意义。通过分析大众化产品生产主体对差异化产品的个体需求量来研究影响多元化消费需求的内在机理，下文给出三种市场结构的个性化产品实际需求量：

$$y_A^d = ky^d = 3^{-1}tk^{\frac{4\beta+2}{3}}(1-c)^{\frac{1}{3}}(1-a-b-d)^{\frac{2+2\beta}{3}}(1-\beta)(\beta+1)^{\frac{-2\beta-2}{3}}\beta^{\frac{2\beta}{3}} \quad (28a)$$

$$y_B^d = ky^d = 3^{-1}tk^{\frac{8\beta+2\beta^2+2}{3+3\beta}}\delta^{\frac{2\beta}{3+3\beta}}(1-c)^{\frac{1}{3}}(1-b-d)^{\frac{2}{3}}(1-a)^{\frac{2\beta}{3}}(1-\beta)(1+\beta)^{\frac{-2\beta-2}{3}}\beta^{\frac{2\beta}{3}}$$

$$(28b)$$

$$y_C^d = ky^d = 3^{-1}tk^{\frac{4+8\beta+2\beta^2}{3+3\beta}}\delta^{\frac{2\beta}{3+3\beta}}(1-c)^{\frac{1}{3}}(1-a)^{\frac{2\beta}{3}}(1-b)^{\frac{1}{3}}(1-d)^{\frac{1}{3}}(1-\beta)(1+\beta)^{\frac{-2\beta-2}{3}}\beta^{\frac{\beta(1+2\beta)}{3+3\beta}}$$

$$(28c)$$

通过对其进行简单的求导，可以归纳整理出表4：

表4　市场结构演进的个性化产品实际需求

市场结构	大众主体型	混合型	长尾主体型
个性化产品实际需求	y_A^d	y_B^d	y_C^d
个性化产品实际需求影响因素	$\partial y_A^d/\partial k > 0$, $\partial y_A^d/\partial \delta = 0$ $\partial y_A^d/\partial t > 0$, $\partial y_A^d/\partial \beta < 0$ $\partial y_A^d/\partial a < 0$ $\partial y_A^d/\partial b < 0$ $\partial y_A^d/\partial c < 0$ $\partial y_A^d/\partial d < 0$	$\partial y_B^d/\partial k > 0$, $\partial y_B^d/\partial \delta > 0$ $\partial y_B^d/\partial t > 0$, $\partial y_B^d/\partial \beta < 0$ $\partial y_B^d/\partial a < 0$ $\partial y_B^d/\partial b < 0$ $\partial y_B^d/\partial c < 0$ $\partial y_B^d/\partial d < 0$	$\partial y_C^d/\partial k > 0$, $\partial y_C^d/\partial \delta > 0$ $\partial y_C^d/\partial t > 0$, $\partial y_C^d/\partial \beta < 0$ $\partial y_C^d/\partial a < 0$ $\partial y_C^d/\partial b < 0$ $\partial y_C^d/\partial c < 0$ $\partial y_C^d/\partial d < 0$

由表4可知，市场交易效率和服务交易效率的改善、技术生产效率的提升以及学习成本的降低都能促进市场主体获取更多的个性化产品，以满足其多元化的需求。对技术生产效率t的求导结果可知，技术进步带来的

个性化产品生产效率的提升，使得个性化产品的生产成本相对降低 $\left[\text{由}\partial\left(P_Y/P_X\right)/\partial t < 0\text{可知}\right]$，进而更容易被市场所认可，满足市场主体对个性化产品的需求。相关学习成本降低，以及由市场整体交易效率提升带来的交易费用降低，都会使得限制资源自由流动的阻力减弱，促进市场将资源进行更加合理的配置，实现产业的多样化以及市场产品的丰富化和多元化，同时对促进多元化需求增加起到积极作用。对 β 进行深入分析。β 体现的是消费者对大众化产品的偏好程度，而 $1-\beta$ 则体现的是消费者对个性化产品的偏好程度。当消费者更偏好个性化产品时，对个性化产品的偏好程度 $1-\beta$ 变大，从而 β 变小，从 $\partial y_A^d/\partial\beta < 0$ 可以知道，个体对个性化产品的实际需求 y_A^d 变大。这意味着消费者的偏好对实际需求有着至关重要的影响，消费者偏好的升级，将促使需求转变，从而推动产业高端化。所以，要推动市场产业转型升级，实现供给侧改革、资源优化配置，政府就需要加强对消费者消费偏好的引导，从内需的升级来推动整体产业向高端化迈进。

推论5：不同模式下的市场主体对个性化产品的需求会受到交易效率、生产技术水平以及消费者偏好的影响。随着大众主体型市场向长尾主体型市场的升级，交易效率和生产技术水平的提升对降低个性化产品成本起着积极的作用，从而有利于促进市场新型产品及个性化产品的普及，而消费偏好的升级有利于扩大个性化产品的潜在市场规模，进而有利于多样化产品长尾主体型市场的形成和发展。

五　数值模拟与进一步讨论

前文从理论和超边际模型的角度对长尾主体型市场结构的演进进行了深入的分析。这里用Matlab9.3软件对前文的核心命题及推论进行数值模拟。通过对核心变量进行赋值，模拟其对均衡效用水平等相应指标的影响程度，进而对命题1、命题2及相关推论进行可视化验证。

如图5所示，为了研究三种市场结构中，市场交易效率 k 和服务交易效

率 δ 对均衡效用的综合影响程度，以及两种交易效率对市场结构转型的影响效应，本文将无关因素及变量进行合理化赋值。首先，排除学习成本对均衡效用的影响，故将各类学习成本均赋值 0.2，即 $a=b=c=d=0.2$（下文通用）。其次，将对大众化产品的偏好程度赋值为 0.5，即 $\beta=0.5$（下文通用）。排除技术生产效率对差异化产品生产的影响，故 $t=1$（下文通用）。重点对市场交易效率 k、服务交易效率 δ 对三种市场结构均衡效用的不同作用效果进行模拟，模拟结果如图 5 所示。

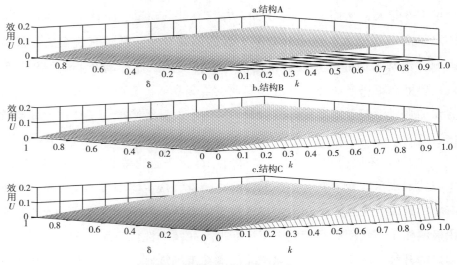

图 5　三种市场结构的均衡效用

首先，三种市场结构中的均衡效用大体上都随着市场交易效率 k 的提升而提升，可见市场交易对三种市场结构均衡效用的提升都有推动作用。但服务交易效率 δ 则不然，其对市场结构 B、C 均衡效用的提升有着明显的促进作用，但并不影响结构 A 的均衡效用。可见，结构 A 不涉及交易服务的交易，故交易服务效率不对结构 A 的均衡效用产生影响。当 $k=\delta=1$ 时，会发现 $U_C>U_B>U_A$，可见，综合交易效率的提升，对市场结构 C 及长尾主体型市场的均衡效用的促进作用最明显。这一数值模拟结果显然与推论 4 的核心结论相符合。

　　除了对三种市场下的均衡效用进行模拟，本文也对市场结构转型的门槛条件和机制进行了模拟。主要针对表2中$a+b+d<1$条件下的市场结构演化进行分析。首先确定δ的大小，以保证满足$E^*<\delta<1$的条件，故$\delta=0.7$，得到均衡效用随市场交易效率k变化的模拟图，如图6所示。

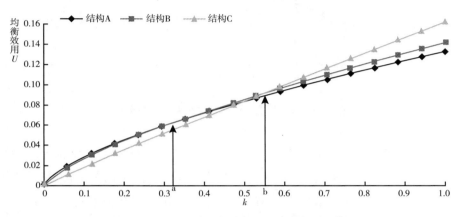

图6　$\delta=0.7$时市场交易效率k对均衡效用的影响

　　观察图6，当$0<k<a$时，结构A的均衡效用是最高的，此时均衡市场结构是大众主体型；而随着k的增加，结构B的均衡效用曲线在a点后慢慢超过了结构A的均衡效用曲线，由此混合型市场结构成为市场的均衡结构；当k足够大时，k大于b点取值，结构C的曲线由下而上的快速超越了结构B的曲线，长尾主体型市场从此成为均衡型市场。再随着k的增加，长尾主体型市场的均衡效用远远地超越了大众主体型和混合型的市场均衡效用，故长尾主体型成了一种长久的稳定型市场结构。这也充分地验证了表2的计算结果，当$a+b+d<1$且$E^*<\delta<1$时，市场上会存在三种可能的市场结构，而交易效率k与门槛值G^*、H^*决定了市场的均衡结构。这一模拟结果显然与本文命题1相吻合。

　　在$a+b+d<1$且$0<\delta<E^*$的条件下，对市场结构的演进及门槛条件进行数值模拟。首先，同样确定δ取值，$\delta=0.3$，得到模拟图7。

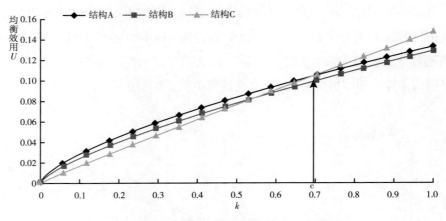

图7　$\delta=0.3$ 市场交易效率 k 对均衡效用的影响

观察图7，当 $0<k<c$ 时，结构 A 的均衡效用是最高的；而随着 k 的增大，当 k 足够大时，k 大于 c 点取值，结构 C 的曲线由下而上地超越了结构 A 的曲线。相比图6，图7展示出的市场结构演化有诸多的不同。首先，结构 A 在相当长的一段范围内保持着均衡状态，即 k 的取值只要在 0~0.69，大众主体型市场的均衡效用都是最高的，可见较低的服务交易效率 δ 确实大大削减了其他两种类型市场的均衡效用。其次，市场的演进路径不再循序渐进，而是突跃式的，当市场交易效率 k 大于 c 点时，长尾主体型市场结构立刻取代了大众主体型市场结构，市场的演化中没有经历混合型市场结构这一过渡。这里的数值模拟结构图显然与表2的计算结果一致，当 $a+b+d<1$ 且 $0<\delta<E^*$ 时，市场上只可能存在大众主体型和长尾主体型市场结构，而市场交易效率 k 以及 F^* 恰恰是市场演化的关键。这一模拟结果展示交易效率 k 和 δ 对市场结构转型的作用机理和效果不同，是对本文命题1的进一步深入剖析。

其次，我们将进一步探究消费偏好对个性化产品需求的影响，并通过数值模拟的方式进行展示。由于个性化产品需求量 y^d 会受到交易效率等变量的影响，在沿用上文的通用赋值后（β 除外），单独赋值 $k=1$ 以及 $\delta=1$。对 y_A^d、y_B^d 和 y_C^d 针对 β 的函数进行绘制，得到图8。

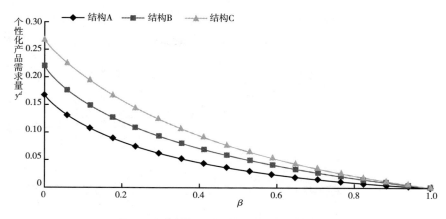

图8 消费偏好对个性化产品需求的影响

这里，消费偏好β是指消费者对大众化产品的消费喜爱程度，而（$1-\beta$）则是消费者对个性化产品的喜爱程度。如图8所示，消费者对个性化产品的偏好程度越高，（$1-\beta$）越大，β越小，三种市场结构中的个性化产品需求量同时增加。这充分说明了β对个性化产品需求量的影响，同时对推论5的核心观点进行了客观验证。此时，我们会看到不论β取何值（$0<\beta<1$），总有$y_A^d<y_B^d<y_C^d$。可见，市场的演化以及长尾经济的形成，将极大地丰富市场的产品种类，产品更趋多元化，从而消费者更容易获得个性化产品，产品消费规模增加，进而市场也更为丰饶。可以说，长尾经济极大地扩大了消费者的选择空间，增加了大众的消费者剩余。

最后，从生产的层面对长尾市场进行深入剖析。通过深加工转化率θ来刻画厂商生产差异化产品的能力，θ值越大，意味着厂商愿意将更大比例的大众化产品进行深加工，这也意味着厂商将大量生产差异化产品，市场上将出现多种多样的产品及服务。分析消费者偏好β对深加工转化率θ的数值模拟图，得出消费者偏好对生产活动的影响以及不同市场结构中生产活动的差异（见图9）。

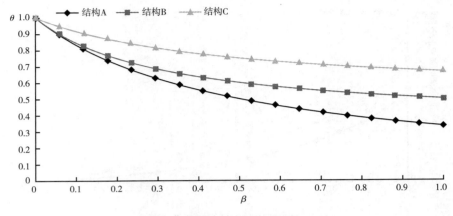

图9 消费者偏好对生产活动影响

观察可得，随着消费者偏好 β 的减少，三种市场结构的深加工转化率 θ 明显增加。这意味着消费者对个性化产品偏好（$1-\beta$）的增强，厂商为了迎合消费者喜好，加大了对差异化产品生产的投入，深加工转化率由此增加，同时也增加了市场上差异化产品的供给，使得资源在市场上得到了优化配置。此外，在相同的消费者偏好程度下，明显有 $\theta_A < \theta_B < \theta_C$，这意味着市场逐步向长尾经济迈进，分工结构的演进带来的是厂商生产效率提升，进而厂商能够拥有更多的精力和资源进行差异化产品的生产，且更加注重产品的质量以及配套的个性化服务，而不是停留在追求规模经济的传统模式下。可见，长尾经济带给了差异化产品生产商一个巨大的发展空间，同时也为生产商进行战略调整提供了可靠的理论依据。

六 研究结论与建议

与大众主体型市场不同，混合型市场和长尾主体型市场分别面临了市场交易环境的变化和互联网时代的崛起，这积极推动着传统的大众主体型市场向更进一步的混合型市场，甚至是长尾主体型市场演进。市场整体交易效率的改进使得市场结构高端化，同时伴随着经济高质量发展。本文通过为不同类型市场构造不同的市场网络分工结构，运用超边际模型的分析方法，揭示市场结构演进的门槛条件和内在动因，并通过构造相应指标来体现分工结构演进带来的经济高质量发展。通过研究，大众主体型市场向混合型市场转变的关键是交易服务专业化，这也是市场的商业环境形成而生产的结果，混合型市场向长尾主体型市场转变的关键是信息配对服务的专业化，这恰恰是伴随互联网时代下各种信息集合过滤平台的出现而产生的。交易服务和信息配对服务的提供方式以及专业化程度促成三种市场结构的内在区别。如果差异化产品和信息配对服务形成的综合学习成本较高，这就会迫使长尾主体型市场结构成为均衡结构。而如果这一综合学习成本较低，那么市场交易效率和服务交易效率形成的市场整体交易效率的提升就会促使长尾主体型市场结构取代大众主体型市场结构或者混合型市场结构。可见，市场结构演进的核心驱动力是交易效率。从市场结构演进与经济高质量发展的联系来看，如果市场主体的专业化程度越高，那么其越能减小学习成本对生产环节的影响，提升生产效率，积极推动劳动生产率提升、市场创新能力提升、市场产品多样化和人均真实收入提升。

本文构建了市场结构转型超边际模型，这不仅揭示了长尾主体型市场形成的过程，而且对促进长尾经济高质量发展具有丰富的政策含义。

第一，推动小品牌建设，实现市场产品多样化，同时推进实现企业战略转型。在传统的市场模式下，企业一味地追求规模效应，虽然降低了单位产品成本，但也造成了产能过剩及产品滞销，这无疑是对资源的浪费。而随着长尾理论的盛行，人们开始关注小众市场，推出了适合个性化需求的小众品牌。由于小众品牌是针对不同人群进行个性化定制，能够满足不同群体的个性化需求，促使市场产品日趋多样化。

第二，提升交易效率，推动发展物流行业，促进各地优势互补。前文在分析市场交易效率时，得出市场交易效率提升能够促进市场结构转型，并伴随着经济高质量发展。而市场交易效率受多方面因素影响，其中，最为关键的是物流成本和贸易环境对交易效率产生的影响。物流行业快速发展，贸易环境优化，将会极大地降低交易费用，消除交易的壁垒，提升市场交易水平，实现市场结构从简单的分工网络结构向高级的分工网络结构演化。

第三，推动信息搜索配对平台的构建以及互联网平台的发展，深化智能信息匹配计算技术。本文在分析信息配对服务中发现在混合型市场结构向长尾主体型市场结构转型的过程中，专业信息集合过滤者得以从原本的市场网络结构中分离出来，并促使信息配对服务生产方式更加专业化，生产效率大大提升，极大地提升社会经济的运转效率。同时，信息配对服务的完全专业化供给模式是长尾主体型市场所独有的，说明长尾主体型市场由于商品及服务众多，信息繁杂，需要专业的平台提供信息对接服务，以实现产销对接，避免形成滞销脱销的困局。

第四，培养专业化人才，实现人力资源的合理配置和创新驱动发展的新兴市场格局。本文对不同市场结构进行了深入分析，研究表明专业化程度的提高能够极大地缓解因过高学习成本而对经济产生的负面影响，使得劳动生产效率大大提升。生产效率的提升使得原有的传统行业面临就业人口相对过剩的困局，因此，需要进行人力资源的重新配置，富余的劳动力更有可能转移到一些创新型新兴行业，进而促进行业及产业的多元化发展，拓宽了市场空间，市场的产品以及服务种类也愈加丰富，长尾市场呈现出欣欣向荣的景象。

参考文献

[1] 陈力丹、霍仟，2013，《互联网传播中的长尾理论与小众传播》，《西南民族大学学报（人文社会科学版）》第 4 期。

[2] 陈兴淋、纪顺洪，2017，《O2O 模式下对长尾理论应用的思考》，《商业经济研究》第 3 期。

[3] 方行明、屈子棠，2022，《产能过剩形成机制再探与理论重塑》，《社会科学战线》第 3 期。

[4] 方玉霞，2022，《中国数字经济的测度、空间演化及影响因素研究》，《中国经济学》第 3 期。

[5] 何枫、刘贯春，2022，《数字媒体信息传播与企业技术创新》，《数量经济技术经济研究》第 12 期。

［6］洪联英、刘建江，2012，《中国为什么难以转变外贸发展模式——一个微观生产组织控制视角的分析》，《数量经济技术经济研究》第12期。

［7］黄浩，2014，《匹配能力、市场规模与电子市场的效率——长尾与搜索的均衡》，《经济研究》第7期。

［8］霍兵、张延良，2015，《互联网金融发展的驱动因素和策略——基于长尾理论视角》，《宏观经济研究》第2期。

［9］姜鑫，2016，《基于长尾理论的在线信息产品定价策略研究》，《现代情报》第2期。

［10］克里斯·安德森，2015，《长尾理论：为什么商业的未来是小众市场》，乔江涛、石晓燕译，中信出版社。

［11］李海舰、田跃新、李文杰，2014，《互联网思维与传统企业再造》，《中国工业经济》第10期。

［12］刘长庚、张磊、韩雷、刘振晓，2016，《发展服务业新业态促进消费升级的实现路径》，《经济纵横》第11期。

［13］倪鹏途、陆铭，2016，《市场准入与"大众创业"：基于微观数据的经验研究》，《世界经济》第4期。

［14］欧阳芳，2016，《福建小微企业运用长尾理论开展网络营销的策略》，《科学经济社会》第3期。

［15］欧阳芳，2016，《基于长尾理论的小微企业供给侧改革新思路》，《福建论坛》第10期。

［16］庞春，2009，《为什么交易服务中间商存在？内生分工的一般均衡分析》，《经济学（季刊）》第2期。

［17］庞春、王家新、姜德波，2008，《分工、结构变迁与特许经营：超边际一般均衡模型》，《南京社会科学》第9期。

［18］任晶、杨青山，2008，《产业多样化与城市增长的理论及实证研究——以中国31个省会城市为例》，《地理科学》第5期。

［19］任增吉，2020，《新媒介：新消费发展的重要动力》，《出版广角》第12期。

［20］唐海军，2009，《长尾理论经济学原理探析》，《现代管理科学》第1期。

［21］王方，2016，《"互联网+"下开放式创新平台建设实践——中小企业视角的研究》，《科技进步与对策》第15期。

［22］杨连峰，2010，《长尾理论的经济分析》，《生态经济》第12期。

［23］杨晓宏、周效章，2017，《从二八定律到长尾理论的启示：在线教育视角》，《现代远距离教育》第6期。

［24］赵涛、张智、梁上坤，2020，《数字经济、创业活跃度与高质量发展——来自中国城市的经验证据》，《管理世界》第10期。

［25］郑小碧，2017，《"+互联网"、"互联网+"与经济发展：超边际一般均衡分析》，《经济学动态》第 6 期。

［26］郑小碧，2018，《分享经济如何促进社会福利提升——分工结构演进的超边际一般均衡分析》，《社会科学战线》第 12 期。

［27］郑小碧、庞春、刘俊哲，2020，《数字经济时代的外包转型与经济高质量发展——分工演进的超边际分析》，《中国工业经济》第 7 期。

［28］周大鹏，2013，《制造业服务化对产业转型升级的影响》，《世界经济研究》第 9 期。

［29］周勇，2022，《消费中心促进国内大循环的机制研究》，《中国经济学》第 2 期。

［30］Zhang Y. 2021. "Opportunity, Myth and Way: Research on E-commerce Live Women's Brand Communication Strategy Under the Long Tail Theory." *Science Innovation* 9（3）：118–123.

［31］Yang X. K. 2001. *New Classical Versus Neoclassical Frameworks*. Malden, MA：USA and Oxford. UK：Blackwell.

（责任编辑：李兆辰）

附　录

一　大众主体型市场分工结构中的超边际决策和角点解分析

1. 大众化产品生产商（X/Y）的超边际专业化决策及角点解

$$\text{Max} U = \left[(1-\theta)x\right]^{\beta}\left(ky^{d}\right)^{1-\beta}$$

$$\text{s.t. } x^{p} = x + x^{s} = L_{x} - c, L_{X} = 1 \tag{2}$$

$$p_{X}x^{s} = p_{Y}y^{d}, \theta = 0$$

将已知条件带入效用函数：

$$U = \left(1 - c - P_{Y}y^{d}/P_{X}\right)^{\beta}\left(ky^{d}\right)^{1-\beta}$$

$$\partial U/\partial y^{d} = 0$$

求解上述方程组，可以得到正文中的式（3a）、式（3b）：

$$x^p = 1 - c, x = (1 - c)\beta, x^s = (1 - c)(1 - \beta), y^d = (1 - c)(1 - \beta)P_X/P_Y$$

$$（3a）$$

$$U_A^X = k^{1-\beta}\beta^\beta(1 - \beta)^{1-\beta}(1 - c)(P_X/P_Y)^{1-\beta} \qquad （3b）$$

2. 差异化产品生产商（YFR/X）的超边际专业化决策及角点解

$$\text{Max}U = \left[(1 - \theta)krx^d\right]^\beta y^{1-\beta}$$

$$\text{s.t. } r^p = r = L_R - a, f^p = f = L_F - b$$

$$y^p = y + y^s = t(\theta k x^d)^{\frac{1}{3}}f^{\frac{1}{3}}(L_Y - d)^{\frac{1}{3}} \qquad （4）$$

$$L_Y + L_F + L_R = 1, p_X x^d = p_Y y^s$$

构造拉格朗日函数：

$$L = \left[(1 - \theta)k(L_R - a)x^d\right]^\beta\left[t(\theta k x^d)^{\frac{1}{3}}(L_F - b)^{\frac{1}{3}}(L_Y - d)^{\frac{1}{3}} - P_X x^d/P_Y\right]^{1-\beta}$$

$$+\lambda(1 - L_Y - L_F - L_R)$$

一阶条件为：

$$\partial L/\partial L_R = 0, \partial L/\partial L_Y = 0, \partial L/\partial L_F = 0, \partial L/\partial \lambda = 0, \partial L/\partial \theta = 0, \partial L/\partial x^d = 0$$

求解上述方程，可以得到正文中的式（5a）至式（5h）：

$$L_F = (1 - a - b - d)/(2\beta + 2) + b, L_Y = (1 - a - b - d)/(2\beta + 2) + d$$

$$（5a）$$

$$L_R = 2\beta(1 - a - b - d)/(2\beta + 2) + a, r^p = r = 2\beta(1 - a - b - d)/(2\beta + 2)$$

$$（5b）$$

$$f^p = f = (1 - a - b - d)/(2\beta + 2),$$

$$x^d = \left[tP_Y(1 + 2\beta)/3P_X\right]^{\frac{3}{2}}(k\theta)^{\frac{1}{2}}(1 - a - b - d)/(2\beta + 2) \qquad （5c）$$

$$y^s = \left[t(1+2\beta)/3\right]^{\frac{3}{2}}(k\theta P_Y/P_X)^{\frac{1}{2}}(1-a-b-d)/(2\beta+2) \tag{5d}$$

$$y^p = (t)^{\frac{3}{2}}\left[k\theta(1+2\beta)P_Y/3P_X\right]^{\frac{1}{2}}(1-a-b-d)/(2\beta+2) \tag{5e}$$

$$y = y^p - y^s = (t)^{\frac{3}{2}}(k\theta P_Y/P_X)^{\frac{1}{2}}(1-a-b-d)\left[(1+2\beta)/3\right]^{\frac{1}{2}}(1-\beta)/(3\beta+3)$$
$$\tag{5f}$$

$$U_A^{YFR} = (t/3)^{\frac{3}{2}}(kP_Y/P_X)^{\frac{1+2\beta}{2}}(1-a-b-d)^{1+\beta}\beta^{2\beta}(1-\beta)^{1-\beta}/(\beta+1)^{1+\beta} \tag{5g}$$

$$\theta = (2\beta+1)^{-1} \tag{5h}$$

二　混合型市场分工结构中的超边际决策与角点解分析

1. 大众化产品生产商（X/Y）的超边际专业化决策及角点解

$$\mathrm{Max}U = \left[(1-\theta)x\right]^{\beta}(ky^d)^{1-\beta}$$

$$\mathrm{s.t.}\ x^p = x + x^s = L_x - c, L_X = 1 \tag{6}$$

$$p_X x^s = p_Y y^d, \theta = 0$$

将已知条件带入效用函数：

$$U = \left[1 - c - P_Y y^d/P_X\right]^{\beta}(ky^d)^{1-\beta}$$

$$\partial U/\partial y^d = 0$$

求解上述方程组，可以得到正文中的式（7a）至式（7c）：

$$x^p = 1 - c, x = \beta(1-c), x^s = (1-\beta)(1-c) \tag{7a}$$

$$y^d = P_X(1-\beta)(1-c)/P_Y \tag{7b}$$

$$U_B^X = k^{1-\beta}\left(P_X/P_Y\right)^{1-\beta}\left(1-\beta\right)^{1-\beta}\beta^{\beta}(1-c) \tag{7c}$$

2.差异化产品生产商（YF/XR）的超边际专业化决策及角点解

$$\text{Max}U = \left[(1-\theta)k\delta r^d x^d\right]^{\beta} y^{1-\beta}$$

$$\text{s.t. } f^p = f = L_F - b, y^p = y + y^s = t\left(\theta k x^d\right)^{\frac{1}{3}} f^{\frac{1}{3}}\left(L_Y - d\right)^{\frac{1}{3}} \tag{8}$$

$$L_Y + L_F = 1, p_X x^d + p_R r^d = p_Y y^s$$

构造拉格朗日函数：

$$L = \left[(1-\theta)k\delta r^d x^d\right]^{\beta}\left[t\left(\theta k x^d\right)^{\frac{1}{3}}\left(L_F - b\right)^{\frac{1}{3}}\left(L_Y - d\right)^{\frac{1}{3}} - \left(P_X/P_Y\right)x^d - \left(P_R/P_Y\right)r^d\right]^{1-\beta}$$
$$+ \lambda(1 - L_Y - L_F)$$

一阶条件为：

$$\partial L/\partial L_Y = 0, \partial L/\partial L_F = 0, \partial L/\partial \lambda = 0, \partial L/\partial \theta = 0, \partial L/\partial x^d, \partial L/\partial r^d = 0$$

求解上述方程，可以得到正文中的式（9a）至式（9g）：

$$L_F = (1 + b - d)/2, L_Y = (1 - b + d)/2, f^p = f = (1 - b - d)/2 \tag{9a}$$

$$x^d = (\theta k)^{\frac{1}{2}}\left[t\left(1 + 3\beta\right)P_Y/P_X(3 + 3\beta)\right]^{\frac{3}{2}}(1 - b - d)/2, \theta = \left(1 + \beta\right)/\left(1 + 3\beta\right) \tag{9b}$$

$$r^d = t^{\frac{3}{2}}\left(\theta k P_Y/P_X\right)^{\frac{1}{2}}\left(P_Y/P_R\right)\left[\left(1 + 3\beta\right)/\left(3 + 3\beta\right)\right]^{\frac{1}{2}}2\beta(1 - b - d)/(6 + 6\beta) \tag{9c}$$

$$y^p = t^{\frac{3}{2}}\left[\theta k\left(1 + 3\beta\right)P_Y/\left(3 + 3\beta\right)P_X\right]^{\frac{1}{2}}(1 - b - d)/2 \tag{9d}$$

$$y^s = t^{\frac{3}{2}}\left[\theta k\left(1 + 3\beta\right)P_Y/P_X(3 + 3\beta)\right]^{\frac{1}{2}}(1 + 5\beta)(1 - b - d)/(6 + 6\beta) \tag{9e}$$

$$y = t^{\frac{3}{2}}\left[\theta k\left(1 + 3\beta\right)P_Y\big/P_X\left(3 + 3\beta\right)\right]^{\frac{1}{2}}\left(2 - 2\beta\right)\left(1 - b - d\right)/\left(6 + 6\beta\right) \quad (9f)$$

$$U_B^{YF} = t^{\frac{3+3\beta}{2}}k^{\frac{1+3\beta}{2}}\delta^\beta\left(\frac{P_Y}{P_R}\right)^\beta\left(\frac{P_Y}{P_X}\right)^{\frac{1+3\beta}{2}}\left(\frac{1 - b - d}{2}\right)^{1+\beta}\frac{2^{\beta+1}}{3^{\frac{3+3\beta}{2}}}\frac{\left(1 - \beta\right)^{1-\beta}\beta^{2\beta}}{\left(\beta + 1\right)^{1+\beta}} \quad (9g)$$

3.专业交易服务商（R/XY）的超边际专业化决策及角点解

$$\mathrm{Max}U = \left[\left(1 - \theta\right)krx^d\right]^\beta\left(ky^d\right)^{1-\beta}$$

$$\mathrm{s.t.}\ r^p = r + r^s = L_R - a, L_R = 1 \quad (10)$$

$$p_R r^s = p_Y y^d + p_X x^d, \theta = 0$$

将已知条件带入效用函数：

$$U = \left\{k\left[1 - a - \left(P_Y/P_R\right)y^d - \left(P_X/P_R\right)x^d\right]x^d\right\}^\beta\left(ky^d\right)^{1-\beta}$$

$$\partial U/\partial x^d = 0,\ \partial U/\partial y^d = 0$$

求解上述方程组，可以得到正文中的式（11a）至式（11c）：

$$r^p = 1 - a, r^s = \left(1 - a\right)\big/\left(1 + \beta\right), r = \left(1 - a\right)\beta\big/\left(1 + \beta\right) \quad (11a)$$

$$x^d = \left(1 - a\right)\beta\left(P_R/P_X\right)\big/\left(1 + \beta\right), y^d = \left(1 - a\right)\left(1 - \beta\right)\left(P_R/P_Y\right)\big/\left(1 + \beta\right) \quad (11b)$$

$$U_B^R = k\left(P_R/P_Y\right)^{1-\beta}\left(P_R/P_X\right)^\beta\left(1 - a\right)^{1+\beta}\beta^{2\beta}\left(1 - \beta\right)^{1-\beta}\big/\left(1 + \beta\right)^{1+\beta} \quad (11c)$$

三　长尾主体型市场分工结构中的超边际决策与角点解分析

1.大众化产品生产商（X/Y）的超边际决策和角点解

$$\mathrm{Max}U = \left[\left(1 - \theta\right)x\right]^\beta\left(ky^d\right)^{1-\beta}$$

$$\mathrm{s.t.}\ x^p = x + x^s = L_x - c, L_X = 1 \quad (12)$$

$$p_X x^s = p_Y y^d, \theta = 0$$

将已知条件带入效用函数：

$$U = \left[1 - c - \left(P_Y/P_X\right)y^d\right]^{\beta}\left(ky^d\right)^{1-\beta}$$

$$\partial U/\partial y^d = 0$$

求解上述方程组，可以得到正文中的式（13a）和式（13b）：

$$x^p = 1 - c, x^s = (1 - c)(1 - \beta), x = (1 - c)\beta, y^d = (1 - c)(1 - \beta)P_X/P_Y \tag{13a}$$

$$U_C^X = (1 - c)\beta^{\beta}\left[k(1 - \beta)\right]^{1-\beta}\left(P_X/P_Y\right)^{1-\beta} \tag{13b}$$

2.专业交易服务商（R/XY）的超边际专业化决策及角点解

$$\text{Max} U = \left[(1 - \theta)krx^d\right]^{\beta}\left(ky^d\right)^{1-\beta}$$

$$s.t.\ r^p = r + r^s = L_R - a, L_R = 1 \tag{14}$$

$$p_R r^s = p_Y y^d + p_X x^d, \theta = 0$$

将已知条件带入效用函数：

$$U = \left\{k\left[1 - a - \left(P_Y/P_R\right)y^d - \left(P_X/P_R\right)x^d\right]x^d\right\}^{\beta}\left(ky^d\right)^{1-\beta}$$

$$\partial U/\partial x^d = 0, \partial U/\partial y^d = 0$$

求解上述方程组，可以得到正文中的式（15a）至式（15c）：

$$x^d = (1 - a)\beta\left(P_R/P_X\right)/(1 + \beta), r^s = (1 - a)/(1 + \beta),$$
$$r = r^p - r^s = \beta(1 - a)/(1 + \beta) \tag{15a}$$

$$r^p = 1 - a, y^d = (1 - a)(1 - \beta)\left(P_R/P_Y\right)/(1 + \beta) \tag{15b}$$

$$U_C^R = k\left(P_R/P_Y\right)^{1-\beta}\left(P_R/P_X\right)^{\beta}(1 - a)^{1+\beta}\beta^{2\beta}(1 - \beta)^{1-\beta}/(1 + \beta)^{1+\beta} \tag{15c}$$

3.差异化产品生产商（Y/XRF）的超边际专业化决策及角点解

$$\text{Max}U = \left[(1-\theta)k\delta r^d x^d\right]^\beta y^{1-\beta}$$

$$\text{s.t.} \quad y^p = y + y^s = t\left(\theta k x^d\right)^{\frac{1}{3}}\left(kf^d\right)^{\frac{1}{3}}\left(L_Y - d\right)^{\frac{1}{3}} \tag{16}$$

$$L_Y = 1, p_x x^d + p_R r^d + p_F f^d = p_Y y^s$$

将已知条件带入效用函数：

$$U = \left[k(1-\theta)\delta x^d r^d\right]^\beta\left[t\left(\theta k x^d\right)^{\frac{1}{3}}\left(kf^d\right)^{\frac{1}{3}}(1-d)^{\frac{1}{3}}\right.$$
$$\left. -\left(P_X/P_Y\right)x^d - \left(P_R/P_Y\right)r^d - \left(P_F/P_Y\right)f^d\right]^{1-\beta}$$

$$\partial U/\partial f^d = 0, \ \partial U/\partial r^d = 0, \ \partial U/\partial x^d = 0, \ \partial U/\partial\theta = 0$$

求解上述方程组，可以得到正文中的式（17a）至式（17g）：

$$x^d = 4t^3\theta k^2\left(P_Y/P_X\right)^2 P_Y\left[(1+2\beta)/(2+2\beta)\right]^2(1-d)/27P_F \tag{17a}$$

$$r^d = 4t^3\theta k^2 P_Y^3(1+2\beta)\beta(1-d)\Big/\left[27P_X P_R P_F(2+2\beta)^2\right] \tag{17b}$$

$$f^d = 2t^3\theta k^2\left(P_Y/P_X\right)\left(P_Y/P_F\right)^2(1+2\beta)(1-d)\Big/(54+54\beta) \tag{17c}$$

$$y^p = 2t^3\theta k^2(1-d)\left(P_Y/P_X\right)\left(P_Y/P_F\right)(1+2\beta)\Big/(18+18\beta) \tag{17d}$$

$$y^s = 2t^3\theta k^2(1-d)\left[(1+2\beta)/(1+\beta)\right]^2\left(P_Y/P_X\right)\left(P_Y/P_F\right)\Big/27 \tag{17e}$$

$$y = 4t^3\theta k^2(1-d)\left(P_Y/P_X\right)\left(P_Y/P_F\right)(1+2\beta)(1-\beta)/27(2+2\beta)^2,$$
$$\theta = (1+\beta)/(1+2\beta) \tag{17f}$$

$$U_C^Y = t^{3+3\beta}\delta^\beta k^{2+3\beta}\left(\frac{P_Y}{P_X}\right)^{1+2\beta}\left(\frac{P_Y}{P_F}\right)^{1+\beta}\left(\frac{P_Y}{P_R}\right)^\beta\frac{(1-\beta)^{1-\beta}\beta^{2\beta}}{(1+\beta)^{1+\beta}}(1-d)^{1+\beta}\left(\frac{1}{27}\right)^{1+\beta} \tag{17g}$$

4.专业集合过滤者（F/XYR）的超边际专业化决策及角点解

$$\mathrm{Max}U = \left[(1-\theta)k\delta r^d x^d\right]^\beta \left(ky^d\right)^{1-\beta}$$

$$\mathrm{s.t.}\ f^p = f^s = L_F - b,\ L_F = 1 \qquad (18)$$

$$p_X x^d + p_R r^d + p_Y y^d = p_F f^s,\ \theta = 0$$

将已知条件带入效用函数：

$$U = k\left(\delta x^d r^d\right)^\beta \left[\left(P_F/P_Y\right)(1-b) - \left(P_X/P_Y\right)x^d - \left(P_R/P_Y\right)r^d\right]^{1-\beta}$$

$$\partial U/\partial x^d = 0,\ \partial U/\partial r^d = 0$$

求解上述方程组，可以得到正文中的式（19a）至式（19c）：

$$r^d = \left(P_F/P_R\right)(1-b)\beta\big/(1+\beta),\ x^d = \left(P_F/P_X\right)(1-b)\beta\big/(1+\beta) \qquad (19\mathrm{a})$$

$$f^p = f^s = 1-b,\ y^d = \left(P_F/P_Y\right)(1-b)(1-\beta)\big/(1+\beta) \qquad (19\mathrm{b})$$

$$U_C^F = k\delta^\beta \left(\frac{P_F}{P_R}\frac{P_F}{P_X}\right)^\beta \left(\frac{P_F}{P_Y}\right)^{1-\beta} \left(\frac{\beta}{1+\beta}\right)^{2\beta} \left(\frac{1-\beta}{1+\beta}\right)^{1-\beta} (1-b)^{1+\beta} \qquad (19\mathrm{c})$$

四　角点均衡

1.大众主体型市场的角点均衡分析

在均衡条件下，分工主体效用必然相等，因此，根据效用均等原则及式（3b）和式（5g），即 $U_A^{YFR} = U_A^X$，有：

$$\left(\frac{t}{3}\right)^{\frac{3}{2}} \left(\frac{P_Y}{P_X}k\right)^{\frac{1+2\beta}{2}} (1-a-b-d)^{1+\beta} \frac{(\beta)^{2\beta}(1-\beta)^{1-\beta}}{(\beta+1)^{1+\beta}}$$

$$= k^{1-\beta}\beta^\beta(1-\beta)^{1-\beta}(1-c)\left(\frac{P_X}{P_Y}\right)^{1-\beta} \qquad (\mathrm{A1})$$

根据式（A1），经过等式变换，可以求 y 产品与 x 产品价格比为：

$$P_Y/P_X = 3k^{\frac{1-\beta}{3}}t^{-1}\Big[(1-c)(\beta+1)^{\beta+1}\big/(1-a-b-d)^{1+\beta}\beta^{\beta}\Big]^{\frac{2}{3}} \tag{20a}$$

于是将式（20a）代入正文中式（3b）和式（5g），可以得到均衡效用为：

$$U_A = 3^{\beta-1}k^{\frac{(\beta-1)(-4\beta-2)}{3}}t^{1-\beta}(1-c)^{\frac{1+2\beta}{3}}(1-a-b-d)^{\frac{2(\beta+1)(1-\beta)}{3}}\beta^{\frac{\beta(5-2\beta)}{3}}(1-\beta)^{1-\beta}(\beta+1)^{\frac{2(\beta+1)(\beta-1)}{3}}$$
$$\tag{20b}$$

此外，根据市场出清原则，在市场中交易的商品供求是平衡的，有：

$$M_A^{YFR}y^s = M_A^X y^d \text{ 和 } M_A^{YFR}x^d = M_A^X x^s \tag{A2}$$

式（A2）中，M_A^{YFR} 和 M_A^X 分别代表大众主体型市场分工网络中的差异化产品生产商数和大众化产品生产商数，得到：

$$M_A^{YFR}/M_A^X = 2k^{2\beta-1}(1-a-b-d)^{\beta}(1-\beta)\beta^{\beta}(1+2\beta)^{-1}(\beta+1)^{-\beta} \tag{20c}$$

2.混合型市场的角点均衡分析

在均衡条件下，分工主体效用必然相等，因此，根据效用均等原则及式（7c）、式（9g）和式（11c），即 $U_B^X = U_B^R = U_B^{YF}$，有：

$$k^{1-\beta}\left(\frac{P_X}{P_Y}\right)^{1-\beta}(1-\beta)^{1-\beta}\beta^{\beta}(1-c)$$
$$= k\left(\frac{P_R}{P_Y}\right)^{1-\beta}\left(\frac{P_R}{P_X}\right)^{\beta}(1-a)^{1+\beta}\frac{\beta^{2\beta}(1-\beta)^{1-\beta}}{(1+\beta)^{1+\beta}} \tag{B1}$$
$$= t^{\frac{3+3\beta}{2}}k^{\frac{1+3\beta}{2}}\delta^{\beta}\left(\frac{P_Y}{P_R}\right)^{\beta}\left(\frac{P_Y}{P_X}\right)^{\frac{1+3\beta}{2}}\left(\frac{1-b-d}{2}\right)^{1+\beta}\frac{2^{\beta+1}}{3^{\frac{3+3\beta}{2}}}\frac{(1-\beta)^{1-\beta}\beta^{2\beta}}{(\beta+1)^{1+\beta}}$$

根据式（B1），经过等式变换，可以求 Y 产品与 X 产品以及 R 服务与 X 产品价格比为：

$$P_Y/P_X = 3k^{\frac{1-5\beta-2\beta^2}{3-3\beta}}t^{-1}\delta^{\frac{2\beta}{3+3\beta}}\Big[(1-c)/(1-b-d)\Big]^{\frac{2}{3}}(1-a)^{\frac{-2\beta}{3}}(1+\beta)^{\frac{2\beta+2}{3}}\beta^{\frac{-2\beta}{3}} \tag{21a}$$

$$P_R/P_X = k^{-\beta}(1-c)(1-a)^{-1-\beta}(1+\beta)^{1+\beta}\beta^{-\beta} \tag{21b}$$

于是将式（21a）和式（21b）代入正文中式（7c）、式（9g）和式（11c），可以得到均衡效用为：

$$U_B = 3^{\beta-1} k^{\frac{(1-\beta)(2\beta^2+8\beta+2)}{3+3\beta}} t^{1-\beta} \delta^{\frac{2\beta-2\beta^2}{3\beta+3}} (1-c)^{\frac{1+2\beta}{3}} (1-b-d)^{\frac{2-2\beta}{3}}$$
$$(1-a)^{\frac{2\beta-2\beta^2}{3}} \beta^{\frac{\beta(5-2\beta)}{3}} (1-\beta)^{1-\beta} (\beta+1)^{\frac{2(\beta+1)(\beta-1)}{3}} \quad (21c)$$

此外，根据市场出清原则，在市场中交易的商品供求是平衡的，有：

$$M_B^{YF} y^s = M_B^R y^d + M_B^X y^d, M_B^X x^s = M_B^{YF} x^d + M_B^R x^d, M_B^R r^s = M_B^{YF} r^d \quad (B2)$$

式（B2）中，M_B^X、M_B^R 和 M_B^{YF} 分别代表大众化产品生产商数、专业交易服务商数和差异化产品生产商数，得到：

$$M_B^R / M_B^{YF} = k^{\frac{1-\beta}{1+\beta}} \delta^{-\frac{\beta}{\beta+1}} \big[2\beta/(3+3\beta) \big] \quad (21d)$$

$$M_B^X / M_B^{YF} = k^{\frac{1-2\beta-\beta^2}{1+\beta}} \delta^{-\frac{\beta}{\beta+1}} (1-a)^{-\beta} (1+\beta)^{\beta-1} \beta^{-\beta} (1-\beta)^{-1} (3+12\beta+5\beta^2)/6 \quad (21e)$$

3.长尾主体型市场的角点均衡分析

在均衡条件下，分工主体效用必然相等，因此，根据效用均等原则及式（13b）、式（15c）、式（17g）和式（19c），即 $U_C^X = U_C^Y = U_C^R = U_C^F$，有：

$$(1-c)\beta^{\beta} \big[k(1-\beta) \big]^{1-\beta} \left(\frac{P_X}{P_Y} \right)^{1-\beta}$$
$$= t^{3+3\beta} \delta^{\beta} k^{2+3\beta} \left(\frac{P_Y}{P_X} \right)^{1+2\beta} \left(\frac{P_Y}{P_F} \right)^{1+\beta} \left(\frac{P_Y}{P_R} \right)^{\beta} \frac{(1-\beta)^{1-\beta} \beta^{2\beta}}{(1+\beta)^{1+\beta}} (1-d)^{1+\beta} \left(\frac{1}{27} \right)^{1+\beta}$$
$$= k \left(\frac{P_R}{P_Y} \right)^{1-\beta} \left(\frac{P_R}{P_X} \right)^{\beta} (1-a)^{1+\beta} \frac{\beta^{2\beta}(1-\beta)^{1-\beta}}{(1+\beta)^{1+\beta}}$$
$$= k\delta^{\beta} \left(\frac{P_F}{P_R} \frac{P_F}{P_X} \right)^{\beta} \left(\frac{P_F}{P_Y} \right)^{1-\beta} \left(\frac{\beta}{1+\beta} \right)^{2\beta} \left(\frac{1-\beta}{1+\beta} \right)^{1-\beta} (1-b)^{1+\beta} \quad (C1)$$

根据式（C1），经过等式变换，可以求 Y 产品与 X 产品、R 服务与 X 产品以及 F 服务与 X 产品价格比为：

$$P_Y/P_X = 3k^{\frac{-1-5\beta-2\beta^2}{3+3\beta}}t^{-1}\delta^{\frac{-2\beta}{3+3\beta}}(1-c)^{\frac{2}{3}}(1-a)^{-\frac{2\beta}{3}}(1-b)^{-\frac{1}{3}}(1-d)^{-\frac{1}{3}}(1+\beta)^{\frac{2\beta+2}{3}}\beta^{\frac{-\beta(1+2\beta)}{3+3\beta}}$$

$$\text{(22a)}$$

$$P_R/P_X = k^{-\beta}(1-c)(1-a)^{-1-\beta}(1+\beta)^{1+\beta}\beta^{-\beta} \tag{22b}$$

$$P_F/P_X = k^{-\beta}\delta^{\frac{-\beta}{1+\beta}}(1-c)(1-a)^{-\beta}(1-b)^{-1}(1+\beta)^{1+\beta}\beta^{-\beta} \tag{22c}$$

于是将式（22a）、式（22b）和式（22c）代入正文中式（13b）、式（15c）、式（17g）和式（19c），可以得到均衡效用为：

$$U_C = \frac{3^{\beta-1}k^{\frac{(1-\beta)(2\beta^2+8\beta+4)}{3+3\beta}}t^{1-\beta}\delta^{\frac{2\beta-2\beta^2}{3\beta+3}}(1-c)^{\frac{1+2\beta}{3}}(1-\beta)^{1-\beta}(\beta+1)^{\frac{2(\beta+1)(\beta-1)}{3}}}{(1-b)^{\frac{\beta-1}{3}}(1-d)^{\frac{\beta-1}{3}}(1-a)^{\frac{2\beta^2-2\beta}{3}}\beta^{\frac{2(2\beta^2-4\beta-4)}{3+3\beta}}} \tag{22f}$$

此外，根据市场出清原则，在市场中交易的商品供求是平衡的，有：

$$M_C^Y y^s = M_C^R y^d + M_C^X y^d + M_C^F y^d, M_C^X x^s = M_C^R x^d + M_C^Y x^d + M_C^F x^d \tag{C2}$$

$$M_C^R r^s = M_C^F r^d + M_C^Y r^d, M_C^F f^s = M_C^Y f^d \tag{C3}$$

式（C2）、（C3）中，M_C^X、M_C^R、M_C^Y和M_C^F分别表示大众化产品生产商数、专业交易服务商数、差异化产品生产商数和专业信息集合过滤者数量，得到：

$$M_C^F/M_C^Y = k^{\frac{1-\beta}{1+\beta}}\beta^{\frac{1-\beta}{1+\beta}}, M_C^R/M_C^Y = 2k^{\frac{1-\beta}{1+\beta}}\delta^{\frac{-\beta}{\beta-1}}\beta^{\frac{2\beta+1}{1+\beta}} \tag{22d}$$

$$M_C^X/M_C^Y = k^{\frac{1-2\beta+\beta^2}{1+\beta}}\delta^{\frac{-\beta}{\beta-1}}(1-a)^{-\beta}\beta^{\frac{-\beta^2}{1+\beta}}(1+2\beta)(1+\beta)^{\beta+1}(1-\beta)^{-1} \tag{22e}$$

五 一般均衡比较静态分析

第一，观察 U_A、U_B 和 U_C，发现在 $a+b+d>1$，且 $b+d>1$ 时，$U_A<0$，$U_B<0$，$U_C>0$，固长尾主体型为市场的均衡模式。

第二，在 $a+b+d>1$，且 $b+d<1$时，$U_A<0$，$U_B>0$，$U_C>0$，所以市场可能存在混合型和长尾主体型，通过比较U_B和U_C的大小得：

当 $k = H^* = (1-b)^{-\frac{1+\beta}{2}}(1-d)^{-\frac{1+\beta}{2}}(1-b-d)^{1+\beta}\beta^{\frac{\beta}{2}}$ 时，$U_B = U_C$；

当 $k > H^* = (1-b)^{-\frac{1+\beta}{2}}(1-d)^{-\frac{1+\beta}{2}}(1-b-d)^{1+\beta}\beta^{\frac{\beta}{2}}$ 时，$U_B < U_C$；

当 $k < H^* = (1-b)^{-\frac{1+\beta}{2}}(1-d)^{-\frac{1+\beta}{2}}(1-b-d)^{1+\beta}\beta^{\frac{\beta}{2}}$ 时，$U_B > U_C$。

第三，在 $a+b+d<1$，三种市场模式均可能存在，令 $U_B > U_A$，$U_B > U_C$，得：

$$\delta > E^*$$
$$= (1-a-b-d)^{\frac{(1+\beta)^2}{\beta}}(1-b)^{\frac{(1+\beta)(1-\beta)}{2}}(1-d)^{\frac{(1+\beta)(1-\beta)}{2}}(1-a)^{-1-\beta}(1-b-d)^{\frac{(1+\beta)(\beta^2-1)}{\beta}}\beta^{\frac{\beta(\beta-1)}{2}}$$

$$k > G^* = \delta^{\frac{1}{\beta-1}}(1-a-b-d)^{\frac{(1+\beta)^2}{\beta(1-\beta)}}(1-a)^{\frac{1+\beta}{\beta-1}}(1-b-d)^{\frac{1+\beta}{(\beta-1)\beta}}$$

$$k < H^* = (1-b)^{-\frac{1+\beta}{2}}(1-d)^{-\frac{1+\beta}{2}}(1-b-d)^{1+\beta}\beta^{\frac{\beta}{2}}$$

第四，在 $a+b+d<1$，且 $E^*<\delta<1$ 时，令 $U_A > U_B$，$U_A > U_C$，得：

$$k < G^* = \delta^{\frac{1}{\beta-1}}(1-a-b-d)^{\frac{(1+\beta)^2}{\beta(1-\beta)}}(1-a)^{\frac{1+\beta}{\beta-1}}(1-b-d)^{\frac{1+\beta}{(\beta-1)\beta}}$$

第五，在 $a+b+d<1$，且 $E^*<\delta<1$ 时，令 $U_C > U_B$，$U_C > U_A$，得：

$$k > H^* = (1-b)^{-\frac{1+\beta}{2}}(1-d)^{-\frac{1+\beta}{2}}(1-b-d)^{1+\beta}\beta^{\frac{\beta}{2}}$$

第六，在 $a+b+d<1$，$0<\delta<E^*$ 时，只可能存在大众主体型和长尾主体型，令 $U_C > U_A$，得：

$$k > F^* = \delta^{\frac{\beta}{\beta^2-\beta-1}}(1-a-b-d)^{\frac{-(1+\beta)^2}{\beta^2-\beta-1}}(1-b)^{\frac{1+\beta}{2\beta^2-2\beta-2}}(1-d)^{\frac{1+\beta}{2\beta^2-2\beta-2}}(1-a)^{\frac{\beta(1+\beta)}{\beta^2-\beta-1}}\beta^{\frac{-\beta}{2\beta^2-2\beta-2}}$$

第七，最后整理，即可得到正文中的表2。

Table of Contents & Summaries

On Constructing the "Three Systems" of Economics with Chinese Characteristics

WANG Guogang   LUO Yu[1]

(School of Finance, RENMIN University of China)

Summary: In order to realize the blueprint outlined by the Party's 20th National Congress, efforts should be made to build China's independent knowledge system. The discipline system of economics in China has a history of more than 100 years and has gone through four stages. The value orientation of building the discipline system of economics with Chinese characteristics consists of six aspects: adhering to the guidance of Marxism, adhering to the people first, adhering to the basic principle of serving China's practice, adhering to the problem orientation, adhering to the inheritance of previous theories and adhering to the integration and coordination of various economic disciplines. To improve the academic level of economics in China, we need to solve the problems of academic concepts, economic principles, historical knowledge, literature collation and academic contention. To improve the discourse power of China's economics discipline, we should base our efforts on telling a good Chinese story in terms of content, mode and dissemination.

Keywords: Chinese Economics; Discipline System; Value Orientation; Academic Level; Discourse Power

JEL Classification: A13; A20; B40

Institutional Opening, Business Environment and Total Factor Productivity: Quasi-Natural Experiment Based on China Pilot Free Trade Zone

BAI Junhong   DING Shengyi

(School of Business, Nanjing Normal University)

Summary: Steadily expanding institutional opening is an important strategic element to promote a high level of external opening under the new development pattern of double-loop, and is important to accelerate the realization of China's high-quality economic development. As a "testing field" for institutional opening in the new era, the Pilot Free Trade Zone is a major initiative of China to implement a more proactive opening strategy. After several expansions, it has gradually formed a new pattern of regional coordination, land and sea integration of all-round and high-level opening, laying a solid foundation for the country's institutional opening. As a major institutional innovation in China's opening-up process, the Pilot Free Trade Zone covers various aspects of policy deployment that may help improve the business environment for enterprises and economic development. As a comprehensive ecosystem of external environment for market players to engage in entrepreneurship, innovation, financing, investment and other activities, the business environment plays a crucial role in enhancing regional carrying capacity and promoting innovation and entrepreneurship of market players. Therefore, it is of great theoretical and practical significance for China to accelerate the construction of a new system of open economy and to form a wider, broader and deeper pattern of opening-up at this stage by examining whether institutional opening can effectively promote the improvement of total factor productivity through the construction of business environment and putting forward corresponding countermeasures.

Based on the panel data of 285 prefecture-level cities in China from 2007 to 2020, this paper constructs a multi-temporal double difference model based on the quasi-natural experiment in the implementation zone of the Pilot Free Trade Zone to clarify and rationalize the impact of institutional liberalization on total factor productivity from the perspective of business environment, and to explore the intrinsic relationship between institutional liberalization, business environment and total factor productivity. In terms of the timeliness of the research data, this paper not only supplements the new samples for 2019 and 2020, and treats all the cities in the implemented zones up to now as the treatment group, covering all the cities in the Pilot Free Trade Zone, but also conducts multiple robustness tests using the new samples, so as to more fully and accurately assess the total factor productivity enhancement effects of the Pilot Free Trade Zone. Further, given that the Two-Stage Differences in Differences method can effectively test for issues such as heterogeneity of treatment effects, this paper uses this method to further analyze the research results in order to obtain more reliable conclusions. And it also examines in detail the heterogeneous effects of total factor productivity enhancement driven by the construction of the Pilot Free Trade Zone from the perspective of city differences, so as to provide more targeted policy recommendations for relevant departments to scientifically promote institutional opening and the construction of the Pilot Free Trade Zone.

It finds that institutional opening, represented by the construction of free trade zones, promotes urban total factor productivity, and further robustness tests are conducted in several dimensions, including multi-period propensity score matching-dual difference (PSM-DID), testing for expected effects on the timing of policy implementation, including city and time interaction fixed effects, heterogeneous treatment effects, excluding other policy effects, and placebo tests, all of which are empirically shown to support this finding. The mechanism test shows that institutional opening promotes urban total factor productivity through optimizing the business environment. The heterogeneity test finds that the effect of institutional opening on total factor productivity is more obvious in the eastern coastal regions and large-scale cities, while there is no significant difference in the effect between city groups at different administrative levels. Further study finds that institutional opening promotes total factor productivity mainly by promoting technical efficiency improvement, while the effect on technical progress is not obvious.

Based on the above conclusions, the policy insights of this paper are: firstly, continuously improve the content of the institutional opening policy to effectively support the optimization of the regional business environment. On the one hand, further improve the design of the business environment system in the policy content and give full play to the advantages of the platform of the China Pilot Free Trade Zone. On the other hand, establish a sound mechanism for monitoring and evaluating the implementation of the institutional opening policy, and fully assess them before and afterwards. Secondly, further promote the construction of institutional opening in inland areas to achieve a high level of coordinated regional development. The country should pay attention to and strengthen the construction of inland areas, further optimize the spatial layout of regional opening, and strengthen the open economy gathering function in the inland free trade pilot zones. At the same time, inland regions should be good at "leveraging the power" and "ladder to ascend", and implement a more proactive open strategy. Thirdly, build a diversified and integrated policy content system to provide policy support for open development and innovation capacity construction in each region. In the first place, the top-level design should be further strengthened and the overall coordination by the central government, around the new development stage of the new situation, new tasks, new requirements for the construction of the China Pilot Free Trade Zone to do key planning. And then, the functional positioning of each pilot zone should be fully defined to achieve local adaptation and characteristic development. Finally, since the effect of technological progress in the construction of free trade pilot zones in each region has not yet been fully revealed. Therefore, each region should fully integrate its own advantages on the existing basis, strengthen the policy design and environment construction conducive to technological progress and technological innovation, and increase support for technological innovation, so as to give full play to its institutional effectiveness while promoting the improvement of the innovation capacity of each region and high-quality

351

economic development.

Keywords: Institutional Opening; Business Environment; Total Factor Productivity; China Pilot Free Trade Zone

JEL Classification: F41; F43; O33

How Digitalization Promote the Construction of a National Unified Market

WANG Kang   ZHAO Rui   SU Gaimei

（School of Mathematics Statistics,Beijing Technology and Business University）

Summary: On March 25, 2022, the Opinions on Accelerating the Construction of a National Unified Market, released by CPC Central Committee and the State Council, proposed that a national unified market with efficient, standardized, fair competition and whole opening would further smash regional protectionism and market segmentation, and break through the key barriers restricting the economic cycle. The capital movement has been the priority in vertical governance. However, the regional market division seriously hinders the market-based allocation of capital elements, giving rise to the imbalance of regional economic development, restricting resource integration, and constructing a unified market. Promoting the free flow and optimal allocation of capital elements across regions has become an important starting point for accelerating the construction of a unified national market. As the new technological revolution advances, digital technology has become necessary to smooth the capital cycle and help build a unified national market. However, there need to be more empirical studies on the relationship between the two. Based on the dataset of enterprises in Haidian Science and Technology Park in Zhongguancun from 2014-2019, this paper empirically investigates the impact of digitization on the construction of a large national unified market and the underlying mechanism from the perspective of the cross-regional flow of enterprise capital.

It is found that applying digital technology significantly contributes to the cross-regional flow of business capital. It increases with the deepening of the application of digital technology, which indicates that digitalization helps promote the construction of a large national unified market. The mechanism study shows that digital technology applications promote cross-regional capital flows and the construction of a large national market by reducing transaction costs, improving management efficiency, optimizing resource allocation, and easing financing constraints. Further heterogeneity analysis reveals that the driving effect of digitization is more pronounced in large and medium-sized enterprises and non-state enterprises than in small and micro enterprises and state-owned enterprises. At the same time, a favorable business environment plays a positive moderating role.

The possible marginal contributions of this paper include: firstly, from the perspective of the cross-regional flow of enterprise capital, it empirically investigates more systematically how digitalization contributes to the construction of a large national unified market and digs deeper into its intrinsic mechanism, complementing the research related to the digital economy and the construction of a large national unified market from a microscopic perspective, and providing evidence to support the smooth circulation of capital and accelerate the construction of a large national unified market. Secondly, the study is conducted using a unique dataset of enterprise data from Haidian Science and Technology Park in Zhongguancun, and the data sample is typical and representative.

Keywords: Digital Technology; Cross-regional Flow of Enterprise Capital; National Unified Market; Haidian Science and Technology Park in Zhongguancun

JEL Classification: C33;O38

The Value Relevance of Digital Assets: The Evidence from App Activities of Chinese Listed Companies

XIN Fu ZHOU Ning DU Xiaorong YU Huimiao

(Business School, Hohai University)

Summary: The digital revolution represented by big data and artificial intelligence is affecting the whole world with the unimaginable breadth and depth. The facts of App user-generated data as a corporate asset seems to be beyond doubt. When digital assets emerge, we have inquired whether the asset could generate value. Therefore, this paper aims to answer the question of whether digital assets have performance forecasting functions and value relevance, that is, whether digital assets are useful for accounting earnings forecasting, and further analyze whether digital assets have the signal effects on external investors in the capital market.

In order to investigate our basic research question, we utilize the theory of private information and design a powerful identification strategy to test whether digital assets can predict the operating income (sales revenue) of enterprises in advance. First, we examine the appropriateness of digital assets as private information of the management whether the relevant indicators of digital assets in the current period (t) are significantly correlated with the current accounting surplus. Second, we examine whether digital assets, as private information of the management, have future predictive value and whether there is a significant relationship between the digital assets generated by user behavior in the current period (t) and the accounting surplus (or unexpected surplus) in future periods (e.g., $t+1$).

The findings in this paper support the basic hypothesis that digital assets do have the value relevance which means digital assets can predict operating accounting earnings in advance in two ways. First, the quarterly growth rate of App launching times can predict the quarterly operating accounting earnings from t to $t+3$ and the quarterly standardized unexpected accounting earnings from t to $t+1$. The power of the prediction to quarterly operating accounting earnings is strongest in the period of $t+1$ (adjusted R^2 reaches 26.8%). Quarterly normalized unanticipated gains were most effective in the t period (adjusted R^2 to 16.4%). Second, the quarterly growth rate of App users' duration can predict the quarterly operating accounting earnings from t to $t+3$ and the quarterly standardized unexpected operating accounting earnings in the period of t. The forecast effects on the period of $t+1$ (adjusted R^2 reaches 27.6%) and the period of t (adjusted R^2 reaches 16.9%) demonstrate the strongest prediction power, respectively.

In order to explore the heterogeneity of the value relevance of digital assets, this paper finds that the higher a firm's dependence on the Internet, the more the information provided by its App users can predict the firm's performance. The lower the information transparency, the worse the prediction effect of its App user activity data on the corporate operating income. The more users pay for the App, the lower the revenue growth to the firms, and the less the App pays, the more revenue growth it brings to the firm. Digital assets show the more significant predictive power in firms with low reputation.

This paper is a preliminary trial to test the value relevance of digital assets. This paper uses App user behavior data for the first time to establish a direct connection between App users and Chinese listed firms. This study finds that digital assets generated by App users have the value relevance. Specifically, the growth rate of the number of App launches and usage duration of active users can have predictive effects on the growth rate of operating income of the affiliated firms. In addition, through the mechanism analysis of internal business model and external governance, this paper finds that the value relevance of digital assets is affected by factors such as corporate internet dependence, whether App products are paid, financial information transparency, and brand reputation.

The research findings in this paper has important theoretical significance and practical value. The development of China's digital economy has begun to take on global influence. A number of unicorn enterprises with global competitiveness have emerged successively. However, the theoretical research on digital economy and digital assets is relatively lagging behind. Economics, management, accounting and other disciplines are gradually beginning to pay attention to and deeply take root in this field. As an attempt, this paper has yielded some theoretical findings and experiences that can be used for reference. First of all, digital assets have information content and have information value in earnings forecasting and securities investment. Second, an enterprise's business model (such as whether it relies on the internet, whether App products are paid) and external governance mechanisms (such as financial information transparency, brand reputation) will affect the value of digital assets. Finally, the value relevance of digital assets to investors is worth exploring further whether there is a simple linear relationship. The questions that arise from this paper is whether the value creation process of digital assets is linear, which leads us to further research on the value creation model of digital assets. At the practical level, the CPC Central Committee has repeatedly emphasized the importance of the digital economy, especially in the post-epidemic era, how the digital economy can help China's economic recovery has become an important task for decision-makers and leaders at all levels. At present, the National Bureau of Statistics has begun to conduct relevant research and pilot on the contribution of the digital economy in China's GDP. For example, the governors in Shenzhen has taken the lead as a pilot to include the digital economy in Shenzhen's GDP accounting. This paper attempts to support the necessity and relevance of these practical measures in empirical evidence.

Keywords: Digital Assets; Value Relevance; Mobile Application; Private Information

JEL Classification: F49;F23

Does Internet Search Boost China's OFDI: Evidence from Baidu Index

LIU Kai[1]   SHEN Zhaoyang[2]   SUN Yan[3]

(1. School of Business Administration, Zhongnan University of Economics and Law; 2. School of International Trade and Economics, University of International Business and Economics; 3. School of Business Administration, Zhongnan University of Economics and Law)

Summary: Internet technology has not only reshaped the face of modern economic society, but also profoundly changed people's production mode and living behaviour. Since the 1990s, when people started using convenient web browsers and search engines to access information, internet search behaviour has become more and more common. Whereas in the past, market information for businesses was mainly provided by trade and investment promotion agencies, digital technology and digital platforms have now changed the channels and ways in which this information is provided, with big data providing endless opportunities for SMEs to access relevant market information. According to data from the China Internet Network Information Center(CNNIC), the number of Internet search engine users reached 770 million in 2020, an increase of 27.78 percent compared with 2016. In the case of limited attention allocation of economic agents, Internet search can provide richer and more convenient information services As Baidu's search index shows, between 2011 and 2019, the total search index of keywords related to Chinese economic agents' attention to international business and overseas markets increased from 10,951 to 17,059, with an average annual growth rate of 5.69%.

Meanwhile, China's outward foreign direct investment (OFDI) is developing well and maintaining an overall climbing trend. According to the 2019 Statistical

Bulletin of China's Outward Foreign Direct Investment, the OFDI flow was only US$74.65 billion in 2011 and reached US$136.91 billion at the end of 2019, with an average annual growth rate of 7.87%. It is easy to see the synchronicity between China's great achievements in opening up to the outside world and the changes in the volume of internet search by Chinese economic agents for overseas markets. A natural question is whether internet searches by Chinese economic agents for foreign markets have an impact on China's OFDI? If so, how can the causal mechanism between Internet searches and China's OFDI be accurately identified? Answering the above questions can reveal how information search plays a role in enterprise investment behavior, and understand the role path of Internet search in promoting OFDI, which will help to stimulate the potential of digital information, promote the deep integration of digital technology and real economy, and realize high-quality development of opening up to the outside world.

This paper selects 52 representative countries (regions) from 2006-2019 as the research object to explore the impact of Chinese economic agents' use of Internet search on the location and scale of their OFDI. As the core explanatory variable Baidu Search Index used in the model was recorded from 2006, the research sample used in this paper spans the period 2006-2019. With reference to the empirical methodology of Shi and Jin (2019), this paper constructs a two-way fixed effects model as basic estimation model setting.

Compared to the existing literature, the marginal contributions of this paper are mainly in the following three areas. Firstly, this paper focuses on the role of Internet search engines in fuelling investors' information-seeking behaviour, complementing the home country factors affecting OFDI at the micro level. The findings of this paper show that the Internet search behaviour of economic agents has a positive impact on China's OFDI, and the higher the frequency of Internet search, the larger the scale of Chinese investment in the host country. Internet search is heterogeneous across trading partners and across the timing of investment, and directly contributes to the difference in the promotion effect of Internet search on OFDI. The more attention Chinese subjects pour into high-income countries and countries without investment agreements with China, the more prominent the promotion effect of internet search on OFDI.

Secondly, the established literature lacks the analysis of micro mechanisms of Internet search affecting OFDI, this paper combines information theory and behavioural economics to complement the possible channels of Internet influence on OFDI. The findings suggest that Internet search is conducive to reducing the information frictions and information asymmetries faced by enterprises investing abroad, reducing information search costs and compensating for the disadvantages of outsiders, and that the promotion effect of Internet search on OFDI is more pronounced in countries or regions with higher transaction costs.

Finally, this paper compares Internet search with traditional information access channels such as international migration networks on OFDI. The study shows that in the short term, the impact of Internet search and international migration networks on OFDI shows a substitution effect, and the increase of Internet search weakens the positive impact of international migration networks on OFDI; in the long term, the substitution effect disappears, and the increase of Internet search is conducive to the promotion of OFDI.

Based on the findings above, this paper has the following policy recommendations. First, improve the depth of information on the Internet to reduce potential transaction costs. Therefore, the government should fully launch the "new infrastructure", continue to steadily promote the construction of the industrial Internet, improve the degree of integration between the Internet and other industries. Second, actively build the "One Belt, One Road" opening platform to the outside world, to improve China's voice in international affairs. The current international system is a center-periphery structure, with developed countries having a higher global influence, leading to a higher frequency of Internet searches in high-income countries, which in turn absorbs more foreign direct investment. China should use the "Belt and Road" opening platform as a basis to actively participate in the reform and construction of the global governance system, give full play to the advantages of the mega-market and the potential of domestic demand, improve its intellectual dependence on the core countries and its unfavourable position in the distribution of surplus value. Third, make full use of the comprehensive advantages of various information channels to promote the orderly expansion of OFDI. Internet search has a certain substitution effect on traditional information acquisition channels such as fixed telephone, basic transportation and international migration networks. Integrating the advantages of multiple information channels promotes the precise matching of information resource platforms with corporate needs, enhances the professionalism and efficiency of OFDI for enterprises.

Keywords: OFDI; Internet Search; Baidu Index; Uncertainty; Transaction Cost

JEL Classification: F74；F49

Employee Ownership and Corporate Social Responsibility: The Case of Chinese Firms' Participation in Targeted Poverty Alleviation Initiative

REN Ting[1]　XIAO Youzhi[2]　ZHANG Tongchuan[3]

(1.HSBC Business School, Peking University; 2.Department of Economic Forecasting, The State Information Center; 3.A.T. Kearney)

Summary: Employee Ownership (EO) allows employees to hold the firm's stocks and share the benefit to stimulate their enthusiasm and sense of belonging to the firm. In June 2014, the China Securities Regulatory Commission (CSRC) issued the "Guiding Opinions on the Implementation of Employee Ownership for Listed Firms", indicating the restart of employee ownership in China. Since then, EO has gradually become an important tool for listed companies to motivate employees. The research on EO has shown an upward trend in recent years. Prior research has focused on the factors affecting firms to implement EO such as firm structure, ownership structure and others, and the effects of adopting EO such as firm performance, R&D investment and risk-taking. However, few studies on EO has focused on the impact on corporate social responsibility (CSR). The theory of CSR suggests that when seeking profit maximization, firms also need to take responsibility for their stakeholders including shareholders, employees, consumers, the environment and the society. The extant literature mainly discusses the internal and external factors that affect CSR behavior and the consequence of CSR on firm performance.

The report of the 20th National Congress of the CPC proposed that "Common prosperity for all people is the typical feature in Chinese modernization. Common prosperity is the essential requirement of socialism with Chinese characteristics". EO and CSR share some common ideas in common prosperity. On one hand, employees are one of the important stakeholders for the firms. A key function of EO is to maintain the employee stability and reduce the turnover rate. Providing stable and safe working environment for employees is an important function of CSR for employees. On the other hand, employees also play a crucial role in promoting firms to undertake more CSR. Conceptually, EO emphasizes the profit sharing within the firm, while CSR emphasizes the responsibility sharing within and beyond the firm.

However, it is difficult to accurately measure and identify CSR performance. The extant literature uses charitable donations or composite scores such as KLD and Hexun index to measure CSR performance. Since donations are not required to be disclosed and the index can be highly subjective, these two measures may not be able to describe the real situations. In 2013, China initiated targeted poverty alleviation and listed firms were encouraged to participate in the initiative. In 2016, Shanghai and Shenzhen stock exchanges required the listed firms to disclose the information of participating in targeted poverty alleviation. Essentially, participating in targeted poverty alleviation serves as a suitable measurement for CSR behavior.

In this paper we use the data of A-share listed firms from Shanghai and Shenzhen stock exchanges in China from 2016 to 2020 to study the relationship between EO adoption and CSR behavior. The information about listed firms' participation in targeted poverty alleviation is used to measure and identify CSR. We find that firms that adopt EO are more likely to participate in targeted poverty alleviation. The results are consistent after several robustness checks. Through the heterogeneity analysis, we find that non-SOEs, firms without political connections and firms located in the areas with a better institutional environment are more willing to participate in targeted poverty alleviation when implementing EO. Finally, for the potential mechanisms, we find that firms that adopt EO pay more attention to the goal of common prosperity, enhance the reputation and focus on long-term profits, which make them more willing to participate in targeted poverty alleviation.

This paper contributes potentially to the literature in three ways: firstly, for the literature of CSR, we introduce EO as one of the factors that promote CSR, which enriches the relevant literature by providing an additional internal factor that affects CSR. We also use the information of firms' participation in targeted poverty alleviation to better identify CSR. Secondly, to the literature of EO, we are among the first to link EO to CSR, deepening the understanding of EO as a corporate governance tool that influences firms' decision-making. Thirdly, we identify the relationship between EO and targeted poverty alleviation under the concept of common prosperity, which offers perspective from firms' practice to sustain the long-term goal for the entire society.

Keywords: Employee Ownership; CSR; Targeted Poverty Alleviation; Common Prosperity

JEL Classification: D21; M14

Interest Rate Shock or Risk Shock: Who Drives a Country's Macroeconomic Volatility

MA Zhenyu[1]   GAO Songyao[2]

(1. School of International Trade and Economics, Central University of Finance and Economics; 2. China Economics and Management Academy, Central University of Finance and Economics)

Summary: With the deepening of global financial integration, the financial linkages between countries are getting closer, and the macroeconomic fluctuations of a country will be affected by the global financial cycle. In this regard, it is very important to clarify the driving factors behind the global financial cycle and accurately identify the periods when different driving factors play a dominant role. Although a large number of studies have discussed the driving factors of the global financial cycle, and pointed out that the central country's monetary policy and global risk shocks are the most important factors driving the global financial cycle. However, these literatures have not further explored whether the dominant factors driving the global financial cycle will change dynamically in different periods. Moreover, few literatures can analyze multiple transmission channels of global risk shocks under the same model framework after accurately identifying the dominant period of global risk shocks. This paper first examines the impact of two global financial cycle drivers—central country's monetary policy and global risk shocks—on global macroeconomic volatility using the panel local projection approach. The paper then identifies when these two drivers of the global financial cycle began to play a dominant role. On this basis, the discussion focuses on the transmission channels of global risk shocks, and explores whether global risk shocks will affect the output of the global economy through three channels: trade channel, exchange rate channel and financial channel. The study found that the central country's monetary policy and global risk shocks are important factors driving the global financial cycle, both of which will exacerbate global macroeconomic fluctuations. At the same time, there are differences in the period of the two factors driving the global financial cycle. During the period when the central country's monetary policy is being adjusted, the central country's monetary policy factors will dominate, and at this time the global risk shock will no longer play a leading role. While during a period when the central country's monetary policy has remained unchanged, global risk shocks will dominate. From the perspective of transmission channels, global risk shocks will have more serious negative impacts on economies with greater trade openness or greater financial vulnerability. The sub-sample results show that the periodical effect of the global financial cycle mainly exists in emerging economies. For developed economies, global risk shocks are mainly transmitted through trade channels. For emerging economies, however, trade, exchange rate, and financial channels all play important transmission roles.

363

The marginal contribution of this paper is reflected in the following two points. First, the paper incorporates two drivers of the global financial cycle—central country's monetary policy and global risk shocks—into a panel local projection model to identify periods in which the two factors each play a dominant role. Compared with previous studies, this paper clearly and intuitively identifies periods when the central country's monetary policy and global risk shocks each drive the global financial cycle. Second, this paper empirically explores the impact of global risk shocks on the macroeconomic fluctuations of economies from the trade channel, exchange rate channel and financial channel. Compared with previous studies, this paper carefully sorts out multiple transmission channels of global risk shocks under the same model framework, and conducts more detailed research by distinguishing between developed economies and emerging economies.

This paper reveals how the global financial cycle drives macroeconomic volatility. Based on the research conclusions, this paper puts forward the following two policy recommendations. First, when different drivers of the global financial cycle play a dominant role, a country should take differentiated measures to deal with it. In addition, it is necessary to implement classified policies, take precise precautions, and adopt counter-cyclical macroeconomic policies in response to fluctuations in the global financial cycle. While implementing a higher level of opening-up policy, China should establish and improve a macro-prudential regulatory framework aimed at the impact of the global financial cycle, and dynamically monitor the key factors driving the global financial cycle and key financial variables that are likely to resonate with global financial risks. By quantifying the risk accumulation space, the regulatory authority can issue an early warning signal when the risk reaches the threshold, and then can formulate counter-cyclical regulation policies in a forward-looking and targeted manner based on the early warning information. Second, a country should improve its financial market construction and encourage the use of hedging tools to reduce risk exposure. At the same time, for emerging economies, it is also necessary to strengthen the construction of financial infrastructure, reasonably control the leverage ratio of external debt and the scale of foreign exchange reserves, and reduce the financial vulnerability of the economy itself.

With the acceleration of the opening up of China's financial industry, the risk exposure of the financial market will also expand, exacerbating domestic macroeconomic fluctuations. In this regard, regulatory authorities should balance the relationship between macroeconomic stability and financial market opening, and promote the opening of the financial industry in a prudent, gradual, and controllable manner.

Keywords: Global Financial Cycle; Drivers; Transmission Channels; Macroeconomic Fluctuations

JEL Classification: E32; F30; F41

Authorized Operation of State-owned Capital and Financing Efficiency Improvement

LIANG Shangkun[1]　JIANG Yanfeng[1]　CHEN Yanli[2]
(1. School of Accounting, Central University of Finance and Economics;
2. School of Accounting, Dongbei University of Finance and Economics)

Summary: The report of the 20th National Congress of the Chinese Communist Party in 2022 pointed out that high-quality development is the primary task of building a socialist modern country in an all-round way. Financing activity is the most original way for enterprises to obtain assets, and it is the enterprise's capital allocation behavior that serves as the starting point. Its efficiency level is crucial for the basic survival and healthy development of enterprises. However, state-owned enterprises have problems such as "high proportion of debt financing", "single financing channel", "large scale-low efficiency", "low cost-low efficiency", which restrict the improvement of state-owned enterprises' financing efficiency. As the "Fourteenth Five-Year Plan" enters the initial stage, the business environment faced by state-owned enterprises is more complex and changeable. Improving the financing decision-making mechanism and raising the financing efficiency has become a practical problem that state-owned enterprises must face in the process of high-quality development. And its governance mechanism needs to be given priority attention and consideration.

State-owned assets supervision mode is an important institutional basis for improving the governance structure of state-owned enterprises, and has an important impact on the formulation and implementation of financing decisions of state-owned enterprises. As an innovation in the regulatory system under the "capital management" model, the authorized operation of state-owned capital takes authorization and decentralization as the core. On the one hand, it emphasizes reducing administrative intervention in state-owned enterprises, and on the other hand, it improves the constraint mechanism of state-owned enterprises to alleviate the management agency problem. This policy design is consistent with the keynote of China's investment and financing system reform of "streamlining administration, delegating powers, combining decentralization and supervision, and optimizing service reform". So, will the authorized operation of state-owned capital have an important impact on the financing behavior and decision-making efficiency of state-owned enterprises? The exploration of this issue is of great significance for optimizing the financing governance of state-owned enterprises and promoting high-quality economic development.

Based on the dual perspectives of administrative intervention and internal control, this paper uses the staggered difference-in-difference method to investigate the relationship between authorized operation of state-owned capital and financing efficiency of state-owned enterprises, taking the state-owned listed enterprises from 2010 to 2019 as a sample. It is found that the authorized operation of state-owned capital can significantly improve the financing efficiency. After a series of robustness tests, such as parallel trend test, placebo test, PSM test and instrumental variable test, this result remains stable. Further research shows that reducing administrative intervention and restraining internal control are important mechanisms for authorized operation of state-owned capital to improve the financing efficiency; After distinguishing the ownership structure, the above promotion effect is more significant in enterprises with low shareholding ratio of non-state-owned shareholders; After distinguishing the degree of industry competition, the above promotion effect is more significant in enterprises with low degree of industry competition.

The possible research contributions of this paper are as follows: First, this paper can provide new evidence for the study of the economic consequences of the authorized operation of state-owned capital. The existing literature only examines the economic consequences of authorized operation of state-owned capital from the perspective of enterprise performance, pay-for-performance sensitivity and inefficient investment. This paper studies from the perspective of financing efficiency, and further analyzes the heterogeneous impact of the internal ownership structure of enterprises and the degree of external industries competition, which will help deepen the understanding of the mechanism of authorized operation of state-owned capital. Second, this paper can enrich the research on the financing efficiency of state-owned enterprises. There are few researches on financing efficiency in the existing literature, and most of them focus on the efficiency of capital allocation at the overall level of the market or the level of enterprise financing costs. Based on the exogenous shock of the reform of the authorized operation system of state-owned capital, this paper examines the impact of the reform policies of state-owned enterprises on enterprise financing decisions from the perspective of input and output, and expands the research perspective of financing efficiency.

Under the background of deepening the reform of state-owned assets and state-owned enterprises, the research inspiration of this paper is as follows: First, the policy guidance to further expand the scope of implementation of authorized operation of state-owned capital is objective and reasonable. Enterprise financing efficiency is the micro basis of macro capital allocation efficiency. When the financing efficiency of state-owned enterprises is low, we can try to explore the influencing factors from the perspective of administrative intervention and internal control. The authorized operation of state-owned capital is an effective solution to the problem. It is of great significance to improve the quality of financing decisions of state-owned enterprises by establishing two types of companies, delegating powers, improving governance and other mechanisms. Second, the design principle of state-owned capital authorized operation combined with decentralization and supervision has played an important role. In the case of reduced administrative constraints, if the behavior of the internal managers of the enterprise cannot be effectively managed, it may cause unexpected agency problems. This shows that the improvement of the competitive vitality of state-owned enterprises requires not only the full implementation of the liberalization mechanism, but also the proper supervision and guidance. These two mechanisms interact and promote each other. Third, pay attention to the relationship between the authorized operation of state-owned capital and the governance of non-state shareholders, industry competition. Non-state shareholders can play an important governance role in restricting the behavior of state-owned shareholders and improving the corporate governance structure. When it is difficult to authorize state-owned enterprises directly, promoting the reform of mixed ownership and strengthening the governance of non-state shareholders can play a similar role. Industry competition is an important supplementary mechanism for corporate governance. When evaluating the effect of state-owned capital authorized operation, we should consider the characteristics of the industry and conduct classified assessment and supervision.

Keywords: Authorized Operation of State-owned Capital; Financing Efficiency; Administrative Intervention; Internal Control

JEL Classification: D21; G30; G34

Study on Common Prosperity from the Perspective of Rural Land System Reform

ZHENG Linyi[1,2]

(1.China Academy for Rural Development, Center for Research on Socialism with Chinese Characteristics, School of Public affairs, Zhejiang University；
2.Center for Research on Socialism with Chinese Characteristics, Zhejiang University)

Summary: The 20th National Congress of the Communist Party of China (CPC) emphasized that the essence of Chinese-style modernization is modernization of common prosperity for all people. As an important part of the common prosperity of all people, the common prosperity of farmers and rural areas is particularly urgent because of the fundamental importance of the issues relating to agriculture, rural areas, and rural people. The common prosperity of farmers and rural areas requires not only the strong support of external investment from the government, but also the full use of existing resources in rural areas. Especially agricultural land, forest land and homesteads, which are closely related to farmers'production, ecology and life, are valuable resources and core advantages of rural areas.

However, due to the relative closure of the current land property rights, a large number of rural land resources are forced to sit idle. According to incomplete statistics, China's agricultural land transfer rate has remained at about 36% since 2017; At present, the land circulation rate of collective forest is approximately 10%; In 2018, 95% of rural households across the country did not participate in the transfer of homesteads. Therefore, the current inefficient allocation of land resources has blocked the road to industrial wealth based on agricultural land, the road to ecological wealth based on forest land, and the road to urban-rural wealth based on residential land. In this sense, how to develop and utilize all kinds of land resources to the maximum extent, and let the vast number of farmers share the land benefits in the process of land factor marketization is a practical problem that needs to be solved urgently for the common prosperity of farmers and rural areas.

The land is the mother of wealth. The land system is the basic institutional arrangement of rural economy and society, which is related to the vital interests of hundreds of millions of farmers and the development trend of agricultural and rural modernization. Although the land system cannot directly increase land resources, it can affect the direction, speed and efficiency of agricultural and rural development by changing the environment and relative prices of the allocation of production factors. Consequently, strengthening rural land system innovation can theoretically lay a solid land system support for agricultural and rural modernization and the common prosperity of farmers and rural areas.

Looking back at history, over the past 40 years of reform and opening up, it is precisely through the opening up of property rights in rural land that the orderly

369

opening of economic rights in urban and rural areas has been promoted, the marketization process of products and factors has been accelerated, and thus the structural transformation of urban and rural China has been promoted. Standing at a new historical starting point, to steadily promote the common prosperity of farmers and rural areas, the future needs to improve the openness of land property rights as a breakthrough to promote the systematic reform of rural land system. Specifically, under the background of common prosperity, it is necessary to promote the organic transformation of agricultural land from a good place for development to a good place for entrepreneurship, forest land from green mountains and rivers to gold and silver mountains, and residential land from a suitable place for living to a suitable place for business and tourism. On this basis, land resources will realize a leap in value from dormant resources to liquid assets.

This study provides a new analytical framework for the study of common prosperity from the perspective of rural land system reform. The results show that to promote the common prosperity of farmers and rural areas in the future, the agricultural land system needs to promote the transformation of household contracting mode of agricultural land from "contract with equal land" to "contract with equal rights", expand the scope of exercising farmland property rights from agricultural field to agriculture-related field, and transform the use of farmland from land owned by the tiller to land owned by the good tiller. The forest land system needs to promote the expansion of the scope of forest land property rights from forestry to forest-related fields, the transfer of forest land contracted management rights from the village collectives to the outside of the village forestry management subjects, the withdrawal of forest land contracted management rights from the village collectives to the township collectives, and the realization of ecological value of forest resources from single to multiple transformation. The homestead system needs to promote the scope of property rights exercise of homestead from civil residence to commercial development and expansion, the allocation of agricultural housing from farmers to homeowners, and the homestead income sharing mechanism from scratch.

Keywords: Agricultural Land System; Forest Land System; Homestead System; Openness of Property Rights; Common Prosperity

JEL Classification: Q15; D23; Q01

Market Evolution and High-quality Economic Development: An Inframarginal General Equilibrium Analysis of Division of Labor Network

ZHENG Xiaobi FANG Quan

(School of Economics and Management, Zhejiang Normal University)

Summary: With the change from the traditional economy to the digital economy, the mass market characterized by economies of scale and scaled products has accelerated its transformation and upgrade to the long-tail market characterized by economies of scope and personalized products. The evolution of the long-tail market is accompanied by the upgrading of consumption concept, the change of Internet information technology and the deepening of market division of labor network, which in turn leads to high-quality economic development. The long-tail theory has become the focus of academic research on how to promote market development, while the connotation of the long-tail theory has been enriched.

In this paper, the evolution of the market is roughly divided into three stages, namely, mass-subject-based market, hybrid market and long-tail-subject-based market. The characteristics of each stage are given, and the driving mechanisms of market model evolution and the inherent differences between different markets are analyzed in depth. In this way, it is concluded that networking, digitization and intelligence drive the evolution of mass markets to diversified long-tail markets, while the division of labor in markets gradually changes from mass-subject to hybrid and long-tail subjects. Secondly, this paper uses the emerging classical supermarginal analysis and numerical simulation methods to reveal the inner mechanism of the evolution of the mass market to the long-tail market, and systematically analyzes the effect of this market structure change on the high-quality economic development. It is found that the sufficient improvement of the comprehensive transaction efficiency of the market drives the transformation and upgrading of the mass market to the hybrid market and the long-tail market. The increasing integrated learning cost of products or services will also force the long-tail market to replace the mass market as the equilibrium market model, especially when the integrated learning cost is too high, which will greatly reduce the threshold condition of market integrated transaction efficiency for market evolution, and even the long-tail market becomes the only equilibrium model. The transformation and upgrading process of mass market to long-tail market has the effect of promoting economic quality development by increasing labor productivity, enhancing market innovation capacity, expanding the degree of product diversification and the scale of consumer demand, and raising the level of real income per capita.

In addition, this study simulates and analyzes the economic effects of the evolution of the market model by constructing indicators, so as to derive the way in which the change in the market division of labor model contributes to high-quality economic development. At the same time, this paper uses numerical simulation to analyze and study. Using Matlab software, the logical relationship between core variables such as transaction efficiency and equilibrium utility and even economic model evolution is verified through simulations to verify the threshold conditions for market structure transformation. Then, consumer preferences are brought into the analysis as variables, and the simulations allow us to conclude that consumer preferences influence production activities and thus contribute to the formation of a long-tail economy.

This paper not only provides a new theoretical perspective for understanding long-tail market formation and market structure transformation, but also has rich policy implications for promoting high-quality development of long-tail markets and macroeconomics in the digital economy. First, promote the construction of small brands to achieve a diversified pattern of market products, while promoting the realization of corporate strategic transformation. Second, to enhance the efficiency of transactions, promote the development of logistics industry, and promote the complementary advantages of each place. Third, to promote the construction of information search and matching platform as well as the development of Internet platform, and deepen the intelligent information matching and computing technology. Fourth, cultivate specialized talents to realize the rational allocation of human resources and the emerging market pattern of innovation-driven development.

Keywords: Mass Market; Long-Tail Market; Division of Labor Network; High-Quality Development; Inframarginal Analysis

JEL Classification: H70；O11；P26

《中国经济学》稿约

《中国经济学》（Journal of China Economics， JCE）是中国社会科学院主管、中国社会科学院数量经济与技术经济研究所主办的经济学综合性学术季刊，2022年1月创刊，初期为集刊。《中国经济学》被评为社会科学文献出版社"优秀新创集刊"（2022），以及中国人文社会科学学术集刊AMI综合评价期刊报告（2022）"入库"期刊。

本刊以习近平新时代中国特色社会主义思想为指导，以研究我国改革发展稳定重大理论和实践问题为主攻方向，繁荣中国学术，发展中国理论，传播中国思想，努力办成一本具有"中国底蕴、中国元素、中国气派"的经济学综合性学术刊物。立足中国历史长河、本土土壤和重大经济社会问题，挖掘中国规律性经济现象和经济学故事，发表具有原创性的经济学论文，推动中国现象、中国问题、中国理论的本土化和科学化，为加快构建中国特色哲学社会科学"三大体系"贡献力量。

《中国经济学》以"国之大者，经世济民"为崇高使命，提倡发表重大问题的实证研究论文（但不提倡内卷式、思想重叠式的论文），注重战略性、全局性、前瞻性、思想性的纯文字论文，特别关注开辟新领域、提出新范式、运用新方法、使用新数据、总结新实践的开创性论文。本刊主要发稿方向包括习近平经济思想、国家重大发展战略、中国道路、国民经济、应用经济、改革开放创新重大政策评估、交叉融合问题、经典书评等。来稿注意事项如下。

1. 来稿篇幅一般不少于1.8万字。摘要一般不超过600字，包含3~5个关键词。请提供中英文摘要、3~5个英文关键词和JEL Classification。

2. 稿件体例详见中国经济学网站（http：//www.jcejournal.com.cn）下载

栏中的"中国经济学模板"。不需邮寄纸质稿。

3. 投稿作者请登录中国经济学网站作者投稿查稿系统填写相关信息并上传稿件。投稿系统网址：http://www.jcejournal.com.cn。

4. 作者上传的电子稿件应为WORD（*.doc或者*.docx）格式，必须上传匿名稿（务必去掉作者姓名、单位、基金等个性化信息）和投稿首页，首页须注明中英文标题、摘要、作者姓名、工作单位、职称、通讯地址（含邮编）、电话和电子邮箱等。欢迎作者提供个人学术简介，注明资助基金项目类别和编号，欢迎添加致谢辞。

5. 稿件将实行快速规范的双向匿名审稿流程：初审不超过3周，盲审流程一般不超过2个月，编辑部电话：（010）85195717，邮箱：jce@cass.org.cn。

6.《中国经济学》定期举办审稿快线，每届审稿快线评出1篇《中国经济学》审稿快线"最佳论文"和2~4篇"优秀论文"。

7. 本刊不向作者以任何名义收取版面费，录用稿件会按照稿件质量从优支付稿酬，每年将评出3~5篇"《中国经济学》优秀论文"。

《中国经济学》杂志诚邀广大经济学专家、学者和青年才俊惠赐佳作。

图书在版编目(CIP)数据

中国经济学. 2023. 第2辑：总第6辑 / 李雪松主编
. -- 北京：社会科学文献出版社, 2023.6
ISBN 978-7-5228-1681-4

Ⅰ. ①中…　Ⅱ. ①李…　Ⅲ. ①中国经济－文集　Ⅳ.
①F12-53

中国国家版本馆CIP数据核字（2023）第060642号

中国经济学　2023年第2辑（总第6辑）

主　　管 / 中国社会科学院
主　　办 / 中国社会科学院数量经济与技术经济研究所
主　　编 / 李雪松

出 版 人 / 王利民
组稿编辑 / 邓泳红
责任编辑 / 吴　敏
责任印制 / 王京美

出　　版 / 社会科学文献出版社
　　　　　　地址：北京市北三环中路甲29号院华龙大厦　邮编：100029
　　　　　　网址：www.ssap.com.cn
发　　行 / 社会科学文献出版社（010）59367028
印　　装 / 三河市龙林印务有限公司

规　　格 / 开　本：787mm×1092mm 1/16
　　　　　　印　张：23.75　字　数：363千字
版　　次 / 2023年6月第1版　2023年6月第1次印刷
书　　号 / ISBN 978-7-5228-1681-4
定　　价 / 128.00元

读者服务电话：4008918866